安徽大学创新与发展研究院"双一流"建设项目《"一带一路"与中欧关系发展机制研究》及安徽大学历史学院世界史学科专项经费资助

光明社科文库
GUANGMING DAILY PRESS:
A SOCIAL SCIENCE SERIES

·历史与文化书系·

变化中的国际政治理论与实践

吴文武 | 著

光明日报出版社

图书在版编目（CIP）数据

变化中的国际政治理论与实践/吴文武著. -- 北京：光明日报出版社，2024.6. -- ISBN 978-7-5194-8074-5

Ⅰ.D5

中国国家版本馆 CIP 数据核字第 2024NC2141 号

变化中的国际政治理论与实践
BIANHUA ZHONGDE GUOJI ZHENGZHI LILUN YU SHIJIAN

著　　者：吴文武	
责任编辑：李　晶	责任校对：郭玫君　温美静
封面设计：中联华文	责任印制：曹　净

出版发行：光明日报出版社
地　　址：北京市西城区永安路 106 号，100050
电　　话：010-63169890（咨询），010-63131930（邮购）
传　　真：010-63131930
网　　址：http://book.gmw.cn
E – mail：gmrbcbs@gmw.cn
法律顾问：北京市兰台律师事务所龚柳方律师
印　　刷：三河市华东印刷有限公司
装　　订：三河市华东印刷有限公司
本书如有破损、缺页、装订错误，请与本社联系调换，电话：010-63131930

开　　本：170mm×240mm
字　　数：329 千字　　　　　　　印　　张：21.5
版　　次：2025 年 7 月第 1 版　　印　　次：2025 年 7 月第 1 次印刷
书　　号：ISBN 978-7-5194-8074-5
定　　价：99.00 元

版权所有　　翻印必究

序　言

当代国际政治舞台犹如一片诡异幽暗的森林，人们置身其中，却难辨东西南北。扑朔迷离的镜像、不能辨识的陷阱、难以预知的风险，总会让人茫然失措。人们一边呼唤和平，一边在发动战争；一边宣称尊重国家主权，一边肆意干涉别国内政；一边倡导正义，一边滥施强权。人们自信能够走出这片森林，却只是转了个圈，不经意中又回到了原点。皇帝的新装穿了又脱，脱了又穿，丑陋的大臣与率真的孩童换了又换，你方唱罢我登场，只是主角不同而已。对于多数人而言，国际政治是个既熟悉又陌生的领域，熟悉的是上至政治精英、下到市井百姓，都能像谈论天气一样议论国际政治，毫无违和感；陌生的是出人意料的结局总是一再发生，让人们感叹世事如棋局局新，国际政治云谲波诡、难以预测。

千百年来，古今中外的思想家们撰写了大量国际关系理论著作，提出各式理论分析架构。他们的贡献不仅在于丰富了国际关系理论的思想体系，更在于影响了一代又一代政治家的外交实践。后世的政治家们从马基雅维利（Niccolò Machiavelli）的《君主论》中得出的结论是：政治家应该不讲道德，需要"像狮子一样凶猛，像狐狸一样狡猾"；政府应不惮展现自身的邪恶，因为"被人畏惧比受人爱戴要安全"，为了达成目的，必须不择手段。因此，自从16世纪以来，很多专制独裁者都曾从该书中汲取灵感，墨索里尼便是马基雅维利的忠实信徒之一，自称从《君主论》一书中找到了解决一切政治问题的"钥匙"。而今人们从米尔斯海默的《大国政治的悲剧》一书中，极易得出大国无法走出竞争、对抗和冲突的历史宿命的结论，强化了人们对"修昔底德陷阱"是历史不变定律的认知。今天美国的绝大多数政治精英们又何尝不是米尔斯海默的信徒？在这些对国际政治抱有强烈悲观认知的现实主义学者眼里，人性中最邪恶的阴暗心理应当成为政治家们制定政策的出发点，他们的思想易将世人对国际政治的认知导向一片暗黑世界，对把国际关系引入野蛮对抗的恶性循环负有不可推卸的责任。害怕黑暗是人类与生俱来的一种对未知的恐惧，失去光明，我们将看不到外面的真实世界，于是想象中的恐惧就会被无限放大。这种恐惧使我们的身体时刻保持警惕，以便随时通过"战斗"或者"逃跑"来让自己远离危险，避免成为捕食者利爪下的猎物。

白天与夜晚总是交替轮回，光明与黑暗始终相伴而生。相信人性中的善良与美好，是人类能够实现和谐相处的心理基础。正是基于对人性善良的信赖和对未来美好世界的向往，一批理想主义学者和政治家应运而生，他们相信道德、法律、制度能够改造这个无政府状态下的国际社会，确保世界实现持久和平。他们的思想与行动温暖了人心，点燃了人们对构建公平合理的国际秩序、实现人类命运共同体的信心。尽管人们对威尔逊的"十四点纲领"的本质与动机抱有怀疑，但却无法否认其充满理想主义色彩的新外交思想对第一次世界大战后的国际政治环境所产生的积极影响；第二次世界大战后，主权平等、民主人权、公平正义等价值取向，获得国际社会的广泛认同，构成对强权政治、殖民主义、霸权主义在一定程度上的抑制，国际政治民主化的趋势也有所加强，国际法与国际道德的影响显著提升。《周易》有云："善不积不足以成名，恶不积不足以灭身。"罗·勃朗宁也说过："行善比作恶明智；温和比暴戾安全；理智比疯狂适宜。"对善的累积与追求就是对恶的否定与排斥，更能够将人类引向光明的未来。

毋庸讳言，在国际关系理论的建构上，近现代以来的欧洲和美国一直处于领跑位置，各种不同的理论流派层出不穷，并在很大程度上引领该领域研究前行的方向。对于身处21世纪的中国思想界来说，直面并检视西方不同流派的国际关系理论是一项必修课程，一味排斥与全盘接受都不能成为备选项。在撰写本书的过程中，笔者将秉承积极开放的心态和兼容并蓄的精神，采用批判吸收的方式，直面其中可能涉及的一些西方学术理论。首先，在汲取西方不同流派的国际关系理论合理内核的基础上，结合中国传统的价值体系、文化基因、政治理念，对国际关系研究领域内的基本范畴和重要主题进行全面探讨，尽可能将国际政治理论研究领域的重要主题纳入其中，既强调重点，又兼顾全面；其次，本着实事求是和求真务实的精神，运用历史演进中的大量史实对该领域中流行的诸如"霸权稳定论""民主和平论""相互依赖和平论""修昔底德陷阱论"等学术思想进行检验与甄别，驳斥"霸权稳定论"的荒谬，民主国家为何有时会更加好战，指出所谓"修昔底德陷阱论"本身就是旨在维护霸权的"理论陷阱"的论断等。在拿来主义和批判吸收的基础上，通过去伪存真，努力构建起国人对国际关系运行基本规律的正确认识和理论自信。为此，本书旨在通过历史与现实、理论与实践的有机结合，简明扼要地论证一系列具体理论的适用性与可靠性，并向人们提供一套认识复杂国际问题的方法论或路线图，引导人们在复杂多变的国际政治现实面前掌握辨别真伪、分析是非和宏观预测的能力。

目 录
CONTENTS

第一章 国际政治与国际关系概论 ······················· 1

一、国际政治理论的概念与功用 ······················· 3

二、研究国际政治与国际关系的目的 ··················· 5

三、国际政治的研究范围 ··························· 8

四、国际政治发展的三种模式 ······················· 9

五、国际政治的分析视角（层次分析） ················· 19

第二章 近现代国际关系的历史演进 ··················· 21

一、近代之前的欧洲国际关系体系 ···················· 21

二、近代欧洲主权国家的诞生 ······················· 22

三、近代欧洲国际关系体系（1648—1914） ············ 27

四、20世纪的国际关系体系 ························ 40

第三章 国际舞台上的主要行为角色 ··················· 50

第一节 国家——国际舞台上最核心的行为体 ··········· 50

一、国家的本质与特征 ································· 50
　　二、国家治理类型与国际政治 ··························· 56
　　三、国家利益 ··· 62
第二节　民族团体与国际政治 ······························· 66
　　一、民族团体和民族国家 ······························· 66
　　二、民族团体与国际政治 ······························· 70
　　三、民族主义的历史作用与现实困窘 ····················· 71

第四章　国际组织及其他国际行为体 ························· 75

第一节　国际组织 ··· 75
　　一、政府间国际组织（Intergovernment Organization） ··· 75
　　二、非政府国际组织（Non-Governmental Organization） · 86
第二节　其他国际行为体 ··································· 88
　　一、跨国公司 ··· 88
　　二、恐怖组织 ··· 91

第五章　国际体系——如何制约行为 ························· 96

　　一、国际体系的特征及类别 ····························· 96
　　二、不同体系对国家间关系的影响与制约 ················· 99
　　三、国际体系中的国家政策选择 ························ 108
　　四、国际体系的变更 ·································· 120

第六章　个人与国际关系 ·································· 128

　　一、人性对政治决策的影响 ···························· 128
　　二、组织行为对决策的影响 ···························· 137
　　三、特性行为对决策的影响 ···························· 139

第七章 国家间关系的基础——权力（实力） 148

- 一、权力（实力）的定义 148
- 二、权力的构成要素 150
- 三、权力的特征与权力的衡量 160
- 四、权力发挥影响力的条件与方式 162
- 五、权力在国际关系中的使用限制 165

第八章 国家间关系的工具——外交 168

- 一、外交的功能 169
- 二、外交的背景 170
- 三、外交的历史演变 176
- 四、外交的操作条件 182
- 五、有效外交应遵循的规则 185
- 六、开展外交的备用方式 190

第九章 战争与国际政治 196

- 一、战争的起因：三个层次的分析 197
- 二、国家的军事力量与国际政治 205
- 三、战争是政治的工具 206
- 四、战争的分类 211
- 五、大规模杀伤性武器的禁用 219
- 六、关于战争正义性与合法性的争论 225

第十章 军备竞赛与军备控制 231

- 一、军备竞赛中的冲突 231
- 二、军备控制中的合作 239

三、国际安全观的重建 …………………………………………… 250

第十一章　国际法与国际政治 …………………………………… 257

一、国际法的渊源 ………………………………………………… 257

二、国际法的主体与特征 ………………………………………… 261

三、国际法的范畴 ………………………………………………… 262

四、国际法院的管辖、裁决与执行 ……………………………… 265

五、国际法在国际政治中的效用评价 …………………………… 271

第十二章　国际道德舆论与国际政治 …………………………… 279

一、道德的起源与属性 …………………………………………… 279

二、国际道德的形成 ……………………………………………… 282

三、国际道德机制的建构 ………………………………………… 285

四、国际道德的作用 ……………………………………………… 289

第十三章　国际政治经济学 ………………………………………… 293

一、国际政治经济学理论 ………………………………………… 293

二、发达国家间的经济合作与竞争 ……………………………… 299

三、南方国家的发展与政治诉求 ………………………………… 303

四、南北合作与南南合作 ………………………………………… 309

五、经济相互依赖对世界和平的影响 …………………………… 321

参考文献 ……………………………………………………………… 327

第一章

国际政治与国际关系概论

国际关系学是一门既古老又年轻的学科。说其年轻,是因为作为一门学科,国际关系学产生于20世纪20年代。1919年5月30日,出席巴黎和会的英美代表同意在各自国家建立国际关系的学术研究机构,以此来推动对战争与和平问题的研究,是第一次世界大战(以下简称"一战")的血腥惨烈激发了欧美知识界对如何维护世界和平这一主题的研究兴趣与热情。巴黎和会后,英美等国成立了一批专门研究国际问题的机构,如英国的国际事务研究会(英国对外关系委员会的前身)、美国对外关系委员会、哈佛大学国际与地区研究会和耶鲁大学国际关系研究所等,到20年代中期,仅在美国就已有40多所大学设立了专门研究国际关系等系所。与此同时,英美的一些大学也纷纷开始开设讲授国际关系的课程讲座,截止到1931年,美国的大学开设的国际关系课程已达3700多门。由此可见,作为一门独立学科,国际关系学的诞生离我们并不遥远,距今不过一百年历史。

说其古老,是因为它的出现与国际关系产生的历史一样久远,可以追溯到两千多年前古希腊时代的修昔底德、柏拉图、亚里士多德等人的历史学、政治学、哲学和国家学说。在人类历史上,只要在某一区域出现数量众多且互不隶属的国家以及跨越国界的人员交往,就会存在事实上的国际关系,而只要客观存在这种事实上的国际关系,就必然会产生与之相适应的学术思想。在公元两千多年前的古希腊,由于存在为数众多的城邦国家,这些国家为了生存与发展不得不展开错综复杂的外交活动,于是一批同时代的思想家们通过他们的独立研究与思考,开始提出一些有关国际关系运行规律的基本思想,由此诞生了一批对后世产生深远影响的伟大思想家。其中政治思想家柏拉图(Plato, BC427—BC347)、亚里士多德(Aristotle, BC384—BC322)和历史学家修昔底德（Thucydides，BC460—BC399）就是那个时代的杰出代表，他们的著作包含了大量影响深远的国际政治思想，这些思想历久弥新，对后世国际关系思想与理论的成长发挥了难以取代的作用。今天，任何一个从事国际关系研究的学者都能从修昔底德的历史巨著《伯罗奔尼撒战争史》(The Peloponnesian War)中获得灵感与启发。他在书中对希腊城邦体系提出了独到见解，分析了诸如外交、帝国、结盟、战争与和平、政治行为的动机（恐惧、荣誉和利益）以及权力与道德相冲突的关系等各种议题。"雅典实力的日益强大以及由此引起斯巴达的恐惧"[1]，他对伯罗奔尼撒战争爆发的原因这一解读发人深省，他得出一个崛起中的大国与一个守成强国间的冲突不可避免的结论，即所谓的"修昔底德陷阱"一直困扰着当代许多政治人物和政治学者。

同样在远离欧洲的遥远东方，就在秦灭六国建立大一统的中央集权之前，正值中国的春秋战国时期（公元前770—公元前221）。诸侯间的长期混战割据催生了一批影响深远的纵横家，如鬼谷子、苏秦、张仪、公孙衍等人，他们不仅提出了一系列如合纵连横、远交近攻的外交思想，还亲力而为，穿梭于列国之间，或合纵或连横，或朝秦或暮楚，将各自的战略思想付诸具体的外交实践，既是思想家，又是外交家。其中，作为战国时期最著名的纵横家和外交家的苏秦，早年投身于鬼谷子门下，学习纵横之术，出道后云游列国，提出"合纵"六国以抗秦的战略思想，并最终说服各国组建合纵联盟，身佩六国相印，使秦国十五年不敢出兵函谷关。而同为鬼谷子门下的张仪，则反其道而行之，提出"连横破纵"的外交策略，游说六国入秦而深得秦惠王赏识，封他为相国，奉命出使游说各国以"横"破"纵"，促使各国亲善秦国，为秦国一统天下立下不朽功勋。这些纵横家们崇尚权谋策略及言谈辩论的技巧，他们注重揣摩游说对象心理，运用纵横捭阖的手段，或拉拢或分化；他们说无定辞，一切从现实的政治要求出发，为所在国家出谋划策。纵横家们的思想和活动对当时的政治、军事局势产生了重要影响。需要指出的是，春秋战国时期这些活跃在政治与外交舞台中央的纵横家只是同时代诸子百家中占比很小的一部分，与同时代古希腊的思想家们相比，他们的政治智慧毫不逊色。

---

[1] 修昔底德.伯罗奔尼撒战争史[M].谢德风，译.北京：商务印书馆，2004：21.

一、国际政治理论的概念与功用

（一）国际关系、国际政治的概念及其相互关系

国际关系一词最早始于何时，笔者没有专门予以考证。有关国际关系的定义，学者们一直见仁见智、众说纷纭，有的形象、有的抽象。如国际关系"是一种博弈""是棋盘上的政治斗争""是历史舞台上风云变幻的戏剧""是人类生存的艺术和科学"等不一而足。美国现实主义学派的奠基人汉斯·摩根索（Hans J. Morgenthau）更多地使用国际政治而不是国际关系概念来阐释其政治理论，他认为国际政治"像所有政治一样，是争夺强权的斗争"[①]，是维持和增强本国强权、遏制或削弱他国强权的一种持续努力。他的学生肯尼思·汤姆逊（Kenneth Thomson）也强调，国际关系的核心是国际政治，国际政治的主题是国家间的权力之争。尼古拉斯·斯巴克曼（Nicholas Spykman）先用"国家间关系（Interstate relations）"，后用"国际关系"（International relations）概念诠释其理论体系，认为国际关系是关于不同国家的人与人之间的关系[②]，是国际体系中国与国在相互联系中所发生的各种冲突与合作关系的总和，而国际政治则是在国际关系中各类行为体基于各种动机和目的所进行包括政治、经济、军事、文化等在内的各种合作与斗争。

其实，国际关系与国际政治两个概念无本质区别，许多政治学者将国际关系视为政治学下的分支学科，但更多人认为国际关系的内容更为宽泛，它包含了国际关系史和国际关系理论。人们根据国际关系主体的不同，可以把国际关系分为政府间关系与民间关系；根据国际关系内容的不同，可以将国际关系分成国际政治关系、国际经济关系等。而国际政治主要从理论上解读国际关系如何运转，重点研究国家的行为和国家间政治。在实践中，人们往往对国际关系与国际政治这两个概念不加区分，甚至经常混用，事实上这种概念上的细微差别并没有妨碍人们对相关国际问题的分析与理解。

[①] 汉斯·摩根索.国际纵横策论——争强权，求和平[M].卢明华，时殷弘，林勇军，译.上海：上海译文出版社，1995：36.

[②] 詹姆斯·多尔蒂，小罗伯特·普法尔茨格拉夫.争论中的国际关系理论[M].阎学通，陈寒溪，等译.北京：世界知识出版社，2003：21.

至于国际关系理论与国际关系史的关系，哈佛大学肯尼迪政府学院教授、美国著名国际政治学者约瑟夫·奈（Joseph Nye）1993年在专著《国际冲突研究》中认为，理论与历史不可分，但不能把国际关系史等同国际政治理论，国际关系史为国际政治研究提供了必要的原料，而检验国际政治理论有效性的标准终归是历史实践。因此，他建议开展理论与历史间的"对话"，将理论研究与历史研究相结合。[①] 唯有将历史与理论有机对接，才能用鲜活的历史丰富抽象的理论，国际关系史可以为国际政治理论研究提供赖以提炼升华为理论的原材料。

（二）理论及其功用

研究国际关系理论需要回答的首要问题便是：什么是理论、理论有什么用？这是人们研究国际关系理论的出发点。美国学者詹姆斯·多尔蒂（James E. Dougherty）和罗伯特·普法尔兹格拉夫（Robert L. Pfaltzgraff Jr.）在其《争论中的国际关系理论》一书中指出："理论只是对现象系统的反映，旨在说明这些现象，向人们展示它们是如何以有意义和有规律的方式相互联系的，而不是无序世界中不规则的散乱个体。所有的学科都需要用理论来指导研究，为解释现象提供基础，如果可能的话，还应使该学科有一种概然的预测力。"[②] 理论是一种思维的"象征性构建"，包括"一系列相互关联的假设、定义、法则、观点和原理。理论提出一系列具体说明各种变量之间关系的命题或假设，依此系统地阐述关于各种现象的观点，从而对这些现象做出解释或预测"[③]。美国学者罗伯特·利伯（Robert Leber）提出了理论的三大功能。（1）描述：理论须确切描述现实世界发生的事件。（2）解释：理论应当说明这些事件发生的因果关系，说明行为规律，解释事物的"连续性、反复性和规律性"。（3）预测：对事物未来发展做出预测。当然，针对预测可能会担心出错，利伯指

---

① NYE J. Understanding International Conflicts—An Introduction to Theory and History [M]. New York: Harper Collins College Publisher, 1993: 9-13.

② 詹姆斯·多尔蒂，小罗伯特·普法尔茨格拉夫.争论中的国际关系理论 [M].阎学通，陈寒溪，等译.北京：世界知识出版社，2003：18.

③ 詹姆斯·多尔蒂，小罗伯特·普法尔茨格拉夫.争论中的国际关系理论 [M].阎学通，陈寒溪，等译.北京：世界知识出版社，2003：25.

出国际政治理论预测的只是"事物发展和结果发生的模式或总趋势,是事物的未来的发展,而不是具体事件的发生。如果要求理论能预测所有具体事件的发生,就会造成不可克服的理论上的混乱和困难"[1]。哈佛大学著名国际政治学者约瑟夫·奈因此认为:"理论相当于路线图,它可以帮助我们认识那些不熟悉的地方。没有路线图,我们就会迷路。"对此,汉斯·摩根索则有不同看法,他认为"国际政治学者必须汲取而不能忘记的第一个教训是,国际事务错综复杂,不可能有简单的解决办法和可靠的预测。学者与骗子之别,即在于此。……学者最多只能探索一定的国际形势中潜在的各种不同倾向。他可以指明促使一种倾向比另一种倾向更有可能占上风的不同条件,最后对各种不同条件和倾向实际占上风的概率做出估量"[2]。至于理论对于国际政治实践的引导作用,小多尔蒂明确指出:"21世纪的领袖和幕僚们在他们未来的行动中,必须要对不同的理论加以权衡和结合,以便理解发展,选择适当的政策,并对结果做出预测。他们可能继续选择他们直觉中的理论,这种选择结果缘于他们受的教育和政治活动的经验。"[3]由此可见,正是由于国际政治的诡谲与复杂性,使得政治家们很难仅靠经验判断事态的运行,必须借助理论的指导。

二、研究国际政治与国际关系的目的

2001年9月11日早晨,分别从波士顿、纽瓦克和华盛顿特区(杜勒斯国际机场)飞往旧金山和洛杉矶的四架民航班机,遭到19名"基地组织"成员劫持。从上午八点多开始,有三架班机先后撞向世贸中心北座、南座大楼和位于首都华盛顿的五角大楼。联合航空93号班机的最终目标被认为是美国国会大厦或者是白宫,只因机上乘客与劫机者奋力搏斗,才使得该飞机于上午十点多在宾夕法尼亚州的尚克斯维尔附近坠毁。此次袭击使纽约世界贸易中心的两幢110层的双子塔大楼相继倒塌,曼哈顿岛上空布满尘烟,五角大楼也

---

[1] LIEBER R. Theory and Politics[M]. Cambridge: Winthrop Publishers, 1972: 5-6.
[2] 汉斯·摩根索. 国际纵横策论——争强权,求和平[M]. 卢明华,时殷弘,林勇军,译. 上海:上海译文出版社,1995: 28.
[3] 詹姆斯·多尔蒂,小罗伯特·普法尔茨格拉夫. 争论中的国际关系理论[M]. 阎学通,陈寒溪,等译. 北京:世界知识出版社,2003: 27.

遭到局部破坏，部分结构坍塌。

"9·11"事件前，美国民意调查表明，只有很少比例的美国人对国际事务感兴趣，几乎没有人会担心美国遭受袭击。"9·11"事件后，美国专栏作家萨缪尔森（Paul A. Samuelson）评论道："幻想已经破灭，被毁掉的不只是世贸中心和五角大楼的一部分，还有美国人对于超脱于世外的幻梦。"① "9·11"事件发生后不久，美国就发动了历时20年的阿富汗战争，直到2021年8月30日，一架美军C130运输机载着最后一批美军从喀布尔机场起飞撤离，这场战争才宣告结束。这场战争不仅造成数以万计的阿富汗人民家破人亡，几百万人逃离家园沦为难民，也使美国付出了高昂代价。"基地组织"发动的恐怖袭击彻底打破了美国人的偏安思想，并清晰地向世人传达这样一些信息。

首先，国际政治关系到国家和人民的安全。世界上几乎每个国家和个人都需要安全感，希望能够远离伤害，而一个稳定和平的国际国内环境是确保国家和人民生命财产安全的必要条件。与此相反，仇恨、冲突甚至战争会引起人与人、国与国以及不同族群间的相互杀伐，让无数无辜的生命灰飞烟灭。出于政治仇恨，"基地组织"策动的"9·11"恐怖袭击事件一瞬间就造成2998人遇难；仅在20世纪，数次大规模战争就夺走了数千万人的生命，比历史上任何世纪都见证了更多的战争伤亡和生命损失。尽管人类文明已经进入21世纪，战争魔影却总在地球上隐约可见，国际国内冲突和恐怖主义威胁依然存在。特别是大规模杀伤性武器的扩散和核武器的存在，使得未来战争的代价变得越发难以承受。战争通常是政治的继续，为了避免战争，各国政治家们应当为确保世界和平而在外交上做不懈的努力，政治学家们也应当为如何避免战争、实现永久和平严肃地进行学术研究和探讨，让每一个生活在地球上的人都能感受到和平的阳光。正如卡尔·多伊奇（Karl Wolfgone Deutsch）在《国际关系分析》一书中总结的那样："国际关系理论是一门关于人类生存的艺术和科学。如果人类文明在未来30年横遭扼杀的话，那么，凶手不是饥荒，也不是瘟疫，而将会是对外政策和国际关系，我们能够战胜饥荒和瘟疫，却无法对付我们自己铸造的武器威力和我们作为民族国家所表现出来的

---

① 约翰·罗尔克.世界舞台上的国际政治[M].宋伟，刘华，张荣耀，等译.北京：北京大学出版社，2005：8.

行为……国际关系太重要了，以至不能忽视它；然而，国际关系又太复杂了，以至难以一下子掌握它。"[1]这正是我们今天要研究它的原因所在。如果国与国之间、人与人之间依旧充满仇恨，那么类似"9·11"的悲剧还会不断上演。

其次，国际政治深刻影响各国的经济发展。在全球化的今天，世界各国经济彼此高度依赖，一个稳定可预期的国际政治环境有利于世界经济发展，而紧张且不可预知的国家间关系对经济发展则有害无益。"9·11"事件虽然发生在美国，其影响却是全球性的，它不仅加速美国经济的衰退，也加深了全球经济的萧条。国际政治从来都与国际经济水乳交融、密不可分，国际政治经济学就是国际政治学与国际经济学交叉而产生的分支学科。在第二次世界大战（以下简称"二战"）后经济全球化的推动下，各国间交往日益密切，相互依存，国际政治与国际经济间的相互作用与渗透比历史上的任何时期都更加明显，经济利益的获得离不开良好的政治关系，它体现在贸易、投资、教育、旅游等各个领域。同样，紧密的经济联系也会带动政治关系的改善，你中有我、密切互动的经济与人文交往会大大降低国家间发生冲突的概率。

再次，国际政治关乎人类的健康与人权的保障，影响人类未来的生存，关乎我们每个人的福祉。全球化传导机制把人类居住的星球变成了"地球村"，各国利益的高度交融使不同国家都成为这个共同利益链条上的一环，任何一环出现问题，都可能导致全球利益链的中断。一个国家的粮食安全出现问题，则饥民将大规模涌入别国，交通工具的进步为难民的流动提供了可能，而人道理念的进步又使拒难民于国门之外的国家政权面临很大道义压力。互联网把各国空前紧密地连在一起，在世界任何地点向另一国发动网络攻击，看似无声无息，但给对象国经济社会带来的损失却有可能不亚于一场战争引发的损失。气候变化带来的冰川融化、降水失调、海平面上升等问题，不仅给许多岛国带来灭顶之灾，也将给世界数十个沿海发达城市造成极大危害。资源能源短缺涉及人类文明能否延续，环境污染导致怪病多发与跨境流行。面对越来越多的全球性问题，任何国家都不可能独善其身。今天的世界将面

---

[1] DEUTSCH K. The Analysis of International Relations [M]. New Jersey: Prentice Hall, 1978: 7.

对的全球性问题比以往任何一个时代都要多得多，如大气污染、水资源污染与短缺、全球气候变暖、传染病流行、跨国界毒品贩运、难民危机、贸易失衡以及发达国家与发展中国家的贫富差距等，这些全球化过程中伴生而来的诸多问题需要各国通过政治协商或外交谈判的方式加以解决，任何单边主义的我行我素对于全球性问题的解决与治理都于事无补。

最后，国际政治理论可以为历史研究提供必要的补充和指导。国际政治理论研究离不开对大量历史事实的归纳与总结，并接受历史事实与现实政治的检验。反之，从历史实践中抽象出来的理论，也可以为历史研究提供指引和必要的补充。凡是过去皆为历史，对于今天来说，昨天便是历史。然而从历史研究的角度看，研究最接近现实的历史却面临太多的现实障碍。各国出于安全考虑，涉及政治、安全、军事、外交活动的政府文件的解密期限长达数十年，真相在短期内无法用传统的历史研究方法揭开，但从历史经验总结得出的国际政治理论可以帮助我们做出相对合理的判断，预测未来事态发展方向本就是理论的基本功用，因此它可以帮助我们确立历史研究的正确方向，并为历史研究提供必要的补充。

三、国际政治的研究范围

作为一门学科，国际政治与国际关系研究主要回答，是谁、为了何种目的、采取哪些手段、从事怎样的活动、构建哪些规范等一系列问题。

第一，要研究参与国际政治活动的主体。早期从事国际关系研究的学者，特别是早期现实主义学派的奠基者们认为参与国际政治的主体只能是国家，从而将国家外的其他行为体排除在外。可不久人们便发现，国家之外的其他行为体也在积极参与国际政治活动，且影响力越来越大。于是数量众多的次国家行为体、国际组织及个人等非国家行为体被纳入研究范围。这些非国家行为体，包括民族团体、宗教组织、政府间国际组织、非政府间国际组织、跨国公司、争取民族解放组织、分离主义组织、恐怖组织等。这些非国家行为体对国际政治活动的参与，不仅大大拓展了国际社会的空间，而且也对长期主导国际关系的国家行为体构成了挑战。它们通过硬侵犯或软侵蚀的手段，使得作为国际关系基本行为体的主权国家开始把部分主权职能让渡给非国家行为体。

第二，要研究各类国际关系行为体参与国际政治活动的目的。有些行为体，譬如国家，参与国际活动的目的是全方位的，包括政治、经济、军事安全、社会文化等；另外一些行为体，它们参与国际活动的目的可能只涉及其中一项或几项，譬如数量众多的跨国公司一般只关注其跨国经营所能带来的经济效益，并不愿意冒险配合本国政府去干预东道国的内政；而美国的军工利益集团则更希望制造国际紧张局势，因为这样他们就可以出售更多的军火，成为不折不扣的"贩卖死亡的商人"；恐怖组织制造恐怖袭击的目的主要是政治性的；而大量的个人参与国际政治的目的则因人而异，难以一概而论。

第三，需要研究各种行为体为实现各自不同诉求所能采取的各种手段，以及这些手段在实际运用时所表现出来的特征和功用。不同的行为体习惯或可能采取的手段都不尽相同。跨国企业实现利益的方式是合法经营或平等交易；争取独立的民族团体实现目的的途径则是武装斗争和尽可能争取外援；国际组织主要是通过共同参与、平等协商、制定规则等方式促进国家间的合作。在所有行为体中，国家所拥有的手段最为全面，几乎涵盖所有和平与非和平手段，包括宣传、外交、经济、援助、军事威胁甚至战争等一切手段。但由于国家大小强弱不同，不同国家可以使用的手段会有较大区别，譬如弱小国家就很难对强权国家使用诸如经济制裁、军事威胁等强制性措施达成自己的目的。

第四，需要确定或构建具体的研究范围，即研究的相关主题。在国际政治学界，尽管每个人研究的重点不尽相同，研究的领域也在不断拓展，但综合起来，主要集中在以下一些主题上：国家、国家安全、国家利益和权力，军备竞赛与军备控制、危机处理、战争或"准战争"行为，外交、国际法、世界秩序及世界政府的构想，全球化过程出现的环境、卫生、贫富分化、资源短缺问题，还有性别、民族、国际政治经济等领域。

四、国际政治发展的三种模式

1994年，美国现实主义学派的奠基者——汉斯·摩根索的学生、著名国际关系理论家肯尼斯·汤姆逊在他的《国家思想之父——政治理论的遗产》

一书中，介绍了16位政治思想理论家，他们分别是：柏拉图、亚里士多德、奥古斯丁、阿奎那、马基亚弗利、格劳秀斯、霍布斯、洛克、亚当·斯密、大卫·休谟、孟德斯鸠、卢梭、埃德蒙·伯克、康德、黑格尔和马克思。这些早期的政治理论大师为今天的人们留下了极其丰厚的政治学理论遗产。尽管时代变了，但这些思想家们的经典思想理论却历久弥新、熠熠生辉，成为人们观察当代国际问题的思想基础。思想理论是对客观现实认知的一种主观反映，而这种主观认知一旦通过学术传播被各国政治领袖们接受，就会反过来通过他们的政策制定过程，将这种认知塑造成与其相适应的政治现实，形成思想预言的"自我实现"。因此，不同的思想通常能在现实世界中找到与其相对应的社会模型。尽管这些早期思想家们关于国际政治运行规律的思想精彩纷呈、各具特色，但人们依旧可以根据他们的理论体系与思维方式做一些简单归类，将他们的思想与某种具象的现实联系起来。

（一）三种模式的思想渊源

1. 托马斯·霍布斯（Thomas Hobbes, 1588—1679）

霍布斯出生于英国威尔特郡一个乡村牧师家庭，15岁进入牛津大学学习，毕业后不久到了一个大贵族家里任家庭教师。他曾在欧洲大陆游学多年，结识了许多科学家，还做过培根（Francis Bacon）的秘书，深受培根思想的影响。英国资产阶级革命期间移居法国，克伦威尔执政时返回英国。著有《论物体》《利维坦》《论人》《论社会》《对笛卡尔形而上学的沉思的第三组诘难》等著作，其中最具影响的当数1651年出版的《利维坦》（Leviathan）。霍布斯对人类天性抱悲观和犬儒主义态度，认为人类内心天然具有一种统治别人的冲动，即"统治欲"。他说："如果两个人想要同一个事物，而这一事物又不能被同时分享，他们就会成为敌人……就会尽力消灭或制服对方。"[1]他认为自私是促使人类相互残杀的核心根源，人的自然状态就是"在一个没有共同的权力使众人敬畏的时代，人们往往处于战争状态，而这种战争是个人对个人的战争"[2]。只

---

[1] 霍布斯. 利维坦（一）[M]. 刘胜军，胡婷婷，译. 北京：中国社会科学出版社，2007：195.
[2] 霍布斯. 利维坦（一）[M]. 刘胜军，胡婷婷，译. 北京：中国社会科学出版社，2007：197.

有当人类在某种特殊的怪兽——国家("伟大的利维坦")面前,放弃他们的天然权利,遵从"社会契约",才可能得到和平的希望和一点点幸福。因为"这样的国家能使人们抵御外敌的入侵、避免相互伤害,以及由此保障人们通过自己的劳动收获果实从而生活得很满意的唯一途径,就是人们把他们所有的权力和力量授予一个人或一个人的集合,这样把所有人的意志或多数人的意见转变为一个意志"[①]。霍布斯的思想根植于他对英国国内社会现状的研究,并提出了避免陷入这种自然状态的方法。霍布斯相信这一规律同样适用于国与国之间的关系,但由于国际社会很难像国内社会一样诞生一个超级"利维坦",因此他认为未来的国际社会必将呈现出以冲突和战争为特征的永恒自然状态。因此,霍布斯思想下的国际社会模式就是典型的国际无政府状态。

2. 雨果·格劳秀斯(Hugo Grotius,1583—1645)

格劳秀斯是古典自然法学派主要代表之一,他的著作《战争与和平法》《捕获法》和《论海上自由》,全面系统地论述了近代国际法的基本原理,使其成为近代国际法学的奠基人,被世人誉为"国际法始祖"。他第一次在真正意义上阐述了国际法的概念,提出了"公海自由"的经典理论。格劳秀斯认为国际法是"支配国与国相互交往的法律",是维护各个国家共同利益的法律,它的目的在于保障国际社会的集体安全,正如"一国的法律,目的在于谋求一国的利益,所以国与国之间,也必然有其法律,其所谋取的非任何国家的利益,而是各国共同的利益"。因此,它是"一种适用范围更加广泛的法,其权威来自所有国家,或者至少是许多国家的同意"[②]。格劳秀斯认为,国际法存在的前提是国家主权,而国家主权是指国家的最高统治权,即主权者行为不受别人意志或法律支配的权力。因此格劳秀斯的主权学说是真正近代国际法和国际关系意义上的主权学说,与人民主权相对,被称为国家主权。他认为主权国家必须遵循的国际法原则包括:坚持宣战的原则,反对不宣而战的狡猾行为;坚持战争中的人道主义原则,反对杀害妇女、儿童等非参战人员,反对杀害放下武器的战斗人员;坚持公海自由通行的原则,任何妨碍

[①] 霍布斯.利维坦(一)[M].刘胜军,胡婷婷,译.北京:中国社会科学出版社,2007:273.

[②] 雨果·格劳秀斯.战争与和平法[M].何勤华,译.上海:上海人民出版社,2013:21.

非武装船只在公海上自由通过都是国际法准则所不允许的；坚持遵循保护交战双方外交代表安全的原则。格劳秀斯生活在17世纪，但却梦想一个拥有共同法律和价值观，建立在平等的国与国的基础上，甚至平等的非国家实体和个人关系基础上的国际社会。他相信法律在和平和战争年代一样有用，这样世界就不会失去秩序与和平。

3. 伊曼纽尔·康德（Immanuel Kant, 1724—1804）

伊曼纽尔·康德是德国著名的思想家、哲学家，德国古典哲学的创始人。康德是一名自由主义者，他支持法国大革命以及共和政体，在1795年他还出版《论永久和平》（*Zum Ewigen Frieden*）一书，提出共和制政府与世界联邦的构想。

在《论永久和平》一书的开篇，康德就向我们描绘了一幅奇异的意象：一位旅社主人在教堂墓园的牌子上写了"永久和平"四个字，似乎想告诉人们，人类的自然状态就是不断地战争，而最终的宿命就是走向灭亡，从而达到一种"永久和平"，换言之，只要人活着，就不可能有真正的和平。其实康德想要赋予这幅招贴意象的真实含义是，某种形式的专制统治可以结束这种自然状态，让一切归于沉寂。可这是一种强制的"和平"，显然不是他想要的"永久和平"，他想借此告诫人类，若不去追求"永久和平"，而一味停留在自然状态，那么最终等待人类的只能是坟墓。与许多人一样，康德的思想也建立在他对人性的看法上，但他对人性的看法与霍布斯截然不同，虽然他基本同意霍布斯对于自然状态的描述，但他的理想却是人们"必须走出这种状态"，因为人类都是拥有理性自由的，是可以按照自己的意志做出选择的。他在书中就国际关系的走向为我们描绘了一幅具有前瞻性和乐观主义精神的画面。格劳秀斯认为在一个活跃的国际社会，国际法和国家间的合作皆能有效减少冲突。而康德则相信一个代表共和政体的国家联盟（民主制国家）最终会形成并且因此打造出"永久的和平"。这些国家可以和平地共处在一个更大的"市民社会"里，就像人们生活在各自的国家一样。可见，康德式秩序是一种自由主义的秩序，在此秩序下，国家间相互依靠，和平共处，人民不受国家边界所限，自由往来，分享共同价值观和商业。因此，康德模式可称为国际共同体模式，在该模式下，国与国间呈现出高度合作的状态。

真实世界的状态都可以在以上模式中找到对应。边界冲突、民族战争和恐怖主义活动对应霍布斯的国际无政府模式；世界主要经济体在面临经济危机、贸易冲突时选择多渠道协商，通过谈判协调立场、化解分歧、制定共同标准、维护共同利益的做法，体现的是格劳秀斯式的国际社会模式；今日的欧盟已经实现货币统一、贸易和人员自由往来的高度一体化，对应的是康德式的国际共同体模式。康德的理论也被认为是欧洲一体化史上最早的联邦主义理论，白里安（Aristide Briand）、让·莫内（Jean Monnet）等欧洲一体化的创建者们都深受其理论的影响。

（二）国际政治的三种模式及其学术流派

1. 国际无政府状态与现实主义

无政府状态是指不存在中央权威、不存在秩序、缺乏强制约束力的一种自然状态。无政府状态可分为国际与国内两种情形。其一，是一个国家或区域内的无政府状态会导致社会向某种自然状态回归，其标志就是烧杀抢砸等各种刑事犯罪层出不穷，甚至包括大规模种族屠杀。1994年在东非卢旺达发生的胡图族对图西族的大屠杀就是在国内无政府和国际社会拒绝干预的情形下发生的悲剧。其二，是国际无政府状态（International Anarchy），即一个使各国在安全领域内不得不实行"自我救助"（self-help）的体系。在这样的国际体系里，国家间既互不隶属，又存在利益冲突，以致每个国家只考虑自己的利益，并决定它遵守哪些规范和不理睬哪些规范。加上缺少一个可以凌驾于国家之上的超国家机构或世界政府来维护世界和平，导致国家间冲突经久不息，强权政治大行其道。国际无政府状态是由戈斯沃西·洛斯·迪金森（Goldsworthy Lower Dickinson）在其《欧洲无政府状态》（*The European Anarchy*）一书中首先提出的，他认为主权国家的兴起是欧洲转向混乱的转折点，原本由宗教维系的秩序不复存在，标志着世界秩序理想的失败和对无政府主义的绝对接受。当然国际无政府状态并不意味着整个国际社会每时每刻都处在一片绝对混乱、毫无秩序的状态中，只是表明国际冲突、战争及强权政治层出不穷，成为国际关系史上的常态，但不排除一些国家在国际法、共同价值观等规则的指引下，在一定时期寻求并获得秩序与和平的可能；也不妨碍单个国家内部能够实现有效管理，让那里的人民获得幸福与安宁。在当今世界上，除了少数陷入内乱的所谓"失败"国家，在绝大多数国家，价值观、法律和权力常常高度集中于一个拥有主权的政府手里，维持一个稳定的国内秩序通常不成问题。

现实主义思想的历史可以追溯到公元前4世纪的修昔底德，或者是16世纪的马基雅弗利，抑或17世纪的霍布斯。二战前，英国的艾德华·卡尔（Eduard Hallett Carr）在其著作《二十年危机（1919—1939）：国际关系研究导论》(*The Twenty Years' Crisis, 1919—1939: An Introduction to the Study of International Relations*)中，批评了理想主义，奠定了现实主义的理论基础；不过美国的政治学家汉斯·摩根索却被公认为"现实主义之父"，是现实主义理论大厦的真正构建者。现实主义理论的主要论点有：(1) 人性本恶。现实主义学者认为"权力欲"普遍存在于人性的结构之中，难以改变。诚如修昔底德所言，"我们所知之神，我们所信之人，凡其力所能及之处，无不统治，这是其本性之必然法则"[①]。(2) 国家是国际体系主要行为体。现实主义学派不太关注非国家行为体，始终认为非国家行为体在国际政治中只能发挥十分有限的作用，过多关注非国家行为体将不可避免地造成对国际关系本质认识的偏差。(3) 国际社会处于无政府状态，而无政府状态下的国际社会遵循的唯一法则就是弱肉强食的丛林法则。摩根索引用死海古文的论断说："哪国愿受更强的一国欺压？谁人愿让自己的财产遭到无理劫掠？然而，有哪一国不欺压邻国？世人哪里可见到不劫掠别人财产的民族？究竟在哪里？"[②] 英国学者洛斯·迪金森在《欧洲无政府状态》一书中指出，一战爆发的根本原因"既不是德国也不是其他大国，真正的罪魁祸首是欧洲的无政府状态，这一无政府状态对于那些出于安全和控制双重动机而企图压倒其他国家的国家产生了巨大诱惑力"[③]。(4) 国家利益是国际政治中分析国家行为的路标。现实主义认

---

① 韦正翔. 软和平：国际政治中的强权与道德[M]. 保定：河北大学出版社，2001：71.

② 汉斯·摩根索. 国际纵横策论——争强权，求和平[M]. 卢明华，时殷弘，林勇军，译. 上海：上海译文出版社，1995：47.

③ DICKISONG L. The European Anarchy[M]. New York: Macmillan, 1916: 14, 101.

为，国家间的利益关系是一种零和博弈，是你赢我输的二元对立关系。既然维护本国利益是国际交往中的最高原则，那么利益冲突导致的竞争必将不可避免。（5）道德、公众舆论和国际法在国际关系中的作用十分有限，甚至可以忽略不计。但这并不意味着现实主义者就完全不讲道德，事实上他们认为国家的最高道义是为其国民谋利益。故有人认为现实主义的行动原则应当是"代价不大时，可以多做好事"，遵守道义、尊重国际法的前提条件是：这样做不违背国家利益。（6）维护国际和平的最好方法是依靠实力与均势（balance of power）。现实主义认为，国际政治的本质是强权政治，强大的实力是确保本国安全、维护世界和平的最可靠手段，即所谓实力造就权力（might makes right）。当自身实力不足以单独确保本国安全，或无法维护有利于自己的和平秩序时，就需要运用均势政策来进行补充。因此，在现实主义者眼里，这世界是残酷的，充满了邪恶，于是人们将现实主义称为"黑暗的孩子"（children of darkness）。

2. 国际社会模式与理想主义

20世纪70年代以来现实主义已经无法解释国际舞台上正在发生的许多变化，如国际战争的减少、跨国活动的增加、国际舞台上多种行为角色的出现、国与国间相互依赖程度的进一步提高等；还有单个国家无法解决的跨国界问题，诸如艾滋病、环境破坏、毒品泛滥和经济发展不平衡等；此外联合国和国际法及其他规则惯例也在支撑国际社会的秩序方面，发挥着越来越大的作用。这幅国际社会的图景虽然在20世纪70年代后才依稀浮现，但反映这种现状的学术思想在很早之前就已经诞生。英国教友派信徒威廉·佩恩（William Penn，1644—1718）就曾提议，欧洲各国君主摆脱自然状态，服从于有效的国际法和国际秩序的体系，借以消除他所说的"鱼类逻辑"，即国家之间相互吞并的现象，他甚至还建议应该成立一个类似集体安全组织性质的法律机构，其中每一个成员的表决权按其统治者的个人所得和其所统治的领土价值的比例来确定。另一位英国功利主义哲学家杰拉米·边沁（Jeremy Bentham，1748—1804）则主张"寻求通过裁军、解放边远的殖民地以及建立国际法院或国际议会的方法，使欧洲国家变得和平与幸福"，而"国际法院或国际议会的建立将依赖于公开的外交、舆论的力量和新闻自由"[1]。一战期间的美国总统威尔逊无疑是这种理想主义理论的杰出代表,他在战争期间提出了对后世影响深远的著名的"十四点纲领",集中阐述了未来世界秩序应该如何的主张,包括公开外交、航海自由、集体安全等充满理想主义色彩的外交理念。理想主义学派思想的核心观点有:(1)人性善良且可以改造。生活在18世纪法国著名的思想家让-雅克·卢梭(Jean-Jacques Rousseau,1712—1778)是个十足的批判现实主义者,但他对人性的看法称得上是马克思主义的先行者。他认为"人性本质上是和平的,它变得好战是因为社会的影响;战争是文明的产物;私有制使人们异化,目光远离了原来的幸福,人的腐败源于私有制导致的不平等、阶级制度、基于暴力的法律以及统治精英为一己之利而实施的专制、对臣民的压榨、为扩大权力而发动的战争"[2]。马克思主义学者普遍认为,人生来只是一张白纸,无所谓性善性恶,人性乃后天形成的,是家庭、学校和社会共同作用的结果,人性既有可能向恶,也有可能向善,完全可以被改造。(2)利益可以调和。既然人性是分析国家间关系的基础,在善良与理性引导下的人与人之间的关系就并非不可调和,那么国家间的利益也未必都是零和博弈,它们完全可以通过谈判与协商化解矛盾,通过妥协与合作达成共赢。(3)战争可以避免。历史上战争不可避免的思想常常是导致战争真的难以避免的直接原因,修昔底德关于雅典实力的增长以及由此引起斯巴达的恐惧是造成伯罗奔尼撒战争爆发的原因的论断迄今依然发人深省。理想主义者认为,既然国家间利益可以调和,那么国家间的战争就并非不可避免,他们"相信导致一战的那种国际体系能够被改造成一种完全和平的和正义的世界秩序,相信觉醒的民主主义意识将产生巨大影响,相信国际主义会有越来越多的呼应,相信国联一定能够发展和成功,相信进步人士的和平努力和启蒙工作能够奏效;理想主义者坚信自己作为国际关系学者的职责,是消除

---

[1] 詹姆斯·多尔蒂,小罗伯特·普法尔茨格拉夫.争论中的国际关系理论[M].阎学通,陈寒溪,等译.北京:世界知识出版社,2003:12.
[2] 詹姆斯·多尔蒂,小罗伯特·普法尔茨格拉夫.争论中的国际关系理论[M].阎学通,陈寒溪,等译.北京:世界知识出版社,2003:11.

愚昧和偏见，揭示通往和平的安宁之路"①。(4)建立普遍性的集体安全机构，保卫世界和平。由于世界处于无政府状态，而追求和平又是世界各国的愿望，因而用集体安全来代替传统的均势安全理念，就有望构建一个"我为人人、人人为我"的安全机制，从而确保世界和平。(5)国际法和国际公约可以保证世界和平。既然国际法是各国公认的用来规范国家行为的规则，那么各国自觉养成遵守国际法、信守国际义务的习惯，便可以有效减少国家间的矛盾，降低冲突发生的概率。(6)公众舆论也可确保世界和平。理想主义认为，国际社会的公共舆论反映了绝大多数国家人民的共同心声，体现了多数人的公正与良善，这些舆论会对强权国家形成一定的道德压力，迫使强权滥用者自身有所收敛。因此，在理想主义看来，只要人性可塑且人心向善，那么权利本身也能造就权利（right makes right），这世界并非如人们想象的那般黑暗，只要人们心中有爱，世界就会变得十分精彩，因此有人将理想主义称为"光明的孩子"（children of light）。

然而，这种建立在人类理性与道德基础上、告诉人们世界"应该"怎样的理想主义，从一开始就面临着一系列来自主观意图与客观现实的挑战。英国学者爱德华·卡尔就曾在他的《二十年危机》一书中，直言不讳地表达了对政治家们口中的道德可信度的怀疑，他认为在那些十分美妙的言辞背后，实际潜藏着英美等国际体系的"既得利益者"维持现状（status quo）、避免剧变的图谋。卡尔还以德国为例，认为无论一战前的德国根据强权政治的逻辑要求获得"阳光下的地盘"，还是一战后则从道德的角度提出"地位的平等"，其本质毫无差别，不过都是为了改变现状的说辞而已。因此"当希特勒（Hitler）告诉我们'按照人类正义的共同含义、逻辑原理，所有人应当平等地分享世界财富'时，他从来没有打算让立陶宛（Lithuania）享受与德国同样数量的权利"②。更加讽刺的是，在1938年的慕尼黑，希特勒正是假借威尔逊在"十四点纲领"中提出的原则，要求割让捷克斯洛伐克的苏台德地区，并诡称这是德国在欧洲的最后一项领土要求。二战结束以来，国际社会见证了

---

① 王逸舟.西方国际政治学：历史与理论[M].上海：上海人民出版社，1998：56.
② CARR E H. The Twenty years' Crisis, 1919–1939[M]. New York: Haper and Row, 1964: 186–215.

太多借"民主、人权"等道德之名，行强权政治之实的恶劣行径，也看到太多政治人物"嘴上说的皆为主义、心里想的都是生意"的伪善面目。人类如果失去了理想，世界将会变成怎样？现实主义的冷酷容易让人们对世界的美好未来失去信心，而理想主义的温情则反映了绝大多数中小国家的心声和期待，其"普世价值"不容怀疑，将理想变为现实是广大发展中国家面临的一项长期而艰巨的任务。只要国际社会绝大多数成员能够践行真正的理想主义，迫使少数国家不得不放弃强权政治，相信理想主义扬眉吐气的一天终将到来。

3. 命运共同体与"新理想主义"

康德的国际关系模式是一个潜在的人类命运共同体模式，尽管听起来理想主义色彩浓厚，但随着时间流逝，这样一个共同体对人类来说还是充满了诱惑。与传统的理想主义思想相适应的国际社会模式相比，国际共同体模式显然已经跨越了国家间关系中习以为常的冲突边界，和谐共存已经成为国家间关系的新常态。尽管这种比传统理想主义更加乐观的"新理想主义"思想还未能获得学界的普遍认可，但当代国际政治的实践证明，人类正在同一性的道路上越走越近，这种同一性源自我们的认识，即在这个浩瀚宇宙中被我们称作地球的星球上，人类必须相互依靠，互相帮助。尽管地球被现实中的政治边界和流血冲突隔开，"人类一统"的思想不仅在政治上已经进入了我们的想象空间，而且也真实地走进了人们的政治实践中，早期的欧洲共同体和现在的欧盟便是将这种理想变为现实的伟大尝试。由此可见，构建国际或人类命运共同体是人类对未来命运的一种理想主义期待，只要人们坚定信心、同向而行，并愿意为此付出坚持不懈的努力，这种期待就有可能变为现实。

今天，人类社会依旧面临着两条不同道路的选择，一条是迄今以来人类走过的传统老路，另一条是人们正在积极探索并努力付诸实践的全新道路。传统道路是世界政治在过去很多世纪所走过的路线的延续，这条路径的特点是，自私自利的国家们在一个无政府的国际体系下为维护各自的利益争斗不休。而新道路是各国放弃对短期私利的过度追求，用平等协商、相互包容的方式完善全球治理，用共同、合作、综合及可持续的发展观和安全观取代本国优先、强权政治与冷战思维，用制度的笼子遏制战争的冲动，彻底打破冲突不可避免的传统思维窠臼。一百多年前，美国诗人罗伯特·弗罗斯特

（Robert Frost）在其著名诗歌《未走之路》（The Road Not Taken）[①]（1916）中曾这样写道：在很久很久之后的某个地方／我将会一边叹息一边述说／曾有两条小路在林间岔开／我选择了那条人迹罕至的行走／结果后来的一切都变得全然不同。

2013年3月23日，在莫斯科国际关系学院，中国国家主席习近平提出共建"人类命运共同体"（Community of Shared Future for Mankind）的全球治理理念。该理念强调在追求本国利益时兼顾他国合理关切，在谋求本国发展中促进各国共同发展。在权力多极化、经济全球化、文化多样化和社会信息化的当今世界，除了传统的地区冲突、大国竞争和军事安全外，粮食安全、资源短缺、气候变化、网络攻击、人口爆炸、环境污染、疾病流行、难民危机、跨国犯罪等全球非传统安全问题也层出不穷，对国际秩序和人类生存都构成了严峻威胁。此时，来自中国的倡议可谓适逢其时，不仅有助于人们摆脱传统的冷战思维，跳出强权政治的认知逻辑，打破历史循环的宿命论，而且还能提升世界各国人民对建立一个更加平等、普惠与包容的美好世界的信心，推动以应对人类共同挑战为目的的全球价值观的形成。该倡议向世界讲述了中国对人类文明走向的判断，即不论人们身处何国、信仰何如、是否愿意，实际上已经处在一个命运共同体中，因为人类只有一个地球，各国共处一个世界。推动建设人类命运共同体，是中国领导人基于对世界大势的准确把握而贡献的"中国方案"。诚然，在人类历史的长河中，人们总是在传承历史与变革创新中不断前行。人们总是习惯于走前人走过的路，而另辟蹊径、不走寻常路则会面临重重阻碍，历经曲折磨难。共建"人类命运共同体"的中国方案同样不会一帆风顺、一蹴而就，它既需要包括中国在内的若干个有影响力的大国引领与推动，也需要以广大中小国家为主体的国际进步力量的共同努力。

五、国际政治的分析视角（层次分析）

任何一个学科都有自己独特的研究模式。譬如，经济学研究通常是以一

[①] 约翰·罗尔克.世界舞台上的国际政治[M].宋伟，刘华，张荣耀，等译.北京：北京大学出版社，2005：21.

系列数据和假设为基础,通过建立一定的模型分析这些数据,然后得出研究结论;历史学主要通过发掘收集尽可能多的第一手史料,弄清客观的历史事实来对其做出评价;物理学、化学等自然科学的研究则需要通过大量有针对性的科学实验来发现自然界的客观规律。国际政治学也有自己的研究方式,有归纳法与演绎法,也有定性法与定量法,作为综合性学科还会经常借鉴其他社会学科的理论与方法来进行研究。

  国际关系研究除了需要各种理论的指导,还需要确立分析的角度。由于参与国际关系构建的主体之多元、数量之庞杂以及关系之复杂,使得对国际关系的分析与研究必须建立在选择一定角度的基础上,划分不同的分析层次。因此,国际关系学界通常会将国际关系研究分成以下三个层次。其一,是国际体系层次或宏观角度。世界范围的各种力量分布结构和不同的互动模式形成的国际体系,将强烈影响着单个国家和其他国际行为体的行为方式和政策选择。世界是一个整体,没有一个国家可以特立独行,无视周边乃至世界环境的影响。其二,是中间层次,即从国家及次国家行为体的角度分析国际政治现象。在所有国际关系行为体中,国家一直处在最核心的位置,因此关注单个国家的不同特征以及这些特征对该国行为的影响,对于研究国际关系至关重要。而大量的次国家行为体对国际政治的影响同样不可忽视。其三,是个体层次或微观角度。包括国家在内的任何政治团体终归是由具体的自然人组合而成的,各项政策归根结底皆由人制定,因此对个人特别是拥有决策权限的特殊人物的研究将有助于我们理解国际政治运转的基本形态。正如莎士比亚所言:"整个世界就是一个舞台,而所有的人都不过是这个舞台的表演者。"尽管每个人所扮演的角色不同,所发挥的影响各异,但他们都是这个世界政治舞台上最鲜活的、不该被忽视的表演者。

第二章

近现代国际关系的历史演进

理论来源于实践,实践是检验真理的唯一标准。国际关系的历史源远流长,国际政治理论早已有之,但在漫长的国际关系实践中,近代以来以欧洲为中心的国际关系实践对今天日益繁荣丰富的国际政治理论的形成尤为重要,当下国际关系实践中的很多理论和习惯依然是近代国际关系实践的延伸。因此了解近现代国际关系特别是欧洲国际关系实践的历史对于我们理解国际关系理论来说,将是不可或缺的一环。

一、近代之前的欧洲国际关系体系

在新航路开辟之前,地球上生活在不同区域的人们之间几乎没有交集,全球性的国际体系尚不存在,只有地区性的国际关系体系。世界被分割成若干相对独立的不同区域,区域内的国家或地区间关系互动相对密切,其互动的形式基本有三种。第一,是垂直型的帝国模式,如罗马帝国与其统治的地中海周边、奥斯曼土耳其帝国与其周边地区、古代中国与其周边地区等;第二,是相对独立且与周边没有密切互动的地区,形成特定范围相对封闭的次区域体系,如南亚、南美和非洲绝大多数地区,基本上与外部世界隔绝,难以构成真正意义上的国际体系;第三,是存在于某一特定区域内的平行型国家关系,如古希腊城邦之间、中世纪的意大利城邦之间以及大多数欧洲君主国之间皆属此类体系,这是一种典型的无政府式的国际关系体系。

在西欧,罗马帝国的崩溃将西欧带入了黑暗年代(公元476年—公元800年),法律和社会秩序遭到严重破坏,贸易与知识发展衰退,人口下降。曾经高度集中的权力和权威,被分散到各个小国君主和军阀手中,他们在"野蛮"民族袭击和地方混乱时提供并维持有限的安全保护。在最高王权与最底层的农奴之间，一般会有若干个层次的领主，每个领主都可将自己的领地划分成数块分封给自己的属下，从而形成了一种金字塔形的阶梯网络。一个大领主相对于国王或皇帝来说是附庸（vassal），国王和皇帝是他的领主（lord），但相对于这个大领主自己分封的中小贵族来说他就是领主，由他分封的人则是他的附庸，以此类推，直至普通骑士。通常情况下，各级领主与附庸相互按契约承担责任和义务，附庸只对他的直接领主负责，形成了所谓"我的附庸的附庸不是我的附庸"的原则。这样的层层分封制度要求领主将土地分配给下属的诸侯，并向他们提供保护，同时诸侯有义务向领主进贡士兵和金钱。经历数个世纪的发展，小领地封建诸侯的联合逐渐为更大国家的出现提供了领土基础。

此外，中世纪以来，基督教及罗马教皇在欧洲的影响力与日俱增，特别是在神圣罗马帝国与罗马教廷形成政治联合体后，罗马教皇便开始全面介入和干预世俗国家的政治生活，包括参与人事任免和法律的制定、拥有国君加冕权或国君合法性认定权、可以将不服从管教的君主逐出教会、压制和废除皇室婚姻、在君主之间的纠纷中担任仲裁角色；他还利用教会的权威和财富去对抗各种冲突与斗争、向各国派遣大使监控王权、调停各国的争斗等。教皇俨然成为欧洲的政治和精神领袖，其权威覆盖了整个基督教世界，无论欧洲人身在何处，说什么语言，都不能摆脱罗马教皇的影响。因此，"中世纪在神圣罗马帝国的基础上形成了普遍的秩序和教规，各个政治单位的活动范围受到极大的限制。在中世纪，政治规范从属于宗教规范、混同于宗教规范，国家利益的理念是没有自主性的"[①]。这样，中世纪的欧洲国际关系体系就成了一种政教合一、有序与无序并存的体系。该体系在整个欧洲尚未建立起一套得到普遍认同的共同规则情形下，对国与国关系进行调整，对统治者互动的行为进行规范与束缚。它在民主与民族观念尚未形成，人民对国家的忠诚尚未产生之际，发挥了整合各国人民思想的作用。

二、近代欧洲主权国家的诞生

（一）欧洲强权君主的出现

一般来说，国家是指拥有一个中央政府，管辖一定的人口与领土，在国

[①] 星野昭吉.变动中的世界政治：当代国际关系理论沉思录[M].刘小林，王乐理，等译.北京：新华出版社，1999：26.

际政治中代表和保护其国民利益的政治实体。而主权则是指一个国家对其管辖区域所拥有的至高无上的、排他性的政治权力,对外保持独立自主,不服从凌驾于国家之上的任何政治权威,同时还要求其国民对国家有强烈的身份认同并保持忠诚。据此,近代之前的欧洲君主国还不能算是真正意义上的主权国家,因为在君权之上还有罗马教皇和基督教会。加之欧洲君主国家数目众多,仅在当时法国的领土上就存有350多个大小不一的君主国。因此多数君主国实力有限,控制的地域与人口不多,难以形成有力的国家强权和有效抵御外部势力侵犯干预的能力。因此欧洲强权君主的形成需要两个条件:一是通过持续不断地领土兼并与扩张,逐渐控制更多的其他领主和贵族,从而形成一个拥有广阔领土、势力超群的强权国家;二是颠覆罗马教皇的权威,从罗马教皇手中夺权。

因此欧洲国家主权的确立是要以一系列强权君主国家的形成为基础的,而欧洲强权国家的形成则是在中世纪后期由一系列因素综合作用促成的。第一,军事技术的进步,尤其是黑火药的出现,降低了自给自足的小型封建庄园安全保障的能力,只有强大的君主和幅员辽阔的国家才有提供必要的安全保护的手段和能力。于是实力强大的君主对弱小君主国的征服与兼并得以普遍展开,欧洲主权国家形成的过程便是权力由分散到集中的过程。

第二,资本主义生产方式的出现和随之而来的封建主义生产方式的解体成了强权君主形成的主要催化剂。随着生产力的发展与技术的进步,早在12至13世纪,发端于意大利亚平宁半岛上的城市手工工厂以及在威尼斯、佛罗伦萨、米兰、热那亚等新兴工商业城市里,纺织业、玻璃制造业、造船业的产生,标志着新兴的资本主义生产方式破茧而出。这种早期资本主义生产方式直接导致了手工业工人、城市平民和商人阶层的产生,传统自给自足的封建生产方式开始走向瓦解,经济的繁荣最终促进了文化的进步和文艺复兴的兴起。资本主义的发展迫切需要打破自给自足、层层分封、各自割据的社会格局,使建立强大统一的中央集权国家成为必要。这样在欧洲封建社会后期,许多国家的君主开始统一和加强王权以应对贵族、市民和教会的挑战,整合割据性的封建经济,构建统一的国内市场,满足发展资本主义经济的客观需要,并以此确保君主利益、巩固君主权威。

同时，随着资本主义的发展，一些国家的资产阶级与新贵族阶层开始形成。伴随这一阶层实力的不断壮大，他们开始向封建贵族的特权发起挑战，他们反对分裂割据，主张实现国家与市场的统一，要求分享国家的政治权力。英、法两国的封建君主在与资产阶级、新贵族结为联盟的基础上建立了政治集权的"新君主制"。他们加强政治集权，推行重商主义，奖励文化创造，有力地促进了民族国家的发展。

第三，16世纪的新教改革运动动摇了罗马天主教会的统治基础，导致罗马教皇和教会普世性权威衰落的因素主要有：(1)国王权威的上升为挑战教皇权威提供了现实物质基础；(2)大约在1350—1650年间的文艺复兴运动，人们从古希腊和古罗马文化中发展出与教会权威相反的个人自由观念，为宗教改革运动的兴起提供了思想基础；(3)新教改革运动冲击了天主教的权威，为欧洲君主主权的诞生创造了条件。马丁·路德（Martin Luther，1483—1546）拒绝承认天主教会是人民与上帝之间不可缺少的中间人，他在1517年宣称相信任何人都可以同上帝建立个人联系。在随后几十年里，欧洲有近四分之一的人口成为新教徒，新教开始成为一些国家的国教。例如，亨利八世（1509—1547）在位期间创立了英格兰教会，作为教会的领袖，亨利八世掌握了教会所有的财产与土地，随后荷兰、斯堪的纳维亚半岛和苏格兰的君主们也纷纷响应，到17世纪，一些国王甚至宣布他们可以直接与上帝对话，接受神权领导，而不再受教皇的统治。1400年到1600年，一些初具现代国家雏形的区域性政治实体开始出现，它们是英格兰、法兰西、荷兰、葡萄牙、俄罗斯、西班牙、瑞典以及德意志的各个公国。

在宗教改革运动的直接冲击下，基督教被分裂为天主教和新教。此后欧洲君主制国家间的战争接连不断，关于到底信奉天主教还是新教的流血冲突成了欧洲战争的主要原因，此类冲突在"三十年战争"（1618—1648年）中达到高潮。这场战争最终以《威斯特伐利亚和约》的签订和君主制国家的主权独立得到承认而宣告结束。条约宣告了一项影响深远的中心原则，即一块土地上的统治者有权决定该领土内的宗教，这就等于宣布无论是罗马帝国皇帝还是教皇对欧洲各君主国的权威不复存在，此后将不再有超越君权之上的其他权威存在，权威只属于君主，君主们对所属领土及领土内的人民拥有绝对控制权，主权国家的基础由此建立，各国在法律上地位平等，彼此间不得互相干涉。尽管《威斯特伐利亚和约》确立的主权只是各国君主的主权，与现代意义上的国家主权存在明显差别，但毕竟主权是现代国家的奠基石，故许多学者都将1648年看作现代国家体系开始的标志。因为主权国家开始出现，使得整个国际社会开始呈现无政府状态，国际关系也由此进入以主权国家为中心的新时代。

（二）近代主权国家的诞生

《威斯特伐利亚和约》的签署使欧洲各君主们摆脱了罗马教皇的权威控制，获得了主权。然而在此后相当长的时间里，欧洲的多数国家依然是君主制国家，一些欧洲君主开始认为他们的权力不受任何约束，法国国王路易十四（1643—1715）"朕即国家"这句话代表了多数君主的心声。极具神秘色彩的"君权神授"思想依然是各国统治者维护其统治合法性的愚民工具，它公开宣扬人类社会是被某种神秘力量（如上帝、神）主宰，而这些神秘力量是公正无私、全能正义的化身。统治者们的权力来自神之授予，他们按照神的意志对其他人实施统治，其他人必须服从统治，否则就会受到统治者的处罚。如果统治者不按照神的意志进行统治，君主及其人民就会受到神的处罚。因此，在这一时期，主权在民的思想还没有得到广泛认同，民主主义和民族主义未能成为社会的主流意识形态，人民对国家的忠诚观念尚未建立。因此，"在拿破仑以前，人民中只有很少集团认同自己与本国的对外政策。事实上，那时的对外政策并非国家政策，而是王朝政策"[①]。这一时期的多数欧洲国家虽然获得了主权，但仍算不上真正意义上的现代国家。

率先打破欧洲封建统治者们创制的"君权神授"思想的是17—18世纪的启蒙思想家们，以卢梭、狄德罗为代表的思想家们石破天惊地提出了"主权在民"思想，即国家权力属于人民，君主、政府官员等只是代表人民履行权力的机构。国家权力来源于人民按照一定程序制定的契约，政权无论由谁掌管，其本质上只属于人民。君主只是民众的委托代理人，君主与民众都需遵

---

① 汉斯·摩根索.国际纵横策论——争权力，求和平[M].卢明华，时殷弘，林勇军，译.上海：上海译文出版社，1995：43.

守契约，倘若君主违约使得契约无法继续履行时，人民就有权恢复其自然权利，享有完全自由，当然也可同他们所愿意的任何人以他们喜欢的方式重新签订新契约。"主权在民"思想撕开了"君权神授"的伪装，激发了欧洲民众从君主手中夺取政权的斗志与热情，动摇了欧洲君主们的统治基础，推动了欧美革命风暴的到来。

1776年美国独立战争和1789年法国大革命推翻了君主专制统治，相继将"主权在民"的思想变成了政治现实，人民第一次建立了属于自己的共和国。法国人民第一次将忠诚奉献给国家，而不是那些名流贵族，路易十六甚至被法国人民送上了断头台。国家取得了曾经只属于国王的主权，国家利益与人民利益融为一体，主权属于人民的原则得以确立。民主共和国的成立又进一步推动国家与民族主义的有机结合，这样真正意义上的现代国家就应运而生了。民族主义涉及特定的身份认同以及处在某一特定集团的自豪感，这种特定性将"一群人"与"另一群人"区别开来。正因如此，拿破仑才能成功激发法国人民的民族主义热情，率先以义务征兵制取代雇佣军制，成功地将成千上万的人组织起来，为了法兰西的光荣，踏上遥远的征途。从此以后，民族主义便成了世界政治史上奔涌不息的洪流，不断冲击着落后的封建制度和野蛮的殖民统治，并在二战后的殖民地独立运动中走向高潮。

在疾风暴雨式的美国独立战争和法国大革命的影响下，民主主义、民族主义思想开始广泛流行。尽管一些欧洲统治者一直将他们头上的王冠戴到了第一次世界大战，但其实早在18世纪共和主义就开始向专制主义统治发起挑战，动摇了他们统治的合法性。而民族主义的出现更是国家发展过程中的重要一步，德国和意大利都是在民族主义思想的引领下实现了国家的统一。这一切都直接宣告了一个民族利益至上、人民与国家利益高度统一的现代国家体系正逐渐形成，标志着国际关系从此进入了一个崭新的历史时期。

在亚洲，由于不存在任何超越君权之上的宗教权威，君权至高无上的封建统治秩序早已确立。早在公元前219年，秦始皇历时十余年的统一战争，结束了战国时代的分裂局面，把中国推向大一统时代，推行书同文、车同轨、统一度量衡等一系列政策，奠定之后中国两千余年政治制度的基本格局。此后，所谓"溥天之下莫非王土，率土之滨莫非王臣"的封建君主统治在亚洲持续了一千余年。"君君臣臣""父父子子"的封建儒家思想一直占据统治地位,"民为贵,君为轻""王侯将相,宁有种乎"这些朴素的民主思想则长期停留在原始阶段,而民主、民族主义、爱国主义这些现代精神元素很晚才与国家主权相结合。与欧洲不同,亚洲打破封建君主专制政权长期统治的力量主要来自外部,即近代欧洲国家的殖民扩张活动。这些殖民扩张活动将亚非多数国家强行纳入西方的殖民体系之中,客观上促使这些亚洲国家在被动中接受西方的技术与制度文明,逐步走向现代化道路。鸦片战争后的中国便是其中之一,《南京条约》后国门被迫打开,在一片屈辱与错愕之中,中国传统士大夫中的有识之士开始睁眼看世界,探索各种"师夷长技以制夷"的救国方略。与此同时,一大批外国商人、官员及传教士在向中国输入商品、鸦片和资本的同时,也将西方先进的科学技术、政治制度、现代思想带入中华大地,潜移默化地影响着这片古老的土地,改变着人们陈腐落后的思想观念,客观上推动了中国的现代化进程。1911年,武昌城内的一声枪声翻开了中国历史的新篇章,共和制取代帝制,民族独立、民主共和的思想观念开始走进现实。

三、近代欧洲国际关系体系（1648—1914）

20世纪前,国家间相互作用方式的形成,即国际关系体系,基本都是欧洲的实践。从军事实力、经济实力以及对世界其他地方的影响力看,欧洲拥有一批当时世界上最具影响力的国家。在与世界其他国家与人民的接触中,这些欧洲国家通常占主导地位。相较于世界其他地区,欧洲很早就已具备形成相对成熟的国际体系的条件,欧洲具有的独特地缘政治环境,使为数众多且互不隶属的国家间形成复杂紧密的联系互动成为可能。正如美国历史学家保罗·肯尼迪（Paul Kennedy）所指,欧洲在地理上山脉纵横、森林密布,这种多样化地形既限制了某一大国建立欧洲一统的政治企图,又有利于分散的中小政权的存在与生存。因此欧洲在政治上总是四分五裂,甚至连罗马帝国的疆域也没有超过莱茵河和多瑙河以北过[①]。各大国之间夹杂着小国,相互牵制,无法形成大一统格局,从而为欧洲各国开展各种层次与类型的外交和军

---

① 保罗·肯尼迪. 大国的兴衰[M]. 张春柏,陆乃圣,译. 台北:五南图书出版公司,1993:22.

事活动创造了条件，并由此形成对内相互打斗抗衡、对外竞相殖民扩张的以欧洲为中心的国际关系体系。

（一）战争运行系统

古典时代的欧洲，战争以及与战争相关的外交活动极其频繁，"三十年战争"后不久，以波旁王朝和哈布斯堡王朝为首的欧洲大国争夺霸权的战争接踵而至。在这之后的两百年间，欧洲各国相继卷入其中，法西战争（1648—1659）、法荷战争（1672—1678）、"九年战争"（1688—1697）兼具王朝战争和争夺领土与商业利益的双重性质；旷日持久的奥土战争（双方于1683—1699、1716—1718、1737—1739、1788—1790共发生四次战争）是争夺领土和争取东南欧霸权的战争；而西班牙王位继承战争（1701—1714）、波兰王位继承战争（1733—1738）和奥地利王位继承战争（1740—1748），表面上是为了争夺王位，实则是各国争夺欧洲霸权、商业霸权和殖民地霸权的战争；欧洲多数国家参与的"七年战争"（1756—1763），主要是英法两国争夺海外殖民地的战争；"北方大战"（1700—1721）和一次又一次的俄土战争，是沙皇俄国赤裸裸扩张领土的战争。这一时期的普遍政治文化是，发动战争是各国君主的天然权力，战争有正义与非正义区分，却没有合法与非法之别。欧洲君主们为了各自利益，可以以各种理由随意发动战争，致使欧洲各地烽火连天、战事不断。间或有短暂的、休战式的和平，但都是在为接下来的战争做准备而已，人们不是在战争，就是正走在通往战争的路上，因此这一时期也被人们称之为"战争的两世纪"。这种战争运行体系具有如下一些特征。

第一，都是目标明确的有限战争。"三十年战争"结束后，近代欧洲国家发动战争的动机已不再是为了完全消灭对手，多半是作为达成有限目标的手段，譬如，在欧洲争夺土地与强权、遏制潜在霸权国家的出现，在其他地区争抢殖民地和商业利益等。因此这一时期的战争普遍规模不大，作战目标有限。

第二，战争中的均势外交活动异常活跃。数量众多、强弱不均的欧洲国家的君主与权贵精英们，为了在弱肉强食、战争频繁的无政府国际体系下生存，纵横捭阖的外交活动就变得十分活跃，追求权力平衡的均势外交开始大行其道。在理想模式下,一个强权国家或国家联盟总会面对另一个势均力敌的强权国家或国家联盟,防止权力过分集中在一个国家或国家联盟一边几乎成为欧洲政治精英们的共识,这种共识与外交实践一定程度上维护了欧洲主要大国间总体力量的平衡。

第三,战争的道德属性日益模糊。在近代欧洲的战争体系中,人们对于战争的正义与非正义观念变得越发模糊,更没有战争是否合法的概念。中世纪曾有的正义战争的概念已然消失,"取而代之的是君主以控告者和法官的身份从事战争的概念",这种新理论"通过诡辩几乎扩大到了将所有战争都说成是正义战争的可能性"①。战争成了所有人都可以接受的事实,"所有国家都有道德和法律的权利随意利用战争""战争是国家政策的工具,更具体地说是王朝政策的工具。只要政府认为适当,战争和外交会交替使用,或同时使用"②。

第四,战事频繁但血腥度不高。在19世纪以前,欧洲国家普遍实行雇佣军制,譬如"在腓特烈大帝统治的时代,三分之二的普鲁士军队是招募来的外国雇佣军"。而这些雇佣军的"主要兴趣就是避免打仗和活命,这与他们的头领要通过策略而不是作战来赢得战争,以保住他们的投资和降低风险的愿望是相一致的"。因此,人们发现,"在有限战争时期,个别士兵的叛离,乃至整个部队的叛离,都是十分普遍的。一个雇佣军或一支雇佣军春季为一个雇主服务,而到秋季又为另一个雇主服务,视得利大小而定"③。在战场上,士兵们可能会惊讶地发现,与自己作战的敌人是曾经在一起并肩作战过的战友,因而不少战争没有人们想象的那样残酷。加上欧洲贵族体制中的各国精英间有着密切的家庭和社会关系这一因素,使得近代欧洲国家间持久的和平与残酷的战争都极为少见。因此古典时期的欧洲国家间战争尽管十分频繁,但伤亡惨重或颠覆地缘政治格局的战争屈指可数。

对这种虽然连绵不绝,却并不血腥残酷的战争体系构成最严重挑战的是

---

① 汉斯·摩根索.国际纵横策论——争强权,求和平[M].卢明华,时殷弘,林勇军,译.上海:上海译文出版社,1995:467.

② 汉斯·摩根索.国际纵横策论——争强权,求和平[M].卢明华,时殷弘,林勇军,译.上海:上海译文出版社,1995:467-468.

③ 汉斯·摩根索.国际纵横策论——争强权,求和平[M].卢明华,时殷弘,林勇军,译.上海:上海译文出版社,1995:468-469.

来自法国大革命、拿破仑的军事实力以及法兰西帝国的扩张野心的冲击。在法国大革命与民族主义兴起之后，征兵制开始由法国向欧洲各国扩散，传统的雇佣军制度被逐渐淘汰，爱国主义与民族主义情怀融入士兵的精神世界，士兵作战时的勇敢与牺牲精神明显提高，战争的动员能力大幅度提升，战争的残酷性开始显现。战争中的失败会引起失败者对胜利者的仇恨，伺机复仇的情绪就会在失败一方的国民心中长久埋藏，直到有一天在条件成熟后彻底爆发。1870—1871年普法战争后的法国就是这样，在一战前的近半个世纪里，法国的政治精英们都在孜孜不倦地构筑反德联盟和寻找复仇的时机。到了19世纪中后期，伴随德国和意大利的统一，欧洲大陆的国家数量急剧减少，欧洲国家间战争的数量也因此而变得屈指可数。与20世纪的由意识形态驱动、以民族主义为杠杆、武器日益现代化的大规模流血战争相比，在很多学者眼里，古典时期欧洲国际体系下的战争岁月简直就是和平年代的代名词。

（二）经济运行系统

近代欧洲各国经历了两个不同的经济发展阶段，即重商主义与自由贸易。重商主义盛行于16至18世纪，它是建立在这样几种信念上：（1）衡量一国财富的主要标志是拥有贵金属（如金银）的多寡。该国如果缺少贵金属矿藏，就要通过贸易来取得。（2）对外贸易必须保持顺差，即出口必须超过进口。（3）不可能所有国家同时都有贸易顺差，黄金总量也是固定的，所以一个国家的收益（富裕）必然以另一个国家的付出（贫穷）为代价。因此，伊丽莎白一世在位时的英国不仅采取了许多有利于贸易发展的措施，同时提高商人的政治地位。该理论是在封建主义解体之后的16—17世纪西欧资本原始积累时期的一种经济理论，反映了资本原始积累时期商业资产阶级利益的经济理论和政策体系。

一般认为，重商主义有两个阶段：早期重商主义和晚期重商主义。早期重商主义产生于15世纪至16世纪中叶，以货币差额论为中心（重金主义），强调少买，其代表人物为英国的威廉·斯塔福（W. Stafford）。早期重商主义者主张采取行政手段，禁止货币输出，反对商品输入，以贮藏尽量多的货币。一些国家还要求外国人来本国进行交易时，必须将其销售货物的全部款项用于购买本国货物或在本国花掉。16世纪下半叶到17世纪是重商主义的第二阶段，即晚期重商主义，其中心思想是贸易差额论，强调多卖，代表人物为托马斯·孟（Thomas Mun）。他认为对外贸易必须做到商品的输出总值大于输入总值，以增加货币流入量。16世纪下半叶，西欧各国力图通过实施奖励出口，限制进口，即"奖出限入"的政策和措施，以此保证对外贸易出超，达到金银流入的目的。因此这一时期西欧各国的贸易是典型的零和游戏，重商主义而不是自由竞争成为各国的基本国策。

重商主义的政策促进了资本的原始积累，推动了商品货币关系和资本主义工场手工业的发展，为资本主义生产方式的成长与确立创造了必要的条件。同时重商主义精神也刺激早期的殖民扩张活动，贩卖黑奴、争夺商路、掠夺殖民地的贵金属等，逐渐成为欧洲各国实现血腥资本原始积累的主要途径。

18世纪中后期，由于科学技术的进步，英国率先完成了工业革命，并一跃成为世界工厂。传统的重商主义理论已经无法满足英国资本主义发展的现实需要，自由贸易便取代重商主义成为英国资产阶级拓展全球市场获取经济利益的一面旗帜，成为英国对外输出商品和掠夺附属国自然资源的主要工具。然而，由于各国经济发展的不平衡，欧洲一些国家仍然需要重商主义政策对本国的经济进行保护，所以英国倡导的自由贸易政策在相当长的一段时间内并未获得西欧各国的广泛认同。竞争依旧激烈，英国渴望凭借其技术优势和金融实力建立以它为中心的全球经济，而法国则希望借助欧洲大陆体制，削弱英国在欧洲获取商业利益的布局，建立一个以法国为中心的欧洲经济体系。

19世纪中后期，随着德意志和意大利的统一，欧洲的竞争格局进入了一个崭新阶段，欧洲大国在经济领域的竞争也开始出现重大变化。德国的横空出世，加上欧洲之外美国的后来居上，大英帝国的世界贸易霸权地位开始动摇。

（三）殖民扩张系统

随着地理大发现与资本主义生产方式的出现，欧洲各国相继走向了对外殖民扩张的道路，历时数百年的扩张使欧洲很多国家在海外拥有庞大的殖民地，世界政治版图也因此发生剧烈变动，其影响极其深远。欧洲对外殖民活动大致可分为三个阶段。

1. 早期殖民扩张阶段。是指16—19世纪中叶欧洲国家掀起的第一次对外殖民浪潮。这一时期，欧洲各国普遍奉行重商主义政策，对贵金属的贪婪驱使它们先后走上殖民扩张道路，将落后的非洲、美洲与亚洲纳入各自的殖民体系之中。其中，葡萄牙、西班牙、荷兰、英国与法国是这一阶段对外扩张最积极的参与者。

最先登场的是葡萄牙和西班牙。欧洲的对外殖民始于15世纪末和16世纪初的地理大发现，最早从事航海探险活动的是葡萄牙人，他们沿西非海岸南下，绕过好望角进入印度洋，到达盛产香料的印度尼西亚。西班牙人则紧随其后，他们另辟蹊径，一路向西横渡大西洋，发现了美洲大陆。后来麦哲伦率领船队又沿美洲东海岸南下，成功穿过麦哲伦海峡进入太平洋，再一路西行，抵达今天的菲律宾和印度尼西亚。在与早已到达此地的葡萄牙人发生冲突后，继续西行经印度洋，绕过好望角回到西班牙，完成了人类史上首次环球航行。

与郑和下西洋传播友谊不同，这些早期来自葡萄牙和西班牙的富有冒险精神的航海家兼探险家们，多是掠食者和殖民者。他们的动机多种多样，好奇心驱动可能只是其中之一，最重要的还是为了攫取巨额财富。地理大发现让葡萄牙和西班牙率先走上了对外殖民扩张的道路，也由此拉开了欧洲人海外殖民扩张的序幕。15世纪末，葡萄牙人就已在非洲西海岸的几内亚、刚果、安哥拉等地建立了据点；16世纪初又在东非海岸的莫桑比克、索法拉等地建立据点作为补给站；1510年占领了印度的果阿，随后又入侵了锡兰（斯里兰卡）；1511年占领并控制了马六甲，继而侵占了印度尼西亚的许多地方，还在中国强占了澳门；此外，葡萄牙殖民者还在南美的巴西建立了自己的殖民统治。只有200万人口的葡萄牙，摇身一变成为16世纪初首屈一指的殖民强国。不甘落后的西班牙也紧随其后，开始了大规模的对外征服与殖民活动，他们首先将矛头指向了美洲，西班牙的冒险家兼殖民者们，都会通过欺骗、阴谋和杀戮在所到之处建立自己的统治。他们占据了西印度群岛、中美洲与南美洲除巴西外的绝大多数地方，还在北美建立了第一个殖民地——佛罗里达，并于1564年至1571年间完成了对菲律宾的征服和殖民。西班牙与葡萄牙的早期海外殖民扩张意义重大，正如美国历史学家斯塔夫里阿诺斯（Leften Stavros Stavrianos）所言："西方探险家、商人、传教士和移民的海外活动，标志着中世纪向近代的过渡，标志着世界历史由欧洲大陆地区性阶段向全球性阶段的转变。"①

16世纪末到17世纪初，随着荷兰、法国和英国相继走上殖民扩张的舞台，葡、西两国的殖民霸权地位开始走向衰落。导致葡萄牙衰落的原因主要有：人口少且国力有限、缺乏足够的军事力量去保卫海外基地、长期奉行重商主义、缺乏雄厚的工业基础等。而导致西班牙衰落的原因则要复杂得多，包括：经常卷入欧洲大陆内部的纷争，连续不断的王朝与宗教战争消耗了大量资源；对殖民地的严格控制和推行落后的大地产制抑制了殖民地经济与人口的增长，使得西班牙在与其他海上强国争霸中难以获得来自殖民地的支持；与葡萄牙一样，长期奉行重商主义政策导致工业生产的落后，从殖民地掠夺的大量金钱虽可满足贵族阶层的奢华生活，却难以形成维持一个殖民强国所需要的可持续的综合国力；而尼德兰爆发革命的冲击和1588年西班牙的"无敌舰队"被英国海军击溃，则加速了西班牙的彻底衰败之路。

17世纪初崛起的荷兰加入对外殖民行列之中，荷兰的兴起得益于地利、人和以及先进的商业资本运行模式等一系列因素。首先，从地理位置上看，荷兰面对大西洋，背靠欧洲大陆，境内有欧洲数条跨国河流穿行其间，是北欧与中南欧商品交易的必经之所。为此，荷兰人建立了当时世界上最庞大的商船队，造价便宜、运载量大的平底船活跃在世界各地，几乎垄断了世界航运业。鼎盛时期，仅从事捕鱼和运鱼的船只就达6400多艘，连世界头号殖民国家葡萄牙和西班牙本土与殖民地、殖民地与殖民地间的航运业务都被荷兰人垄断，成为名副其实的"海上马车夫"。其次，由于西班牙对1566年爆发革命的尼德兰地区人民的残酷镇压，导致安特卫普的工匠、商人和银行家纷纷逃亡到阿姆斯特丹，带来的大量资金与技术，推动了荷兰工商业的快速发展。最后，先进的商业模式成为荷兰海外商业扩张的有力保障。荷兰人率先创制了股份制公司这一全新经营模式，其中独占贸易公司成为荷兰经营海上航运业务的主要形式，公司采取最具现代企业精神的股份制形式，极大提高了筹集资本、扩张业务的能力。公司根据政府颁发的特许状享有诸多特权，甚至可以建立自己的海陆军，有权宣战媾和，有权建立并管理自己的殖民地。

---

① 斯塔夫里阿诺斯.全球通史：1500年以前的世界［M］.吴象婴，梁赤民，译.上海：上海社会科学院出版社，1992：476.

正是凭借强大的商业能力，荷兰人开始步葡、西的后尘，走上殖民扩张的道路。它从葡萄牙手中夺走好望角、锡兰、印度的马拉巴与科罗曼海岸、马六甲，还占据北美的新尼德兰、南美的圭亚那、非洲的海岸殖民地以及亚洲的爪哇、苏门答腊和婆罗洲的一部分，并于1622年至1642年占领了我国的台湾。

　　从17世纪初开始，欧洲对外殖民扩张的行列中又增加了两个新成员——英国和法国，它们在17世纪中后期就已经后来居上，开始挑战荷兰的霸主地位并成功取而代之。法国率先在美洲建立的殖民地有路易斯安那和加拿大，在印度沿海建立昌达那加等贸易站点，在非洲侵占了马达加斯加、戈雷和塞内加尔河口，在西印度群岛占领马提尼克及瓜德罗普两个岛屿。英国也在17世纪初开始对外殖民活动，在北美大西洋沿岸建立殖民地，到1733年已建立了13个殖民地；在亚洲，英国也开始入侵印度，至1688年，就已经占领加尔各答、圣乔治要塞及孟买3个据点；在西印度群岛，占领了牙买加、巴巴多斯和巴哈马；在非洲占领冈比亚和黄金海岸。与荷兰对外扩张的路径不同，英国从开始就致力于大规模的海军建设，图谋以武力为后盾，从竞争对手那里夺食，成为最早推行重新瓜分殖民地的国家。英国从1651就开始颁布多项《航海条例》，规定任何商品非经英国船只载运不得输入或输出英国殖民地；为了迫使荷兰接受《航海条例》，英国还于1652年至1674年发动数起对荷战争，结果荷兰战败，丧失了海上霸主地位。此后，英法之间的霸权之争拉开了序幕，为了击败竞争对手，英国不断在欧洲大陆组建反法同盟，并运用金钱和武器资助盟友与法国作战，英国则集中海上的优势力量，在海外打击法国。双方为争夺霸权共进行了四次重要战争，即圣·奥格斯堡同盟战争（1689—1697）、西班牙王位继承战争（1702—1713）、奥地利王位继承战争（1740—1748）及"七年战争"（1756—1763）。战争的结果：在印度，法国的势力几乎丧失殆尽，只在沿海保留几个贸易站；在北美，只剩下纽芬兰沿岸及西印度群岛上的几个岛屿；在南美只保留了圭亚那。而英国则夺去了法国整个劳伦斯河流域及密西西比河以东的大片土地及格拉纳达岛。

　　2.工业革命时期的殖民活动。从1763年起，欧洲殖民扩张进入第二个阶段——工业革命时期。在此期间，传统的以蔗糖、烟草和贩卖奴隶为主的殖民贸易已经不再具有重要意义，科学技术、交通运输特别是铁路的发展，成为对外扩张的重要工具。工业化国家对棉花、羊毛、燃料、铁、铜、锡、煤炭等工业原料的需求取代了对消费品的需求，同时这些国家迫切需要在本国之外开辟市场，以消化本国生产的工业制成品。在1763年到1875年的100多年中，英国利用无可匹敌的海上力量大肆进行殖民扩张，其活动足迹遍及北美洲、南太平洋、远东、南大西洋和非洲沿岸。英国还占领了澳大利亚，新西兰，非洲的黄金海岸、冈比亚、开普敦，亚洲的缅甸等地。1776年北美十三州宣告独立，英国的殖民扩张一度遭受沉重打击，遂将殖民侵略重点由北美洲转至资源更为丰富、市场更为庞大的印度，到19世纪中叶，英国棉布出口的四分之一倾销到了印度。

伴随英国世界工厂地位的确立，19世纪初英国的对外贸易政策已由垄断贸易改为自由贸易。加上法国大革命宣扬天赋人权观念的影响，以及人道和经济方面的原因，英国于1807年宣布奴隶贸易非法，1833年英国海外领地的奴隶最后解放。受此影响，荷兰、法国、瑞典、丹麦等国也相继宣布禁止奴隶贸易，这一措施使得各国在非洲沿海的据点迅速萎缩，丹麦、荷兰甚至在19世纪中叶卖掉了它们各自在西非沿海的商站。同时由于拿破仑战争的冲击，西班牙和葡萄牙在美洲的殖民地于19世纪初纷纷宣布独立，拉美地区对奴隶的需求锐减，两国在非洲的殖民力量也由此迅速萎缩。在北非，法国利用昔日地跨欧亚非三洲的封建帝国——奥斯曼帝国的衰败，借助消灭北非海盗的机会向阿尔及利亚、突尼斯等奥斯曼帝国的属地渗透，并于1830年占领了阿尔及利亚。

与此同时，英国对待殖民地的态度也曾随着工业革命的完成一度发生改变，英国首相本杰明·迪斯雷利（Benjamin Disraeli）在1852年的一句话代表了这一时期英国对殖民地态度的演变："殖民地是挂在我们（英国）脖子上的沉重磨盘。"以英国在冈比亚和黄金海岸的两小块殖民地为例，其商业税收远远少于行政开销，英国议会几次建议缩小殖民地规模或将其完全抛弃，只是由于英国皇家海军西非分舰队需要在几内亚湾建立海军据点禁止奴隶贸易，英国才最终保留这两处殖民地。但为了安置加勒比海诸岛被解放的黑人奴隶，英国在殖民地萎缩时期通过建立授权公司的形式，又开辟了塞拉利昂殖民地，美国殖民协会在同一时期开辟了利比里亚殖民地，法国则开辟了利伯维尔（今加蓬）殖民地，这些殖民地都被用来安置被释奴隶。

这样，从1825年到1875年这段时间，除英国和法国外，欧洲国家征服新殖民地的活动已基本停止，以向海外殖民地移民的运动取而代之。移民潮随之而来，据估计在1820年以后的100年中，离开欧洲的移民达到5500万。

3. 帝国主义时期的殖民扩张。从19世纪中叶起，来自欧洲的探险家们开始向非洲内陆进军，寻找尼罗河的源头，并且探索尼日尔河、刚果河和赞比西河流域，发现了非洲内陆的巨大资源和潜力。19世纪晚期，随着工业化和人口增加对资源需求的扩大，欧洲对棉、麻、花生、棕榈油、咖啡、可可、橡胶、木材、铜、锡、钻石、黄金等资源的需求猛增，对新原料的需要引起对非洲原料产地的激烈争夺。而1870年，南非金刚石、黄金的发现进一步点燃了欧洲国家在非洲地区拓展殖民地的热情，他们对土地的争夺不再局限于那些只适宜种植农作物的富饶地区，连荒地、沼泽、沙漠和无人区都成为争夺的对象，欧洲国家对非洲土地的痴迷已经到了饥不择食的疯狂地步。于是，一度处于沉寂状态的争夺殖民地的狂飙突进运动便在非洲大陆登台上演。在这一历史进程中，法国起到了至关重要的"带头示范"作用，它在塞内加尔开创了用逐步推进方法对非洲内地进行殖民的新模式，即以种植花生或油棕榈的农场为前进基地，使用药物治疗热带疾病，利用当地居民组成雇佣军队，沿主要河流向非洲腹地逐次推进。由于这种方式比英国人传统的沿海渗透方式高效有用，因此很快被其他殖民国家所效仿。为了解决在争夺土地过程中发生无序和冲突，欧洲各国在1884年至1885年的柏林会议上，确定了"只有实际占领才能证明对一个殖民地的统治权"的原则。柏林会议后，为了将各自在非洲占领的土地合法化，欧洲国家纷纷与当地酋长签订协议和条约，把自己的势力扩大到内陆，对非洲的瓜分进入最后冲刺阶段。在此之前的数个世纪中，欧洲列强在被称为"最后的大陆"的非洲占领的殖民地只有318万平方公里，而在19世纪最后的25年里，除了埃塞俄比亚和利比里亚两个政治上独立的国家外，欧洲已完成了对非洲2569万平方千米土地的占领。欧洲国家对获取殖民地的贪婪与争夺，除了实际经济利益的考虑因素外，争夺战略优势地位恐怕是最核心的驱动力，正如19世纪末英国外交大臣索尔茨伯里（Sailisbury）承认的那样，"仿佛在土地上加盖记号，以防万一有变时这些领土不会为其他强国所占有"①。

在亚洲，俄罗斯也加入了殖民扩张的行列，其殖民扩张的方式与欧洲各国不同，采取了同化土著民族的文化和社会的方法，向西伯利亚、远东、高加索和中亚推进，并极力向中国渗透。到1876年，沙皇俄国已经占领了1700万平方千米的土地。法国征服了安南（今越南）、老挝、柬埔寨。英国占领了东南亚的马来半岛和北婆罗洲，控制了中东的波斯湾和阿拉伯半岛南部。在大洋洲，新兴工业强国——德国从西班牙手中购买了加罗林群岛、马里亚纳群岛等殖民地。除了直接征服殖民地外，殖民国家还将一些经济落后的国家变为半殖民地，如中国、朝鲜、暹罗（今泰国）、波斯（今伊朗）、阿富汗、奥斯曼帝国等，在这些国家攫取了海关、交通、通商、筑路、开矿、建厂、开办银行、训练军队等权益。

4. 殖民扩张对世界政治的影响。欧洲各国历时数个世纪断断续续的殖民扩张对世界历史产生了极为深远的影响。首先，殖民活动绝不是什么田园牧歌式的所谓文明传播活动，殖民者用欺骗、武力与杀戮等手段，给落后地区的人们带来难以描述的深重灾难：北美洲的印第安人、大洋洲的土著遭遇种族灭绝式的血腥屠杀，无数非洲黑人被贩卖为奴，难以计数的资源和财富遭到任意掠夺。其次，殖民扩张开启了全球化进程。殖民者通过赤裸裸的武力和"炮舰外交"，将众多尚处于原始、奴隶或封建形态下的地区和国家纳入资本主义国家控制的国际体系，一个以欧洲为中心的国际体系逐步建立，落后的亚非拉地区作为边缘地带，被迫成为这一体系中的一部分。最后，极大地改变了世界政治版图。西方以向殖民地大量移民，甚至流放罪犯的方式，将美洲、大洋洲相继纳入西方"文明"的控制之中。特别是盎格鲁·撒克逊民族的海外殖民活动，让这个原本生活在英伦三岛且人口十分有限的民族迅速成为北美与大洋洲的新主人。英国的殖民扩张还造就了今天活跃在世界政治舞台中央的"五眼联盟"，该联盟以美国为首，企图依靠结盟外交、集团对抗、大国竞争等手段，压制或击败所有竞争对手，继续推行新殖民主义，将世界再度纳入盎格鲁·撒克逊族绝对控制下的世界体系中。

---

① 亨利·基辛格.大外交[M].顾淑馨，林添贵，译.海口：海南出版社，1998：157.

(四) 政治外交生态系统

尽管《威斯特伐利亚和约》的签署使欧洲各君主摆脱了教皇控制，获得了主权，但这种主权只是欧洲各国君主们个人的主权，在此后的相当长时间，欧洲的绝大多数国家依然是君主制国家，多数欧洲国家为不同皇室所统治。欧洲各国专制君主们用极具神秘色彩的"君权神授"思想作为维护其统治合法性的工具，他们通过联姻、王位继承或战争等手段维护各自的王朝利益，而生活在这里的人们只存在区域性或宗教性效忠，尚无民族与国家观念。然而随着资本主义生产方式的出现，以及文艺复兴运动带来的思想解放等的冲击，"主权在民"的观念得到广泛传播，反对专制王权的革命在美欧各国相继爆发，民主共和政体在美欧各国相继取得胜利，民众的民族主义热情被系统点燃。特别是法国革命所激起的共和主义力量强烈冲击了欧洲各国的专制政权，并引发欧洲国家的一系列革命。1820年的西班牙和意大利资产阶级革命以及希腊独立运动，1830年的法国七月革命、比利时革命、波兰十一月起义以及1848年欧洲革命的接连冲击，使得神圣同盟所维护的封建正统秩序渐次走向解体。在欧洲，很多国家议会逐渐从国王手中接管了权力，共和政体在很多国家建立起来。到一战前夕，欧洲只有奥、俄、德少数国家依旧维持着君主专制政体。与此同时，建立民族国家的思想与热情也被彻底点燃，民族主义运动正式启航，德意志与意大利相继通过王朝战争实现了统一。

在古典时期，欧洲各国为了各自利益，演绎了一幕幕"爱恨情仇"的故事，历经连绵战火与动荡的洗礼，彼此间的关系也在相互冲突与合作中重新整合，到了19世纪，绝对的无政府与相对有秩序的国际社会形态也在相互碰撞中开始浮现。拿破仑战败后，参战各方于1814年10月1日至1815年6月9日在奥地利首都维也纳举行会议。会议旨在恢复拿破仑战争时期被推翻的各国旧王朝及欧洲封建秩序，防止法国东山再起，由战胜国重新分割欧洲的领土和领地。会议签订的《维也纳会议最后议定书》及有关条约、宣言和文件构成了维也纳体系，该体系以均势原则、正统主义和补偿原则等为指导思想，在拿破仑帝国瓦解后的欧洲，建立起新的政治均势，并暂时维持了欧洲列强间的和平与协调。为了确保维也纳体系的稳定，防止革命再次发生，沙皇亚历山大一世于1815年9月26日联合奥、普两国缔结神圣同盟，并邀请各国参加。同时为防止法国再起，英、俄、奥、普四国于同年11月20日又缔结了四国同盟条约，相约将以武力维护维也纳会议决议的实施。

一时间欧洲各国放下宿怨，一个相互协调的和谐格局与生态系统似乎正式形成。但经由大革命激发的民主主义与民族主义热情已被点燃，欧洲各国由先进思想武装起来的民族资产阶级与代表欧洲权贵利益的维也纳体系水火不容。在欧洲各地风起云涌的资产阶级革命的接连冲击下，试图维护旧体制的神圣同盟难以摆脱最终走向解体的宿命，所谓的欧洲协调也随着1853年克里米亚战争的爆发不复存在，维也纳体系也随之彻底瓦解。

在19世纪的绝大多数时间里，欧洲国家对权力系统平衡及其重要性的认识得到进一步巩固。对此，保罗·肯尼迪在《大国的兴衰》一书中明确指出了这种均衡长期有效存在的根本原因，即"欧洲的基本事实在于经济和军事实力中心的多元化。任何一个意大利城邦只要一冒出来，其他城邦就会出面干预，以保持均势。任何一个新君主政体扩大领地，它的竞争对手就会寻求补偿"[①]。欧洲各王朝间既存在利益冲突，也存在共同的利益诉求，维护各封建王朝的正统统治、维持欧洲主要大国间实力的大致均衡、镇压不断兴起的遍及欧洲的民族民主运动等，成为推动各国彼此合作的主要动力。1815年维也纳会议后，欧洲国家按照普遍认同的原则和惯例在冲突与协调中处理相互间关系，试图通过彼此协调保持几个最有权势的欧洲国家的领导权，以维护一个被普遍接受的欧洲秩序，这样召开多边外交会议的惯例在19世纪得以确立。与此同时，为了解决日益频繁的外交和日趋残酷的战争所带来的一系列问题，关于外交、战争和其他方面国家间关系的国际法编纂活动也在持续进行。1863年国际红十字会正式成立，在该委员会倡导并由瑞士政府主持召集的日内瓦国际会议上，与会的12个国家于8月22日签署《改善战地武装部队伤者境遇的公约》。此后，包括《日内瓦公约》在内的各类国际法编纂活动开始活跃，这些活动在1899年和1907年两次海牙会议期间渐入高潮，一系列规范战争行为的国际法规由此产生，而这些都为一个既充满矛盾与冲突，又拥

---

① 保罗·肯尼迪.大国的兴衰[M].张春柏，陆乃圣，译.台北：五南图书出版公司，1995：22.

有一定规则与秩序的国际社会的诞生提供了助力。

四、20世纪的国际关系体系

如果说19世纪以欧洲为中心的各国，通过外交和权力平衡还能保持相对稳定的话，那么20世纪的人们则经历了极其尖锐的意识形态冲突，并由此引发有史以来最为惨烈的世界大战和长时间的美苏冷战（以下简称"冷战"）。意识形态是人们关于政治、经济和社会结构的性质，以及个人和团体在这些结构中的角色的基本信仰系统。意识形态可以是呼吁信仰者聚集行动的纲领，也可以是组织社会甚至指导对外政策的政治"蓝图"。传统的均势外交与意识形态的结合成为20世纪大规模战争与冲突——一战、二战、冷战爆发的主要根源。尽管冷战是不开枪的战争，但这场长期的、棘手的、痛苦的冲突在历史上的重要影响绝不亚于一场开了枪的战争。随着苏联的解体，冷战后的世界获得重建国际新秩序的新机遇。

（一）均势外交、意识形态与两次世界大战的爆发

首先，均势外交、结盟对抗是引发一战的主要原因。一战是一场主要发生在欧洲但却波及全世界的战争。早期的战争主要是在三国同盟（Triple Alliance）和三国协约（Triple Entente）之间展开，德国、奥匈帝国（Austria-Hungary）和意大利是同盟国，英国、法国、俄罗斯是协约国，战场也主要在欧洲。由于战争久拖不决，很多亚洲、欧洲和美洲的国家陆续加入了协约国，最吊诡的是意大利虽是同盟国，却背信弃义加入协约国一方与同盟国作战。这场战争是欧洲历史上破坏性最强的战争之一，大约有六千五百万人参战，一千万人失去了生命，两千万人受伤。

导致一战爆发的原因很多，均势外交的失败便是其中之一。一战前的安全体系靠的都是权力平衡，即用不同国家间实力的相互制约来维持平衡，谁最强就会被其他国家联合起来对抗。比如，拿破仑时期的法国为欧洲大陆最强，威胁到欧洲各国的安全，英国、普鲁士、奥地利和俄国便组成了反法同盟。统一前的德意志地区是三百个小邦国，呈现一盘散沙的割据状态，国与国之间树起了高高的贸易壁垒，统一的民族市场难以形成，这样一个支离破

碎的中欧，对于周边的国家是十分有利的。1871年德国实现了统一，其后便凭借其严谨的国民性格、良好的国民素质不断创新技术，以及阿尔萨斯－洛林的铁矿和鲁尔的煤炭所形成的工业体系，成功实现弯道超车，一跃成为仅次于美国的第二大工业强国。德国的崛起显然威胁到了现存世界体系的既得利益者，这让欧洲的老牌帝国深感恐惧，他们绝不允许一个统一且强大的德意志国家横在他们中间，威胁到他们的既得利益和环境安全。尤其是战败后的法国，表面上对在俾斯麦（Otto Eduard Leopold von Bismarck）掌控下的德国毕恭毕敬，可内心却总是"万马奔腾"，用法国政治家甘必大（Léon Gambetta）的话来说，就是"要时刻想到复仇，但绝不说出口"[①]。为报普法战争战败之仇，收回阿尔萨斯和洛林，在深知自身力量不足的情况下，法国开始走上一条不断寻求与沙皇俄国和英国结盟的外交路线。

俾斯麦当然深谙此道，所以在任宰相期间，他一直奉行如履薄冰、小心谨慎的外交政策，其宗旨是防止法俄联盟的形成，俾斯麦尽量拉拢俄国站在自己一边，还拉近与英国的关系。为了增加德国的安全系数，他还构建了另一个联盟体系，即三国同盟，拉拢周边的奥匈帝国和意大利，随时防止两线作战。

美国历史学家科佩尔·S.平森（Koppel S.Pinso）说过："威廉帝国的辉煌灿烂转化为可悲的毁灭性灾难，是外交政策带来的后果。"[②]随着新皇帝威廉二世的上台，政治强人俾斯麦被迫辞职，德国的外交危机随之而来。威廉二世内心怯懦、外表张扬，在外交上率性而为、鲁莽冲动。他将俾斯麦精心布置的反法联盟格局彻底摧毁，导致了法俄联盟最终形成，构成对德国两线夹击之势。他还大搞海军竞赛，想要挑战英国海上霸权地位，争夺殖民地，又引来英国的不满。在一战前，英法俄是典型的现有国际秩序的既得利益者，有着庞大的殖民地和经济总量。威廉二世对现存的利益分配格局极为不满，总想重新瓜分殖民地，争取更多的"阳光下的地盘"，自然难逃被周边国家集体围剿的悲惨命运。

这种均势体系一直维持到一战之前，没有任何一个欧洲国家拥有欧陆霸

[①] HINSLEY F H. Sovereignty [M]. Cambridge: Cambridge University Press, 1986: 452.
[②] 科佩尔·S.平森.德国近现代史：上册 [M].范德一，译.北京：商务印书馆，1987：397.

权。其结果就是一战前夕欧洲各国只能通过结盟相互制约，并最终导致协约国和同盟国两大对立阵营的产生。抛开各国各自具体的动机不谈，这种两极对抗格局的形成是长期权力平衡体系运行的结果。这种本来旨在维护有利于自己的所谓"和平"的均衡体系，非但没能维持住欧洲的和平，却因为相互间的不信任和想要一劳永逸解除对手威胁的冲动，推动彼此义无反顾地走向了战争。由此不难看出，一战的爆发是传统的权力斗争的结果，与意识形态无关，只是到1917年美国参战和俄国爆发革命后才为这场战争涂上一抹民主制度与专制制度对抗的色彩。按照威尔逊总统的说法，美国的战争使命是"确保世界民主制度的安全"，他还提出"十四点计划"，让那些生活在几大帝国统治下的不同文化的民族实现独立，并与其他国家一同发动干涉俄国苏维埃政权的军事行动。

而且，二战的爆发明显与法西斯主义意识形态及美英均势外交有着密切关系。一战后，意识形态逐渐成为影响国家间关系的主要因素。反映了一个社会占统治地位的经济制度和政治制度并为其服务的意识形态，对社会起到巨大的指引和动员作用，顺应与尊崇这样的意识形态是政治正确的表现，而违背这种意识形态等于抗拒主流社会民意，通常会受到惩罚。20世纪出现的具有广泛影响力的意识形态有：共产主义、民主主义、法西斯主义和民族主义。由这些意识形态掀起的社会运动，都曾以前所未有的巨大能量搅动着世界局势，以摧枯拉朽的姿态快速改变世界的政治格局。

十月革命导致了第一个信奉共产主义意识形态的苏维埃政权的建立，从此民主主义与共产主义的意识形态之争拉开序幕，给传统的国家间关系增加了一个新的变量。苏维埃政权的建立被协约国视为洪水猛兽，美国国务卿蓝辛甚至认为布尔什维克的威胁比德国的威胁更大，他说："今日世界上有两大威胁正在作祟，一是专制主义，其力量正在衰落；一是布尔什维克主义，其力量正在上升。我们已经看到布尔什维克统治在俄国的骇人后果，我们也知道这一主义正在往西方传播。想到在中欧有实现无产阶级专制统治的可能性就令人害怕。"[①] 出于这种反布尔什维克的动机，威尔逊政府参与了针对苏俄的

---

① 斯塔夫里阿诺斯.全球分裂：第三世界的历史进程[M].迟越，王红生，译.北京：商务印书馆，1995：532.

武装干涉，不过他很快便认识到，"布尔什维克的侵略主要是思想上的侵略，不能靠军队击败思想"①。

而20世纪30年代法西斯主义的兴起则是对现有国际秩序与思想体系的彻底颠覆，并极大改变了国际关系的运行模式，成为二战爆发的主要动因。与共产主义意识形态相比，20世纪30年代的德、意、日三大法西斯独裁政权是典型的极权主义政权，他们鼓吹极端民族主义，宣扬种族优越论，把侵略扩张、种族灭绝视为实现自我利益的常规手段，是唯一颂扬战争光荣的当代意识形态，是不折不扣的现代战争策源地。这样到了1930年，国际社会共有三种有影响力的互相对立的意识形态理论：民主主义、共产主义与法西斯主义，这三种意识形态互不相容。然而在战争期间，这三种意识形态相互冲突的国家，往往会因为实际的政治利益需要，仍然可以跨越意识形态分歧，彼此携手合作。于是，一系列匪夷所思的事件随之发生：法西斯德国与社会主义苏联于1939年签署互不侵犯条约、民主主义的英美则在1942年"把对共产主义的嫉恨抛掷一边，联合苏联击败纳粹德国"等。正如富兰克林·罗斯福（Franklin Delano Roosevelt）所言："我不能接受共产主义"，但为了击败希特勒，"我愿与魔鬼携手"②。看起来，欧美社会显然依旧信奉那句古老的政治格言，"敌人的敌人就是我的朋友"。

同一时期，除了意识形态因素外，传统的地缘政治和均势外交成了影响欧洲国家间关系的关键因素。英国为了遏制法国的影响力，有意扶持战败国德国，在赔款、鲁尔撤军、法国的安全保障等问题上向法国施压，从而给了德国重新崛起的机会；利益至上和孤立主义传统也使得美国在欧洲扶植德国、在亚洲绥靖日本；而政局动荡与政治精英的短见使得法国不能强硬处置德国违反《凡尔赛和约》的颠覆性举措，只能跟随英国对德国奉行绥靖政策，在德国进军莱茵兰、重新武装等关键问题上选择妥协退让；法国不仅拒绝苏联提出的联合遏制纳粹德国的安全倡议，甚至还"自废武功"，伙同英国与意大

---

① LINK A S. The Papers of Woodrow Wilson, vol.53[M]. New Jersey: Princeton University Press, 1986: 576.
② 约翰·米尔斯海默.大国政治的悲剧[M].王义桅，唐小松，译.上海：上海人民出版社，2008：47.

利在慕尼黑出卖了自己的传统盟友捷克斯洛伐克，葬送一战后亲手缔造的东方同盟体系，并试图将"祸水"东引，变相鼓励德国向东扩张。情非得已又没有退路的苏联不得不采取与英法同样的策略，在战祸即将开启之际，为了本国安全利益和争取更多作战准备时间，选择与德国签订互不侵犯条约，并在战争爆发后，兼并波罗的海三国，出兵波兰。对此，戴高乐（Charles De Gaulle）在其《战争回忆录》中曾这样叙述欧洲是如何一步一步走向战争的：

> 事实很清楚，战争的结局没有确保和平。德国随着实力增强又野心勃勃。这时的俄国因为革命而陷入孤立；美国则置身于欧洲之外；英国为了使巴黎有求于它，对柏林宽厚备至；而新兴国家仍处于分崩离析和虚弱之中，于是，法国就独自承担了遏制德意志帝国的责任。实际上法国是这样做了，只不过没有始终如一。结果就出现了先是普恩加莱领导下的强硬政策，接着又是白里安鼓动下的和解政策，最后又寻求国联的保护。这就使德国的威胁无所约束。①

基辛格（Henry Alfred Kissinger）在评论二战前的苏德关系时认为："如果意识形态能够决定外交政策，那希特勒与斯大林就绝不会联手，这跟三百年前黎塞留与土耳其苏丹的情况类似。但地缘政治上的共同利益是一股强大的结合力量，促使希特勒与斯大林这两个往日仇敌唇齿相依地结合在一起。"②因此，二战的爆发，固然与执意推翻凡尔赛条约强加于德国的不公正束缚和纳粹政权侵略扩张的本质密切相关，但欧洲国家自以为是的均势外交传统与算计对于战争的爆发同样"功不可没"。

（二）冷战（1947—1989）中的两极对立与三个世界的形成

首先，关于冷战爆发的原因，学界意见有分歧，但反法西斯战争胜利后共同敌人的消失、东西方意识形态的对立恐怕是最主要的原因。自苏维埃政权确立以来，美国对共产主义的恐惧与敌视就一直存在，二战结束后不久，

---

① 周荣耀.戴高乐评传［M］.北京：东方出版社，1994：22-23.
② 米·尼·波克罗夫斯基.俄国历史概要［M］.贝璋衡，译.北京：商务印书馆，1978：90.

战时一度被抑制的反共意识形态重新复活。1947年3月12日，杜鲁门在致国会联席会议的国情咨文中，发表了被称为冷战宣言的"杜鲁门主义"。他在咨文中明确指出，国际社会存在两种完全不同的政治制度和生活方式，"一种生活方式是以多数人的意志为基础的，它突出地表现为自由制度、代议制政府、自由选举、对个人自由的保障、言论和宗教自由、免于政治压迫的自由。第二种生活方式则是以少数人的意志强加于多数人为基础的，它所依靠的是：恐惧和压迫、报纸和广播受到控制、事先安排好了的选举和个人自由的压制"[1]。而美国的使命将是支持各国自由人民帮助他们"抵制武装的少数集团或外来压力所试行的征服活动"。对于这份冷战宣言，杜鲁门事后解释说：这是在向"全世界说明，美国在这个极权主义的挑战面前所持有的立场"，即今后"无论什么地方，不论直接或间接侵略威胁了和平，都与美国的安全有关"[2]。从此，反共意识形态"就像是骑兵的冲锋号，唤起美国去完成另一项外交使命，这种行为完全符合美国把世界划分为罪恶与美德两个极端的传统。……反共一直是决策者们要达到的目的，遏制政策也得到了公众和国会中民主党与共和党长期而广泛的支持"[3]。战后的四十多年，苏美两个超级大国除了没有打一场面对面的"热战"，他们之间的竞争与冲突几乎表现在各领域。双方想在军备竞赛、太空开发、奥林匹克运动会、第三世界的拉拢以及科学和宣传等各领域中领先对方，对他们来说，没有一个领域小到足以被忽略。冷战期间，两大阵营时而高度紧张对立，时而勉强共存，这两种状态像钟摆似的轮流交替，周而复始，直到1989年后的东欧剧变和苏联解体。尽管如此，由于经济全球化和国际政治文明化、法律化、制度化已经成为时代发展的大趋势，两大集团间的竞争与对抗还是有限度和可控制的，以代理人战争、军备竞赛、争夺在第三世界影响以及颜色革命为主。同时为了某些共同利益，苏美双方还能在控制核武器、防止地区冲突、控制各自盟友等多方面进行不同程度的

---

[1] 哈里·杜鲁门. 杜鲁门回忆录：下卷[M]. 李石, 译. 北京：东方出版社, 2007: 129.
[2] 哈里·杜鲁门. 杜鲁门回忆录：下卷[M]. 李石, 译. 北京：东方出版社, 2007: 128.
[3] 斯帕尼尔. 第二次世界大战后的美国外交政策[M]. 段若石, 译. 北京：商务印书馆, 1992: 42.

合作。

其次，二战结束后，以美国为首的西方国家还以布雷顿森林体系和关贸总协定为核心，建立起将社会主义阵营排除在外的全球自由贸易体系，极大地推动了全球化的历史进程。它标志着西方国家也由此进入了一个经济、政治全面合作协调的新时代，特别是西欧各国开始摸索以理性方式进行竞争与合作的道路，主动放弃传统的政治理念，如充满利益计算的均势外交、相互猜疑与敌视的安全意识，通过各自放弃部分国家主权的方式，建立起一套有效的区域安全、政治协调和经济合作机制。这套机制既确保了欧洲各国的集体安全，使欧洲各国成功走出长期对立冲突甚至野蛮厮杀的历史，又能让各国在经济高度一体化中广泛受益。经济全球化使投资与贸易得到快速发展，各生产要素开始在全球配置，跨国经济活动和相互依赖程度达到史无前例的地步，各种区域一体化经济合作组织纷纷建立。

但在20世纪80年代前，以苏联为核心的整个社会主义经济体参与全球化的过程相对滞后，其相互间的合作远大于同其他经济体间的合作，社会主义与资本主义两大经济体近乎两条缺少交集的平行线。因此，20世纪80年代后才是全球化全面升级的开始。

再次，战后亚非民族解放运动或非殖民化运动渐次走向高潮，一大批殖民地国家赢得政治独立，极大地改变了世界政治版图和国际体系的结构，由于经济不发达，这些国家多被称为第三世界或发展中国家。第三世界的兴起标志着近代以来西方大国的殖民政策、扩大和控制势力范围的外交政策走向末路。第三世界力量的壮大改变了旧的世界力量的平衡，它们在摆脱殖民枷锁后普遍采取不结盟的外交政策，在两极以外构建了一支全新的政治力量，三个世界的政治格局由此形成。它们要求平等、渴望和平、反对强权的政治主张影响深远，促进了国际政治民主化，削弱了大国间权力互动的自由性与原始性，推动了国际法和国际道德舆论在国际政治领域中的作用与地位，提升了以联合国为核心的国际组织在国际政治中的影响力，使国际体系不得不在形式上和法律上逐步摆脱传统的运行模式。经济上，第三世界国家通过建立区域合作组织等方式进行"南南合作"，通过77国集团向发达国家提出一系列改革不合理国际经济秩序的主张，以维护发展中国家的正当权益。

(三) 后冷战时期——国际秩序的重塑或定位时期

冷战结束后，整个世界在政治、经济、文化和社会各个领域出现了结构性变化，这个结构性变化主要体现在以下三点。

1. 全球化趋势日益加深，相互依存程度日益提高。"相互依存"是由1970年末新自由制度主义创始人罗伯特·基欧汉（Robert O. Keohane）、约瑟夫·奈首次提出，后成为国际关系领域的流行术语，全球化与相互依赖反映的是国际关系变化发展的事实。伴随苏联解体、东欧剧变以及中国改革开放的深化，这些地区开始融入全球体系，参与到全球化的历史进程中，极大增加了全球化的广度与深度。全球化导致的各国利益交融、充满意识形态色彩的冷战终结等一系列结果，使得冷战期间美苏视彼此为仇敌，并各自裹挟一批盟友激烈对抗，让国际秩序像钟摆一样在紧张与和缓间来回摇摆、上下震荡的历史不复存在。而新的国际秩序的重塑尚需时日，与两次世界大战后的国际秩序由战胜国做最终决定不同，冷战没有战败国。因此冷战后时代的国际秩序重构需要主要国家通过谈判协商解决：苏联虽然解体，但俄罗斯作为地缘政治大国和军事大国的地位不容忽视；欧盟、日本等主要经济体渴望分享更多国际政治话语权；中国以前所未有的改革开放新姿态融入世界经济与政治大舞台。这些主要行为体都不太可能将冷战后的国际秩序任由美国说了算，少数国家企图按照自己的意愿主导冷战后秩序重构的愿望注定难以得逞。

2. 多极化趋势日益明显。多极化趋势并非冷战结束后才出现的，早在1970年初，时任美国总统的尼克松（Richard Milhous Nixon）就预言，在20世纪最后三分之一的时间里，美国、西欧、苏联、中国与日本这五大经济力量的发展将决定世界其他方面的前途。冷战结束之初，美国理所当然地成了世界上唯一的超级大国，两任美国总统乔治·布什（George Walker Bush）和比尔·克林顿（Bill Clinton）都先后高调宣布美国主导的"世界新秩序"已经形成。1991年1月29日，在海湾战争的枪炮声中，布什总统就在递交国会的国情咨文中明确指出："美国在这一实现世界新秩序的努力中起着主要的领导作用，在世界各国中唯有美国既具有道义上的声望，又具有支持这一声望的物质力量，我们是世界上唯一能够集合一切和平力量的国家。正是这一领导的重任以及实力，使美国在一个前途茫茫的世界中成为自由的灯塔。"[1]1996年8月5日，克林顿总统在华盛顿大学发表的演讲中高调宣布："美国仍然是不可或缺的国家。有时候美国，也只有美国，才能在战争与和平、自由与压迫、希望与恐惧之间起决定作用。"对此，德国《明镜》周刊于1997年10月刊文评论："由于共产主义终结和本国经济繁荣而地位加强的华盛顿，似乎已经抛弃了产生于越战创伤的自我怀疑心态。美国现在是国际政治中的施瓦辛格：到处炫耀武力、横冲直撞和威胁别人。"[2]但美国作为冷战的胜利者和唯一的超级大国，建立由它主宰的单极世界的意愿，与两极格局终结后各种力量重新分化组合、世界格局逐渐朝着多极化方向发展的趋势背道而驰，因此遭到了许多国家的抵制，俄罗斯、法国、德国、中国等大国都主张，冷战后的国际关系新秩序必须以多极化为基础。无论是从国际正义的角度来看，还是从全球治理需要各国的平等合作和协商来说，国际政治的多极化是人类社会的必然选择。

3. "民主终结论""文明冲突论"并没有经得起检验，传统的强权政治与霸权冲突依然是这个时代的主旋律。冷战刚一结束，美籍日裔学者弗朗西斯·福山（Francis Fukuyama）就匆匆宣布，人类制度将以西方的民主形式一统江湖，可冷战结束30年来的政治实践证明，民主没有统一的制式，西方民主制度的弊端层出不穷，不同政治体制共存的现实也没有改变。1993年，另一位美国政治学者亨廷顿（Samuel Phillips Huntington）在美国《外交》杂志上抛出"文明冲突论"，其核心观点是，"后冷战的世界中人们之间最重要的区别不是意识形态的、政治或经济的，而是文化的区别"，并断言未来世界性的冲突将在西方文明与非西方文明之间展开，文明的冲突是战争的根源，并预言中华文明、伊斯兰文明将与西方文明出现大规模冲突。然而，这种标新立异的理论非但没有获得中外学界的普遍认可，也未得到近30年国际政治实践的检验，不同文明间和平共处的格局并未改变，不同文明间的冲突并未发生。相反，自冷战结束以来，人们看到的是少数西方国家依旧在遵循着野蛮的丛

---

[1] 参见1991美国国情咨文，《发现》1991年夏季号，第49页。

[2] DROZDIAK W. Even Allies Resent U.S. Dominance[N]. The Washington Post，1997-11-04.

林规则，它们打着民主改造、捍卫人权的旗帜，发动一次又一次战争，践踏中小国家主权与尊严，杀害数十万无辜平民，人为制造灾难造成数以百万计难民。可这些战争没有一次是因文明冲突而起的，美西方纵然假借"民主、人权"之名，大概也没有人能够厚颜无耻到可以将"民主、人权"这样的价值观与某种特定文明画等号的地步。文明因多样而需要交流，因交流而产生互鉴，因互鉴而获得发展，不同文明完全可以"和而不同、美美与共"。国际社会需要警惕一些势力刻意将文明冲突合理化的邪恶用心，这些势力图谋将与其文明传统、价值理念相悖的国家或地区爆发的冲突视为理所应当，用所谓的"文明冲突"来掩盖其争夺世界霸权的真实意图。

第三章

国际舞台上的主要行为角色

在人类文明进入阶级社会后，国家逐渐成为人们组织生产生活的主要方式，特别是随着新航路的开辟和全球化进程的提速，世界上的绝大多数地区，要么已经国家化，要么被殖民化。因此现实主义学者们几乎一致认为，国家是国际关系中的绝对主角。今天这种观点显然已经落伍了，取而代之的是广泛的共识，即多种行为角色正在全球范围内竞相争取权力与影响力，特别是一些非国家行为角色的作用绝不能等闲视之。尽管如此，多数学者认为，在所有具有影响力的行为角色中，国家仍然是最主要、最核心的那一个。

第一节 国家——国际舞台上最核心的行为体

一、国家的本质与特征

雨果·格劳秀斯（Hugo Grotius）曾经说过："国家是一群自由的人为享受权利和谋求他们的共同利益而结合起来的一个完美的联合体。"[①]关于国家的本质与定义一直存在争议，社会契约论者认为国家不过是人们为了摆脱野蛮状态而订立的有条件的约定；融合论者则认为国家是一个调节社会各部分关系的机构，具有对社会进行管理的职能；马克思主义者则普遍认为，国家是阶级的产物，是阶级压迫的工具。恩格斯（Friedrich Engels）在《家庭、私有

---

① 雨果·格劳秀斯. 战争与和平法[M]. 何勤华，译. 上海：上海人民出版社，2013：27.

制和国家的起源》一书中指出，国家是社会在一定发展阶段上的产物，是从控制阶级对立的需要中产生的，列宁（Lenin）对恩格斯的观点表示认同，他认为国家是阶级矛盾不可调和的产物和表现。撇开这些关于国家本质的争议，单纯从国际关系角度理解国家的含义，人们可以认为，国家是指拥有一定地理区域的政治单元，它行使对国内事务的最高治理权，不承认有凌驾其上的任何外部权威，因此国家无论大小与强弱都拥有以下六大特征。

（一）主权

主权意味着国家对其领土和公民行使至高无上的权威，它们既不效忠也不服从任何更高的权威，因此拥有主权本身就包含各国法律上一律平等的思想。尊重和维护国家主权的原则已被写进《联合国宪章》，成为国际社会公认的基本准则，但在战后国际关系实践中，法律上拥有主权的国家并不意味着它就能实现完全独立自主，与所有国家平起平坐。国家有大小之别、强弱之分，在实践中难以使所有国家实现真正的"一律平等"。通常独立意味着从外部控制下获得自由，是指国家拥有可以按照自己的意志处理本国事务而不受其他国家或任何外来势力控制和干涉的权力。可在现实世界中，真正独立的国家很少，一些小国被强邻牢牢控制，他们的"独立"就需要打个引号。尤其在国防和外交领域，法理上的独立主权国家，诸如不丹（印度支配）、马绍尔群岛（美国支配）和摩纳哥（法国支配）只能描述为有限独立或有限主权。地处喜马拉雅山南麓的不丹王国，由于印度的干预，成为世界上迄今为止唯一与安理会五大常任理事国都未正式建交的国家。此外，在结盟外交大行其道的世界，那些与大国结盟的中小国家也很难拥有完全主权，连经济总量排名前列的日本也不例外，它们的外交与国防政策都需要看大国眼色行事，难以奉行独立自主的外交政策，外国驻军享有的治外法权也从一个侧面证明了驻在国司法主权的有限性。

因此，在今天的国际政治舞台上，国家的独立正变得越发稀有和相对，国家主权不可侵犯原则的衰弱是国际体系正在经历的最重要的变革之一。一方面，出于国际合作的需要，国际社会往往通过参加国际组织或缔结条约的形式，在自愿的基础上主动让渡一部分国家主权，这一现象正变得越发普遍。

譬如，战后欧洲就是通过各国主动让渡部分经济主权的方式走上了一体化道路，如今绝大多数欧盟成员国已完全放弃了本国货币、边界控制以及独立制定经济政策的权利。另一方面，近年来西方国家打着"人权高于主权"的旗号，频繁使用强权干涉其他国家的内政，导致他国主权被侵犯的现象时有发生。例如，美西方发动对南斯拉夫的军事打击，特别是对前南斯拉夫总统斯洛博丹·米洛舍维奇（Slobodan Milošević）实施逮捕，并将其移交给海牙国际法庭进行审判的行为，为世人提供了一个国家主权受到肆意侵蚀和颠覆的典型案例。正如一位美国参议员曾指出的那样："对他的指控将威胁到美国的主权。我们不可能两者兼得。我们不能希望仅仅在我们乐意时使用（战争法庭），而在这些规则被用到我们自己的侵略行为时就加以反对。"[①] 从某种意义上说，强权若不受遏制，主权就难以获得保障。

（二）领土

当今世界各国的领土现状是历史形成的，一般以先占、时效、割让、征服、添附五种方式获得，这是传统国际法认可的五种领土取得方式。在前工业化时代，农业是国民经济的基础，而农业生产在很大程度上依赖于土地规模及肥沃程度，一国财富的多少往往取决于其占有领土的多寡，因此一国财富的快速增加往往就与对外领土扩张的战争行为紧密相关。而今，在工业化与后工业化时代，工业、科技和贸易已取代领土成为财富增长的主要来源，领土的重要性已经大不如前，为扩张领土而发动战争的边际效益急剧下降，甚至彻底消失。尽管如此，领土依然是各国赖以生存的核心资产，是国家构建强权的核心要素，且不可替代。一般来说，一国的领土越大越好，领土越多意味着可以养活更多的人口、拥有更丰富的自然资源以及更广阔的战略纵深。当然这绝不意味着领土越多国家就越强大，领土只有与人口、气候等要素有机结合，才能发挥其助力国家强权的作用。俄罗斯的国土面积位列全球第一，但多半位于乌拉尔山脉以东区域，气候寒冷，人烟稀少，很难发展成为经济繁荣的区域，类似的国家还有加拿大、澳大利亚。

[①] 约翰·罗尔克.世界舞台上的国际政治［M］.宋伟，刘华，张荣耀，等译.北京：北京大学出版社，2005：240-241.

（三）人口

地球上只有南北极地没有国家，因为那里不具备人类生存的必要条件。没有人口就成不了国家，无论是只有几百人的梵蒂冈，还是多达14亿人的人口大国——中国和印度，概莫能外。与国土面积一样，一国人口数量多寡会直接影响该国的整体实力，因为只有大量人口才足以支撑一支强大的军队和众多熟练的产业工人，像只有10万多（截至2022年）人口的太平洋岛国汤加，就很难成为一个世界强国。但这并不意味着人口越多国家就注定越强大，人口只有与领土、教育、工业化程度等因素相结合才能发挥助力国家强权的作用。印度拥有14亿人口，却离世界一流强国相去甚远，是因为一个工业化程度较低、有着庞大农业人口的国家，能够创造的财富十分有限，无法与一个人口数量并不占优势的工业化国家相提并论。

（四）外交承认

承认是既存国家以一定方式对新国家或新政府的出现这一事实加以确认，并表示愿意与它建立正式外交关系的国家行为。如果一个政治实体宣布独立，可没有别的国家给予外交承认，它还是个国家吗？如果一个新政权宣布建立，却没有别的国家予以承认，那它算是一个合法政权吗？承认对于新成立的国家或政府之所以特别重要，是因为只有获得国际社会承认的国家，才有资格以国家的名义开展各种国际法认可的活动，包括参加国际组织、签订双边或多边条约、从事正常武器交易等。只获得少数或部分国家承认的国家与政权，特别是未能取得联合国合法成员资格的国家与政权，通常无法享有一个正常国家或政府应有的权利。国际法上的承认包含对新国家、新政府以及对交战或叛乱团体的承认。

首先，国家承认是指对新国家的承认。学术上的国家承认分为构成说和宣告说。构成说认为，新国家只有经过承认才能成为国际法主体；而宣告说认为，国家的成立和它取得国际法主体资格，并不依赖于任何其他国家的承认，承认只是一种对新国家已经存在这一事实的宣告。现如今，宣告说获得多数学者的支持，但构成说更有利于国际社会的稳定。一般来说，当合并、分离、分立和独立情况出现时，就出现对国家的承认问题。合并是指两个或以上国家合并为一个新国家（如联邦德国与民主德国）；分离是一国的一部分分离出去成立新国家（如南苏丹、东帝汶）；分立是指一国分裂为数国，而母国不复存在（捷克与斯洛伐克、苏联等）；独立是指原殖民地取得独立后新成立的国家。根据传统国际法，不适时的过急承认，不仅是对母国尊严的侵犯，而且是非法的干涉行为。

其次，政府承认是指对新政府的承认，即承认新政府为该国的正式代表，并表明愿意同它发生或继续保持正常关系的行为。一般来说，按宪法程序进行的政府更迭，不存在政府承认问题，当发生社会革命而产生新政府时就出现了政府的承认问题。例如，2014年因西方导演的颜色革命而产生的新乌克兰政府，是否对该政府予以承认就不仅要考虑国际法依据，还需要考虑政治现实问题。不干涉主权国家内政是国际法基本准则，但乌克兰新政权是西方干预乌克兰内政、煽动颜色革命的结果。动乱组织者都是知名的亲西方人士，他们打出的旗帜也是推翻"独裁统治、加入欧盟"，采用的手段则是通过街头政治、冲击占领国家机关，即所谓"低烈度暴力"。在此情形下，如果国际社会过早承认乌克兰新政权，无异于承认"新干涉主义"的合理性。然而基于现实政治的考量，各国又无法长期无视乌克兰新政权存在的客观事实，特别是当这个政权的统治渐趋稳定并获得多数民众支持的时候。根据国际惯例，一国承认新政府是以"有效统治"原则为依据，乌克兰新政权一旦实现了"有效统治"，国际社会的承认也就变得顺理成章。由于历史和现实的原因，乌克兰不幸成了一个深陷民族文化认同、治国道路认同、外交取向认同高度分裂的国家，又处在西方大国与俄罗斯相互撕扯的最前沿。基辛格于2014年3月5日在《华盛顿邮报》上撰文称，"乌克兰时常要面临一个艰难的选择——投靠俄罗斯还是投靠西方，但乌克兰要想免于灭亡并保持繁荣，就不能做任何一方的马前卒，而要做二者间的桥梁"。他继而告诫各方不要将乌克兰作为对峙的筹码，否则"将会使得俄罗斯和西方世界，尤其是与欧盟未来数十年的合作前景黯淡无光"[①]。多年之后，随着俄乌冲突的爆发基辛格的预言一语成谶。

再次，对交战团体的承认是指在一国发生内战的情况下，其他国家为了

---

① 基辛格.解决乌克兰危机，从结束开始［N］.华盛顿邮报，2014-03-05.

保护本国利益和尊重内战双方的合法权利，而承认内战中非政府一方为交战团体的行为。这种承认产生的法律效果是，要求交战团体遵守交战法规、对其控制范围内发生的不法行为负责、承认其在实际控制区域上的权力，并要求其保护该区域内本国侨民的合法权益。譬如，2014年利比亚出现严重动乱，地处班加西的反政府武装很快得到西方支持。此后，各国出于政治或保护处在叛乱区域本国侨民的生命财产安全考虑，陆续承认了班加西反政府武装为交战团体。对叛乱团体的承认则不同，由于叛乱在规模上尚未达到内战程度，其他国家对叛乱者只能承认为叛乱团体，而公开对叛乱团体进行支持将构成对主权国家内政的干涉。因此对叛乱团体的承认只代表该国对叛乱团体正在进行的武装斗争保持中立态度，其目的也是保护本国侨民的利益。

（五）有效的管理机构

通常绝大多数国家都有一个政府，但并不妨碍一些国家在严重混乱甚至无政府状态下，其国家身份能够继续得到国际社会的认可。如阿富汗、利比里亚、塞拉利昂、索马里以及其他一些长期陷入分裂混乱的所谓"失败国家"（failed state），它们在法律上的身份继续得到国际社会的承认，在联合国大会仍享有平等会员国席位。但由于这些政权不能有效管控其治下的这片土地和生活在其上的人民，就使得这些国家在国际上无法正常履行其法定职责，不仅难以发挥作为一个主权国家应有的影响，还是国际社会不得不进行人道干预的负担。例如，国际社会年复一年在亚丁湾的反海盗护航行动、联合国在很多失序国家的维和行动、国际社会为解决难民问题所提供的人道主义援助等，多数是因为这些地区和国家缺失有效管理的合法政府所致。

（六）国民支持

国家类似赋有特殊使命的政治组织，负有向其治下的国民提供必要公共产品的责任，诚如美国宪法序言所写的那样，要"维护公平、确保国内安宁、提供共同防御、促进普遍福利和保卫自由的幸福"。因此，国家获得国民的支持部分来源于其提供公共利益的能力，如果不能满足人民的物质与精神需求，人民对国家的支持就会下降，政府的执政能力就会受到质疑，严重时还会影响到国家政局和社会秩序的稳定。相反，一国政府得到民众的支持度越高，其内外政策取得成功的概率也就越大，特别是在国家面临重大危急时，民众就能与政府保持高度一致，同仇敌忾，共赴时艰。尽管民意支持度的高低不会影响到国家作为国际法主体的资格，较低的支持率也不一定会导致政权的更替，但却能在一定程度上影响执政当局的内外政策：要么坚持人民支持的政策，要么改变人民不满的政策。

二、国家治理类型与国际政治

不同治理类型的国家行为体，由于执政理念差异、权力结构不同及运行方式的区别，其对外交往模式将必然受到影响。西方政治学界热衷于将各国的政治体制分成威权体制与民主体制，标准往往根据现实政治的需要随意界定。

（一）威权体制与国际政治

威权主义政体是指权力高度集中在个人或少数人手中的政权组织形式，即除了少数高层外，很少允许或者不允许其他个人或群体参与决策过程的一种政治体制。威权主义概念源于战后西方理论界的发明，从汉娜·阿伦特（Hannah Arendt）1951年出版的《极权主义的起源》，到布热津斯基（Zbignlew Brzezinski）、林茨（Juan J.Linz）等人给极权主义和威权主义所下的定义不难看出，他们将威权主义看成介乎极权政治与现代民主政治之间的一种过渡型的政治体制，既具有民主的成分，又含有集权的属性。在当代西方舆论掌控话语权的现实背景下，威权主义不仅被刻意贴上"坏制度"的标签，而且被赋予用作打压他国工具的使命，成为美西方国家策动颜色革命、颠覆他国政权的理论依据。除了世袭君主制、军人独裁制以及法西斯政权被毫无疑义地纳入威权主义国家的名单中，一些早已实行多党制和民主选举的国家也有可能被纳入其中，譬如，在美国总统拜登（Joseph Robinette Biden，Jr）眼里，跟自己一样通过一人一票当选为俄罗斯总统的普京（Vladimir Vladimirovich Putin），依旧是一个"独裁者"[1]。由此可见，"威权主义"早已被美西方国家当成他们将所有不喜欢的政权都往里装的万能工具箱。

---

[1] 2022年3月26日拜登在波兰首都华沙演讲时表示，普京是彻头彻尾的"独裁者"。

在人们谈论不同政治体制优缺点时,通常会关注哪种体制更富有执政效力、更有利于解决社会矛盾与冲突、更有利于发展经济改善民生。而在讨论不同体制对于国际政治的影响时,往往将它们与国内治理的成效分开,更加关注不同体制的国家对外部世界的影响,特别是关注不同体制对维护世界和平的影响。

(二)民主体制与国际政治

1. 民主体制的历史与现实

民主政府的存在可追溯到公元前500年的古希腊城邦。但在此后2000多年里,它只零零碎碎地存在于一些孤立的地区。英国民主制的兴起,以及美国独立战争与法国大革命的爆发,标志着民主制成为一种重要的国家和跨国政治思想。民主思想的普及尽管缓慢,但到20世纪末,世界上多数国家建立了不同类型的民主政体,独裁专制统治跌入低谷,一大批亚非拉军人政权向民选政府过渡。伴随苏联解体与东欧剧变,西方学界有人兴高采烈地宣告一个新的民主时代的降临,美籍日裔学者弗朗西斯·福山在《历史的终结》一文甚至宣称:我们已到了"人类意识形态演进的尽头,西方的自由民主制度作为统治的最后一种形式将大行于天下"。然而,冷战结束后的30多年历史告诉人们,民主有不同的表达方式,民主政体也同样存在不同的表现形式,各国的政治制度没有最好只有更好,任何一种制度只要体现以人民为中心的价值取向,奉行执政为民的理念,并最终赢得人民信任,就是真正的民主政治。与很多社会主义国家的实质民主、全过程人民民主相比,那些徒有民主表象但缺失实质民主的国家,无论穿上多么华丽的外套,终究难以掩饰其名不副实的虚伪。2021年12月12日,一边是美国总统在一本正经地主持所谓当代"世界民主峰会",一边则是纽约市民抬起"民主已死"的棺木走在联合国总部门前,这真是对美式民主的极大讽刺。

弗朗西斯·福山先生的历史终结论从提出到现在已有30年,可依旧难成定论,质疑与争论始终没有停息。30多年后,福山的观点显然已经改变,他在2022年1月5日的《纽约时报》上发文指出,"与大约30年前苏联解体时的情况相比,世界已经有很大不同。当时我低估了两个关键因素。其一,创建民主，而且还要创建一个现代、公正、廉洁国家的难度；其二，先进民主国家出现政治衰败的可能性"。他说："美国模式已经衰落了一段时间。自20世纪90年代中期以来，美国的政治日益两极分化，容易出现长时间的僵持局面，导致它无法履行基本的政府职能，如通过预算。美国的体制存在明显的问题：金钱对政治的影响与民主选择日益错位的选举制度的影响，但美国似乎无法进行自我改革。21世纪头二十年中，美国决策者领导了两场灾难：伊拉克战争和次贷危机，然后出现了一位目光短浅的煽动者，鼓动愤怒的民粹主义者闹事。"福山因此认为"在树立良好民主模式方面，美国已经名誉扫地"[1]。世界上没有最好的制度，只有更好的制度，从这种意义上来说，当代国家政治现代化永远在路上。

2. "民主和平论"之神话

民主国家热爱和平、厌恶战争的观点最早由康德提出，但在此后的很长时间里并没有引起太多的关注或共鸣。在康德看来，一个民主共和制政府，由多数人通过民主程序决定国之大事，因此就不会轻易做出战争的决断。理由是多数人相对而言比较爱好和平，战争不会给多数人带来福祉，所以人们会非常小心谨慎地对待战争事宜，不会轻易为战争行为开绿灯。因为"如果宣战要得到公民的同意……他们在开始这样一个不幸的游戏、把自己陷入战争灾难之前就会特别小心。这是再自然不过的事了"[2]。现如今，"民主和平论"为很多当代西方学者津津乐道，他们认为，"民主国家通常根据民主价值观，理性地与对方和解，以非暴力的方式解决彼此之间的冲突……非民主国家倾向于利用民主国家的温和天性，强行解决问题"，"除非最后不得不做出战争选择，否则民主过程的复杂性会使领导人不愿进行动员，发动战争……相反，非民主国家的领导人在进行战争动员时受到的结构约束很少，他们也不大关心民意，因此他们更容易将冲突迅速升级到暴力水平"[3]。

---

[1] 弗朗西斯·福山. 世界看低美国只需一天[N]. 纽约时报, 2022-01-05.

[2] 约翰·罗尔克. 世界舞台上的国际政治[M]. 宋伟, 刘华, 张荣耀, 等译. 北京: 北京大学出版社, 2005: 256.

[3] 詹姆斯·多尔蒂, 小罗伯特·普法尔茨格拉夫. 争论中的国际关系理论[M]. 阎学通, 陈寒溪, 等译. 北京: 世界知识出版社, 2003: 346.

然而这种看似有理的论断却经不起历史实践的检验，冷酷的历史事实证明，历史上很多战争都是由民主国家发起的。民主体制的建立可以追溯到古希腊城邦时期，其中最具影响的民主国家当属雅典。修昔底德的《伯罗奔尼撒战争史》清楚地告诉我们，那场最终导致希腊文明毁灭的战争就是由雅典率先挑起的。为了防范强大的波斯，雅典组织了提洛同盟，后来却把该同盟变成其获取霸权的工具，强迫众多的城邦站到自己一边，并不准已加入的城邦退出同盟，为此雅典不惜诉诸武力进行干预。雅典的行为招致越来越多城邦的恐惧、猜忌和怨恨，为了共同对付雅典的"暴政"，一个由斯巴达和支持斯巴达的城邦组织了另一个同盟——伯罗奔尼撒同盟与之对抗。战争中，雅典攻击的另一个民主国家就是西西里岛上的叙拉古，由此可以看出，一个对内实行民主共和的国家完全可能是一个对外奉行扩张政策的国家。让我们再将镜头拉回到近代，审视一下较早实现了民主制的西方国家有没有给我们带来有关民主制有助于和平的历史佐证。1688年英国在完成"光荣革命"后，算得上是个民主国家，可就是这个民主国家为满足一己私利却一再用自己的坚船利炮敲开别国的大门，把殖民主义强加于亚非拉各民族，建立起日不落帝国；为了维持欧洲均势，介入了一场场欧洲内部的战争。美国从建国起就是一个民主国家，可就是这样一个摆脱英国殖民统治后建立起来的民主国家，不仅在北美大陆发动数不清的剿灭印第安人的战争，还入侵了墨西哥，并于1898年，向欧洲的殖民强国西班牙发起战争，夺占原属后者的古巴、波多黎各和菲律宾殖民地。一些美国的历史学家声称这场战争纯属例外，是美国外交政策的一次偶然"脱轨"，如此赤裸裸为这场对外侵略战争辩护的声音即便在美国也很难获得广泛认同。美西战争被公认是一场典型的帝国主义战争，是资本主义进入帝国主义阶段，新崛起的帝国主义向老牌帝国主义国家发动的旨在重新瓜分世界的战争。可实际上，在美西战争前，总统麦金莱（William Mckinley）曾再三犹豫是否要发动这场战争，但美国舆论却大肆攻击他优柔寡断；国会议员们群情激奋，纷纷主张一定要教训西班牙；中下层民众纷纷走上街头，呼吁政府立即对西班牙宣战。颇具讽刺意味的是，这场被视为代表垄断资本利益而发动的战争却并没有获得垄断资本集团的支持，资产阶级成为少数反对这场战争的代表。麦金莱最后屈从于舆论和下层民众的压力，对西班牙宣战，他在自己的回忆录中写道："我是坚持到最后一刻的人。"美国的外交问题专家米德（Alexis de）因此总结道："从南北战争到第一次世界大战的五十年间，每一次大型外交危机中，在每一个民主统治的国家中，公众舆论总是支持更为好战的路线，那些致力于国际妥协的人则是拿政治生命做赌注。"①对此，托克维尔（Tocqueville）在《论美国的民主》一书中，对美国的民主制度在影响外交决策过程中的弊端做过深刻分析，认为民主制度使得美国外交更多地受到民众感情的牵制而不是理性的思考影响。他说：

  对外政策几乎不需要民主所固有的任何素质；恰恰相反，它所需要的倒是发挥民主几乎完全不具备的那些素质。民主有利于增加国内的资源，使人民生活舒适，发展公益精神，促进社会各阶级尊重法律；而且，所有这一切，还能对一个国家的对外关系发生间接的影响。但是，民主却难以调整一项巨大事业的各个细节，它只能制定规划，然后排除障碍去监督执行。民主很少能够秘密地拟定措施和耐心地等待所定措施产生的结果，而这却是一个个人或一个贵族所具有的素质。……促使民主在政治方面服从感情而不服从理智，为满足一时的冲动而放弃成熟的长期计划的那种倾向，在法国大革命时期亦曾出现于美国。②

正如美国建国之初著名政治家亚历山大·汉密尔顿（Alexander Hamilton）分析的那样："斯巴达、雅典、罗马、迦太基全都是共和国，其中雅典及迦太基还是商业国家，但它们打仗的频率，不论是侵略或防御，绝不低于同一时代的君主政体的邻国。英国政体中有平民代表组成国会中的议院，商业也是英国数百年来最主要的目标，然而少有其他国家像它如此作战频繁的。"③

在美国政治制度中，代表民主和民意的是议会和舆论，历史经验证明它

---

① 沃尔特·拉塞尔·米德.美国外交政策及其如何影响了世界［M］.曹化银，译.北京：中信出版社，2004：50.
② 托克维尔.论美国的民主：第1卷［M］.董果良，译.北京：商务印书馆，2004：261.
③ 亨利·基辛格.大外交［M］.顾淑馨，林添贵，译.海口：海南出版社，1998：17.

们都是美国最"好战"的代表。那些由选举产生的国会议员们,大多是各自选区里热衷于玩弄权力政治的社会精英,当然也没有任何证据可以证明他们就是那类比较热爱和平的一群人。这些人往往比威权制度下的统治者更好战,因为战争的胜利会使他们名利双收,而失败了他们也无须承担什么责任。人们不会忘记,1964年美国国会通过的《东京湾决议》,该决议授权总统可以"采取一切必要的措施来击退对美国军队的任何武装进攻,并阻止(越南民主共和国的)进一步侵略"[1],该案表决时,众议院以416∶0通过,而参议院则以88∶2的压倒性优势通过。2001年"9·11"恐怖袭击事件发生后,国会立即通过一项联合决议,授权总统"对他所确定的那些计划、授权、执行和资助2001年9月11日恐怖袭击的国家、组织和个人,使用所有必要和合适的武力,以阻止这些国家、组织和个人在将来针对美国的任何国际恐怖主义行动"。在这项类似《东京湾决议》的联合授权法案表决时,参议院以98∶0一致通过,众议院则以420∶1的绝对优势通过,唯一一位投反对票的是位来自加利福尼亚州的众议员芭芭拉·李(Barbara Lee),她在投票后表示:"我们必须将恐怖行动的作恶者送上审判台,但在悲痛、哀悼和愤怒的同时,美国国会有责任敦促有节制地使用武力,确保暴力水平不会脱离控制地螺旋上升,并思考我们行动的全部含义。"[2]芭芭拉的理性表态立刻遭到美国舆论潮水般的指责、谩骂甚至人身攻击,被贴上"非美主义"或不爱国的标签,以至于她本人及家人的人身安全都受到威胁,安全部门不得不对其采取保护措施。关于美国人对待战争的态度,前美国参议院外交关系委员会主席威廉·富布赖特(Willian Fulbright)有过这样的评价,他说:"当卷入战争时,我们都恢复到一种部落式的忠诚状态之中。"[3]对于绝大多数国会议员来说,支持战争就是唯一政治正确的爱国表现,反之就会遭到人们的指责,个人承担的政治风险极高。可见

---

[1] FRIENDLY F W, ELLIOTT M J H. The Constitution:That Delicate Balance[M]. New York:Random House,1988:53.

[2] 约翰·罗尔克.世界舞台上的国际政治[M].宋伟,刘华,张荣耀,等译.北京:北京大学出版社,2005:119.

[3] 约翰·罗尔克.世界舞台上的国际政治[M].宋伟,刘华,张荣耀,等译.北京:北京大学出版社,2005:120.

作为民意代表的美国国会不仅不能成为发动战争的约束力量,反而会成为战争的加速器。

与作为民意代表的国会相比,民主国家的领导人更是如此。敢于发动战争成了勇敢的象征,而谨慎对待战争的态度就成了懦弱的代名词。美国的政治文化总是对战场上的英雄与和平时代对外强硬的领导人推崇有加,从林肯(Abraham Lincoln)到西奥多·罗斯福(Theodore Rovsevelt)、从艾森豪威尔(Dwight David Eisenhower)到小布什,莫不如此。一战爆发后,时任美国总统威尔逊宣布"不仅从行动上还要从思想上保持中立"(in thought as well as in deed),这一立场立刻遭到西奥多·罗斯福的指责,他攻击威尔逊的中立政策是"懦弱且毫无价值"[1]的表现。1991年老布什发动海湾战争的部分原因在于,他想借这场战争彻底纠正美国舆论关于他"软弱、无能"的偏见。二战结束以来,美国超强的军事实力决定了其赢得一场对中小国家的战争的概率很高,因此对于美国总统个人来说,发动战争几乎可以无所顾忌。战后美国总统的战争权力急剧膨胀,几乎不受限制。尽管美国宪法规定宣战权属于国会,但总统的战争权一直处于不受约束的灰色区域(zone of twilight),即总统发动战争,国会事后默认既成事实,既不授权也不禁止,任由事态发展。这样,战争的胜利会让总统本人青史留名,即便陷入战争泥潭无法取胜,民主的决策机制还可以成为决策者推卸责任的借口:当初发动战争是经由你们多数人同意的,不是我一个人的过错。

三、国家利益

无论一国的体制如何,国家利益总是决定它在国际政治舞台上与他国进行互动的核心因素,是一国外交政策的基石。现实主义者认为,我们生活在一个社会达尔文主义的世界,那些不以促进一国自身利益为目的的人们将为他们的行为付出代价。从客体上看,一切能够满足国家生存发展等方面的需要并且对国家具有好处的事物,都是国家利益。当然,这种事物既可以是实

---

[1] SCHULZINGER R D. American Diplomacy in the Twentieth Century [M]. Oxford: Oxford University Press, 1984: 64.

体性的实物存在，也可以是过程性的事件存在；既可以是物质性的存在，也可以是精神性的存在；既可以是已经或正在满足国家需要的存在，也可以是能够满足国家未来需要的存在；既可以是现实的存在，也可以是潜在的存在。国家利益因此可以根据利益客体的不同分为不同的类型，例如，物质利益与精神利益、实物利益与过程利益、现实利益与潜在利益、当前利益与长远利益等。从主体来看，国家利益只能是以国家为利益主体的利益，实践中经常有人假借国家利益之名，行一党、一己之私，满足某一特定群体的私利，因此，理论上必须将国家利益与帝王、朝廷、政府、统治者、被统治者等各种利益集团的利益区别开来。对于国家利益与这些不同主体的利益之间的现实关系，还需要根据其复杂多变的表现形式，历史地、具体地、客观地进行深入研究与分析。

实践中，必须将国际政治上的国家利益与一国内部某些个人、企业或利益集团等特殊利益区分开来，强调它是一个主权国家针对外部世界的其他行为体时对国家利益的主观认知。为此，国家利益应当包括如下三个方面：（1）国家生存与安全利益，即主权独立、领土完整、人民最基本的生命及财产安全得到保障；（2）一国发展经济、改善人民生活水平应享有的权利；（3）确保一国政治制度、核心价值观、国家治理方式等不受外部干涉的权利。在上述的三方面利益中，国家安全居于首位，因为它是后两类利益的前提与保证，就像汉密尔顿在《联邦主义者》(The Federalist) 一书中指出的那样，"免受外来威胁的安全是指导国家行为的最强有力的独裁者"[1]。按国家利益的重要程度进行细分使其更具可操作性是很多国家的通行做法，例如，美国国家安全委员会就将美国的国家利益分成至关重要（vital）、特别重要（extremely important）、重要（important）和次重要（less or secondary important）四种。表3-1是一份美国国家利益委员会关于美国国家利益的划分目录：

---

[1] MORGENTHAU H J, THOMPSON K W. Principles and Problems of International Politics (Selected Readings)[M]. New York: Alfred A. Knopf, 1950: 149.

表 3-1　美国国家利益[①]

至关重要	防止、威慑和减少核武器和生化武器袭击美国及其海外部队；在塑造国际体系时确保盟国的生存和与美国的合作；防止在美国的边界出现一个敌对的大国和一个失败的国家；确保主要的国际体系（贸易、金融市场、能源供应和环境）的活力和稳定；与可能成为战略对手的国家（如中国和俄罗斯）建立与美国利益不矛盾的富有成效的关系
特别重要	防止、威慑和减少核武器和生化武器在世界任何地方的威胁使用；防止大规模毁灭性武器及其运载系统的地区扩散；促使各国广泛接受以和平手段作为解决与管理争议的国际法规则与机制；防止在主要区域出现一个地区性霸权国家，特别是波斯湾地区；促进盟国与友邦的福利，保护他们免受外来侵略；在西半球促进民主、繁荣和稳定；在重要地理区域内防止、管理和以尽可能合理的成本结束重大的冲突；在关键的与军事相关及其他的战略技术领域里，特别是信息系统领域里保持领先；防止大规模、没有控制的移民进入美国；打击恐怖主义（特别是国家恐怖主义）、跨国犯罪和毒品走私等活动；防止种族清洗
重要	控制国外大规模侵犯人权现象的蔓延；在尽可能不削弱稳定的前提下，促进那些有重要战略地位价值的国家实现多元化、自由和民主；要防止并在可能的最低成本条件下，结束那些战略地缘意义并不十分重要国家里的冲突；保护或保证被恐怖主义组织列为袭击对象和掳为人质的美国公民的生命及其健康；减少贫富国家的经济差距；防止美国海外的资产被国有化；提高主要战略产业和行业的国内产量；维持信息传播方面的优势，以确保美国的价值观能积极影响外国文化；力争国际环境政策与长期的生态要求保持一致；在国际贸易和投资方面，最大限度地增加美国的国内生产总值
次重要	平衡双边贸易赤字；在全球推动民主；保护其他国家的领土完整或特别的政治体制；促进有特性的经济产业的出口

尽管人们对于将国家利益作为国家处理对外关系的核心要素存有共识，但仍有很多人对国家利益的客观性以及以国家利益为核心的对外政策取向提出疑问，其具体理由如下。

1. 不存在客观的国家利益。秉持这种观念的人认为，国家利益的内容是完全主观的，当决策者使用这一概念时，它是特定的国际或者国内环境下某个特定的政权，甚至是单个政治领导人的观念反映。想想1994年美国对海地的入侵，克林顿告诉美国人民，海地发生的一切"影响到我们的国家安全利

[①] A Report from the Commission on America's National Interests [R]. Cambridge: Belfer Center for Science and International Affairs, John F. Kennedy School for Government, 2000.

益",因此"我们必须现在行动"以"保护我们的利益"。①可多数美国人不同意他的看法,美国的一项调查发现,只有13%的人相信"美国的利益受到威胁",34%的人支持"美国参与多边入侵"。②与1962年古巴危机不同,海地只是发生军事政变,并没有抱有敌意的外部大国介入,世界各国稍有常识的人们都不会认同,发生在海地的事情能够影响到美国的国家安全。

2. 把国家利益作为政策基础,错误地假设了一个共同利益的存在。因为每个社会都有不同的群体,他们都有各自相关利益,因此国家利益的概念包含这样一种假设:如果集体利益能够被确认,那这种利益就超越于次群体和个人的利益之上。法国学者阿隆(Raymond Aron)说过:"具体利益的多元性和最终的目标禁止了对国家利益的理性定义。……民族国家是由个人和团体构成的,每一方都试图最大程度上获得资源,它在国家利益中的份额,或它在社会等级层次中的地位,所以,个人和团体相加的利益并不等于总体的利益。"③正是由于各国资源的有限供给及必然匮乏,使得"我们都将生活在一个零和的世界(zero-sum world)里。因此任何将东西分配给某一方的政策,都必须从另外一方那里去取,在争夺社会价值的利益分配时,就会造成强烈的冲突,产生满意的赢家和充满仇恨的输家。一些重要的政治决定,几乎不可避免地会疏远一部分选民"④。因此可以肯定地说,不管决策者们考虑得如何周全,都无法找到一种能够符合所有人共同利益的国家利益。

3. 国家利益本质上是自私的,竭力维护本国利益的政策将会不可避免导致冲突和不公平。在无政府的国际体系中,由于强调个人得失和自助,冲突得到和平和公正解决的可能性要小于等级制的国内体系。与国内体系能够有效制约相互竞争的行为体,并在谈判失败时提供解决争端的制度(法院)不

---

① 约翰·罗尔克.世界舞台上的国际政治[M].宋伟,刘华,张荣耀,等译.北京:北京大学出版社,2005:257.

② 约翰·罗尔克.世界舞台上的国际政治[M].宋伟,刘华,张荣耀,等译.北京:北京大学出版社,2005:258.

③ ARON R. Peace and War: A Theory of International Relations[M]. New York: Doubleday, 1996: 91-92.

④ 劳伦斯·迈耶,约翰·伯内特,苏珊·奥格登.比较政治学:变化世界中的国家和理论[M]. 罗飞,张丽梅,胡泳浩,等译.北京:华夏出版社,2001:88.

65

同，国际体系内的国家只有在零和博弈的竞争中胜出才能获得自己想要的利益。因此，当每个单一国家都本着本国利益优先原则处理对外关系时，冲突就会不可避免，和平就会成为奢望。冲突一旦发生，往往是强者的利益胜出，是实力而不是正义的胜利。2000年以来，从小布什的"单边主义"到特朗普的"美国优先"，美国不顾国际社会的反对，采取一系列退约、战争和没完没了的经济胁迫与制裁行动，给国际社会带来了严重不良影响。

4. 国家利益通常是短视的，以此做出的决策经常来回波动，缺乏必要的稳定性和连续性。一些民选政府由于政党轮替，不同政党或领导人对国家利益的认知有时会大相径庭，难以就某些政策达成共识，其对外政策就会出现左右摇摆的不稳定性与优先考虑政党利益的短期性。21世纪以来，在西方一些民主国家，党派政治中出现的极化现象十分普遍，党派利益优先，党同伐异的裂痕难以弥合，而国家利益却成了政治极化的牺牲品。特朗普执政期间，美国国内的民主党与共和党的内斗加剧了国家的分裂。共和党人特朗普（Donald Trump）上台伊始，就推翻了奥巴马执政期间的许多政策，包括退出巴黎协定、伊核协议、世卫组织等。同样，属于民主党的拜登入主白宫的第二天，就毫不犹豫地签署一系列行政命令，将特朗普推翻过的政策重新确认，让人目瞪口呆。而无论是特朗普抑或是拜登，都无一例外地声称唯有自己的政策才真正符合美国的国家利益。

第二节　民族团体与国际政治

一、民族团体和民族国家

（一）民族团体

民族团体是指建立在一个具有共同历史经历、共同语言和文化特质，生活在共同地域，拥有共同生产方式以及共同生理或种族特征基础之上，政治上相互认同达到很高的程度，以至于他们希望独立和实现政治自主的某一民族群体。这类群体的核心构成要素主要有：

1. 地理和文化的接近。地理与文化接近是形成一个民族的重要因素，这种接近可以是地理特征（某一特定区域），也可以是共同的文化和历史经历。民族是历史的产物，其内在政治、经济、文化、生活方式等方面的特征会随历史发展形成比较稳定的共性。其所拥有的共同语言、共同地域、共同经济生活和表现于共同文化上的共同心理素质，共同地域联系是其形成的基础，且随着民族的发展而不断加强和巩固。相反，地域上的阻隔能轻易将不同民族分割开来，如英吉利海峡就起到了将盎格鲁·撒克逊民族和法兰西民族隔离开来的作用。

2. 共同体意识。共同体意识是定义一个民族的必要因素，一个群体有着所有的相似性，如果他们不觉得自己是一个整体，那么他们就不是一个民族，就像胡图族与图西族，他们的体貌特征十分相似，却因历史上殖民者分而治之的政策而相互区隔。一个群体若能给它的成员提供安全、舒适的生存环境，并满足成员对物质利益的客观需求时，就会产生群体观念，个人将由此获得最基本的归属感（belongingness）和自尊感（self-esteem）。在此基础上，个人就会认同群体，并心甘情愿地为维护群体的特性、安全和生存而行动。共同体意识是一种命运与共、守望相助的思想体系，它既是一个物质利益共同体，更是一个精神共同体。生活在其中的人们都能深切感受到自己是有别于其他任何群体的一类人，他们愿意将自己的忠诚奉献给这个群体，甚至在必要时甘愿为了这一群体献出自己的生命。

3. 政治独立的渴望。这是定义民族团体的第三个因素，民族（nation）和族群（ethnic group）的区别在于，民族有一种政治上寻求独立或者至少是自治的渴望。在美国有很多群体，如意大利裔美国人、西班牙裔美国人、非洲裔美国人等，他们分享着共同的文化，拥有同样的政治身份认同，且没有寻求自治或独立的强烈诉求，他们彼此间可能存在种族歧视现象，但他们不是分离主义者，因此不会形成国际政治意义上的民族问题。而巴勒斯坦人因为有着强烈的独立建国的愿望，从而能够成为活跃于国际政治舞台上的适格行为体。

（二）民族国家

民族国家是民族和国家的一种理想化的结合，即在一个统一的国家之内存在着统一的民族，这种情况可以以两种方式出现：其一，因为某个单一民族希望实现自主管理或走向彻底独立而创建国家。在现实世界中，单一民族与国家间这种理想化契合并不多见，世界上只有朝鲜和冰岛等少数国家是完全的单一种族国家。在这个全球化时代，不同种族的跨国流动与归化现象十分普遍，使得完全实现一个国家只有一个民族构成的可能性几乎为零。正是因为世界上大多数国家不只有一个民族，甚至许多民族的分布可能要覆盖一条甚至更多边界，如中东的巴勒斯坦和库尔德人，客观上造成很多民族在国家间的交叉分布，这种民族与国家间关系的不吻合是造成当今世界许多国际冲突的根源之一。其二，通过民族构建而形成的国家。即一国境内原来处于散居状态的不同族群，通过长期生产、生活、文化交流、统一对外交往等活动，构建起命运与共的群体意识而形成的国家。

在国家和民族形成的过程中，有时国家的出现早于民族的形成，有时则是民族先于国家，还有的属于民族和国家的构建大致同步进行。首先，民族早于国家存在的现象广泛存在于世界各地。在文明相对落后的非洲和美洲大陆，以民族为基础的国家很晚才得以出现，即使在经济相对发达的欧洲，由于大量中小诸侯国分裂割据的局面长期存在，统一的强权国家成立时间普遍较晚，使得民族的形成早于国家的情形较为普遍，如日耳曼人在19世纪统一之前已经存在了很长时间，直到统一后，德意志民族主义情绪才被彻底唤醒，统一前的法兰西人也是如此。

其次，在另外一些地区，国家的出现可能会早于民族的形成，在这种情形下，国家的任务就是要创造一种历史进程，通过国内各民族间经常性的社会、经济、政治互动和合作，构筑共同的历史经验，促进不同民族间的感情交融和身份认同，培育他们对统一的多民族国家的忠诚度，而不是只效忠于各自的民族。2000多年前，中国就已实现了国家统一，并以儒家文化为中心建立了一个极具包容性的统一的多民族国家，各民族在长期的互动交融中建立起超越自我的新型民族意识，即每个民族既保留本民族的文化传统与民族特性，又高度认同他们同属一个全新的民族——中华民族，即不同民族在这个统一的多民族国家中和谐共生、命运与共，它们在灾难与挑战面前守望相助，在繁荣与进步中共享荣光，早已成为一个不可分割的命运共同体。然而，在世界其他地区，这种"国家建构"的过程并非总能轻易获得成功，如非洲很多国家的边界是早期欧洲殖民统治者随意划分而形成的，使得许多不同部族和种族背景的人被人为划到了一起。同属东非的卢旺达和布隆迪便是如此，两个国家都生活着胡图族和图西族人，可这两大族群的首要政治认同不是卢旺达和布隆迪国家本身，而是他们作为胡图族和图西族人的身份认同，不幸的是，这种民族与国家认同上的分裂直接引发了一场惨绝人寰的种族大屠杀。

再次，还有一些地方如美国，民族的建构与国家的建构则是大致同步进行的，来自世界各地的不同种族的移民，在相互交往与磨合的过程中构建了今天的美利坚国家共同体。当然，美国的民族融合与民族共同体的构建却并没有比其他地区更成功，不同语言、多元文化、贫富差异、种族矛盾等因素，使得美国境内的各民族团体难以实现高度融合，充其量就是若即若离的一盘散沙。很多身份来源不同的群体集中居住在某一特定区域的聚居现象大量存在，在一些拉美裔、华裔等少数族裔聚居的地方，各自的母语甚至可以取代英语成为通用语言。因而在历史上，对其他族裔忠诚的怀疑一直是美国少数族裔心中挥之不去的沉重压力，二战期间日裔美国人遭受不公对待的历史不会随着时间流逝而被人淡忘。为了应对种族、文化的多元带来的国家忠诚度和凝聚力下降的难题，美国一直努力打造不同族裔的美国人对美国国家的身份认同。共同价值观的塑造和高度繁荣的经济是建立美国人身份认同的主要手段；英语成为全体美国人的通用语言，不管你来自哪里，你的母语和自带的本土文化都不会得到应有的尊重。近年来，因受到财富集中、贫富分化和全球化的强烈冲击，美国针对国内少数族裔的歧视、仇恨、暴力犯罪不断上升，美国人的自我身份认同出现严重分歧，以至于人们很难将美国与一个真正的民族国家画上等号。但同时，由于没有一个族裔的人口集中占据或生活在某一特定的地理区域，各种族彼此近距离混居在统一的地理空间，客观上造成以民族身份认同为核心的分离主义在美国缺少必要的现实条件。

二、民族团体与国际政治

据统计，目前世界上有数千个民族，却分别生活在一百多个国家。不同民族与国家的结合千姿百态，这种民族与国家间的错位结合所形成的"不吻合"现象是造成国际国内冲突的一个重要根源，其具体形态有以下几种。

1. 一个国家，多个民族。据统计，世界上有5000多个民族，分别生活在190多个国家，一个国家拥有多个民族的现象十分普遍。特别是一些幅员辽阔的大国，基本上都是由多民族构建而成的。大小不一的民族在一个统一的多民族国家共同生活，难免会产生各式各样的矛盾，如经济发展不平衡、政治权利不平等以及传统文化习俗差异等因素，都有可能引起不同民族间的不和与摩擦。南斯拉夫与苏联解体的历史教训告诉人们，这些矛盾如不能得到很好的解决，轻则可能引起社会动乱、政局不稳，重则可能演化为民族分离运动，使得民族国家分裂的悲剧随时有可能在世界其他地区重演。

2. 一个民族，多个国家。当一个民族分隔在多个国家的时候，民族主义情绪会产生强大的压力，要求政治上分裂的民族联合成一个国家的愿望就会产生一股强大的政治动能，冲击现存的国际政治体系。二战与随后爆发的冷战，造成朝鲜半岛、越南、德国的分裂，给这些地区带来长期的紧张与冲突；阿拉伯世界的持久分裂也会导致阿拉伯民族精神上的自卑和失落，民族统一愿望的幻灭让许多民众走上了极端主义道路。另外一种容易引起麻烦的情况是，一个民族大多数生活在一个国家，而其他少数成员则生活在另一个或其他邻国。当这些少数民族希望回归自己的祖国，或者当母国宣称对他们居住的地区拥有主权的时候，冲突就发生了。如巴尔干之所以长期不稳，部分根源在于这种相互交叠的民族和国家边界，在科索沃居多数、在马其顿居少数的阿尔巴尼亚人的民族要求，成为引发这一地区流血冲突的根源。而马其顿1991年宣布独立也使希腊感到愤怒和不安，因为这会威胁到隶属希腊北部的马其顿地区的稳定。

3. 一个民族，没有国家。当今世界，仍存在一些没有国家归属感的民族团体，它们渴望建立属于自己的国家，但却因为各种原因无法变为现实。如生活在约旦河西岸、以色列及其他阿拉伯国家的巴勒斯坦人，他们在第一次中东战争爆发后，被以色列政府赶出了世代居住的家园。以色列占领巴勒斯坦的理由是犹太人的祖先曾在巴勒斯坦生活过，可在阿拉伯人看来，这不是犹太人有权占领巴勒斯坦土地的正当理由，因为他们数千年前就已经不是巴勒斯坦的主体民族了，而阿拉伯人在此连续生活了几千年。诚如沙特国王所言："我们同情犹太人，可是他们建国要在我们的土地上割让领土？历史上谁在迫害犹太人？穆斯林吗？既然德国人杀害犹太人就在德国划出一块土地给他们好了，为什么要损害与犹太人的苦难毫无干系的巴勒斯坦人民的利益？"①

4. 多个民族，多个国家。即几个民族和几个国家互相交叉重叠，呈现出你中有我、我中有你的民族分布状态。譬如，阿富汗是亚洲中部的内陆国家，也是连接中亚、西亚和南亚的枢纽，与土库曼斯坦、乌兹别克斯坦、塔吉克斯坦、伊朗、巴基斯坦、中国接壤，人口约4000万（截至2023年）。其中人口上百万的民族主要有普什图族、塔吉克族、哈扎拉族、乌孜别克族等，人数较少的民族有俾路支族、努里斯坦族、土库曼族等民族，其人口构成与邻国形成你中有我、我中有你的复杂局面。这样的民族人口结构不仅使其与邻国关系紧张，也使喀布尔中央政府对地方的有效统治变得十分困难。

三、民族主义的历史作用与现实困窘

（一）民族主义的历史作用

民族主义是指以民族利益为基础而出现的一种思想和运动。美国学者汉斯·科恩（Hans Kohn）认为："民族主义首先而且最重要的是应该被看作一种思想状态。"英国学者爱德华·卡尔（Edward Hallett Carr）也认为："民族主义通常被用来表示个人、群体和一个民族内部成员的一种意识，或者是增进自我民族的力量、自由或财富的一种愿望。"民族主义通常是指以维护本民族利益和尊严为出发点的思想与行为，主张以民族为人类群体生活之"基本单位"，以此作为形塑特定文化与政治主张之理念基础。在近代以来，民族主义推动了民族解放与平等，是现代国际社会形成的主要原因。民族主义意味着对民族和民族国家的忠诚超越其他任何对象，使得民族主义与爱国主义有时

---

① 若历史转身. 巴以冲突正向全面战争升级，百年梦魇何时休？[EB/OL]. 搜狐网，2021-05-15.

无从区分。

20世纪是民族主义思潮和影响力获得空前发展的一个世纪，民族主义思想像春风雨露催生万物一般，唤醒了长期遭受奴役的沉睡中的亚非拉民族，数个世纪以来西方列强建立的殖民统治秩序彻底瓦解，亚洲、非洲落后地区民族相继取得政治独立，摆脱了西方列强的殖民统治，主权国家的数量也从联合国刚成立时的51个增加到现在的190多个。从此它们可以自由地选择发展道路，将民族命运掌握在自己的手中，可以自由平等地与其他民族和平共处，从而改变了整个世界的政治版图。

二战结束以来世界范围内的民族解放运动是一种以非国家行为体身份从事的国际政治活动，其主体是各国致力于推动实现民族解放的各种政治势力和组织，它们通过非暴力不合作运动、政治谈判或武装起义等方式展开斗争，其目标是争取建立独立的民族国家。一旦这个目标完成了，某一民族解放运动的存在前提就会消失，被独立的国家行为体所取代。毫无疑问，这一阶段的民族主义运动将人类进步事业推向了一个崭新阶段，其进步意义毋庸置疑。

（二）冷战后民族主义的现实困境

随着20世纪60年代世界范围的民族解放运动使命的完成，历史曾经长期存在的民族压迫现象成为历史。当下除了极少数争取民族独立的运动，如巴勒斯坦民族解放运动，带有明显的摆脱外来压迫与控制的正义性，绝大多数具有积极进步意义的民族主义运动已基本完成了历史使命。然而，随着冷战的结束，带有强烈民族主义色彩的思潮与运动却再度兴起，除少数运动属于领土主权之争外，多数则带有明显的民族分离主义特质，部分则与外部势力的恶意干涉息息相关。北约东扩引发的乌克兰危机、伊拉克战争诱发的库尔德自治运动，以及西方在世界各地蓄意策动的"颜色革命"，几乎都在变相推动各种形式的民族分离运动。

随着苏联的解体，苏联原各加盟共和国独立后，一些国家很快在分割财产、争夺领土等问题上产生分歧，引起一系列冲突：亚美尼亚与阿塞拜疆间关于纳卡州的主权纷争、俄乌关于克里米亚与黑海舰队归属权之争、俄罗斯与格鲁吉亚关于阿布哈兹与南奥塞梯的归属权之争等，这些纷争成为该地区地缘政治格局持续动荡的主要原因。

在巴尔干地区，民族矛盾加剧和民族主义势力急剧膨胀，加上美西方国家的幕后推动和公开干预，不仅直接导致统一的南斯拉夫分崩离析，还在相邻区域引起连锁反应：南斯拉夫与阿尔巴尼亚的科索沃之争、阿尔巴尼亚与马其顿关于在马其顿的阿族人问题之争、阿尔巴尼亚与希腊的伊鲁斯地区归属之争、罗马尼亚与匈牙利的特西瓦尼亚地区之争，这些纷争在短期内都很难尘埃落定。

在欧洲，由于受近年来经济增长放缓、失业增加以及大量难民涌入等因素的影响，欧洲境内极端排外的民族主义势力乘势兴起，在法国、德国、意大利等国，主张排外的右翼政党纷纷崛起，获得越来越多的选民支持，已引起国际舆论的高度关注。欧洲政党政治中的极右翼势力、民间社会的民粹主义运动，加上频繁发生的恐怖袭击事件以及经济低迷带来的困境，引发一股股排斥外来移民、保守孤立和逆全球化运动的浪潮。2022年1月19日，法国总统马克龙在位于斯特拉斯堡的欧洲议会发表讲话时，遭到来自法国国民阵线的欧洲议会议员乔丹·巴德拉（Jordan Bardella）的指责。巴德拉对马克龙的移民政策质疑说："你和你的盟友让欧洲成为华盛顿的后院……埃尔多安的门垫和非洲的酒店。"他还引用勒庞的话说："你们想要剥夺国家和人民最后剩下的权利——决定谁进入他们的家园，让谁离开的权利。"[①]而以分离为目的的民族主义活动也变得日趋活跃，如英国的北爱尔兰独立运动、苏格兰日趋活跃的独立意愿、西班牙的巴斯克分离运动和加泰罗尼亚独立运动等，虽屡遭挫败，却从未远离，正所谓"野火烧不尽、春风吹又生"，一旦遇到合适时机，这些民族分离主义运动就会卷土重来。

发生在西方国家内部的极端民族主义及民族分离运动，没有任何外部势力的渗透和煽动，是地道的内源、本土型民族主义。这些地方的民族分离运动，其政治基础往往是在西方民主制下生成的民族主义、地方主义政党，它们"经历了思想上的整容，装出了民主的样子"，经常以反对党的身份攻击执

---

① 赵建东.被指责将欧洲变成"华盛顿的后院"，马克龙：你在胡说[EB/OL].环球网，2022-01-20.

政党的腐败来争取选民；它们打着解决社会难题的幌子，将犯罪和失业归咎于外籍移民，以掩盖其煽动种族仇恨的排外主义本质；它们知道如何利用合法身份，经过合法程序去夺取政权，因而具有极大的欺骗性。其根本动因在于隐藏在所谓的民主制度下的自私自利，既然个人财产不可侵犯，那么个人组成的群体的财产也不可侵犯，引申出一个富裕地区的人组成的地区性组织的财产不可侵犯。西班牙加泰罗尼亚地区寻求独立的原因之一是：贡献得多、得到的少，以不到全国16%的人口，贡献了近20%的财政收入。

第四章

国际组织及其他国际行为体

第一节　国际组织

国际组织是现代国际体系的重要组成部分，它是指两个以上国家或其政府、人民、民间团体基于特定目的，以一定协议形式而建立的各种机构。人们通常以参加组织的成员身份构成，将国际组织划分为政府间组织和非政府间组织，如联合国、欧洲联盟、非洲联盟、东南亚国家联盟（东盟）、世界贸易组织等都属于政府间国际组织，而国际足球联合会、国际奥林匹克委员会、国际红十字会等则属于非政府间国际组织。二战以来国际组织的数量越来越多，《国际组织年鉴》统计，20世纪初，世界只有200余个国际组织，到20世纪50年代便发展到1000余个，70年代末增至8200余个，1990年约为2.7万个，1998年为4.8万余个，21世纪初超过5.8万个，截至2016年，世界上有6.2万余个国际组织。在数量急剧增加的同时，国际组织的职能覆盖范围也变得极其广泛，包括政治、经济、社会、文化、体育、卫生、教育、环境、安全、贫穷、人口、妇女儿童等众多与人类生存和发展相关的领域，已成为影响世界局势和人类社会发展的重要力量。

一、政府间国际组织（Intergovernment Organization）

政府间国际组织简称"IGO"，是指由主权国家为实现特定目的和任务，根据多边国际条约，即创设性文件而创建的组织，一般有自己的宗旨、原则及活动章程，有一套常设的组织机构。这些组织还可以根据不同标准进行不同种类的划分，按其覆盖的地域范围，可分为全球性与地区性两大类，前者如联合国，后者如欧盟；按其活动的基本性质可分为一般政治性组织与专门性组织两大类，前者主要从事政治、经济、社会等方面的活动，如联合国、美洲国家组织等，后者从事某一特定业务，如万国邮政联盟、世界气象组织、世界贸易组织等。

（一）政府间国际组织的起源

1. 对人类共同体的信仰。大量的政府间国际组织是最近几十年创建的，但它的思想起源可以追溯到14世纪。早在14世纪，思想家但丁（Dante Alighieri）就倡导成立"人类统一体""联合统一的世界各国"。而现代意义上的国际组织思想则植根于18世纪与19世纪一些思想家们的著作，如圣西门倡导建立"欧洲议会"、本森（Jeremy Bentham）倡导建立"国际法庭"、康德（Immanuel Kant）倡导"和平联盟"等。而类似的"人类大同"思想在中国也早就存在，《礼记·中庸》中的"万物并育而不相害，道并行而不相悖"就蕴含着万物共同生长而不互相残害，道在一起施行而不相违背的和谐共生思想。近代，康有为在其《大同书》中也阐释了中国古代"大同世界"的思想，描绘了一个"大同之世，天下为公，无有阶级，一切平等"的理想社会。而成立政府间国际组织是迄今人类可以找到的唯一能够将这种理想变为现实的有效途径。

2. 大国维和行动。政府间国际组织发源于这样一种观念，即大国负有一种特殊的责任来进行合作和维持和平，这是一种与能力相匹配的道义责任。早在1625年格劳秀斯就在他的经典著作《战争与和平法》中建议，主要基督教强国应该合作来调解或裁决其他国家的纠纷，如果需要，甚至可以强迫战争双方接受一个公正的和平。这种观念在欧洲协调、国联理事会和联合国安全理事会中得以体现。二战结束前夕，联合国的设计者们汲取了国联维和失败的教训，在联合国内成立了一个特殊机构——安全理事会，并特别赋予大不列颠及北爱尔兰联合王国、俄罗斯联邦、法兰西共和国、美利坚合众国和中华人民共和国五大常任理事国"世界警察"的职责和一票否决权。这不仅是对上述五国在世界反法西斯战争中所做突出贡献的肯定，更是对它们维护世界和平能力的肯定。

3. 实用主义合作。在人类走向全球化的过程中，世界各地区间的人员交往日益密切，创立专门机构来处理具体的国际经济和社会问题的必要性日益凸显。在前资本主义时代，世界尚处在农耕文明阶段，人与人、族群与族群、国与国之间可以"老死不相往来"，彼此缺少交集，自然没有亟须共同解决的现实问题。随着工业文明的出现，以及不可避免的跨国人员交往活动的增加，一些迫在眉睫的现实问题便提上日程，如不同国家间的货币兑换、通邮通信等领域的实用主义合作就变得格外重要。1815年的莱茵河航行六国中央委员会的成立开辟了国家间多边合作的先河，使其成为迄今为止世界上最古老的政府间国际组织。现代意义的国际经济组织出现在19世纪后期，1865年的国际电报联盟（现在的国际电信联盟，ITU）在巴黎成立之初，其成员就达20多个国家，应该是现存世界最古老的全球性IGO。1874年建立的国际邮政总联盟、1875年建立的国际度量衡组织、1883年建立的国际保护工业产权联盟等都是最早一批现代意义上的国际经济组织。这一时期的国际组织主要是技术性的，很少有政治色彩，作用也比较有限，国际经济活动仍然靠双边的通商条约和市场自动调节。

国际组织在当代的爆炸式增长模式与战后世界全球化快速发展密切相关，究其原因主要有：（1）国际联系加强，全球相互依赖的程度加深，双边外交渠道已经无法满足人们加强联系深化合作的客观需求；（2）跨国问题的增加，需要跨国专门机构加以应对；（3）满足各国期待免于恐惧、获得集体安全保障的需要；（4）中小国家希望通过国际组织联合起来，增强自身影响力的努力；（5）国际组织的成功经验给人们带来前所未有的信心；等等。

（二）政府间国际组织的作用

1. 在国际政治安全领域提供互动场所和一定程度的安全保障。尽管IGO作为辩论和外交斗争的常设论坛，经常成为国家与国家集团展开激烈斗争的场所，但毕竟这种互动过程也会培养出合作和妥协的习惯，为争端的非暴力解决提供现实的可能，等于变相为真实的战场提供一个虚拟的替代选择。诚如温斯顿·丘吉尔（Winston Leonard Spencer Churchill）在1956年访问美国时所言:"喋喋不休的争论总好于没完没了的战争。"[1] 来自会场上的争吵或发泄远比战场上直接较量的危害小得多。而一些集体安全组织的存在还能够直接给予一些国家来自外部的安全保障,如一战后的国联和二战后的联合国。

2. 非传统安全领域合作的开创者和中心。实用主义合作需要是当代IGO迅速扩容的核心推动力,特别是在经济、卫生、通信、交通、环境保护等一些政治敏感度较低的非传统安全领域,世界各国都有相互合作的迫切需求。由于这些领域的合作比传统军事、安全、政治领域的合作相对容易,这就为以联合国为中心的各类政府间国际组织的活动提供舞台,使其成为各国展开交流、进行务实合作的中心。

3. 独立的国际行为体。理论上,IGO做的任何事都处于其成员国的意愿和投票权控制之下,各国加入IGO都是基于国家主权的自愿行为,IGO无权将自身的意志强加到任何一个主权国家上。但实际上,今天的IGO已越来越成为一支具有独立行动力的国际行为体,任何主权国家一旦选择加入其中,就必须履行组织的基本义务,否则就会面临该组织的集体惩罚。

4. 超国家组织。根据主权国家加入某一国际组织时放弃主权的多少,人们可以大致衡量出该组织相对于国家的独立性和权威性。今天的欧盟就是个典型的超国家组织,20多个成员国自动放弃了经济领域内的绝大多数主权,让人员、资金、技术等生产要素可以不受阻碍地跨国界自由流动,甚至用统一的欧元取代了本国货币,还试图在外交与国防事务上力争以统一的声音说话,以便在国际事务上发挥更大的影响力。这意味着今天的欧盟已经拥有高于其成员国的权威,单个国家自主决定本国内政外交政策的能力已显著下降。

(三)政府间国际组织的典型代表——欧盟与联合国

政府间国际组织根据地域覆盖范围分类,可分为全球性国际组织和地区性国际组织,联合国和欧洲联盟分别是其中影响最大的代表。

1. 地区性政府间组织的代表:欧盟

(1)欧盟的起源与演进

欧洲一体化进程始于1952年的欧洲煤钢联营(European Coal and Steel

---

[1] 约翰·罗尔克. 世界舞台上的国际政治[M]. 宋伟,刘华,张荣耀,等译. 北京:北京大学出版社,2005:273.

Community），1957年的《罗马条约》建立了欧洲经济共同体（European Economic Community）和欧洲原子能共同体（European Atomic Energy Community），1967年创立欧洲共同体（European Community）。从1987年通过《单一欧洲法案》（SEA）到1993年的《欧洲联盟条约》（《马斯特里赫特条约》）的签订，再到1999年统一的欧洲货币——欧元的诞生，欧洲一体化踏上了一个全新的台阶。与此同时，要求政治一体化的声音逐渐响起，因为主权国家之间的内政和外交相互矛盾的话，就不可能实现真正的一体化。1993年11月1日，《马斯特里赫特条约》正式生效，欧洲联盟正式成立，设立欧盟理事会（Council of the European Union）、欧盟委员会（European Commission）、欧洲议会（European Parliament）和欧洲法院（European Court of Justice），这标志着欧洲共同体从单纯的经济共同体向经济政治共同体过渡。

（2）欧盟的未来

经由欧洲经济共同体演化而来的欧盟，是战后欧洲各国人民走向一体化的一次伟大尝试，它让这个曾经饱受战乱纷争困扰的地区国家，放下历史的宿怨，摒弃了狭隘的民族国家主权观念，化剑为犁，经由欧洲煤钢联营一步一步迈向经济高度一体化，取得举世瞩目的成就。从某种意义上说，欧洲一体化实践也是世界各国人民走向人类命运共同体的一次伟大尝试。因此，有人认为欧盟的一体化进程为人类走向大同、摆脱冲突提供了一个绝好的样本，这种充满理想主义色彩的人类共同体的前景总是那么令人向往。可而今的欧盟却再次站在了十字路口，特别是在英国脱欧之后，是继续踏浪前行还是走向分崩离析，未来变得昏暗不明。许多人认为欧盟的前途将取决于下列一些不确定因素。

① 欧洲公众对一体化的支持：27个成员捆绑为一体，乘势前行时如履平地，一旦遭遇较大冲击或某一环节出现问题，就会难以转向、分崩离析。欧盟的统一发声与行动，是成员让渡各自利益、相互妥协的结果，在繁荣发展时期易于达成共识，陷入困境时则冲突上升，政策效率与信任度下降，各国就会变得"斤斤计较"，从而影响人们对一体化的支持，英国脱欧便是这种反对一体化的"疑欧"力量不断递增的结果。

② 欧洲经济发展情况：欧盟历经六次扩张，各国经济发展水平上的差异

日益凸显，老欧盟成员国与新欧盟成员国、西北欧与东南欧的发展不平衡在加剧。在经济增速方面，近年来中东欧国家GDP增速显著回升，德国、法国等主要经济体稳步复苏，希腊、西班牙、意大利等南部经济体则面临困境；在劳动与就业方面，南欧劳动生产率明显低于北部经济体，德国2016年失业率为4.1%，而希腊、西班牙、克罗地亚、意大利、葡萄牙等国失业率超过10%，致使民众对于欧盟及本国政府产生不满情绪，进一步加剧政治风险。经济发展水平存在的巨大落差会引发一系列问题，如人员由东南欧向西欧的流动、各国财政政策的不统一引发的政府债务问题、各国对外政策上的分歧等都会引起人们对欧盟未来前景的担忧。

③ 对欧盟机构的满意度：欧盟的现有机制存在诸多问题，欧盟很多重大决策必须与成员国共同商议，采取全体一致原则，只要有一国有不同意见，欧盟就无法达成决议。由于大举东扩后成员国数目激增，利益难以协调，最大公约数有限，因此往往在政策形成和制定上缺乏效率，且很难达成最佳方案。长期以来在成员国民众心目中欧盟就是一个巨大而臃肿的官僚机构，他们对欧盟缺乏了解和信任，加上欧盟某些政策对成员国的约束，导致成员国民众对欧盟的反感情绪递增。

④ 理解德国的程度："德国的欧洲"与"欧洲的德国"是1953年德国著名作家托马斯·曼（Thomas Mann）在汉堡大学发表演讲时提出的概念，至今长盛不衰。德国前总理康拉德·阿登纳（Konrad Adenauer）曾说："随着柏林墙的倒塌，一旦柏林重新成为首都，国外的人们就又会怀疑起来。"[①] 对于作为欧洲一体化的舵手——德国的主导作用，其他欧盟成员国在心理上一直存有不情愿甚至排斥情绪。既依靠德国同时又防范德国，这是欧洲整合和德国处境的悖论，也是一种在全球化挑战下必须化解的"欧洲困境"。2009年爆发的"欧债危机"触碰到了欧洲的"敏感神经"，德国《明镜周刊》2014年初刊载的一项民意调查显示：欧盟成员国中已有88%的西班牙人、82%的意大利人和56%的法国人表示对德国在欧洲的主导作用不能容忍，不少人还将今日德国同昔日德皇威廉二世的德意志帝国相提并论。希腊人甚至将德国总理默克

---

① 楚天，詹佳佳. 欧洲人为什么如此厌德国[EB/OL]. 手机凤凰网，2015-03-31.

尔（Angela Dorothea Merkel）讥讽为"希特勒再现"[①]。自2021年奥拉夫·朔尔茨任德国联邦总理组成红绿灯执政联盟以来，在内部分歧、经济下行、难民危机、俄乌冲突以及美国对欧洲控制显著增强的背景下，德国在欧洲综合影响力显著下降，欧洲人对德国的担忧也明显缓解了许多。最近，德国选择党党魁爱丽丝·魏德尔公开呼吁德国脱离欧盟的主张，获得越来越多德国民众的支持，着实让不少欧洲人深感忧虑，人们从担心德国变得过于强势，演变为害怕德国成为第二个英国。

⑤ 难民危机的冲击：欧洲周边地区地缘政治风险的大幅上升，以及中东、北非以及中亚地区连绵不断的战乱，导致大量难民纷纷涌入欧洲，使得原本就萎靡不振的欧盟经济雪上加霜，原有的社会矛盾进一步激化，也给欧盟成员国的社会稳定及边境管理带来巨大挑战。对于接收难民问题，欧盟内部出现了明显分歧：接收难民数量最多的德国、法国、瑞典等国，要求实行分摊"强制配额"；意大利、希腊处于难民冲击前线，经济面临困境，要求减轻相关负担；而波兰、匈牙利等东欧国家则明确反对欧盟委员会难民安置计划。在导致英国决意脱欧的诸多因素中，不愿接收难民就是其中之一。

⑥ 英国脱欧的影响：2020年脱欧后的英国，人口总数达6700多万，仅次于德、法两国，占欧盟人口总数的15%；GDP达2.7万亿美元，占欧盟17.6%[②]，是欧洲仅次于德国的第二大经济体。英国脱欧使得欧盟成员国数量从28国减少到27国，不仅使欧盟的国际地位和影响力遭受极大冲击，而且也将会给其他国家带来示范效应，不少国家也在观望中谨慎评估，"脱欧"洪水会不会因此而四处泛滥亦未可知。

⑦ 欧盟北约化带来的影响：从早期的欧共体到现在的欧盟，都建立在欧洲联合自强的基础之上，可如今欧盟成员"北约化"趋势日益明显。冷战结束以来，美国通过不断在欧盟周边地区（巴尔干、北非与东欧）制造危机的方式，打压欧元和欧洲经济，强化欧洲对美国的经济与安全依赖，离间欧盟与俄罗斯及其他地区的密切合作，致使欧盟逐渐沦为美国搞大国竞争、全球

[①] 青木. 默克尔访希腊被骂"纳粹"，德国媒体鸣不平［EB/OL］. 中国新闻网，2012-10-11.

[②] 数据来源：快易理财网，http://www.kylc.com/stats/global/yearly.

霸权的工具，欧洲独立掌握自我命运的能力正在遭受蚕食，从而也给欧洲一体化的未来带来巨大的不确定性。

2. 全球性政府间组织：联合国

联合国是二战后成立的旨在维护集体安全的国际组织，是一个由全球所有主权国家共同组成的政府间国际组织。作为战后最重要的全球性国际组织，联合国自建立以来，在维护世界和平、缓和国际紧张局势、解决地区冲突、协调国际经济关系，以及促进世界各国经济、科学、卫生、文化等领域内的合作与交流方面，都曾发挥过积极的作用。

（1）联合国的组织结构及相关议题

联合国的组织机构有：①联合国大会。联合国六大机构之一，是唯一一个所有会员国拥有平等代表权的机构，即每一会员国都有一个投票权。在每年9月的联合国大会期间，每个会员国都有权出席这个特别的论坛，就发展、和平、安全、国际法等一系列的国际问题进行讨论和合作，并在必要时进行投票。②安理会。安全理事会是联合国组织中的一个特殊机构，负有维护国际和平与安全的首要责任。安理会有15个理事国，每一个理事国有一个投票权，其中五大常任理事国，拥有一票否决权，所有成员国都有义务履行安理会的决定。安理会在接到一项威胁和平的投诉时，通常采取的第一个行动是建议当事方尝试以和平手段达成协议，安理会可以提出达成此种协议的原则，在某些情况下进行调查和调解、派遣访问团、任命特使、请秘书长进行斡旋，以实现争端的和平解决。当争端导致敌对行动发生时，安理会首要关注的是尽快制止敌对行动。在这种情况下，安理会可以发出有助于防止冲突升级的停火指示；派遣军事观察员或维持和平部队，帮助减轻紧张程度，隔离敌对武装力量，并建立可寻求和平解决问题的安宁环境。除此之外，安理会还可选择各种强制执行措施，包括：经济制裁、军火禁运、金融惩罚和限制以及旅行禁令，乃至集体军事行动。③秘书处。联合国核心行政服务机关，下设多个部门，每个部门或办事处都有明确的行动和责任范畴，为联合国其他机构服务，并执行这些机构制定的方案和政策。秘书长是联合国的行政首长。④国际法院。全称是联合国国际审判法院，简称是国际审判法院（International Court of Justice，ICJ），法院共15名法官，任期9年，其中五大常任理事国各有一名法官，其余10名法官从联合国其他成员国遴选产生，法院位于荷兰海牙。国际法院的主要功能是对联合国成员国所提交的争议案件做出具有法律约束力的判决，并就正式认可的联合国机关和专门机构提交的法律问题提供咨询意见。国际法院是具有明确权限的民事法院，没有附属机构，国际法院没有刑事管辖权，因此无法审判个人，此类刑事审判通常由国内法院、联合国特设刑事法庭或国际刑事法院管辖。⑤经济与社会理事会。专门协调联合国及各专门机构的经济和社会事务的组织机构，负责研究有关国家间经济、社会、发展、文化、教育、卫生及有关问题，并就其职权范围内的事务，召开国际会议，起草公约草案提交联合国大会审议等多项职能。但长期以来经济及社会理事会只是一个讨论机构，它几乎没有通过决议、采取行动的权力，因而经常被人们忽视。⑥托管理事会。联合国的一个重要机关，其任务是监督在托管制度下的托管领土的管理。托管制度的主要目标是促进托管领土居民的自我管理能力以及托管领土朝自治或独立方向的逐渐发展。托管理事会由安全理事会的五个常任理事国的人员组成，适用于国际托管制度的领土是二战结束时尚未独立的前国际联盟委任统治下的领土和战后从战败国割让来的领土。原有托管领土11个，分别由英、美、法、比、澳、意、新西兰等国管理，到1980年11月为止这些托管地区先后获得独立，最后只剩下美国管理下的太平洋岛屿托管地。

联合国的经费来源通常包含三大部分：①正常预算经费，由所有会员国按一定的比例分摊。《联合国宪章》第十七条规定"本组织之经费应由会员国依照大会分配限额担负之"，会费分摊额由各会员国充分讨论和协商，并经大会审议决定，每3年重新审议一次，而每次都会有调整，以反映世界各国经济发展的最新情况。制订会费分摊比额表的基本原则是"支付能力"原则，即按会员国的各自经济实力分摊联合国的会费。②维持和平行动经费，基本上也是由会员国分摊，但采用与正常预算不同的分摊比例，维和费用是在正常预算分摊办法的基础上筹集的。这种办法将会员国分成四组：A组由五个常任理事国组成、B组由发达国家组成、C组由不发达国家组成、D组则由特别指定的经济最不发达国家组成。按规定B组国家按照其正常预算分摊比例缴纳，C组国家按其正常预算分摊比例的20%缴纳，D组国家按正常预算的

10%缴纳，而五个常任理事国除了按各自正常预算的比例缴纳外，还得承担余下的部分。③会员国自愿捐助。联合国下属机构很多都是依靠会员国政府自愿捐助开展活动的，其中最主要的有联合国开发计划署、环境规划署、人口活动基金、儿童基金、难民署、工业发展组织、世界粮食计划署等。除政府捐助外，联合国发展署以及环境规划署等机构还从联合国正常预算中得到一小部分资金，作为它们的行政和管理开支。每年11月，联合国认捐会议都如期在纽约联合国总部举行。

联合国秘书长的产生遵循这样的过程：现任秘书长卸任前，由各有意参选的国家向世界各国通报推荐人，然后根据通报名单，经过联合国安理会讨论并获得同意的情况下，提交到联合国大会，再由联合国所有成员国共同投票，由得票最多的人当选为下一届联合国秘书长。联合国秘书长还有一条不成文的规则，即五大常任理事国不得参加联合国秘书长的竞争。联合国秘书长的遴选遵循四项基本原则，即（各大洲）地区轮流、唯才是举、大国一致、小国优先。

（2）联合国的活动及相关议题

①促进国际和平与安全。联合国是旨在维护和平的集体安全组织，促进和平与安全是联合国成立的初心。但由于缺少主权国家那样必要的暴力机器，联合国的维和方式主要靠创设和平规则、建立和平机制、提供维和平台、使用和平方式、运用集体力量以实现普遍安全的目的。具体方式有：建立反对暴力的准则；利用联合国大会、安理会等组织机构，为各国伸张正义、阐述合理主张提供必要的平台，倡导以和平方式解决国际纷争，将辩论作为战争的替代方式；对即将出现或已经出现的危机进行必要的外交干预；对违反联合国安理会决议的行为实施制裁；向动乱国家或地区提供维和部队，参与维和行动；支持并组织军备控制与裁军谈判等。自联合国成立以来，尽管安理会在维护世界和平领域发挥的作用有限，拥有否决权的常任理事国在很多问题上难以达成一致意见，致使许多国际冲突无法获得和平解决。但不得不承认，迄今为止，国际社会尚未找到一个比联合国更有代表性、更能够有效维护和平的替代机制。2021年10月18日，土耳其总理埃尔多安在访问非洲时声称，联合国安理会无权决定人类命运，人类命运也不应该依赖二战中"少数

胜利国的仁慈"。10月21日，针对土耳其总统埃尔多安提出的取消联合国安理会常任理事国否决权的提议，正在出席瓦尔代辩论俱乐部年会的普京认为，这将使联合国变成另一个"国际联盟"。"如果我们取消常任理事国的否决权，联合国将在同一天消亡——它将变成国际联盟。它只会成为一个讨论平台——瓦尔代辩论俱乐部2.0。"[1]从1990年开始，国际社会对于联合国安理会权力结构不满，要求扩大安理会规模，增加新的常任理事国的呼声不断，但旨在颠覆二战成果、重塑联合国权力结构的改革之路依旧十分遥远。

② 社会、经济、环境和其他职能。联合国既是维护和平与安全的组织，同时也是致力于推动各国社会、经济、人文、环境等领域均衡发展的组织。联合国自成立以来，长期致力于拟订一些新的重大发展目标，例如，可持续发展、提高妇女地位、人权、环境保护等。为执行这些发展援助，联合国专门设立了一系列的机构，将理想与计划付诸实施。这些机构涵盖了关乎社会经济和文化生活的各个方面，如粮农组织、教科文组织、世界卫生组织、世界银行、气象组织等。进行人道主义援助一直是联合国的一项重要职能，60年来，世界各地凡有灾害、瘟疫、战乱等造成饥荒和贫困的地方，都有联合国救援机构的身影。仅1998年一年，难民专员办事处负责照顾的难民和流离失所者约有2200万人，其中主要包括阿富汗在塔利班执政时期流离失所的难民，前南斯拉夫地区因种族、宗教和民族冲突所造成的难民以及动荡的非洲大湖区逃避残酷部族仇杀的难民。为了促进对所有人人权与基本自由的普遍尊重，联合国先后颁布了一系列人权公约，包括《公民权利和政治权利国际公约》《经济、社会及文化权利国际公约》《消除一切形式种族歧视国际公约》《消除对妇女一切形式歧视公约》《禁止酷刑和其他残忍、不人道或有辱人格的待遇或处罚公约》《儿童权利公约》《保护所有移徙工人及其家庭成员权利国际公约》《残疾人权利公约》。还设立了包括人权理事会、人权理事会咨询委员会、联合国人权事务高级专员、人权公约监督机构、非政府组织委员会在内的机构，专门负责推进世界范围内的人权事业。

---

[1] 普京：安理会常任理事国否决权不能取消，否则联合国将在同一天消亡［EB/OL］.环球网，2021-10-23.

二、非政府国际组织（Non-Governmental Organization）

非政府组织简称"NGO"，也称"民间组织"，指政府以外的、不包括企业在内的社会组织。非政府组织一词最初出自《联合国宪章》第七十一款，该条款授权联合国经社理事会"为同那些与该理事会所管理的事务有关的非政府组织进行磋商做出适当安排"。非政府组织是跨国界的、由个人或全国性集团组成的、没有政府代表的民间国际行为者，具有非政府性、非营利性、公益性等基本属性。其中，非政府性指的是这些社会组织独立于政府机关及其附属机构之外，不是由政府出资成立，不受政府及其附属机构控制，非政府组织的这一特性，使得它能够独立于政府之外自主为社会服务；非营利性是指这些社会组织不以营利为目的，不具有利润分红等营利机制，组织资产不得以任何形式为私人所占有；公益性强调这些社会组织在投入产出上更多地依赖社会和服务社会，它们吸纳社会公益资源，提供的是社会所需要的各种形式的公共产品或服务，并形成一定的公共空间。这些组织活跃于人类社会生活的各个领域和层面，在政府机构难以顾及的众多领域，起到动员资源、服务社会、政策倡导的独特作用。非政府组织可分为国内非政府组织与国际非政府组织，目前绝大多数非政府组织的活动主要集中在所在国内，其数量远超跨国非政府组织。

1952年联合国经社理事会在其决议中把非政府组织定义为"凡不是根据政府间协议建立的国际组织都可被看作非政府组织"。那些具有全球影响力的组织，分别以各种不同方式介入国际秩序重塑的过程中，发挥了不可替代的独特作用。比如，国际爱护动物基金会作为全球最具影响力的动物福利组织之一，致力于减少对动物的商业剥削和贸易、保护野生动物的栖息地以及救助危难中的动物来提高野生动物和伴侣动物的福利；世界自然基金会作为享誉全球的非政府环境保护组织之一，一直致力于环保事业，在全世界拥有将近520万支持者和一个在100多个国家活跃的网络；成立于19世纪的国际红十字委员会为遭受战争和武装暴力的受害者提供人道保护和援助，红十字国际委员会的总部位于瑞士日内瓦，在大约80个国家设有办事机构，员工总数超过12 000名。红十字国际委员会一直致力于推动有关武装冲突法规的制定，以便更好地保护那些没有参加或不再参加战斗的人的安全,对《日内瓦公约》的形成与发展发挥巨大推动作用。

非政府组织属于民间社会组织的特殊身份,这一属性使其往往更具有公共性、民主性、开放性和社会价值导向,可以在一定程度上表达民意,促进各国在环境保护、卫生健康、人道关怀、难民救助、全球治理等诸多领域的合作,是对政府和政府间国际组织功能的必要补充。但在现实世界中,非政府组织能否真正代表民意,以及在多大程度上能成为民意的代表,是很不确定的。很多非政府组织宣称的使命和价值观,大多带有公益性,或者是服务于特定的人群。实践中人们发现一些非政府组织受到政府、资本等各种力量的控制,从事一些与其公开宣示的宗旨不相符的政治活动。譬如,美国国家民主基金会(The National Endowment for Democracy)属于典型的具有政府背景的非政府组织,其宗旨是通过非政府组织渠道对外推进"民主"。该基金会是20世纪80年代初由里根政府设立的,设立该基金会的直接理由是"在此之前,中情局针对不友好政权实施的一系列暗杀与破坏行动被曝光,引起社会高度关注。设立民主基金会的目的,是把它设计成一个非政府组织,在表面上与中情局和其他美国政府机构拉开距离,以掩人耳目"[1]。国家民主基金会的第一任代理主席艾伦·温斯顿(Allen Weninstein)曾对《华盛顿邮报》说:"我们今天做的许多事,在25年以前都是中情局的活。"[2]民主基金会的经费来自美国国会,通过美国国务院进行的年度拨款获得。2016年5月,据日本《朝日新闻》披露,美国"国家民主基金会"向至少103个反华团体提供了约9652万美元的资金援助,其中包括"藏青会""世维会"等被中方明确定性为恐怖组织的团体。由此不难发现,美国国家民主基金会早已沦为彻头彻尾的政治工具,打着非政府组织的旗号,干着干涉他国内政、服务美国全球霸权战略的勾当,已完全丧失了非政府组织该有的基本属性。

---

[1] 威廉·恩道尔. 霸权背后:美国全方位主导战略[M]. 吕德宏,赵刚,郭寒冰,等译,北京:知识产权出版社,2009:85.

[2] 张小平. "颜色革命"是西方国家文化冷战的升级版[EB/OL]. 人民论坛网,2014-04-24.

第二节　其他国际行为体

一、跨国公司

跨国公司是指除了本国总部外，在海外拥有子公司的企业。跨国公司是经济全球化的产物，是伴随西方的对外殖民活动而诞生的，早期的东印度公司便是其中之一。但跨国公司数量激增并成为国际经济的主角是二战以后的事情，经过战后几十年发展，很多跨国公司早已富可敌国，无论对内还是对外都具有巨大影响力。根据世界银行1990年报告，当时世界上10个最大的跨国公司的年销售额总和比联合国130多个发展中国家的国内生产总值还多。[1] 跨国公司对国际政治的影响表现在它对母国及东道国政策的影响上，同时也表现在母国和东道国对跨国公司经营活动的影响上。

第一，在对母国政府外交政策的影响上。一般来说，跨国公司的海外经营活动符合其母国的利益，因为它能够"获得原材料和国际市场，有利于本国收支平衡，有时还充当有益的外交工具"。但有时候跨国公司的利益与本国政府的政治主张并不完全一致，公众舆论也会批评"跨国公司以对外投资取代了国内投资，将工作机会转让给外国人，还减少了商品和服务的出口"[2]。为此，跨国公司经常作为利益集团，运用捐献竞选资金、院外游说等方式影响本国外交政策的制定，说服政府取消或放宽向某一国家出口某类商品的限制，或本国企业在东道国遭遇不公正竞争和待遇时，要求本国政府做出适当反应，通过谈判、施压或报复等手段维护自身利益。

第二，对东道国影响主要表现在经济和政治两大领域。在经济领域对东

---

[1] World Bank. World Development Report 1990[M]. Oxford: Oxford University Press, 1990: 182-183.
[2] GILPIN R. Political Economy of International Relations[M]. New Jersey: Princeton University Press, 1987: 241-242.

道国的影响是有得有失,多数情况下是得大于失,跨国公司提供资金、技术与管理经验,获得经济利润,东道国付出环境、资源成本,提供市场优惠经营条件,赢得就业、税收和经济发展;在政治上,大多数跨国公司以盈利为目的进行跨国经营活动,通常会谨慎遵守东道国的法律制度,尽量避免卷入东道国内部不必要的政治纷争。但并不排除有些跨国企业执意秉承其母国统治集团旨意,或为了抵制东道国政府制定的对其不利的政策,肆意干涉东道国内部事务的可能。"跨国公司既是一个相对独立的行为者,同时还是国家操纵的重要工具。"[1] 在这方面,美国的跨国公司可谓劣迹斑斑,它们往往通过行贿支持特定的政党或候选人,或者以金钱资助政变等方式卷入东道国的国内政治过程。如联合果品公司1954年参与推翻危地马拉阿本斯政府的活动,英伊石油公司1953年参与推翻伊朗摩萨台政府的活动,国际电话电报公司1973年参与推翻智利阿连德民选政府的活动等,造成了极其恶劣的影响。2010年3月23日美国的互联网巨头——谷歌公司(google)以中国政府对其搜索引擎的内容实施审查为由,宣布正式退出中国市场。然而国际社会的舆论指出,美国自身也在对谷歌的服务器进行不间断监视。2013年11月,谷歌董事长施密特(Eric Emerson Schmidt)曾公开批评美国国安局截取谷歌服务器之间传送的数据,而斯诺登提供的关于"棱镜门"[2] 事件的资料也证明,谷歌等公司一直在为美国政府提供数据浏览权限。一面高举言论自由的旗帜,配合美国政府及舆论高调反华,一面允许美国政府对自己的服务器进行监察,谷歌将这种虚伪的"两面态度"展现得淋漓尽致。

第三,跨国公司通过逃税、制定国际商业规则或技术标准、影响相关法律制度等方式变相侵蚀东道国主权。跨国公司在跨国经营中具有特有的内部交易机制,它可以通过转移价格方式人为抬高账面生产成本,或采取低价销售产品方式转移盈利,从而实现逃避东道国合法征税的目的;还可以利用发

---

[1] 罗伯特·基欧汉,约瑟夫·奈.权力与相互依赖:转变中的世界政治[M].林茂辉,段胜武,张星萍,译.北京:中国人民公安大学出版社,1991:39.
[2] "棱镜计划"是一项由美国国家安全局自2007年起开始实施的绝密电子监听计划。美国国家安全局和联邦调查局通过进入微软、谷歌、苹果、雅虎等九大网络巨头的服务器,监控美国公民的电子邮件、聊天记录、视频及照片等秘密资料。2013年6月,因中情局原职员爱德华·斯诺登披露而大白于天下。

展中国家的税收优惠政策,一些发展中国家的当地公司利用海外企业进行虚假参股投资,或直接到海外注册(如免税天堂维尔京群岛等)再回来进行收购的方式,达成合法避税的目的;跨国公司通过掌控技术标准和制定商业规则的方式,迫使东道国人民接受不公平交易规则,获取超额垄断利润。为了鼓励、保护并规范跨国公司经营活动的规则,东道国政府一般都会制定一些法律法规,这些规则既包括对跨国公司合法权益的保护,也包括对经营中涉及的环境保护、劳动者权益、市场公平竞争、税收管理等问题进行控制。这些规则很多源于跨国公司长期运营中形成的行为习惯,主权国家在制定这些规则时,通常会尊重或听取这些企业的意见,以便达成鼓励投资的目的。

第四,一些以金融投资或投机为主业的金融机构,可以随时调动巨额资金在全球从事破坏性投机活动,利用资本市场自由化的便利和一些国家金融监管上的漏洞,恶意洗劫一些经济体多年积累的财富。这些"金融巨鳄"具有一夜之间将一个国家搞得一贫如洗的能力,所以"它们的活动对公共机构在经济领域的权威会构成根本性挑战"[1]。1997年,以索罗斯为首的量子基金以风卷残云之势,掀起一场席卷东南亚多国的金融危机,包括泰国、马来西亚在内的多国多年积攒的财富被洗劫一空。面对海外血腥资本接踵而至的疯狂投机活动,为了避免东南亚的悲剧在香港重演,退无可退的香港特区政府在中央政府的坚定支持下全力以赴,几乎动用全部外汇储备与国际金融炒家们进行对抗,展开一场惊心动魄的阻击战,成功击退索罗斯们恶意做空港股获利的不法图谋。

尽管跨国公司的影响极其广泛,但与国家相比,它们在国际体系中的作用终究有限,对国家的依附地位始终不变。国家作为跨国公司投资活动中环境与制度的构建人、合法权益的保护人、政治风险担保人的角色,对于跨国公司的成功经营至关重要。跨国公司的经营活动处于东道国与母国的双重影响下,难免会因为两国政策分歧和政治关系紧张而受到冲击:有关国家常以安全或其他政治理由,限制跨国公司的业务活动,反对本国公司在东道国的扩大投资或技术转让活动,或限制他国公司在本国的投资经营活动。2019年5

---

[1] EVANS P. The Eclipse of the State? Reflections on Stateness in an Era of Globalization [J]. World Politics, 1997, 50(1): 67.

月15日，时任美国总统的特朗普签署行政命令，以"国家安全"为由禁止美国公司使用对国家安全造成威胁的企业制造的电信设备，并且限制芯片出口，将包括中国华为技术有限公司在内的68家企业列入实体清单。在特朗普执政期间，美国商务部对总计306家中国实体实施了制裁。2020年8月7日，特朗普决定禁用抖音（Tik Tok）和微信，并试图通过国家力量强制并购Tik Tok；而2021年上台执政的拜登政府对中国的制裁更是有过之而无不及，截至2024年4月11日，美国对中国实体制裁的数量累计达319家①，已经超越特朗普政府，成为美国历届政府中对中国实施制裁最多的一届。2024年3月13日，美国众议院还以352比65的压倒性票数通过了一项跨党派法案，要求字节跳动公司剥离对旗下海外短视频应用Tik Tok的控制权，否则Tik Tok将被禁止进入美国的手机应用商店和网络托管平台。美国在"国家安全"借口下实施的一系列制裁，已严重破坏了正常的市场规则和秩序，不仅损害中国企业的合法权益，也伤害包括美国投资者在内的全球投资者的利益。当然，有时跨国公司的利益并不总是与母国利益完全一致，客观上存在跨国公司与东道国在反对母国政府的涉外经济与外交政策方面有共同利益，东道国可以通过作为"人质"的跨国公司来向其母国施加压力，让其改变对本国或本地区的政策，跨国公司也可以以东道国的各种规则与制度为借口，规避执行其母国的政策，就像特斯拉（Tesla）顶着美国的压力，执意在新疆设立分销机构一样。

二、恐怖组织

恐怖组织是指通过暴力、破坏、恐吓等手段，制造社会恐慌、危害公共安全、侵犯人身财产权益，或者胁迫国家机关、国际组织，以实现其政治、意识形态等目的的组织。恐怖主义的历史十分久远，早在公元1世纪，为反抗罗马帝国入侵，犹太狂热党人就曾在罗马人饮用的水中下毒，暗杀与古罗马人合作的犹太贵族。但现代国际恐怖主义在全球范围广泛肆虐则是在二战后，兴起于20世纪60年代末，盛行于20世纪七八十年代，有人把这股恐怖主义狂潮称为"20世纪的政治瘟疫"。这种"瘟疫"在21世纪的今天依旧十分猖獗，

---

① 熊超然. 319家！拜登制裁中企已超特朗普，为历任美国总统之最［EB/OL］. 观察者网，2024-04-12.

且大有愈演愈烈之势，是国际社会迄今为止无法有效根除的顽疾。

（一）产生原因

恐怖主义产生的原因很多，一般认为，贫困与经济鸿沟是恐怖主义产生的主要社会根源。但恐怖主义产生的历史表明，恐怖主义的产生与现实世界中的贫困没有必然联系。在20世纪前，当世界绝大多数地区仍处在落后的农业社会时，恐怖活动极少发生，现如今世界上很多不发达地区与国家如撒哈拉以南的非洲，恐怖主义活动并不突出。而"9·11"事件的19名直接参与者中，却有15名来自经济极其富裕的海湾国家——沙特阿拉伯。因此，恐怖主义通常是对社会不良现实的极端反映，绝对贫困不是恐怖主义产生的主要原因，而贫富分化的加剧造成的社会撕裂与不公，才是恐怖主义赖以滋生的经济根源。无论在发展中国家还是在发达国家，总会有一些被边缘化的弱势群体，经济上的贫困加上政治文化上的边缘地位，导致他们无法通过正常途径改变命运，因而从体制外寻找摆脱困境的方法，极易走上极端主义道路，成为国内恐怖主义产生的重要源头。世界银行前行长沃尔芬森（James David Wolfensohn）曾指出"财富的严重不平衡是一种威胁""一个不公正的世界乃是一个危险的世界"。[①] 2001年9月14日，时任德国总统约翰内斯·劳（Johannes Ran）在哀悼"9·11"事件的演讲中也指出："防止恐怖、暴力和战争的最好方法就是建立一个公正的国家秩序，公正的果实将使和平得以到来。"[②] 例如，在长期与以色列处于冲突状态的巴勒斯坦，年轻人的失业率高达50%，他们整天游荡在加沙和约旦河西岸，找不到工作，看不到未来，还要经常面对全副武装的以色列士兵的镇压。他们与多数巴勒斯坦人一样，很自然地将自身的贫困和屈辱归因于以色列以及支持以色列的西方国家，极端思想、以暴易暴便成了巴勒斯坦青年走上以恐怖方式捍卫自身尊严的动力。

而霸权主义与被压迫民族群体的非对称反抗则是恐怖主义产生的一个政治根源。在这个强权政治大行其道的时代，中小国家弱势民族饱受欺凌，地理边疆几乎已失去保护国民的实际意义。发生在巴勒斯坦、伊拉克、叙利亚、

---

① 芮英杰.世纪观察：曲折向前的南北关系［EB/OL］.新华网，2001-01-07.
② 闫瑾."9·11"事件与国际反恐怖主义途径分析［J］.教学与研究，2001（11）：55-57.

阿富汗以及其他遥远国土上的悲剧已经成了我们日常生活的组成部分。面对强大的西方，那些处于弱势地位的民族只能选择以非对称的极端方式实施报复。当阿拉伯世界看到"杰宁难民营大屠杀"①惨剧，而布什却在会见"和平大使"沙龙的情景时，一些年轻的阿拉伯人就会义无反顾地走上一条非对称以暴制暴的道路。

（二）国际社会对待恐怖主义的立场分歧

1. 政治歧见阻碍反恐合作。国际社会关于恐怖主义的分歧很多，主要集中在以下方面。其一，反政府的暴力活动是不是恐怖主义的问题。西方国家普遍对此采取双重标准，时而将其归入恐怖主义，时而将其视为反抗暴政的民主运动。其二，关于被占领土上的人民反抗外来侵略的暴力活动是否应当纳入恐怖主义范畴。西方国家普遍将这类暴力活动定性为恐怖主义，但多数发展中国家对此则有不同意见，认为被占领地区人民采取暴力手段反抗外部势力侵略占领是其不可剥夺的合法自卫权利。实践中，国际社会就对被占领土上的巴勒斯坦激进分子针对以色列目标的自杀性爆炸袭击活动是否属于恐怖活动存在重大分歧，巴解组织也因此长期被美英等西方国家认定系恐怖组织，而阿拉伯世界则并不认同。其三，关于游击战、非对称作战，西方往往将其归入恐怖主义范畴，这种观点同样难以获得广泛认同，落后的发展中国家反抗外来侵略与干涉的手段相对有限，采取非对称方式对抗强敌是他们最可行的选择。其四，基于打击目标的认识分歧，有人认为以平民为目标的无差别攻击行为是恐怖主义，而针对军政人员或政府机构的攻击行为就不是恐怖主义，可归入非对称战争行为。其五，大国针对弱小国家的暗杀、颠覆和定点清除是否属于恐怖活动问题，国际社会的立场更是泾渭分明。2020年1月3日凌晨，美国动用无人机向伊拉克首都巴格达国际机场附近发动火箭弹袭击，造成包括伊朗革命卫队下属"圣城旅"旅长卡西姆·苏莱曼尼（Qasem

---

① 杰宁大屠杀：2002年4月3日凌晨，以色列国防军进入杰宁镇和附近的难民营，切断了杰宁难民营的供水、供电和日常生活所需，还杀死了52名巴勒斯坦人，他们将枪口瞄准手无寸铁的青年、妇女、儿童和老人。连一向亲以的美国助理国务卿伯恩斯都承认以军对难民营的进攻使营内数以千计的巴勒斯坦人遭受了一场灾难，他在杰宁难民营中心广场的废墟上说："我们在这里看到的是一场可怕的人间惨剧。"

Soleimani）将军在内的8人遇害，这是不是一种国家恐怖主义行为呢？美国将这称为预防性的打击恐怖主义的正义之举，伊朗毫无疑义地将此视为美国的国家恐怖主义行动，而那些长期敌视伊朗的国家则对此讳莫如深、不置可否。

2. 一些国家对恐怖主义的政治利用。在恐怖主义已成人类公敌的今天，没有国家敢公开同情或支持恐怖主义活动，可这并不妨碍一些别有用心的国家对不同性质的恐怖主义组织刻意利用。它们利用各国在什么是恐怖主义以及谁是恐怖主义组织等问题上的分歧，一方面严厉打击针对本国的恐怖主义活动，另一方面却支持针对别国的恐怖主义组织及其活动。例如，2002年9月11日，联合国正式将"东伊运"列入安理会颁布的恐怖主义组织和个人名单，对其实行冻结资产、旅行限制、武器禁运等制裁。美国也于2016年9月在第13224号行政令中将"东伊运"列为恐怖组织，并支持将该组织列入联合国1267委员会综合制裁清单。可2020年11月6日，美国《联邦纪事》网站却出人意料地刊发国务卿蓬佩奥（Mike Pompeo）的决定，公然撤销对"东伊运"的恐怖组织定性，引发舆论哗然。众所周知，"东伊运"是长期在中国境内外从事反华分裂、极端暴力活动的恐怖组织，数十年来，"东伊运"在境外建立了多个训练基地，一方面派人赴叙利亚参加"圣战"，威胁他国和平与稳定；另一方面不断向中国境内渗透，先后策动了系列案件，给中国人民造成巨大人员伤亡和财产损失，是列入联合国安理会1267委员会制裁名单的全球公敌。当世界各国都在努力研究和推进对恐怖势力进行打击的时候，美国却将不会对美西方国家产生威胁的恐怖主义贴上"好的恐怖主义"标签，大肆豢养利用；将对美西方产生威胁和不利的恐怖主义贴上"坏的恐怖主义"标签，坚决予以打击。打击恐怖主义是所有联合国会员国的共同责任，作为恐怖主义的受害者，美国政府的出尔反尔，充分暴露了美方在反恐问题上"双重标准"的虚伪本质和对恐怖组织"合则用、不合则弃"的丑恶嘴脸。

（三）恐怖主义对国际政治的影响

第一，危害国家安全。世界上多数恐怖活动都带有强烈的政治动机，通过颠覆政权、分疆裂土、破坏社会稳定等方式实现特定的政治目的，当然也包括为了抵制外来压迫与干涉而发动的报复性恐怖袭击。姑且不论不同恐怖活动的具体动机是否正当,单就恐怖活动造成的后果来看,无疑会给特定国家的安全带来严重威胁。

第二,危害民众生命财产安全。由于力量过于悬殊,恐怖组织以非对称力量攻击安全保障能力强大的政府部门、军政机关的难度较高,于是不设防场所与普通民众便极易成为被攻击的目标,致使恐怖主义无差别攻击的受害者多半是无辜的民众。

第三,影响国家间关系。由于国际关系的复杂性,不同地区与国家出现的恐怖主义活动的具体动因差异很大,一国内部出现的恐怖主义对别国构不成威胁,针对特定国家发动的恐怖袭击对其他国家也没有威胁,国际社会难以在对付恐怖主义问题上形成统一战线。本着"敌人的敌人便是盟友"的实用主义原则,一些国家秉持"双重标准",对发生在本国境内或针对本国及其盟友的恐怖活动深恶痛绝,而对竞争对手国家的恐怖活动或幸灾乐祸或变相支持,从而加剧了国家关系的紧张与彼此的不信任。当然,恐怖主义是人类公敌,恐怖主义活动也为世界提供了加强合作、互释善意的机会。西方频繁发生的恐怖袭击事件总能让一些人明白,真正威胁其国家安全的不是那些传统的竞争对手,而是恐怖主义以及产生恐怖主义赖以生存的环境。2012年8月27日,时任法国总统的奥朗德(François Gérard Georges Nicolas Hollande)宣称,"巴沙尔必须走人,跟他没有政治解决方案。他是一个威胁,他以令人难以置信的暴力继续屠杀人民,摧毁城市,煽动死亡"。他强调,那些可怕的行凶者应该被带上国际法庭。"法国希望叙利亚反对派建立临时政府,临时政府一成立,法国就会立即承认。"[1]2015年11月13日晚,在法国巴黎发生一系列恐怖袭击事件,造成至少132人死亡。人们不久便惊奇地发现,奥朗德对叙利亚问题的态度变得温和了许多,开始强调谈判与政治解决的重要性,着实颇具讽刺意味。

---

[1] 杨明,焦翔,萧达,等.法总统批中俄对叙立场,美警惕被法拖入战争[N/OL].环球时报,2012-08-29.

第五章

国际体系——如何制约行为

在世界舞台上，每一单个行为体都会处在某个特定的全球化时空环境之中，并且依托这种环境形成彼此相互作用的密切联动关系。不同的国际环境必然对各行为体特别是国家的决策行为产生影响。苏联领导人尼塔基·赫鲁晓夫（Nikita Sergeyevich Khrushchev）曾说过："如果你生存在狼群中，你就必须和狼一样行动。"[①] 体系层次的分析家们相信，不同形态的体系结构将不可避免地对国家行为产生制约作用，而所有的国际行为体都按照某种可以预见的方式进行运作，或者说作为核心行为体的国家在同样的体系环境中，行为方式上常常呈现相似或趋同的现象。

一、国际体系的特征及类别

（一）国际体系的特征

一些学者认为国际体系是指在特定历史时期，彼此进行互动的主要世界大国，按照一定的结构形式结合在一起所构成的整体，因而具有明显的等级制结构特征，人们常用"单极""两极""多极"等作为理解国际体系结构的重要概念，所谓"极"，指的是综合国力强、对国际事务影响大的国家或国家集团。另有一些学者则认为，国际体系是由密切联动的各行为主体构成的有机整体，它包括国际行为主体、国际力量结构、国际互动规则和国际机制等多方面内容。该定义强调随着国际法、国际规则、制度等在全球治理中的重要性不断增强，大国间的竞争与冲突就会走向缓和，国际关系也因此有可能

[①] 约翰·罗尔克. 世界舞台上的国际政治[M]. 宋伟，刘华，张荣耀，等译. 北京：北京大学出版社，2005：63.

＜＜＜ 第五章 国际体系——如何制约行为

变得更加和谐和有秩序。

除国际体系外，国际格局也是人们常用以描述国际政治的重要概念，二者之间既有密切联系，又存在区别。一般而言，国际体系是对国际关系状况的概括，其含义极其宽泛，而国际格局则是对其中各行为体，特别是"主角"行为体的互动及关系状况的描述，意在勾勒出国际主要力量互动的结构形态。掌握事物的特征是全面客观认识事物真实状态的有效途径，不同物质具有不同的形态特质，国际体系也不例外，它所呈现出来的基本特征主要有：

1. 整体性。在新航路开辟前，由于全球范围的国际体系尚未形成，只有区域性国际体系，国际体系的整体性特征并不明显。而如今这个全球化背景下的国际体系则是由地球上所有国家与非国家行为体通过持续不断的互动交往共同构建起来的。它包括190多个国家、大量的国际组织和无数的个人，虽然各行为体大小不等，影响力悬殊，发挥作用的方式各不相同，在国际体系构建中的作用也存在较大差异，但它们都是推动国际体系形成过程中不可或缺的重要单元，也都将不可避免地受到体系本身和体系中其他行为体的影响。因此，国际体系无论以怎样的形态呈现在世人面前，都将是一个不可分割、相互依赖和相互作用的整体，而不是相互隔绝的行为体数目上的简单相加。

2. 相互联系性。体系中所有行为主体之间都不可避免地卷入直接或间接的相互联系中，没有一个行为体可以孤立地存在，彼此相互依赖是系统内成员间关系的一种属性。这种相互依赖系统所产生的影响往往比我们想象的或预期的要复杂得多。例如，中东战争期间，阿拉伯国家使用石油武器反击支持以色列的西方国家，直接导致中东乃至世界局势出现重大改变，很多国家不得不修正针对阿拉伯世界与以色列的外交政策；又如一国为取悦其国内某个军工利益集团而扩充军备规模的行为，通常会被其他国家视为重大威胁，后者为了平衡或超越对手而采取的反制行动，就极有可能导致一场螺旋般升级的军备竞赛。当然各国相互依赖的程度并不一样，一个行为体对其他行为体的行为和发展的敏感度和受影响度也就大不一样，如同一条跨国河流的上下游国家在河水利用与航运管理上的依赖度各不相同，上游国家在水资源的分配与利用上占据明显优势，而下游国家，特别是占据出海口的下游国家，将会在航运与过境贸易上占据优势，尼罗河、莱茵河、澜沧江（湄公河）等

97

国际河流莫不如此。此外，国家地理位置也将影响其与外界互动的频率，沿海国比内陆国的对外交往更容易；而大小国家互动的频率也会不一样，一般来说，大国之间的互动频率比大小国家之间或小国之间要频繁得多。

3. 非对称性。在国际体系中，由于各种不同行为体的客观实力存在差距，或因一些国家采取结盟政策引起的同盟体系间以及同盟与非同盟行为体间力量不平衡，导致国际体系中各种力量对比的非对称性特征十分明显，大小国之间的关系难以平等。一些国家总是处在国际体系的核心位置，成为国际体系构建的关键力量，而另外一些国家则处于体系的边缘位置，存在感与影响力相对较弱。近现代史上著名的国际体系无一例外都是由大国构建的，从拿破仑战争后的维也纳体系、一战后的凡尔赛—华盛顿体系和二战结束后的雅尔塔体系都是由战胜国构建的事实，说明少数大国才是国际体系建构的决定性力量。

4. 相对稳定性和绝对变化性。任何一种体系的确立总是在经历一番剧烈调整后由那些处于优胜地位的行为体建立起来的，而这些占据优势地位的行为体彼此间的实力平衡不会在短期内被彻底打破，因而在一定时期内具有相对稳定的特征。与此同时，体系中各种力量发展的不平衡每时每刻都在发生，这种变化的绝对性决定了体系的相对稳定性，维持现状者与改变现状者都在聚集各自的力量，当改变现状的力量积累到足以推翻现状的时刻，旧秩序的维护将变得十分困难。当原有的体系已经无法反映客观形势的变化时，由旧体系向新体系的蜕变过程就会逐步展开，大国的竞争会变得异常激烈，不安与动荡将成为国家间关系的新常态。

（二）体系的分类

从历史进程的角度看，只要不同国家间存在密切互动关系，就会构成一定的国际关系体系，当代国际政治学者对国际体系的研究主要着眼于近代以来的国际体系，往往忽略了在此之前世界各地客观存在的其他形态的国际关系体系。比如，古希腊的城邦体系、古罗马帝国体系、春秋战国时期中华大地上的多极体系及秦统一后中国封建中央政府与周边国家形成的封贡体系、中世纪欧洲国家体系等。从理论分析的角度，不同学者对体系的分类各执己见。如英国学者怀特就把国际体系分为国际性国家体系和宗主国国家体系；

美国学者华尔兹将体系简单分为无政府型和等级型；而沃尔特（Stephen Walt）则将体系细化为无政府体系（如古希腊的城邦体系）、霸权体系、封贡体系、单个大国支配体系、帝国体系。

随着人类历史进入近现代后，人们对这一时期体系的分类变得简单起来。要么根据一次大规模战争和重大历史进程形成的秩序来命名，如威斯特伐利亚体系、维也纳体系、凡尔赛体系、雅尔塔体系和冷战后体系；要么根据主要力量组合的不同结构将国际体系分为单极、两极、三极和多极。目前，从便于理论分析的角度，多数学者倾向于用"极"的结构状态给体系分类，认为这种"极"的结构形式远比制度、意识形态、价值观等要素对国际关系的影响要更大、更持久、更能准确反映国际关系运行的基本规律。

二、不同体系对国家间关系的影响与制约

（一）单极体系（Unipolar System）

单极体系是指某个大国在国际战略格局中占据主导地位，形成一国独霸的局面。理论上，单极国际体系可能以两种方式出现。一是建立一个世界政府。尽管人类历史上曾有过此类梦想，但迄今为止它还只能停留在人们的想象之中。二是单个国家有能力在一定时期内确立其在整个体系中的霸权地位。似曾相识的情形在历史上曾经出现过，如资本主义初期的西班牙、荷兰和英国，都曾有过独霸一方的历史。19世纪中叶的英国甚至确立起某种意义上的"霸权"（Hegemonic power），人们称之为"大英帝国"。但上述三国的霸权，很难算是真正意义上的世界霸权，西班牙与荷兰的"霸权"犹如昙花一现，即便是"大英帝国"也只是"殖民帝国"的替代性标签，即使在其鼎盛时期也没能确立起对近在咫尺的欧洲邻国的有效控制。因此真正的单极体系在历史上未曾真正出现过，最多是某些特定时期个别国家主宰了当时的国际关系，就像18世纪和19世纪的大部分时间，英国被称为"霸权"国家一样，冷战刚结束时的美国也有些相似。随着苏联的解体，世界政治关系和权力结构发生了根本性变化，美国成为仅存的超级大国。无论从定量还是从定性的分析上看，当时的美国在世界政治结构中的权力优势都是"史无前例的"，世界上没有任何一个大国或大国集团能够单独与美国进行全球抗衡，因而形成了一超

多强的世界权力结构和力量对比关系。为此，布什和克林顿总统都迫不及待地相继宣布要建立一个由美国领导下的"世界新秩序"，梦想中的"单极时代"似乎一度有了实现的可能。

单极体系下各主要行为体遵循的游戏规则通常是：（1）霸权国建立和实施规则，并掌控着具有压倒性优势的军事经济手段。霸权国通常通过建立有利于自己的规则，确保获得霸权红利，强大的军事与经济力量则是保证使用这些规则畅通无阻的必要手段。（2）负责解决下属单元之间的争端。霸权国家统治下的所有成员都将失去主权，或只拥有十分有限的自治权，彼此间发生的纠纷，不得通过强权方式解决，同时霸权国有义务进行干涉、斡旋或申请仲裁帮助解决纷争，以防动摇霸权国治下的和平或有损霸权国的权威。（3）抵制下属单元获得独立或者更大自治的企图。任何霸权体系都建立在不平等的关系之上，压迫与奴役成为常态，与此同时，反抗压迫与奴役，追求平等、自治或独立的意愿也会久盛不衰。霸权国必须时时刻刻提防其治下的各种"不怀好意"的分离主义力量寻求自治甚至要求独立的冲动，并在必要时采取一切强权手段加以遏制。

从本质上看，这种游戏规则下各行为体互动模式（Pattern of interactions）是：统治与服从。因此单极体系就是一种霸权体系，试图建立霸权与反对建立霸权企图，无论过去、现在还是将来都将成为贯穿国际关系恒久不变的现象。实现霸权通常有两种方式，其一是制度霸权，即通过确立自己在国际秩序建立中的绝对主导地位，构建起一系列符合霸权国利益的政治、经济、军事等运行规则，将自己的意志强加于国际社会其他行为体之上，从而构成一种事实上的霸权。这种霸权虽然同样建立在绝对实力的基础上，但其实现的方式相对文明和隐秘，具有一定的弹性和迷惑性，因而也是最理想的霸权。其二是强权，即赤裸裸的行为霸权，就像拳击场上的拳手，胜负全凭实力。靠经济军事技术上的绝对优势力量对不服从的行为体进行极限施压，必要时不惜发动战争来迫使这些行为体屈从于自己的绝对意志。这是一种古老且野蛮的霸权方式，因此在实践中招致的反噬与对决也就最多、最激烈。历史上追求霸权的冲动绵绵不绝，而反对霸权的传统更是薪火相传，有霸权就会有反霸权，这也是亘古不变的历史规律。

（二）两极体系（Bipolar System）

两极体系指两个行为体或行为体联盟大致呈现出势均力敌的对抗状态。或许在两大对立的行为体之外，还存有一些重要的不结盟行为体，但由于他们保持中立，故而不会威胁到占统治地位的两极体系结构的稳定。由于双方结构性的、极为敏感的敌意是该体系的根本特征，故两极体系下各行为体遵循的游戏规则主要有：（1）运用一切手段削弱对手，如有必要并且是在可以接受的风险之下，不吝诉诸战争手段。公元前432—公元前404年的雅典与斯巴达、冷战期间的苏联与美国是两极体系的典型代表，尽管相距2000多年，跨越不同的时空背景，但这两大体系中的对立集团之间都充满极其相似的猜疑与敌意。修昔底德在《伯罗奔尼撒战争史》中写道："战争之所以不可避免，是由于雅典实力的增长以及因此而引起的斯巴达的恐惧。"相互恐惧在冷战时期的苏美两国也表现得淋漓尽致，就如奥本海默（Julius Robert Oppenheimer）所云，美苏就像"两只瓶中之蝎，彼此都有能力消灭对方"。（2）通过拉拢第三方支持自己或者阻止第三方支持对手的方法增加自己一方的相对实力。于是拉帮结派、扩充盟友便成为双方斗争的常态，彼此间呈现出来的互动模式是持续不断的竞争与对抗。（3）对选择中立或拒绝"选边站队"的国家怀有本能的敌意。在斯巴达与雅典、美苏冷战的两极体系下，相隔2000多年的两个不同时代都存在十分相似的、"非敌即友"的不容忍中立主义的现象。在修昔底德的著作中，描述了"米洛斯之辩"（Melian Debate）的故事。说是雅典人派使节出使米洛斯城邦，试图迫使米洛斯臣服于雅典，米洛斯人问："我们做奴隶，而你们做主人，怎样有同等的利益？"雅典人说："屈服了，你们就可以保全自己而免遭灾祸。"米洛斯人问："你们不同意我们保持中立，做朋友，不做敌人，但是不做任何一边的盟邦吗？""不行"，雅典的使节回答说，"因为我们的臣服者将把那视为我们变得虚弱的象征"。后因米洛斯拒绝臣服，雅典随即便发动战争。而当米洛斯人投降时，"所有达到服役年龄的男子都被杀死……妇女和儿童都被卖作奴隶。"[①]1956年6月9日，由于拉拢埃及等国家加入美国主导的同盟体系遭到拒绝，美国国务卿杜勒斯（John Foster Dulles）

[①] 修昔底德.伯罗奔尼撒战争史［M］.谢德风，译.北京：商务印书馆，2004：464-474.

在记者会上也曾公开谴责中立政策,他说:"中立是一种过时的概念,并且除非在特殊情况下,还是不道德的和短视的观念。"[①] 7月4日,副总统尼克松也在马尼拉的一次演说中,将其他国家"在共产主义与自由世界间"做出"明确的道义区分"作为获得美国同情的条件。他还当众发问:"如何看待那些对信仰上帝、宗教和道义的民族与只鼓吹无神论、武力和恐怖统治的民族一视同仁的人?"并进一步警告"对克里姆林宫和北京的友好中立"所具有的风险[②],全然忘却美国也曾有过长期外交中立的历史。

(三)三极体系(Tripolar System)

当三个主要行为体在某些领域实力相当,相互间存在难以克服的结构性矛盾,而彼此又存在互相利用的空间时,就会形成极其微妙的三足鼎立格局,在一定区域和范围内构成三极体系。中国古代的魏、蜀、吴三国鼎立和20世纪70年代的中、美、苏三角格局都是典型的一定区域内的三极体系。若将三极分别以 A、B、C 表示,那么三极之间可能存在着以下不同的组合关系。

一是"两缓一紧"关系,即 A—B、A—C 关系相对和缓,而 B—C 关系紧张。在这种状态下,A 将处于最有利的位置,必然成为 B 和 C 竞相拉拢的对象。20世纪70年代,在中、美、苏三角关系中,正是尼克松总统通过传统的大国间均势外交,先后实现了与中国和苏联关系的缓和,帮助美国摆脱了在与苏联竞争中出现的被动局面,取得在外交上相对有利的地位。尼克松深信通往莫斯科的道路必须经由北京,改善与中国的关系是尼克松成功访问莫斯科,并与苏联达成反导条约实现关系缓和的关键步骤。这样在中、美、苏三角关系中,美国无疑占据着最有利的位置。

二是"一缓两紧"关系,即 A—B 间关系相对缓和,但 A—C 间和 B—C 间的关系都很糟糕。1979年后一段时间美、中、苏三国间的关系就是这样,美苏和中苏关系都高度紧张,中美两国在抵制苏联武装入侵阿富汗、反对苏联支持越南侵略柬埔寨等领域立场高度一致。为此,中美双方相互协调,与国际社会一道谴责苏联的侵略扩张行径,并共同抵制1980年的莫斯科奥林匹

[①] ARMSTRONG H F. Neutrality Varing Tunes[J]. Foreign Affairs, 1956, 35 (4): 63.

[②] ARMSTRONG H F. Neutrality Varing Tunes[J]. Foreign Affairs, 1956, 35 (4): 63.

克运动会，将两国关系推进到新中国成立以来的最好阶段。面对中美两国在对苏政策上协调一致的巨大压力，苏联领导集体不得不对过去的外交政策做出战略调整。

三是"三边同步紧张或和缓"关系，即 A、B、C 三方在某一阶段彼此关系都很紧张，而在另一时段相互关系都比较和缓的状态。这种和缓与紧张关系通常会以某种等边三角形形态呈现。20世纪60年代的中、美、苏三方彼此关系都高度紧张，三方彼此都游走在战争边缘：美苏因古巴导弹危机、第二次柏林危机差点兵戎相见；中苏边界冲突紧张升级，双方甚至于1969年在珍宝岛爆发小规模军事冲突；而中美也因越战而处于"准战争"状态。到了20世纪80年代末，在苏共总书记戈尔巴乔夫（Mikhail Sergeyevich Gorbachev）倡导的外交新思维的推动下，苏联开始主动采取一系列积极行动，着力缓解与中美间的紧张关系，导致三国关系呈现出同步缓和的状态。

综上所述，三极体系下各行为体之间的关系十分微妙，各方普遍遵循的游戏规则有：(1)努力与其他两个游戏者都建立良好关系，让自己处在三角关系中最有利的位置。外交策略中最智慧的办法就是，和你的对手处好关系，而不是让你的对手们关系变得亲密。(2)努力阻止其他两个游戏者靠得太近，以免让自己处于最不利的位置，避免成为其他两者的共同敌人。(3)奉行"没有永久的朋友，也没有永久的敌人"的外交理念，必要时应果断采取均势外交调整政策。这种体系下三方彼此互动模式是：冲突与合作方式的不断切换。1960年后期到1990年年初的中、美、苏三国的互动严格遵守三极体系的规则。如规则（1）可以用来解释为什么具有强烈反共情结的美国总统尼克松和里根（Ronald Wilson Reagan），采取了同共产主义中国建立友好关系的政策。推理的过程是：中国力量的不断增长，如果美国的总统们不想冒同时成为中国和苏联敌人的风险，他们就别无选择。

（四）多极体系（Multipolarity）

多极体系是指由三个以上权力中心在相互作用中形成的一种流动的不稳定的系统。体系中的国家为确保自身利益和势力平衡经常会不断地变换同盟，一旦某个国家或者国家同盟积聚的力量过于强大，威胁到其他行为体的安全，就会有制衡性同盟或挖优势同盟墙脚的趋势出现，这类体系通常被刻画为均

103

势体系（Balance of power）。在国际关系体系中，均势指的是没有一国处于优势地位或能对其他国家发号施令的状态，是与霸权相对的一种，是国家间力量对比的一种暂时均衡状态，又称势力均衡。而努力建立和维持这样一种状态的战略或政策即为均势战略或均势政策。

根据均势系统中国家数量的多少，均势可以划分为简单均势和复杂均势。简单均势指的是由两个国家形成的均势，而复杂均势则是指由三个或三个以上国家形成的均势。人们通常所说的均势一般指多极均势，因为简单均势难以用均势外交加以改变，只有多极均势才有应用均势政策的空间。而从地域来看，均势则可以被划分为局部均势或全球均势。局部均势指的是在局部地区一定范围内形成的均势，如维也纳会议后局限于欧洲范围所形成的均势，1870年前，英、法、普、奥、俄是多极均势体系的参与者，1870年后塑造欧洲均势格局的参与者变为英、法、德、意、奥、俄。而二战后形成的两极均势和20世纪70年代后形成的多极均势则都属于全球均势。特别是20世纪90年代初，由于苏联的解体，东欧形势的剧变，美、苏两个超级大国垄断国际政治的局面被打破，标志着世界格局正向多极化方向发展。世界正在形成若干个政治经济力量中心，美国、欧盟、日本、俄罗斯、中国等国和国际组织在国际社会中扮演着重要角色，形成了关系极为复杂的多极格局。其中，美国成为唯一的超级大国，力图构建以自己为主导的单极世界；而随着1999年欧元启动，欧盟内部合作进一步加强以及成员国数量的进一步增加，欧盟的国际地位和影响力也在日益提高；日本将两极格局的瓦解视为跻身政治大国的大好时机，主动参与国际事务，热衷于推动联合国安理会改革，加快谋求政治大国地位的步伐，但受限于日美同盟的制约、历史问题的掣肘和近年来经济地位总体下降的影响，其作为一"极"的资格已变得十分勉强；苏联解体后，俄罗斯联邦取代苏联在联合国的地位，坐拥辽阔的国土面积以及足以同美国相匹敌的战略核心力量，使其成为多极世界中当之无愧的主要一极；中国作为最大的发展中国家，随着改革开放和经济实力的迅速增长，国际地位与影响力日益提高，成为多极化世界中一支快速崛起的力量；今后随着一些新兴发展中大国如印度、巴西的崛起和主要行为体综合国力的此消彼长，国际体系多极化趋势还将向纵深拓展。

多极体系下，均势制衡曾长期成为欧洲国际关系实践的指导性原则，欧洲的统治者们似乎一致认为，唯有维持均势，才能安享和平。近代欧洲国家是均势外交的主要践行者，包括梅特涅（Klemens von Metternich）、卡斯尔雷（Viscount Castlereagh）在内的古典均势理论信奉者坚信，均势政策能够产生符合多数国家和人民利益的功效，具体包括："（1）防止建立世界霸权；（2）维护体系的组成部分及体系本身；（3）保证国际体系内的稳定和相互安全；（4）通过威慑防止战争爆发来延长和平。"而维持或恢复均势的传统方法与手段有："（1）分而治之的政策（旨在削弱较强一方的实力，如有必要可与较弱的一方结盟）；（2）战争后给予领土补偿；（3）建立缓冲国；（4）组建军事同盟；（5）建立势力范围；（6）进行干涉；（7）外交上讨价还价；（8）用法律和和平的方法解决争端；（9）裁减军备；（10）军备竞赛；（11）如有必要用战争维持或恢复均势。"[①]奉行均势外交的出发点首先是确保自身安全，防止敌对的霸权国家出现。对很多国家而言，要实现均势通常有两种手段，即增强自身的实力，或者与他国结盟。当拿破仑试图打破欧洲均势，建立独霸欧洲的法兰西帝国时，欧洲各国很快便摒弃前嫌，联合组织了七次反法同盟，直到彻底击败拿破仑并将其囚禁在大西洋上的圣赫勒拿岛。历史上，英国曾长期充当欧洲"均势"的离岸"平衡者"角色，艾勒·克劳爵士（Sir Eyre Crowe）在1907年1月1日发表的著名备忘录中说："英国时而把砝码放在天平的这一端，时而放在另一端，但任何时候都是支持与最强国家或国家集团的政治专政抗衡的那一方，以维持平衡。英国的长期政策与这种维持平衡的做法保持一致，在历史上几乎是不言自明的。"[②]但实际上，均势往往是某些大国用来追求和维持霸权的一种借口和手段，而不是目的。正如著名地缘政治学家尼古拉斯·斯拜克曼（Nicholas John Spykman）所言："各国只希望看到对它们有利的平衡（或不平衡）。它们的目标不是均衡，而是自己远胜别国。如果一个国家同潜在的

---

① 詹姆斯·多尔蒂，小罗伯特·普法尔茨格拉夫.争论中的国际关系理论[M].阎学通，陈寒溪，等译.北京：世界知识出版社，2003：46.
② 詹姆斯·多尔蒂，小罗伯特·普法尔茨格拉夫.争论中的国际关系理论[M].阎学通，陈寒溪，等译.北京：世界知识出版社，2003：47.

敌人同样强大,就没有真正的安全,只有比对方略强,才有安全。如果一国的力量完全被制约住,那它就无法采取行动。只有当一国拥有一部分可以自由支配的多余力量时,才有可能采取积极的对外政策。"[1]

因此,均势政策的践行者们普遍遵循的游戏规则主要有:(1)反对任何具有成为霸权国条件的危险行为体或同盟,这是权力制衡政治的中心原则;(2)不断增强自己的实力,为了这一目标,尽可能通过谈判,必要时使用武力;(3)即使通过武力,也不能毁灭另一个行为体,以免破坏体系的稳定。因此要允许被击败的行为体维持或者重新获得它们的地位。原则(3)是建立在今天的对手可能成为明天阻止今天的盟友霸权野心的联盟伙伴的认识基础上的。此外,多极体系的灵活性还意味着,主要行为体的崛起或者衰弱不会明显地改变多极体系的基本性质。例如,在1648—1945年的欧洲多极体系中,虽然占据一流地位的国家不时发生转变,但均势格局本身始终存在。因此,均势外交的参与者彼此间的互动模式通常是:冲突与合作关系的变动处在持续不断的流动状态,但总体的格局却相对稳定。

(五)哪种体系更有利于维护世界和平?

近代以来,世界各国总是生活在某一个特定权力平衡的系统之中,但对于不同类别的平衡体系维护和平的有效性,从来就没有现成的答案。有人认为,对抗的各"极"之间处于相对力量平衡时,彼此存在中等力量差距,就会对自己相较于其他国家的实力发生误判,当它们各自感到能够在战争中获胜时,战争最可能发生;有人则认为,当国家力量严重不平衡时,冲突最可能发生,理由是当它们势均力敌时,它们将会被在战争中失败,或者即便胜利也会遭受的巨大损失这种后果所震慑住;18世纪至19世纪欧洲的多数政治精英普遍认为,唯有均势才是和平的有效保障;还有学者认为,当力量严重失衡时,冲突最不可能发生,于是"单极和平论""霸权稳定论"便应运而生。

单极和平论者主张建立一个单极世界,认为如果强权集中在一方,一定程度上等于构建了一个类似的"世界政府",弱小的成员自然没有挑起战争

---

[1] 詹姆斯·多尔蒂,小罗伯特·普法尔茨格拉夫.争论中的国际关系理论[M].阎学通,陈寒溪,等译.北京:世界知识出版社,2003:47.

<<< 第五章 国际体系——如何制约行为

的能力，而强大的一方则无须通过战争来获得所需，于是乎天下太平。例如，查尔斯·施莱歇尔（Charles Schleicher）就认为："当强权的分布比较均衡时，和平处于最大的危险之中；如有一国占压倒性优势，战争就不易爆发。"[1]可问题在于霸权体系注定是一个不公平的权力专制体系，体系内非霸权国的权益时刻处在受损状态，稍有不满或抗拒行为，就会立即招致祸端。故此，"单极和平论""霸权稳定论"就是一个不切实际的神话，二战以来，美国发动的一场场战争几乎都是以大欺小的战争，力量的过分悬殊反而成了其肆无忌惮发动战争的诱因。

两极体系是否有利于构建和平世界的认识也同样存有分歧，历史实践为这种分歧提供了各取所需的佐证。在雅典与斯巴达、马其顿与波斯、罗马与迦太基存续的两极世界里，充斥着连绵不断且血腥残酷的冲突与战争，最后都是以一方被彻底击败而告终；而二战后由美苏各自主导建立的两极格局却能长期和平共处，维持了近半个世纪的和平。这些截然相反的历史事例说明，想要证明两极体系容易带来和平还是易于引发冲突有多困难。有学者认为，战后的两极体系之所以确保没有出现大的战争，特别是两极之间的战争，是因为以下一些因素在起作用。其一，是核武器的出现。拥有核武器的大国分处两大阵营，美苏两国都拥有毁灭对手的核打击能力，使双方实际形成了"确保相互摧毁"的能力，达成了核恐怖平衡。其二，战后的两极都是以集团形式出现，分属两大集团的成员涵盖了欧亚大陆上的主要国家，而苏美两国对各自集团内部的其他成员的国防外交拥有绝对控制权，如希腊与土耳其间的领土纠纷之所以没有走向冲突，与它们同属北约成员国身份密不可分。因此，它们不但能够有效抑制集团内部国家间冲突，更不会让大国被弱小国家裹挟卷入世界大战的历史悲剧重演。

多极制衡体系有利于维持和平的论断，同样没能经受住历史的检验。近代欧洲国际关系史告诉人们，多极格局下的制衡体制与均势外交无法阻止战争的间歇性爆发。一战宣告了多极均势有助于维护世界和平观念的破灭，均衡的相对性以及推翻现状的力量急剧增长都会诱发战争冲动。1914年8月1日，

---

[1] 韦正翔. 软和平：国际政治中的强权与道德［M］. 保定：河北大学出版社，2001：162.

德国副外交大臣就曾对英国驻德大使说道："战争是由现代的祸根'这该死的联盟体系'引起的。"[①] 进入21世纪以来，在全球范围内多极化趋势日趋明显的形势下，不甘心放弃霸权地位的美国通过诱导、胁迫等手段集结了几十个盟友，聚集远超其他单一国家的恐怖实力，事实上打破了多极格局下的实力平衡状态。而平衡一旦被打破，人们很快便会看到美西方国家建立在集团实力基础上的权力傲慢，在阿富汗、伊拉克、利比亚、叙利亚和乌克兰，一场又一场战争相继登场。

三、国际体系中的国家政策选择

（一）结盟

1. 结盟的历史。寻求与他国结盟以对付另外一个或若干国家的历史几乎与国际关系的历史一样久远。在2000多年前的古希腊，雅典为了抵御强敌波斯的进犯，与其他城邦一起组织了提洛同盟。从联合弱小的城邦共同对付强大波斯的角度看，这无疑是个防御性的军事同盟，但在击败波斯后，雅典并没有将其解散，而是把它当成其打败其他城邦，建立霸权的工具，从而引起以斯巴达为首的一些城邦的疑虑和恐惧，后者随即组织了另一个同盟组织——伯罗奔尼撒同盟与其对垒，导致希腊半岛上出现了两极相争的局面。

在以欧洲为中心的近代国际关系史上，结盟外交同样大行其道。在整个十八九世纪，每当欧洲大陆的势力平衡将被打破时，恢复平衡的外交就会如期展开，特别是当欧洲某个国家初露霸权端倪的时候，其他欧洲诸国就会群起而攻之。如法国大革命后拿破仑对外征服的霸权活动就导致一次又一次欧洲反法同盟的建立，直到法国战败，拿破仑被放逐圣赫勒拿岛。在此期间，英国的离岸平衡外交至关重要，它自始至终都将均势政策放在绝对优先的位置，而意识形态或价值观都不在考虑之列。虽然法国大革命后的法国政治体制与思想价值观与英国更为接近，但英国却毫不犹豫地站到反法同盟一边。因为从地缘政治角度看，欧洲出现任何的国家霸权都会危及英国的安全。

19世纪末，欧洲各国的均势政策逐渐演化成两极格局，形成相互对立的

[①] COOCH G P, TEMPERLEY H. British Documents on the Origins of the War, 1898–1914[M]. London: His Majesty's Stationary Office, 1976: 284.

政治军事同盟组织，即德、意、奥三国同盟与英、法、俄三国协约。欧洲大国寻求结盟的动机在于，它们都认为自身的安全利益受到了其他国家的威胁。对法国来说，它时刻不忘要为1870年的战败复仇，收回被割让的阿尔萨斯与洛林，因此与德国的矛盾不可调和。为了对付德国，德国的邻国沙俄便成了法国的天然盟友，为此在1870年后的几十年间，俄国一直是法国外交竭力争取的对象；而德国认为俄国与法国对自己心怀叵测，为了避免腹背受敌，需要寻求与法俄以外的国家结盟；英国认为，在19世纪末，能够对自己构成威胁的欧洲国家非德国莫属，因此宁愿放弃长期坚守并引以为傲的"光辉孤立"（Splendid Isolation）政策，第一次在和平时期与法俄结成联盟。两大军事同盟之间的相互对立、猜疑和军备竞赛最终导致一战爆发，战争中双方都在竭尽全力争取尚未卷入战争的国家加入自己一边。

二战后，随着反法西斯同盟的解体，东西方冷战爆发，美苏都将结盟视为对抗对方最有效的手段，于是北约和华约两大军事政治同盟组织相继登上历史舞台。此外，美国还在欧洲以外地区通过双边或多边同盟条约组建了一系列遏制共产主义国家的同盟体系。冷战后，美国的同盟体系非但没有解散，反而一再扩充，使得美国成为当今世界拥有盟友最多的国家。

2. 结盟的动机。结盟的历史久远，且至今绵延不绝，尽管时事在变，但结盟的动机却始终没变，今后还会长期存在，这些动机主要包括：

（1）以别国的力量增加本国的力量。在这点上，中小国家的愿望最为强烈，它们尤其需要外部力量补充自身实力的局限，但这并不意味着大国就不需要借助外力锦上添花，实现进一步强化自身实力的目的。小国结盟的动机通常是为了安全，而大国结盟的动机往往是为了追逐强权，它们唯一的共同点在于相互需要。

（2）防止对手以同样的方法增加盟国。无论是平时还是战时，竞争对手间争取盟友的竞争始终存在，努力争取"骑墙者"站到自己一边，或防止它们倒向对手一边的外交竞争总是十分活跃。就像一战期间同盟国与协约国竞相争取意大利、罗马尼亚的外交角力一样，冷战期间争夺盟友与离间对手同盟体系的斗争同样异常激烈，今天的美国对曾经的敌人越南和不结盟运动的倡导者印度的拉拢，无不彰显出其对战略竞争对手的冷酷无情。

（3）寻求安全保障的"搭便车"心理。谋求搭乘大国或军事集团安全保障便车的国家，多为自我安全保障能力弱而又随时面临周边安全威胁的弱小国家。这些国家加入某个军事同盟体系的目的，只是将自身安全寄托在其他盟友履行条约义务上，并非真心打算为了同盟体系做出多大贡献和牺牲，免费或低价乘车的意图明显。冷战结束后的中东欧国家、独立后的苏联加盟国纷纷加入或正在申请加入北约的行为，大多出于此种动机。

（4）大国为了克服在地缘政治竞争中所处位置的局限。因战略位置突出被拉入联盟，以期在需要投放自己的力量时能够有效克服地理上的限制，是一些大国愿意让小国搭便车加入同盟体系的主要原因。大国争取小国入盟并非看重其力量本身，而是看重其所处地理位置的战略意义，如新加坡、波罗的海三国、北欧的芬兰与瑞典之于美国和古巴之于苏联一样，都是因为这些国家与自己的战略竞争对手地理上非常接近，平时可用作威慑对手的筹码，战时可用作进攻对方的跳板。正因如此，一些战略竞争对手对这些敏感区域的争夺往往会比较激烈，1962年的导弹危机与近年来的乌克兰危机无不折射出美苏（俄）双方对于对方企图染指邻国的戒惧心理。

（5）战争的需要。每当战争降临，争取更多盟友的外交就显得尤其重要，一战如此，二战如此，今后的战争也会如此，没有国家在战争来临时会嫌弃盟友太多。即使是那些军事实力远超战争对手，单凭一己之力也能轻易取得胜利的国家，来自盟友的支持依然弥足珍贵。平时结成的盟友，战时将成为可靠的支持来源，特别是对于那些缺乏正当性或未经安理会授权的战争，来自盟友不分是非对错的支持，哪怕是象征性的道义声援，都能使处于交战中的国家变得自信而不孤独，展示出一幅许多人站在我这一边的"人多有理"的画面，营造一种有利于自己得道多助、师出有名的舆论假象，妄图以此抵消国际社会道德舆论的批评。

3. 结盟的影响。结盟的动机主要来自军事安全的主观考虑，享受权利的同时也需要承担相应的义务，所以多数国家在选择与别国结盟时都会谨慎权衡其中的利弊得失。总体上看，结盟的好处在于：平时用来威慑对手，战时增加战争的胜算。但伴随而至的风险也将不可避免，主要体现为：

（1）大国控制小国的联盟伙伴，使其成为自己的附庸。这是历史上多数

<<< 第五章　国际体系——如何制约行为

同盟的共同特征，大小盟友间的权利与义务难以平等，小国必须为此付出一定的代价，被迫在政治、军事、外交等领域与盟主保持高度一致，必要时需要牺牲经济利益换取保护。譬如，美韩与美日同盟自成立以来，韩日不仅在外交、军事领域与美国步调保持一致，在经济上对美国不断妥协让步，还需要让驻韩与驻日美军在两国享有司法豁免权，美军在当地作奸犯科的恶性事件层出不穷，而两国政府与当地民众却只能忍气吞声。同时，同盟中的重大决定也只有大国有权裁决，不尊重盟友的"越顶外交"随时都可能发生。

（2）小的盟国操纵大的盟友，使其掉进陷阱，即大国有可能被鲁莽的小国拉进一场自己不愿卷入的冲突。在同盟关系史上，不乏小国借助与大国的同盟关系，狐假虎威，故意挑起与他国的冲突，企图让盟友出头为自己的利益诉求买单的例证。比如，一战就是由欧洲两大同盟体系中实力最弱的奥匈帝国有意挑起的，作为奥匈帝国的盟友，如果德国选择逃避履行盟约义务，不仅意味着需要向俄国做出让步，还终将因为失信于他国而彻底丢掉奥地利。于是，德国不得不选择支持奥匈帝国对抗塞尔维亚，并最终将所有欧洲大国都卷进了战争的旋涡。基于历史教训，二战后的结盟关系中，大国通常会对小的盟友国的行为进行严格的管束，其目的就是防范小国的鲁莽引发难以收拾的意外。2022年，当波罗的海小国立陶宛宣布将阻止俄罗斯货物经由立陶宛境内的铁路运往俄罗斯飞地——加里宁格勒时，最感到紧张的反而不是立陶宛，而是在立陶宛驻军最多的德国。

（3）不履行联盟义务，选择撒手不管。条约必须遵守是国际法的一项基本原则，背弃盟约是一种背信弃义的不道德行为，一般来说，不履行盟约义务的国家可能会因此付出国家信誉破产的昂贵代价，并从此失去其他国家的基本信任。1914年一战爆发后，同为三国同盟成员的意大利就拒绝和德奥一道与英法俄的协约国同盟作战。历史上，像意大利这样不履行联盟义务的背叛行为并不鲜见，今后也难保不会发生。2008年爆发的"俄格战争"中，战前一直表示支持格鲁吉亚加入北约对抗俄罗斯的美国却没有在战中给予任何实质性支持，只是在战争结束后象征性派遣一艘军舰到格鲁吉亚港口，颇具讽刺意味地卸下一堆矿泉水，给受伤的格鲁吉亚人送去一丝苦涩的安慰。由此可见，当政治家们必须在失信与甘冒风险履约间做出选择时，大国选择

111

失信的可能性始终存在。因为与冒险履约需要付出的巨大代价相比，失信带来的损失往往显得微不足道，且随着时间的流逝，其负面效应也将随之递减。

（4）盟友关系的不确定性。在国际政治舞台上，政治格局犹如风云际会、变幻无常，盟友关系的转换变化也必将成为常态。因为"结盟只是图一时之便的权宜结合（marriage of convenience）：今天的联盟伙伴可能是明天的敌人，今天的敌人也可能是明天的联盟伙伴。"① 二战期间，美国与中国、苏联并肩作战，联手击败德国与日本，但在随后不久开始的冷战期间，敌人与盟友身份重新转换，美国将德国与日本纳入盟友体系，却将苏联与中国视为需要遏制的对手。此外，盟友关系的不确定性，还表现在成员国在履行盟约义务过程中的推卸责任，特别是在一个像北约那样成员国众多的同盟体系中尤其明显，它们中的一些国家带着"搭便车"的投机心理，总希望其他国家承担更多、更大的义务，自己尽情享受集体保护下的安逸，却不太愿意增加军费开支、承担明确具体的义务或只象征性地履行义务，而这将不可避免地导致同盟体系内的离心离德，也让同盟体系的确定性大打折扣。

（二）不结盟（中立主义）

不结盟政策是指和平时期不与其他国家进行结盟的外交政策，有两种表现形式：一是暂时不结盟；二是永久中立。采取不结盟政策的国家有大有小，但通常是小国居多。决定一国采取不结盟政策的原因很多，其中最主要的考虑有以下几点。

1. 在地缘政治地位上远离冲突的中心地区。历史上，争夺强权的国家往往都是一些大国或强国，绝大多数中小国家不是被排斥在强权争夺圈之外，就是成为大国争夺权力的棋子。对于这些国家来说，结盟的目的主要是确保自身安全，而不是为了追逐强权，如果不结盟也能达成上述目的，它们宁愿选择中立。毕竟结盟是把自身的安全保障与其他国家，特别是一些大国的政治需要捆绑在一起，既要承担义务，又要面对风险，故此小国的结盟政策大多出于精心算计和情非得已的安全考量。多数中小国家能够从容选择不结盟

---

① 约翰·米尔斯海默.大国政治的悲剧[M].王义桅，唐小松，译.上海：上海人民出版社，2008：36.

112

政策的一个共同原因,是它们在地缘政治上都远离大国易于发生冲突的中间地带,如多数非洲、亚洲和拉美国家,它们都远离欧美大国争夺权力的核心地带,没有在争夺强权的大国之间"选边站队"的客观需要和现实压力,不结盟便是它们最好的安全保障。

　　基于同样原理,对于地处在欧洲核心地带的很多小国,不结盟则不一定是最佳选项。近代以来的欧洲俨然成为国际冲突的核心地区,地处欧洲内陆的一些小国夹在大国之间,不可避免成为大国竞争的棋子。比利时也曾梦想成为一个永久中立国,并于1839年获得主要欧洲强国英、法、普、奥、俄签署的《伦敦条约》的法律保证。但比利时永久中立的梦想在1914年德国进攻法国时彻底破碎。原因非常简单,由于法德边界重峦叠嶂、地势险要,又是法军防御的重点区域,直接经由这里展开军事行动成功概率不大且代价高昂,而法国与比利时边界地势平坦且法军防御薄弱,取道比利时进攻法国成了德国军事上的最佳选择。事后,德国总理霍尔维格(Theobald von Bethmann-Hollwey)在回答英国记者提问时,居然用国际条约在军事需要面前只是"一张废纸"(A Scrap of Paper)加以回应,比利时的中立地位就这样遭到德国的无情践踏。可见,欧洲大陆的多数小国在大国竞争中的"选边站队"都有其不得已的苦衷。冷战结束后,北约进行一轮又一轮东扩,原属苏联集团的东欧各国纷纷倒戈加入其中,也是出于这样的考虑。因为如果俄罗斯与北约发生冲突,地处两者之间的东欧诸国无论做何选择,都将难逃厄运,它们会像一块饼干的夹心层一样被碾得粉碎,与其如此,不如倒向一边,与最强大的一方结为同盟。

　　当然在欧洲也有少数国家能够例外,譬如瑞士。瑞士之所以能够长久坚持奉行永久中立政策并获得成功,其地理位置与地形特征功不可没。瑞士虽然也地处法国、德国与意大利等大国之间,但却不是这些大国进犯对方的必经之地,且瑞士地处阿尔卑斯山脉腹地,境内山川纵横,构成遏阻外部势力入侵的天然屏障;此外相关大国也都需要维护其周边小国的生存来形成缓冲区,任何一个大国都不允许另外一个大国入侵并占领瑞士;法语、德语、意大利语皆为瑞士的官方语言,周边三大国的文化利益在这里交融,瑞士与三大国之间的友好互动也使得入侵瑞士变得毫无必要且得不偿失。历史上的瑞士经受住了数次战争的考验，无论是早期的拿破仑战争，还是后来的一战和二战，瑞士严守中立并积极做好战争准备的国防政策使其能够成为欧洲少数成功奉行永久中立政策的国家。

2. 避免卷入其他国家间的纠纷以确保自身安全的需要。当一个国家在暂时无称霸区域或世界的野心，且没有迫在眉睫的外部势力威胁自身安全的情形下，不结盟可能是确保自身安全的最好选择。近代英国在欧洲长期奉行"光辉孤立"政策，本质就是确保其对欧洲大陆的离岸制衡，防止欧洲大陆出现不受控制的霸权国家，进而威胁到英国的安全；美国建国后长期奉行孤立主义外交的出发点就是为了避免卷入欧洲旧大陆内部的纷争，以确保自身的安全；今天当美国不断怂恿东南亚国家在中美间"选边站队"时，多数东南亚国家始终保持着战略清醒，即贸然倒向一边不符合自身安全利益。

3. 摆脱外来统治，争取主权独立、外交自主的需要。那些历史上遭受过残酷殖民统治的民族国家，一旦取得政治独立，自然不希望自己的内政外交再由他国控制。在二战后的非殖民化运动中诞生的民族国家，特别渴望能够自主决定本国的外交方针政策。一些中小国家一旦与某一大国结盟，就难免要受大国控制，无法实现外交自主，无法掌控自身的命运。20世纪50年代兴起的不结盟运动集中反映了亚非拉各国人民的这种普遍愿望，时至今日，世界上奉行不结盟的国家依然占据绝对多数，说明希望独立自主，与他国和平共处是多数国家人民的共同心愿。

4. 既不想成为大国的附庸，又不愿成为另一个大国的靶子。结盟需要承担义务，对于中小国家而言，与大国结盟，在获取一个大国所谓安全保障的同时，不可避免要成为大国外交博弈的棋子，成为敌对大国攻击的标靶。因此，对于多数中小国家而言，在两个相互敌对的大国间保持某种微妙的平衡，左右逢源，可能最符合本国的安全利益。早在1948年9月27日，以色列首任总理本·古里安（David Ben-Gurion）就曾在临时国务会议上宣布："我们在东西方都有朋友，没有来自东西方多个国家的重要援助，我们就不可能打赢这场战争。犹太民族利益决定它无法与这个世界上的任何单一集团或国家结为联盟……在一个小国与一个大国之间没有联盟，除非这个小国将自己完全从属于这个大国，或者这个大国完全由一群天使组成。我们不想从属于任何人，是因为我们不相信世上会有这样的天使存在。"[1]今天，扼守马六甲海峡咽喉的新加坡，也因其极其重要的地理位置成为大国竞相拉拢的对象。然而新加坡政府明白，与竞争中的大国相比，新加坡微不足道，轻率"选边站队"不可能给本国安全带来好处，因此平衡外交就成为必然选择。

5.不结盟运动本身就是一支重要的国际力量，它占据着道德的制高点，是和平主义的象征。结盟政策本质上是非道德的，它认亲不认理，无论是非曲直，总是站在盟友一边。在人与人交往中，拉帮结派者通常会为人不齿，在国内政治生活中，党同伐异同样不被认同。而在国际政治中，或许是由于结盟的历史太过悠久，人们早已习以为常，已经不觉得它是一种非道德行为。二战后以美国为首的西方国家，在联合国这个最大的集体安全组织之外，打着遏制共产主义扩张的幌子，另行筹建了一系列双边和多边军事同盟组织，使战后世界笼罩在阴云密布的冷战氛围中。后冷战时代，华沙条约组织早已解散，而北约却依然在向东扩张。美国既是当今世界最强大的国家，又是拥有盟友数量最多的国家，很明显结盟已经成为美国推行强权政治、争夺世界霸权的工具，成为与美结盟的国家搞集团对抗、追求地缘政治利益的工具。尽管这些国家打着"价值观同盟""民主国家同盟"的招牌，努力将自己装扮成正义的化身，用光鲜亮丽的辞藻粉饰其结盟的真实动机，但无论它们如何掩饰，都难以否定其结盟的非道德属性。

（三）均势外交

维持主要国家间实力的大致平衡，防止其他任何一个国家占据绝对优势，被认为是维系多数国家和平与安全的重要保障。法国学者雷蒙·阿隆认为对均势政策的理解与认同不需要复杂的知识体系和高深的认知能力，因为"均势政策是以常识为基础的。它是任何一个明智的国家希望维护自己的独立，免受某些难以抵抗的强国施加的高压而采用的一种武器"[2]。从古希腊的修昔底德，中世纪的马基雅维利，再到19世纪的梅特涅，均势外交的思想可谓历

---

[1] BRECHER M. Foreign Policy System of Israel: Setting, Images, Process [M]. New Haven: Yale University Press, 1972: 39–40.

[2] 赫尔穆特·施密特.均势战略：德国的和平政策和超级大国[M].上海外国语学院英语系，等译.上海：上海人民出版社，1975：4.

史悠久、薪火相传，并在近代欧洲的政治精英中获得普遍认同。1713年西班牙王位继承战争结束后签署的《乌特勒支和约》公开宣布"力量均衡是相互友好和各方持久和谐的最好和最牢固的基础"。和约旨在"通过力量均衡建立基督教世界的和平和安宁"[①]。1814年的《肖蒙条约》也明确宣称，成立反法同盟就是为了"在大国间重新建立起旨在保证欧洲和平的公正均势"[②]。对于均势政策有助于维护和平的观点，很多人并不认同，法国学者皮埃尔·热尔贝（Pierre Gerbet）就认为："平衡体系不排除战争；相反，它只能通过联盟的变换，通过战争和对领土的分割才能维持下去。因此平衡不会保证和平，而只会保证那些大君主国的存在。"[③]俄、普、奥三国分别于1772年、1793年和1795年对波兰的三次瓜分，便是牺牲小国利益维持大国均衡的典型案例，也再次证明了只有大国才是均势外交的真正玩家。均势确保和平的结论也同样被欧洲一连串的战争实践彻底推翻，战争在继续，只不过是参与均势构建的国家交替轮换罢了。对此英国外交大臣乔治·坎宁（George Ganning）1826年12月12日在下议院演说中进行了这样的总结，他说："一个半世纪前的均势在法国与西班牙、荷兰、奥地利和英国之间调整。几年之后，俄国在欧洲政治中居于高位。又过了几年，普鲁士不仅成为一个独立存在的，而且是一个占优势地位的君主国。——由此可见，均势在原则上依然如故，调整均势的手段却变得更多元更扩大了。"[④]

在近代欧洲国际关系史上，在大国参与的均势外交活动上，没有一个国家比英国更为积极主动。一条浅浅的英吉利海峡使英国与欧洲大陆若即若离。防止欧洲大陆，特别是荷兰、比利时等大西洋沿岸低地国家落入欧洲强权国家之手，从来都是英国地缘战略的重点，也被视为英国安全的底线。而游离

[①] BUTTERFIELD H, WIGHT M. Diplomatic Investigations: Essays on the Theory of International Politics [C]. Massachusetts: Harvard University Press, 1966: 153.

[②] GULICK E. Europe's Classical Balance of Power [M]. New York: W.W.Norton and Company, 1967: 11-12.

[③] 皮埃尔·热尔贝. 欧洲统一的历史与现实 [M]. 丁一凡, 程小林, 沈雁南, 译. 北京: 中国社会科学出版社, 1989: 8.

[④] 汉斯·摩根索. 国际纵横策论——争强权，求和平 [M]. 卢明华, 时殷弘, 林勇军, 译. 上海: 上海译文出版社, 1995: 250.

<<< 第五章　国际体系——如何制约行为

于欧洲大陆之外的地理位置又给了英国有别于其他欧洲国家的特殊战略资产，即英国可以随时随地选择站在任何一个或数个欧洲国家一边，去抗衡其他欧洲国家的霸权企图，却没有身陷欧洲大陆内部纷争中当事国的身不由己，就像1870年后的德法关系一样，相互间无法转圜的、持久的敌意，使得它们彼此可自由选择的外交政策空间十分有限。由此，英国便成了近代欧洲国家间势力均衡的关键筹码，可以自由发挥离岸制衡者的作用。对此，温斯顿·丘吉尔在1936年3月的保守党议会党团的演说中进行了这样的总结，他说：

> 英国400年来的对外政策，一向反对大陆出现最强大、最具侵略性和最霸道的国家，特别是防止低地国家落入这个国家的手中。从历史上看，在这四个世纪中，人和事、环境和情况已发生了许多变化，而这个目标却始终如一。……与西班牙的菲利普二世相对抗，在威廉三世和马尔巴罗领导下反对路易十四，反对拿破仑，其后又反对德国的威廉二世。我们总是走比较艰难的道路，参加不那么强大的一方，同它们联合起来，打败和挫败大陆上的军事霸权，不管它是谁，不管它所统治的是哪一个国家。……英国的政策并不考虑哪一个国家企图称霸欧洲。问题不在于它是西班牙，还是法兰西君主国或法兰西帝国，是德意志帝国还是希特勒政权。英国的政策与国家和统治者无关，它唯一关心的是谁是最强大或潜在的称霸暴君。[①]

由此可见，在推动均势外交时，离岸制衡者的角色往往由关键的大国承担，它能在复杂多变的均衡体系中拥有较大的自由，成为进退自如且不可或缺的存在，也因此具有无与伦比的天然优势。

二战后，均势外交并没有因为以欧洲为中心的国际政治格局的落幕和欧洲一体化的演进而退出历史舞台，反而在更广阔的国际政治舞台上不断上演，只不过主角发生了改变，美国取代20世纪前的英国成了这个世界上最爱操弄均势外交的国家。20世纪70年代尼克松政府"联华制苏"战略的实施、法

---

① CHURCHILL W S. The Second World War, vol 1: The Gathering Storm [M]. Boston: Houghton Mifflin Company, 1950: 207–208.

117

德所谓的"老欧洲"国家在2003年伊拉克战争问题上拒绝追随美国的行为和2010年以来美国所谓的"重返亚太"(后改称"亚太再平衡")战略的出炉,无不蕴含着均势外交的精髓。

(四)结伴不结盟

结伴而不结盟是近年来中国奉行的外交政策,是中国自改革开放以来独立自主的和平外交政策的延续。意为国与国之间可以在很多领域展开合作,政治上相互信任、经济上互利合作、外交上相互支持,但却无须用同盟条约将彼此捆绑在一起。作为旧时代国际关系的特点之一,结盟是把"双刃剑",虽可以增强安全,但也限制了行动自由;结盟总会导致盟友间不平等的依附关系,使同盟体系中的弱国外交丧失独立性;结盟是零和思维、冷战思维,本质上是不道德的,总是针对第三方,有明确的对手,是国际不安宁的一个重要原因。结伴则不针对任何第三方,将合作共赢作为目标,既维护了彼此关系的平等性与独立性,最大限度地拓展双方的合作空间,又不会引起第三方的疑虑,非常符合当前国际关系发展的趋势。结伴和结盟的区别在于,结盟是寻找敌人的旧国际关系思维,侧重于军事安全领域,盟友间总会心照不宣地预设一个或数个假想敌,具有封闭性和排他性特征,是促使国际关系走向恶性循环的破坏性力量,"敌人"并不会因此减少或消亡。而结伴则是广交朋友的新型国际关系思维,没有预设的假想敌,具有包容性和开放性特征,是侧重于政治经济领域的全方位合作,由各国自主决定是否需要合作以及合作的具体方式,是促进国际关系走向和谐共生的积极因素。在博鳌亚洲论坛2018年年会开幕式上,习近平主席阐释了中国倡导的伙伴关系的深刻内涵:"坚持和平共处五项原则……走对话而不对抗、结伴而不结盟的国与国交往新路,不搞唯我独尊、你输我赢的零和游戏,不搞以邻为壑、恃强凌弱的强权霸道,妥善管控矛盾分歧,努力实现持久和平。"[①]自1993年中国与巴西率先建立战略合作伙伴关系以来,中国迄今已与五十多个国家和地区组织建立了合作伙伴关系,并将多对伙伴关系升级为全面战略合作伙伴关系,正在走出西

---

① 习近平.习近平在博鳌亚洲论坛2018年年会开幕式上的主旨演讲[EB/OL].中国日报网,2018-04-11.

方国际关系中结盟对抗的老路,超越旧的结盟思维,努力构建有利于世界和平发展的结伴体系。

(五)以战争或经济等其他方式改变或维持现状

人们经常根据不同行为体对待现状的态度,将它们分为维持现状者和改变现状者。一般而言,想要维持现状的总是既得利益者,它们或为战争胜利者、规则秩序的缔造者,或为实力最强者,它们本能地抵制任何其他行为体企图改变现状的尝试。而改变现状者通常都是对现行体系不满的行为体,它们渴望推翻现行体制对自身的束缚,重新构建一套能够反映自身实力的新秩序,更好满足自身的利益诉求。两次世界大战期间的英法属于维持现状者,而德国、意大利和日本则属于试图改变现状者。

维持或改变现状的方式有很多,其中战争是非常有效的选项之一,在条件有利的情况下,用战争方式打败或削弱对手,是最快捷有效地改变现状的方式。历史上的大国兴衰、强权轮替以及国际体系的变更经常与战争相关,拿破仑战争后的维也纳体系、一战后的凡尔赛—华盛顿体系和二战后的雅尔塔体系的建立都与战争有关。然而,二战后,这种以战争来改变现状的方式已不再流行,因为其代价难以估计,结果不可预测。用非战争方式削弱他国或维持有利于本国的现状便成了首选,具体措施主要有:经济制裁、技术封锁、军事遏制、分疆裂土、煽动内乱、策划颜色革命、压缩势力范围等。

在所有非战争手段中,策动政变是最安全也是最经济的一种方式。1953年在伊朗首都德黑兰,"推翻受大众拥护并经民主选举的伊朗总理穆罕默德·摩萨台(Mohanmmad Mosaddegh),就是中情局在伊朗的特工干的";1954年"在危地马拉,中情局应美国联合果品公司的要求,推翻了民族主义总统阿本斯",因为"阿本斯所采取的改善危地马拉农民生活的经济政策威胁到美国香蕉种植商的利益"。[①] 1973年,又是中情局策划颠覆智利民选总统阿连德(Salvador Guillermo Allende Gossens)的合法政权,扶植了亲美军事独裁者皮诺切特(Augusto Pinochet);2000年在塞尔维亚大选期间,美国花费

---

① 威廉·恩道尔.霸权背后:美国全方位主导战略[M].赵刚,吕德宏,郭寒冰,等译.北京:知识产权出版社,2009:27.

119

4100万美元成功策划了针对米洛舍维奇的颠覆活动；美国前驻华外交官、时任基辛格中美关系研究所主任的罗伯特·戴利2015年在一场电视辩论中发表了一通关于遏制中国的言论，他说："美国必须确保自己在安全方面没有竞争对手。想想这意味着什么，这是一种野兽派哲学。我们的主张是，即便中国做出一些支持'接触'战略的人所期待的改变，即便他们尝试完全照搬美国的宪法和法律，我们仍要限制中国的发展。只因为我们不想有竞争对手。这个主张跟信仰无关。如果中国真要成功了，不管信仰如何，我们都必须加以阻止。哪怕让中国重新陷入贫困也在所不惜。"而主持人居然大言不惭地反问："这样做何错之有？"①

与直接策动颜色革命存在失败的风险以及受到道德舆论谴责的代价相比，挑拨离间、拉拢或怂恿第三国给对手制造麻烦，成了性价比最高的遏制手段。在奥巴马（Barack Hussein Obama）执政期间，美国的"亚太再平衡战略"的出台以及特朗普拜登上台以来美国升级版的"印太战略"，都无一例外地采取美国前国务卿希拉里（Hillary Diane Rodham Clinton）眼里的"巧实力"策略，即以所谓中国"安全威胁论"为抓手，挑拨离间，积极鼓动周边国家给中国制造麻烦，企图借此遏制中国的发展，确保美国世界霸权地位永远不受挑战。

四、国际体系的变更

（一）体系变更的原因

国际体系具有稳定的相对性和变化的绝对性特征，导致国际体系变更的原因主要在于各国实力的此消彼长，使原有的力量平衡被打破，其具体因素包括以下几点。

1. 主要行为体的实力要素发生变化，特别是科技进步、军事、经济力量等要素的变化将最终影响国际体系的变更。首先，在一个全球化时代，一国的科研与技术水平直接关系到该国的经济与军事实力。新技术是推动产业升级、培育新的经济增长点、提高核心竞争力的主要手段，谁占据了技术进步

---

① 这是野兽派哲学："即使中国完全走上美式民主道路，我们也要限制中国发展！"［EB/OL］.环球网，2021-04-21.

的制高点,谁就有可能成为无休止的经济竞赛的优胜者;新技术还是提高一国军事实力的核心要素,大国间的军备竞赛,经济实力固然是基础,但决定胜负的关键还要看科技创新的能力。武器性能的差距太过悬殊会让战场呈现一边倒的非对称格局,两次海湾战争就是最生动的案例。

其次,一国综合经济实力会随着时间的推移产生质变。由于不同国家的领土大小、人口规模、资源禀赋及科技水平等要素各不相同,其发展速度也必然存在较大差距,各国经济发展此消彼长的不平衡规律始终在发挥作用。当量变达到一定的程度,原有的平衡就会被打破,国际政治格局也终将因此而改变。以美国的崛起为例,它既拥有得天独厚的自然条件,又能借助两洋天堑的护佑,没有不怀好意的外部势力能够干扰、破坏其经济发展的进程,在经济上赶超英国成为世界第一经历了一百多年,1894年美国的工业产值和GDP就已经位居世界第一。进入20世纪后,美国又是两次世界大战的最大获益方,战争让美国的传统欧亚竞争者非死即伤、遭受重创,美国便水到渠成地成了西方世界的主导者,成功确立了在政治与军事上的霸权地位。

最后,军事力量是国家强权最核心的构成要素。强大的军事力量是维护国家安全和发展利益的最可靠保障,也是塑造符合本国利益和国际秩序的坚强后盾。而军事实力的强弱通常取决于一国的经济、科技、国土面积、人口规模等要素,但不能排除一国在军事技术某一领域的突破性进步也能在短期内极大改变其地缘战略的影响力,如核武器被一个综合国力并不强大的中小国家掌握也会对国际政治格局与秩序产生冲击。因为人们认识到这种特殊武器可以确保自身不再遭受外来侵略,至少迄今为止,还没有对拥有核武器的国家发动战争的例证。

2. 主要行为体的国内政局剧变以及由此引起的次生影响。国际体系从来都是由少数大国或国家集团构建的,因此当这些国家或国家集团因为某种原因发生剧烈变化,原有的格局和秩序就会被打破,国际体系就需要重新构建。1960年的中苏分裂和法美竞斗使得两大阵营内的团结不复存在,这一客观事实导致多极化趋势初露端倪;1980年,以苏联为核心的东欧社会主义阵营内部兴起一股政治民主与经济市场化改革浪潮,导致东欧各国的原有政治制度被彻底颠覆,各国工人党或共产党政权纷纷下台,被各种类型的民主政权取

变化中的国际政治理论与实践 >>>

代，并在安全政策上竞相脱离俄罗斯控制，纷纷申请加入北约，彻底倒向了西方。而影响最为深远的当数以戈尔巴乔夫为首的苏联领导集团因为政治观念的改变，盲目推进政治改革以及由此导致的苏联解体，成为解构雅尔塔体系和冷战结束的标志性事件。西方国家习惯于将苏联的解体视作西方冷战的胜利，但苏联总统戈尔巴乔夫的办公厅主任瓦列里·博尔金（Valery Boldin），在他的《震撼世界的十年：苏联解体与戈尔巴乔夫》一书中则指出：所谓"冷战的胜利"一词并未反映出事变的全部真相，真相是：

> 这种失败并不是美国军事和科技力量，也不是其战略天才作用的结果。……我们国家幅员辽阔，西起布格河，东至千岛群岛，南起泰梅尔半岛，北至库什卡。在这样大的一个国度，不顾各民族的传统习惯，企图一夜之间改变人们的心理，把他们都集结到市场经济的大熔炉里是不可能的。但戈尔巴乔夫不懂得这个道理。他企图一下子跳出几十年形成的体制。结果国家因充斥五花八门的理论和计划而不堪重负，开始出现裂缝，最终彻底解体。[1]

对此，另一位亲眼看见苏联解体全部过程的美国学者马特洛克（Jack F. Matlock Jr.）也有类似的观点，他在《苏联解体亲历记》一书中写道："大多数俄罗斯人对苏联帝国采取模棱两可的态度，他们视整个国家为自己所有，但又经常不满于将资源运往俄罗斯境外，特别是中亚地区。他们以苏联的规模和力量为豪，但又不满于共产党为维系这一帝国强迫他们做出牺牲。他们强烈感到，他们与波罗的海人、中亚人、高加索人不同，许多人认为摆脱这些民族会使俄罗斯更加强大。反之，他们将乌克兰人、白俄罗斯人视为自己的小兄弟，认为在法律上没有理由将他们与俄罗斯分开。"[2]一个世界主要行为体基于自身原因的主动解体，退出挑战者的位置，足以引起全球力量分布的重

---

[1] 瓦列里·博尔金.震撼世界的十年：苏联解体与戈尔巴乔夫[M].甄西，译.北京：昆仑出版社，1998：296-297.

[2] 小杰克·F.马特洛克.苏联解体亲历记（上）[M].吴乃华，译.北京：世界知识出版社，1996：23-24.

大转变，标志着原有的国际格局被彻底打破，世界由此进入了一个国际秩序重塑的新时代。

3. 主要行为体滥用权力制定的内外政策所带来的负面影响。从对外政策角度看，一个国家的权力大小总是相对的，假定一国的综合国力在一定时间里保持不变，那么使用这些权力的消耗与收益比就格外重要。若将权力使用类比成投资，那么使用了权力却没有带来好的收益，甚至造成严重亏损，就会白白浪费并削弱该国的权力。对此，保罗·肯尼迪早在20世纪就已有"帝国的过度扩张将不可避免地导致衰落"的论断，历史上的守成大国多数不是被对手打败的，而是被自身不适当的内外政策或维护霸权的成本拖垮的。肯尼迪的论断既是对历史的总结，似乎也是对美国热衷于推行霸权政策的担忧。正如美国地缘学家威廉·恩道尔（William Engdahl）指出的那样：

> 苏联解体后，美国本来可以慎重而又明确地向支离破碎、陷入经济深渊的前冷战对手，发出一个政治经济合作时代的信号。西方本来有机会在美国的领导下与俄罗斯共同瓦解冷战时代的恐怖核均势，将西方和东方的军工企业转变为民用企业，承担起重建民用基础设施和欧亚大陆无数不景气城市的艰巨任务，为增进相互进行经济合作的气氛，把欧亚大陆转变成世界上生机勃勃的经济繁荣地区。15年前西方完全可以做出这样一个选择，逐步解散北约，正如俄罗斯已经解散了华约。可华盛顿却选择了秘而不宣的计划，欺骗、谎言和战争，企图用军事力量来控制这个核心地带。[①]

此外，为了确保能够在冷战后建立一个完全由美国主导的单极世界秩序，美国还先后发动了海湾战争、科索沃战争、阿富汗战争、伊拉克战争、利比亚战争和叙利亚战争。尤其是始于2001年的阿富汗和2003年的伊拉克战争，这两场长达20年之久的战争，让美国付出了数万亿美元的巨大代价，几近无功而返，严重削弱了美国在全球范围的影响力。2019年6月9日，美国前总统

---

① 威廉·恩道尔. 霸权背后：美国全方位主导战略［M］. 吕德宏, 赵刚, 郭寒冰, 等译. 北京：知识产权出版社, 2009: 15.

吉米·卡特（Jimmy Carter）在佐治亚州圣经学院的一次演讲中说道："我们（美国）在战争上花费了大约3万亿美元……中国则把钱花在了对人民有利的东西上。"①

从内政角度看，在这个全球化时代，面对各种利益诱惑和不同的选项，选择什么样的发展道路、优先投资哪些领域、维护哪些群体的利益等确保实现国家利益最大化，是每一个国家都不能回避的问题。因为不同的答案将意味着不同的产业结构以及在全球产业链所处位置的差异化分布，这将深刻影响一国未来成长的空间与发展的潜力。20世纪70年代，美国开始进入"后工业化社会"，第三产业在GDP中的占比越来越高，美国利用"软实力"优势与美元霸权地位，将金融、服务和高科技作为产业发展的主要方向，把传统工业制造业转移到别的发展中国家，占据着食物链的顶端。截止到2021年，美国的GDP构成中，服务业的占比已高达81.5%，制造业只占10.83%。难怪美国时事评论人贾达·格伦斯坦（Judah Grunstein）在《世界政治评论》上发表文章，一针见血地指出："将美国的相对衰落全部归咎于上述与世贸组织有关的决定或中国政府的作为是错误的。在此期间，美国放任其生产力增长硕果仅集中于日益不平等的财富金字塔最顶端，而非重新投资以使劳动力与时俱进或改善国内基础设施。同时，美国其他行为也于事无补，不但在两场战争和失败的国家建设项目中浪费数万亿美元，还任凭其因缺乏监管而酷似赌场的金融系统导致全球灾难。"② 这或许才是美国实力相对衰落的真正原因。

4. 势力均衡政策的作用。一个国家行为体自身实力的增长一般需要一个长期的积累过程，而一国内部急剧动荡的突发事件也不太可能经常发生。因此，短期内可以改变国际体系结构的往往是大国间的权力制衡外交。拿破仑战争期间，以英国为首建立起来的一次次反法联盟成为打破拿破仑称霸欧洲并恢复欧洲均势的关键；19世纪末20世纪初，欧洲由多极向两极体系的转换便是典型的均势外交政策塑造的结果；一战结束后，也是由于英国"扶德抑

---

① 崔天也.卡特：我告诉特朗普，美国一直花钱打仗，而中国在修高铁[EB/OL].环球网，2019-06-10.
② 贾达·格伦斯坦.美媒：显然，美国相对实力正在衰落，中国相对实力正在兴起[N/OL].环球时报，2021-11-17.

法"的均势外交使德国能够快速崛起并变得不可控制;1930年,当德、日、意三国肆意对外侵略扩张,逐步瓦解凡尔赛—华盛顿体系时,由于主要大国消极不作为的绥靖政策,严重损害体系内的势力均衡,并最终导致第二次世界大战的爆发;而1970年国际体系由两极向多极的转换则与两大阵营内部的矛盾以及美国尼克松政府推行的均势外交密不可分;当2003年小布什执意发动伊拉克战争时,不仅遭到中俄两国的坚决抵制,甚至连美国的北约盟友法德两国也看不下去了,它们也不愿看到美国的霸权变得肆无忌惮,不受控制。

(二) 体系变更的方式与影响

国际体系的转换一般以两种方式进行,其一,是通过战争或动乱等急剧变化的方式展开。1815年后的维也纳体系、1919年后的凡尔赛—华盛顿体系以及1945年后的雅尔塔体系,无不是在历经一次大规模战争后由战胜国构筑起来的。而1989年后雅尔塔体系的崩溃与冷战的终结,则是由苏联解体和东欧剧变所致。其二,是通过和平演进、和平过渡的方式使国际体系在没有剧烈冲突的情形下缓慢演化而成。无论以何种方式造成的体系变更都会给未来带来影响,对于这种影响没有人敢轻易忽视。任何一种体系的本质都是权力与影响力的结构分布,一般来说,战后体系结构通常由战胜国构建,首先要满足的自然是战胜者的利益;和平过渡时期的体系则是由各国实力分布结构决定的,首先满足的自然是一流大国的利益。一般认为,新旧两种体系的转换期是最不稳定的时期。一些大国走向衰落,而另一些大国却正在崛起,衰落的大国可能试图在那些新兴大国变得过于强大之前对其发动攻击,以维持自己的统治地位。而新兴大国也会对它所处的二流地位感到不满,并试图与那些正在衰落的主导大国进行对抗,来改善自己的地位。一些研究结论认为,当某个新兴而又心怀不满的大国的实力接近于或等于主导大国的相对实力时,战争最可能发生,一战与二战就是典型例证,于是所谓的"修昔底德陷阱"便成了一些学者眼中亘古不变的历史规律。这就是美国的战略观念与大国竞争思维,只要你处在发展最快的地位,只要你在综合国力的赛场上距离美国最近,那么你就必须"享受"美国给你的对手的待遇和地位。如果米尔斯海默的这种自以为是的理论逻辑被广泛认可,并转化为美国和更多西方国家的对外政策，那么人类将永远陷于野蛮黑暗的丛林社会不能自拔，看不到远处的亮光，文明也将从此止步不前。

然而，随着时代的进步，经济的全球化，以及一些共同利益和价值观的形成，不公正不合理的国际体系及其行为规范不断得到纠正，国际体系的变化不一定必然导致国际社会的动荡。譬如，历史上美国对英国霸权地位的取代就并不是以美英冲突为代价完成的；1970年的国际体系经历了由两极向多极的更替，也是在国际社会没有出现剧烈动荡的相对和平的环境下完成的。今天有不少美国人认为中国的崛起必然会引起中美冲突的观念同样站不住脚，但却十分危险，因为认为战争不可避免将成为战争真变得不可避免的直接原因。2013年1月23日，美国前国务卿希拉里曾说过，"我们正在试图书写一个老问题的新答案：当一个老牌强国和一个新兴强国相遇时会有何结果？""太平洋足够大，容得下我们。""如果中国选择在该地区发挥建设性的作用，美国将继续欢迎中国的崛起。"[①]类似的话，中国领导人也曾不止一次说过。中国主张摒弃冷战思维，跳出所谓的"修昔底德陷阱"，与美国建立一种不冲突不对立、合作共赢的新兴大国关系。历史上"强权必霸"现象确曾反复出现，但并不意味着这就是不可改变的历史定律。中国民主革命的先行者孙中山先生曾在1924年的一次演讲中说道："东方的文化是王道，西方的文化是霸道。"中国的王道是按照"己所不欲，勿施于人"的原则，坚持大小国家一律平等，坚守公平正义，主张合作共赢，倡导命运与共的人类命运共同体理念，运用仁义道德的力量去感化人，而不是将自己的意志强加于人。

然而在现实的世界里，不同观念的冲突却总是在所难免。2016年10月25至27日，在俄罗斯索契举办的"瓦尔代"国际辩论俱乐部第十三届年会上，来自世界各地130多位知名专家学者，围绕国际热点问题展开了为期三天的激烈讨论。时任中国国务委员的傅莹谈到中美在秩序构建问题上的分歧时一针见血地指出，美方要维系的世界秩序是：在政治上秉持美式价值观，排斥其他意识形态；安全上基于军事同盟体系，不顾及同盟外国家的安全需求。而中国人认同的是以联合国为中心的国际秩序，这两种秩序在经济上有所重叠，

---

① 吴庆才.希拉里：中国若发挥积极作用，美就欢迎中国崛起[EB/OL].环球网，2013-02-01.

但在政治和安全领域却互不相容,为此习近平主席代表中国政府提出构建人类命运共同体、建立"新型全球伙伴关系"的理念,主张建立一个更具包容性的共同秩序。傅莹指出中国在国际关系中重视以下原则:(1)相互尊重,这是国家间互信的基础,任何国家都不应把自己的价值观强加于他人,各国根据本国国情探索发展道路的权利应得到尊重。(2)共同安全,各国维护自身安全不以损害他国安全为代价,21世纪的世界不应再度陷入地缘战略竞争或者新的集团政治。(3)合作共赢,各国应秉持包容性发展理念,要"确保经济增长的成果普惠共享"。而《大国政治的悲剧》的作者,美国学者米尔斯海默则强调,当今世界权力政治回潮,大国安全领域竞争加剧,世界从冷战的两极格局到1991年之后的单极格局,再到当前出现并深化的多极化趋势,这一结构推动着大国相互竞争。他坚持认为大国权力政治之争是零和游戏,中国受益必然会以牺牲美国的利益为代价。他还指出当前美国面临的最紧迫问题是美俄关系紧张,美国忽视俄罗斯的安全关切,没有给予俄应有的尊重,导致两国彼此交恶,但美国最大的对手不是俄罗斯而是中国,决定21世纪世界走向的不是美俄关系,而是美中关系。而澳大利亚前总理陆克文(Kevin Michael Rucld)则认为零和游戏并非不可避免,国家间合作存在可能。

第六章

个人与国际关系

个人是组成这个丰富多彩世界的最基本元素,无论是国家还是其他行为体,其构成的基础都是人。美国前总统尼克松说外交关系"很像纸牌游戏——有一张牌面朝下的四明一暗扑克牌游戏。这张面朝下的牌极为重要。因为如果你没有它,你的对手就完全了解他能否击败你了。如果他知道他会赢,他就会向你提高赌注。如果他不能,他就会将牌面朝下放在桌上,退出游戏。"他认为让对手捉摸不定的外交战略是不可或缺的。因为"美国是个开放的社会。我们只有一张牌没有摆在桌面上。我们唯一朝下的牌就是总统的意志、勇气和不可预见性——他的能力使敌人在下注前必须加倍地思考。"[①] 可见就国家而言,外交决策要么由个人,要么由团体中的部分人制定,而人在世界政治中的作用可以从三个方面得到阐述:人性、组织行为和特性行为。

一、人性对政治决策的影响

(一) 认知因素

认知是指人们获得、应用知识的过程或信息加工的过程,是人脑接收外界输入的信息,经过大脑的加工处理,转换成内在认知的心理活动,进而支配人的行为,这个过程就是信息加工的过程,也就是认知过程。认知是个人与环境取得联系的一种方式,认识过程就是一种将客观主观化的过程,即主观反映客观,使客观表现在主观中。如同身体总是要接受大脑的指挥一样,一个人对世界的认知会直接影响其行为本身,那些拥有决策权限的个人当然

---

① 约翰·罗尔克. 世界舞台上的国际政治 [M]. 宋伟,刘华,张荣耀,等译. 北京:北京大学出版社,2005:157.

<<< 第六章 个人与国际关系

也不例外。虽然决策者们通常被认为总是在追求理性，但实践中绝对的理性往往很难做到。对于一个决策者来说，他对外部事物认知过程，总有许多外部的、内部的障碍或界限，使得其认知的结论未必符合客观事实本身，而以此为基础的决策行为也被称为"有限理性"下的决策。这是因为人们能够注意并获得的信息在数量上总会受到限制，我们分析这些信息的知识和能力也都有限，因而分析的质量必然大打折扣。这些都使我们在有限的时间内不可能完全理性地去分析无限的信息，产生了一种想要达到理性却总难以达到理性的"半理性"状态。其结果将是，客观的世界是什么并不重要，重要的是决策者对它的看法。因此决策者们在处理此类认知限制时，往往难以摆脱下列一些倾向的影响。

1. 先入为主，排斥异议。最高决策者通常可以获得大量与其工作有关的不同信息，却不一定具有加工、处理和理解所有信息的能力，会本能地借助意识形态或价值观过滤这些信息，以区分哪些是重要的，哪些是次要的。对于那些与本人原有的关于事件、行为者的解释不一致，或者与自己下决心遵循的政策路径相冲突的思想和信息，经常会抱有本能的不适。从追求认知一致性考虑，往往就会本能地对这些思想和信息加以排斥或压制。如1980年卡特本人对军方和中央情报局（CIA）提出的军事营救人质行动可能失败的意见不加理睬，卡特与他的幕僚们不能接受与他们意见相左的建议，部分缘于政府为解决人质危机进行的长时间经济制裁和外交努力均告失败。同时，长期陷入僵局的谈判也让人感到沮丧，而人质家属和美国舆论的压力更使其身心疲惫，耐心也已耗尽，于是他不得不将这次精心策划的特种军事行动当成解决危机的唯一手段。因此，对卡特总统来说，他不能支持一项行动，又同时相信它一定会失败，在外交努力陷入僵局的处境下，任何反对这一计划，却又提不出更有效解决方案的不同意见，都会理所当然地遭到排斥。

2. 一厢情愿，渴求成功。当人们决定从事某项事业时，总会热切期待收获成功。本着"梦想总要有，万一能成功"的想法，为了替某项决策寻找必要的依据，人们就告诉自己，自己的选择将会获得成功。"蓝光行动"[①]营救计

---

① 注：蓝光行动是1980年4月24日经卡特政府批准、由美国军方实施的一次特种军事行动，旨在营救被扣押在美驻德黑兰使馆的53名美国外交人质，因行动过程中遭遇一系列意外而宣告失败。

129

划失败后，卡特总统的参谋长汉密尔顿·乔丹曾写道，他和白宫里的其他人对人质营救使命的成功感到如此绝望，以至于"我甚至不能想到失败……我必须将思维停留在直升机载着人质从大使馆地面起飞的场景。我绝望地期待这一遥远地方的危机能够结束，处理好。"[①]同样在"9·11"事件后，中央情报局反恐负责人告诉布什总统，如果总统授权他们在阿富汗采取准军事行动，那么"基地组织"和塔利班领导人要么落网，要么将横尸荒野——"他们插翅难逃"。很多人明知问题可能并不像中情局说得那样容易，但这些的确是总统乐意听到的，更何况以美国无与伦比的超强实力，行动的结果即使不像人们期待的那样，起码也不会太过糟糕。对行动成功的热切期待和对美国强大实力的过度自信，使得参与该计划的人对于计划的成功执行除了"相信"外，似乎也别无选择。

3. 谨慎行事，限制决策的变化范围。一般而言，做小事比做大事容易，走老路比新路方便，因此渐进主义就成了限制决策变化范围的一种方式。决策者常见的做法一般有两种，其一，是"萧规曹随"，保持政策的连贯性是最安全稳妥的选项，基本不用担什么风险。在确保政策连续性方面，"民主国家"的记录相当糟糕，由于竞选政治的缘故，不同政党的政策主张大概率会有所不同，甚至彻底颠覆上届政府政策的情形也并非鲜见，例如，菲律宾总统杜特尔特（Rodrigo Duterte）上台后，就一改其前任阿基诺（Maria Corazon Sumulong Cojuanco）一味投靠美国、对抗中国的外交政策，采取在中美间保持相对平衡的务实外交路线，使南海局势逐步缓解，也给菲律宾争取到很多实实在在的利益。其二，如果必须要对过去某项政策做出调整，最保险的做法是在现有政策基础上做出一些微小或渐进式的变革，以便将可能带来的冲击与负面影响降低到可以接受的程度。一位曾在肯尼迪政府参与决策任务的观察家，对外交政策的制定方式做过这样的描述："政策的变化似乎只是对现行政策的一系列稍微调整，而不是重新做出重大的决定或选择。新政策的出台很缓慢，迟疑不决，并带有试探性质，在这个过程中有失误，政策有起伏，

[①] VANDENBROUCKE L S. Perilous Options: Special Operations as an Instrument of U.S. Foreign Policy [M]. Oxford: Oxford University Press, 1993: 419.

有时完全推翻一项政策,然后又重新开始。"①这样做一方面风险系数小,另一方面决策过程阻力小,在决策层内部比较容易达成共识。相反,幅度过大的政策调整或过于激进的转向,不仅容易引发不可预知的结果,而且在决策层内部也较难形成共识。

4. 运用启发式方法:启发式方法就是运用某种精神工具或某个参考框架,使其有助于决策者对各种信息进行分类归纳和快速评估。为了应对充斥于眼前的各种繁杂信息,快速判断真伪,迅速适应环境,人们往往采用将复杂问题简单化的"认知吝啬者"策略,即选择性地过滤和接收信息,从而节省认知负担。或"过分利用"一些信息,从而减少搜寻、处理其他信息带来的认知消耗,这便是人们习惯性采用的处理信息的懒惰方式。于是,人们在做具体判断时,就不会考量所有的信息,而是倾向于从最具代表性、最容易联想到的信息入手,联系突出的人、案例和事件,跳过漫长、琐碎的信息收集和分析过程,寻找可以迅速做出决策的捷径。

在实践中,可以作为这类参照物的工具主要有:(1)建立在政治文化基础上的民族信仰体系。如冷战期间美国敌视共产主义的意识形态、西方对中东阿拉伯世界的态度等都对美国的外交决策产生了极大的影响。"9·11"事件发生后,许多美国保持理性的政治领导人非常难得地告诫美国人,要尽量避免把所有的阿拉伯人都当成恐怖分子。但受西方传统信仰体系的影响,很多美国人还是习惯性地将恐怖分子与头上裹着纱巾的阿拉伯人联系在一起。(2)历史类比的方法。将眼前新出现的形势或事件与历史上曾经发生的类似形势或事件进行比较,然后得出结论。以史为鉴,汲取历史经验教训有助于人们少犯类似的错误,避免重蹈覆辙,这固然不错。但历史不会简单重复,试图将今天发生的某一事件与历史上曾经发生的类似事件机械类比,然后直接得出答案,这样做本身并不科学,是一种将复杂问题简单化处理的典型方式。1991年海湾战争期间,布什总统和支持对伊拉克动武的美国人将萨达姆类比成希特勒,声称绝不让慕尼黑的悲剧重演,而那些反对直接动武的人则提醒人们别忘了越南战争的教训。

---

① 布鲁斯·拉西特,哈维·斯塔尔.世界政治[M].王玉珍,等译.北京:华夏出版社,2001:221.

(二) 心理因素

所谓心理是指人们运动、变化着的心理过程，包括人的感觉、知觉和情绪等。人的心理活动包含许多因素，如紧张、兴奋、沮丧、恐惧、期待、高兴、热烈、冷漠、积极、消极、肯定、否定、怀疑、信任、尊重等。人在紧张时容易失去方寸、在兴奋时易于忘乎所以、在沮丧时会丧失信心、在恐惧中会做出非理性判断；人们都渴望得到信任和尊重，但往往又难免会相互怀疑猜忌；一些人处理问题积极主动、勇于承担、渴望创新，而另外一些人则习惯于萧规曹随、因循守旧、消极应变。不同的心理会引导着人们对现实做出不同的反应。

在国际政治学界，有人提出的"挫折—攻击"理论（frustration-aggression theory）就是其中之一。所谓"挫折—攻击"理论，实质上是一种试图解释犯罪动机的心理学理论，指的是当人们的某个动机、行为遭到挫折后，就会不知不觉地产生攻击和侵犯性反应，从而引起犯罪。一些学者认为这种理论可以解释1930年的德国行为，认为希特勒纳粹政权及其对外侵略政策之所以能获得多数德国人的支持，是因为凡尔赛条约强加给德国的不平等条约，是该条约给德国民众带来了巨大的心理创伤和强烈的复仇动机。也有人以此解释为何许多穆斯林憎恨美国，并使其中一些人变成恐怖分子的原因。例如，很多美国人对阿拉伯人的反美情绪感到迷惑不解，甚至连布什总统也发出"为什么他们憎恨我们"的疑问。美国政治评论者法利德·扎卡利亚（Fareed Zakavia）的解释是："针对美国不对称的抱怨情绪必须放在一个总的背景下来认识。这个总的背景就是蔓延于阿拉伯世界的受侮辱感、衰落感和绝望感。"[1]

一些心理学家认为个人的攻击行为可归因于遭受某种挫折，当人们在追求目标的过程中遭遇障碍，造成心理创伤，体内能量就会被激发起来。"挫折—攻击"理论迎合了多数人的常识性认识，人们能从自己的生活经验中体会到，遭受挫折后产生攻击冲动的情况时有发生。然而，"个人会对挫折迅速做出反应，而社会心理（因受蓄意煽动而诉诸暴力的大众行为除外）的形成过程通常要慢得多，因为同个人相比，社会群体感受挫折的过程更为迟缓，

---

[1] 约翰·罗尔克.世界舞台上的国际政治[M].宋伟，刘华，张荣耀，等译.北京：北京大学出版社，2005：137.

形成的认识更分散、更不一致。"①因此，这种解释个人或小规模群体比较有效的"挫折—攻击"理论，在解释大规模群体的集体行为时仍有效就很值得怀疑。与个人相比，大规模群体感受挫折的过程相对迟缓，形成的认识往往并不一致，因此对挫折的反应不会像个人那样快速与极端。

除此以外，自尊或权力欲转移的心理也被一些学者用于解释为何普通大众更期待国家奉行强硬的外交政策。摩根索就曾从心理学的角度指出，与精英阶层相比，普通的草根阶层身处社会底层，他们的权力欲望无法得到满足而产生压抑，于是就把"这种未满足的欲望投射到国际舞台。他们在那里认同国家的强权追逐，从而获得替代性满足……当我们意识到自己是一个十分强大的国家的成员，这个国家的工业能力和物质财富无与伦比，我们就自命不凡，感到十分自豪。这好像我们全体、集体地而不是个体地，作为一个国家的成员拥有和支配如此宏伟的一个强权。我们的代表在国际舞台上行使的强权成了我们自己的强权，我们在国内社会中经历的挫折由于代表性地享有国家强权而得到补偿"②。

这种权力欲望转移的理论，能否解释普通民众的普遍性心理倾向尚待论证。不过1898年的美西战争似乎是最适合被用于论证这一观点的历史事件，因为在那次战争爆发前，狂热支持并推动美国政府对西班牙开战的恰恰是处于美国社会最底层的普通民众，而反对战争的却是站在金字塔顶端的金融和产业资本阶层，包括当时的美国总统麦金莱。

(三) 生理因素

1. 动物行为学：动物本能和其他天生的情绪、生理驱动 (先天) 与社会化和人的理性 (后天) 相比对决定人类行为各自发挥怎样的作用，学界对于这个问题尚没有形成共识。一般而言，人是社会化的动物，人的绝大多数行为都是在一定的社会认知的基础上做出的，特别是作为政策制定者所做的决策，很少是基于本能冲动做出的。但这并不意味本能冲动不会影响到某些决

---

① 詹姆斯·多尔蒂，小罗伯特·普法尔茨格拉夫.争论中的国际关系理论［M］.阎学通，陈寒溪，等译.北京：世界知识出版社，2003：256.
② 汉斯·摩根索.国际纵横策论——争强权，求和平［M］.卢明华，时殷弘，林勇军，译.上海：上海译文出版社，1995：142.

策过程与结果。历史上那些为了荣誉而发动战争、为了尊严而卷入冲突甚至"冲冠一怒为红颜"的例子并不罕见。法国数学家、物理学家兼哲学家帕斯卡（Blaise Pascal）曾有感而发地写道："倘若克娄巴特拉的鼻子稍短一些，整个世界的面貌也许会是另外一个样子。"当代最著名也是最具争议的本能理论当数奥地利心理学家西格蒙德·弗洛伊德（Sigmund Freud）的死亡本能理论。弗洛伊德认为人类拥有两大本能，即生存本能和死亡本能，并以此解释为何在第一次世界大战中有数千万人死于战场。在他看来，所有的本能都是为了减少或消除紧张、刺激或兴奋，以便可以达到无欲无望的极乐世界，也就是死亡。但与此同时，人类还有生存的本能，人们还得继续活着，而这种"生存本能则把毁灭的冲动从面向自身转移到面向他人。因此攻击行为就为可能为造成自杀性的破坏性能量提供了一个发泄方式。根据这一假设，连续不断的人类战争和冲突就成了一种定期的能量释放过程，必不可少，一些团体由此就把自我毁灭的倾向转移出去，从而保存自我"[1]。对于战争来源于人的动物本能的观点，很多学者和研究人员提出了批评和疑问。1986年，12个国家的科学家共同发表了一份"塞维利亚声明"，公开宣布：

> "认为我们人类从动物祖先那里继承了发动战争的天性的说法是不科学的。战争是人类社会独有的现象，在其他动物中间并不存在……认为战争或任何其他暴力行为源于由基因决定的人类本性的说法是不科学的；认为人类在进化过程中有选择地发展了攻击行为而非其他行为的说法是不科学的……认为人类具有'暴力思维'是不科学的。某些神经功能的确会使我们采取暴力行为，但我们的神经生理系统不会强迫我们行使暴力。认为战争是由本能或其他单一动机引起的说法是不科学的……我们认为生物学不认为人必然要进行战争，人类可以从悲观的生物学解释的枷锁中解脱出来。暴力不是人类进化遗产的一部分，也不存在于我们的基因之中。"[2]

---

[1] 詹姆斯·多尔蒂，小罗伯特·普法尔茨格拉夫.争论中的国际关系理论 [M]. 阎学通，陈寒溪，等译.北京：世界知识出版社，2003：250.

[2] 詹姆斯·多尔蒂，小罗伯特·普法尔茨格拉夫.争论中的国际关系理论 [M]. 阎学通，陈寒溪，等译.北京：世界知识出版社，2003：271.

与人类相比，引发动物产生攻击行为的原因相对较少。譬如，雄性动物为了争夺食物、雌性动物以及地盘而争斗，而雌性为了保护幼崽而争斗，都属于动物本能。而人类比任何动物都要复杂，人的大脑具有潜力无限的学习和适应能力，并且生活在由各种道德和精神构建的社会秩序里。因此，对于人类而言，相较于动物本能冲动，后天的习得与训练才是解释其行为的最合理理由。譬如，人们从小所接受的教育是使用暴力是不道德的，杀人更是一种罪不可赦的犯罪行径。而当国家需要将这些普通民众变成一个个合格的战士时，就需要使他们接受另外一种观念，即在战场上杀人不仅是正义之举，还是英雄行为。为了自己的祖国、人民，为了自己的父母妻儿、兄弟姐妹而战，为了人民珍视的宝贵生活方式和道德价值观而战，是每一个公民神圣且光荣的职责。因此，当一个经过艰苦训练、熟悉各种武器装备、掌握全面杀敌技能的士兵走向战场时，就不会为杀人而感到自责。由此可见，像杀人这样的暴力行为也更多由于后天习得而成，而非先天本能冲动所致。

2. 性别。一些分析家认为性别会影响政策制定者的政治态度和政治行为。一般认为，追求权力是雄性特有的一种性冲动，"雄性倾向于把扩大权力作为繁衍子孙的手段"。因此，拿破仑宣称"权力是我的侍女"，基辛格也承认"权力是一种极强的催情剂"，美籍日裔学者弗朗西斯·福山就主张，政治暴力主要是男性支配政治的恶果，"因为从统计的角度看，主要是男性享有攻击的经历和在此过程中产生的同志之情，并沉醉于反复不断的战争"。与福山一样，很多女性主义学者认为，军国主义更多是与男性紧密相连的，历史上绝大多数战争都是由男人决策并参与的，而战争的受害者却往往是女性和儿童。福山因此相信，一个由男性支配的国际关系将不利于维护世界和平，如果反过来世界由女性来统治，"将不那么容易走向冲突，比我们现在居住的这个世界会更为协调和合作"[①]他认为"虽然某些性别角色实际上是社会构建的，但今天所有受尊敬的进化论生物学家都首先认为生理性别间的重大差别源于遗传而非文化，而且这些差别是从身体扩展到思想领域的"[②]。而这就意味着"男性整体上显示出的侵略倾向是跨文化的。大部分犯罪活动是15岁至30岁的男性

---

① FUKAYAMA F. Women and the Evolution of World Politics[J]. Foreign Affairs, 1998, 77(5): 24.

② FUKAYAMA F. Women and the Evolution of World Politics[J]. Foreign Affairs, 1998, 77(5): 30.

所为，而不是同年龄的女性"[1]。如果因为生理差别造就男性比女性更具暴力和侵略性的观点得以成立，那么由此产生的两难困境则是："女性是否能够取代男性的领导地位，而又不用像男性那样为了获得最高位置而表现出侵略倾向。一旦妇女通过男性般的冷酷无情获得了地位，那么处于领导地位的女性能完全改变自己而再次表现出传统意义上女性所具有的品德吗？更为重要的是，一个由女性掌握最高权力、以女性议程为基础的社会，在面对一个由男性掌握权力，借助扩张、暴力和战争实施强权政治的国家的挑战时，是否会先天地处于劣势？"[2]因此，有人把这类观点称作女性和平主义的神话，认为一个由女性统治的未来世界未必会像福山所表明的那样乐观光明。的确，二战以来的一些为数不多的女性国家领导人在任期间的表现，并没有为女性和平主义主张提供有力的佐证。譬如，以色列的果尔达·梅厄（Golda Meir）、印度的英迪拉·甘地（Indira Priyadarshini Gandi），以及英国的玛格丽特·撒切尔（Margaret Hilda Thatcher），她们在任职期间内都曾发动过对外战争，从她们身上，你就可以看到那种精明强干的、在对外事务中有时带有进攻性的绝不仅限于男性的特征。"这些女人在男性主导的社会中占据高位，拥有巨大的权力。她们运用同她们的男性对手一样的战略、计谋和战术去获得和保持权力。"[3]

人们之所以认为女性主义价值观可以压制暴力，原因在于性别之间的生物差异造成的心理遗产。1991年1月，美国盖洛普民意测验显示，"78%的男性支持美国派兵去波斯湾的决定，而妇女的支持率则是54%。同样，67%的男人支持参战以把伊拉克从科威特赶出去，而妇女的支持率仅为45%"[4]。为了拥有争夺权力、财富和更优秀女性的机会，男性通常具有更强烈的竞争冲动，而为了不让自己的孩子成为孤儿，女性通常有更强烈的躲避危险的动机。一个毫无约束的纯男性社会环境，就会像在19世纪美国边疆开发时代的牛仔和

---

[1] 詹姆斯·多尔蒂，小罗伯特·普法尔茨格拉夫. 争论中的国际关系理论[M]. 阎学通，陈寒溪，等译. 北京：世界知识出版社，2003：181.

[2] 詹姆斯·多尔蒂，小罗伯特·普法尔茨格拉夫. 争论中的国际关系理论[M]. 阎学通，陈寒溪，等译. 北京：世界知识出版社，2003：182.

[3] 詹姆斯·多尔蒂，小罗伯特·普法尔茨格拉夫. 争论中的国际关系理论[M]. 阎学通，陈寒溪，等译. 北京：世界知识出版社，2003：181.

[4] 布鲁斯·拉西特，哈维·斯塔尔. 世界政治[M]. 王玉珍，等译. 北京：华夏出版社，2001：198.

矿工营地那样,总是充满了暴力。一位侥幸逃脱两次核爆炸而奇迹般活下来的日本人山口勉之,在去世前给世人留下了一副处理核安全的和平处方:"唯一能被允许管理拥有核武器的国家的人,只能是母亲,而且是那些还在亲自给孩子哺乳的母亲。"

二、组织行为对决策的影响

1. 角色行为:我们每个人都扮演着许多角色,考虑到自己所处的位置,每个人都会采取一定的态度和行为,这是构成角色的基础。其中,自我期望是角色的一个重要来源,它是基于将自己所扮演角色演好的心理需要;而他人的期望则是角色的第二个重要来源,我们之所以按照某种方式行事,是因为他人希望我们扮演好某个具体的角色。一国领导人在处理问题特别是重大危机时,如果表现出一副"我不知道怎么办"的惊慌失措,那么人们就会指责他软弱无能。2001年"9·11"事件发生时,布什总统正在佛罗里达州的一个幼稚园与孩子们一起互动,当一连串的坏消息接二连三地传来时,为了确保总统的安全,特勤处用"空军一号"将总统连续转移到两个空军基地。但很快布什总统不顾特勤人员的反对,坚决要求返回华盛顿,并以总统的身份向美国人民发表讲话以稳定人心。他后来说:"我想我必须担负起总司令的职责",并让美国人民知道,"我是安全的……不是作为乔治·布什的我,而是作为总统的我。"[1] 布什的做法无疑是对的,在国家面临重大危急的时刻,身为最高领导人,如果只为了自身安全而东躲西藏,不敢挺身而出与自己的人民站在一起,只会让人民大失所望。同样在2022年2月底爆发的"俄乌冲突"期间,乌克兰总统泽连斯基(Volodymyr Zelenskyy)一再用社交媒体向世界表明他始终身在基辅,也是为了履行国家最高统帅的职责,旨在激励乌克兰人民。

2. 群体决策行为:被组织起来的人们与单个人的行为不大一样,个人的行为可以不受他人影响,但组织中的人们完全不同,观点存在分歧但又需要达成共识的压力就会产生群体思维。造成群体思维的主要原因是决策群体内达成共识的压力,这种压力往往会导致以下情况发生。

---

[1] 约翰·罗尔克.世界舞台上的国际政治[M].宋伟,刘华,张荣耀,等译.北京:北京大学出版社,2005:144.

（1）主要决策者忽略不和谐的信息或压制持异议者的政策主张。人们不仅对与自己持相似观点的人更有好感，还更喜欢与之讨论，以实现对自我的确认，观点对立者之间的讨论则更容易让人坚持自己的观点，因而并不是讨论的首选。群体决策中经常形成一种与主导者意见不和谐的信息和忠告被拒绝或忽略的气氛，在这种气氛下，持异议者若坚持己见就要冒被群体和领导人排斥和拒绝的风险。例如，1979年伊朗爆发人质危机，53名美国驻伊使馆的外交人员被伊朗学生扣为人质，在采取一系列外交行动交涉无果后，卡特总统的耐心消耗殆尽。1980年3月，当一份武力营救人质的方案被摆在卡特总统的办公桌上时，国务卿赛勒斯·万斯（Cyrus Roberts Vance）表示坚决反对，他认为这样做不但危及人质的生命安全，而且可能影响到美国在波斯湾的利益，将伊朗彻底推向苏联的怀抱。卡特和其助手是如此迫切希望解救人质，以至于国务卿万斯的反对只为他招来蔑视，人们很快对万斯失去了耐心。白宫办公厅主任汉密尔顿·乔丹回忆说，他"为赛勒斯感到难过"，而国家安全顾问兹比格纽·布热津斯基对万斯的评价更为傲慢，称他为"一个因为越南战争锐气尽失、虚弱无力的好人"[1]。4月11日，在万斯外出度假缺席的情况下，国家安全委员会开会决定营救方案，随后卡特批准实施代号为"蓝光"的武装营救人质计划。身为国务卿的万斯回到华盛顿得知这一消息后震怒，他立即向卡特提出异议，但卡特仍坚持自己的观点。万斯感到他与总统间的分歧如此之大，以致他无法再继续履行国务卿之责。4月21日，他向卡特提交辞呈，表示不管营救行动成功与否，他都将辞职。几天后，卡特宣布接受万斯的辞呈，万斯由此结束了国务卿生涯。"蓝光行动"失败的灾难性后果证明万斯是对的，但他却再也无法回到熟悉的白宫了。

（2）下属不愿提交不和谐的意见。国务卿万斯的例子说明，在一个组织群体中有时会有一些不同的声音发出，但更常见的情形是，群体中的多数人往往会特别小心，尽量避免让自己的所知所想与其他成员特别是领导人的偏好相冲突。一些老到的技术官僚尤其精于此道，特别是在确认领导人的决心

---

[1] GLAD B. Personality, Political and Group Process Variables in Foreign Policy Decision Making: Jimmy Carter's Handling of Iranian Hostage Crisis [J]. International Political Science Review, 1989, 10(1): 50-56.

已定的情形下,绝不会主动提出引起不快的不同意见。如1961年美国中央情报局策划的旨在推翻古巴卡斯特罗政权的"猪湾行动"计划以惨败告终。计划付诸实施前,许多顾问认为计划问题很大,但他们都保持沉默。只有军方一些人士对该计划提出诸多疑问,但肯尼迪总统却告诉军方不要插手此事。助理国务卿托马斯·曼恩(Thomas Mann)后来感叹,他也怀疑计划的可行性,但还是支持了总统的决定。"因为不管总统做了什么样的决定,我不能给人留下我不支持的印象。"[1]

三、特性行为对决策的影响

特性是指某一具体的个人或群体具有与其他人不同的性格、心理、价值观的外在特征,它展现出个体或群体间的差异性。而特性的形成往往与个体的生理状况、气质、性格、能力、受教育状况、社会地位、家庭背景等诸多因素密切相关,一旦形成就具有一定的稳定性。

(一)个性

所谓个性就是指个人特有的性格,是一个人在思想、性格、品质、意志、情感、态度等方面的特质,这个特质一般通过他的言语方式、行为方式和情感方式表现出来。每个人都有个性,个性化是人的存在方式。一个国家领导人往往会使这个国家的行为方式刻上本人个性化的烙印,使国家行为带上鲜明的个人性格的特征。同是一个国家,掌握在不同的领导者手里就会呈现出不同的色彩和影响力。譬如,叶利钦(Boris Nikolayevich Yeltsin)时代的俄罗斯与普京时代的俄罗斯,尽管在经济与军事实力上并无太大差别,其影响力却大相径庭,其原因就在于叶利钦与普京的个性差异。俄罗斯前总统叶利钦表面看来身材魁梧、体格健硕,实际上却体弱多病,加上经常酗酒,多次心脏病发作,1996年的心脏搭桥手术就用了四根支架。叶利钦的礼宾司长史维琴科(Svetchenko)曾经透露叶利钦总统任期内最尴尬的事件,如"喝醉酒的叶利钦指挥德国的一个交响乐队。""由于醉酒,叶利钦在出访爱尔兰时迟迟

---

[1] 约翰·罗尔克.世界舞台上的国际政治[M].宋伟,刘华,张荣耀,等译.北京:北京大学出版社,2005:145.

不下飞机,以致访问不得不在都柏林的机场跑道上结束。"①等。1991年夏初,叶利钦首次访问美国时,就在纽约一所大学的演说中宣称:"俄罗斯已经做出了自己最终的选择。俄罗斯不会走社会主义道路、不会走共产主义道路,它将走美利坚合众国及其他西方文明国家走过的那条文明之路。"②政治上,他笃信西方民主价值观念,主张实行民主共和制政体;经济上,推行过于激进的自由市场经济改革,以开放价格和私有化为主要内容的"休克疗法"的实施实际上严重损害了俄罗斯的经济,导致长期经济衰退,国家综合实力大幅下降,国有资产大量流失,社会贫富分化严重,寡头实力膨胀等严重问题。这样,一个被西方价值观彻底"洗脑"的外强中干的政客形象通透地展现在西方面前。除德国外,那些曾经信誓旦旦允诺在俄罗斯市场化改革中会给予大量经济援助的西方各国不仅纷纷违背承诺,还趁机肆无忌惮地用北约东扩、肢解南斯拉夫联盟等手段挤压俄罗斯的安全空间,削弱俄罗斯在国际政治舞台上的影响。因为他们知道,叶利钦领导的俄罗斯充其量只是一头失去利爪与牙齿的北极熊,不足为惧。艰难时刻,清醒过来的叶利钦做出一生中最重要的政治决断,将权杖过渡给了一个强悍的克格勃出身的冷面特工——基米尔·弗拉基米罗维奇·普京。

应该说叶利钦不是从能力上而是从性格上选定了普京。俄罗斯心理学家分析了普京无所畏惧的性格特征,认为他符合"主人型"心理特质。主要表现为:遇事冷静,具有大国领袖的强大魄力和意志,敢于承担责任,敢于出手,能在极端困境或突发性危机面前果断做出决定;具有高超的大国博弈技巧,在国际舞台上,刚柔并济、长袖善舞;具有大国领袖应有的强烈使命感等。执政以来,普京致力于复兴俄罗斯超级大国的地位,对内加强联邦政府的权力,整顿经济秩序,打击金融寡头,加强军队建设;对外努力改善国际环境,拓展外交空间,维护本国利益,在国际舞台上恢复了俄罗斯世界强国地位。普京任总统期间,俄罗斯的国民生产总值翻了好几番,从1999年不到3000亿美元,到2020年的14000亿美元,整体提升了苏联解体后俄罗斯的国际地位,其内外政

---

① 张庆华.争权与让权,斗志与酒精:谜一样的俄前总统叶利钦[EB/OL].中国新闻网,2007-04-26.

② 欧阳向英.吸取苏联解体教训,反对历史虚无主义[EB/OL].开封党史网,2018-04-16.

策方面趋向强硬,在民主建设方面备受争议,被认为是一位"铁腕总统",也曾被美国《时代》《福布斯》杂志评选为世界最有影响力人物。

(二)生理和精神健康

生理与精神健康是民众对于国家领导人的基本要求,一个身体健康有问题的领导人无法高效治理国家。生理不健康会使其缺乏处理内政外交的必要精力,而精神不健康则有可能将国家引入歧途。如1998年美国历史学家罗伯特·法雷尔(Robert Farrell)在《垂死的总统》一书中描述,罗斯福在二战末期的糟糕健康状态使其"根本不适合管理国家",特别是在1945年2月举行的雅尔塔会议期间,罗斯福已经虚弱不堪,每天工作时间不能超过4小时,根本无力抵抗来自斯大林的各种要求。二战后期,伴随德军在战场上的失利,希特勒的精神也变得"很不正常",吸毒更加剧了他的躁动不安,让他的身心经常陷入某种幻觉,在很多公共场合表现出极度的偏执和非理性状态。而叶利钦在其第二个总统任期里,身体的虚弱使得俄罗斯实际上处于某种"真空状态"。

2017年年初,美国35名精神科医生在《纽约时报》发表了一封公开信,认为特朗普有精神问题,根本不能胜任总统的角色,无法领导美国。信中写道,特朗普的行为和演讲表明,他无法忍受任何跟他不一样的观点,一有反对声音,他都会怒不可遏地反击,他的言辞和行为都表现了他严重缺乏同理心。特朗普为向美国人民展示他的健康,特意去医院做了精神健康状态鉴定,以回应舆论对他精神健康方面的"不实"指控。2018年1月,特朗普再次高调为自己辩护,反击国内有关他可能精神出现问题的猜疑和指责。他说:"在我的生命中,我最大的两个优点就是精神稳定,而且真的很聪明。""我认为不仅聪明而且是天才,并且还是一个非常稳定的天才!"[①] 总统公开强调自己精神正常,这在美国历史上也是第一次。

(三)自负和野心

自信是发自内心的自我肯定与相信,是对自身力量的确信,深信自己一定能做成某件事,实现所追求的目标,而自负则是对自己能力的过高估计。作为个人,自负是源自对自我能力的错误认知;作为国家领导人,自负则主

---

① 特朗普自称"非常稳定的天才":第一次竞选总统就成功[EB/OL]. 参考消息网,2018-01-08.

要是源自对本国实力的过高评估,中国有个成语——夜郎自大就是用来形容这种自以为是的人。政治领导人的自负与野心自然会影响政策的选择。自负常使人好战,萨达姆·侯赛因原名是侯赛因·阿尔·提克里特,萨达姆(阿拉伯语"斗士"的意思)是他掌权后加上去的。很显然,在伊拉克国内政治生态环境下形成的说一不二的地位,让他产生了在海湾地区自由行动而无须担心受到惩罚的幻觉。他的对手乔治·布什也是一样,自负影响了他在海湾危机中的政策选择。布什刚上台时曾被美国媒体讥讽为"软弱无力"且"无能的代理人",全靠前任里根总统的显赫业绩侥幸当选。美国的《新闻周刊》杂志1989年一期的封面专门刊登布什的照片,外加大号标题"无能的代理人"。可能因为自尊心受到伤害,他变得分外好战,即使在伊拉克被击败后很久,布什依旧难以释怀。1991年6月,他在对加利福尼亚观众发表讲话时,他还用带刺的口吻说:"你们正在和一个无能的人谈话……这件事我永远不会忘记。"[①]可见,一个自负又极具野心的领导人,会带着情绪领导国家,非理性制定政策,不可避免使国家行为打上自己敢于冒险、易于冲动、刚愎自用的个性烙印。萨达姆和布什的案例告诉人们,政治领导人的自负与野心往往与国家制度或政权性质无关,不管其来源于选举产生的民主国家,还是出自专制独裁政权,他们都有一个共同的特征,就是听不进理性声音与不同意见,其决策过程很少受到其他政治力量的约束,他们的自负与冲动易于将国家置于危险之中。

(四)历史借鉴和个人经验

(1)历史借鉴。历史是一面镜子,古今中外的人们都懂得"以史为鉴"的道理。中国人说"以史为镜,可以知兴替",美国前国务卿玛德琳·奥尔布赖特(Madeleine Korbel Albright)也说过:"历史是位不同寻常的老师,它从不精确地重复自己,但是如果忽略它的普遍教训,你就要甘冒风险。"[②]当现实世界发生的某种事件,人们短时间难以确认其性质或找到应对策略时,就

[①] ROURKE J T. Presidential Wars and American Democracy: Rally Round the Chief [M]. New York: Paragon House, 1993: 31.

[②] 约翰·罗尔克.世界舞台上的国际政治[M].宋伟,刘华,张荣耀,等译.北京:北京大学出版社, 2005: 150.

会想到从历史中寻找类似的事件作为参照物进行对比,然后人们从对这一历史事件的认识所得出的经验教训中找到解决问题的方法。这样,类比历史就成了决策过程中经常遇到的方法,它的有效性依赖于人们如何正确地解读历史事件,以及如何应用那些被认定的教训。"慕尼黑类比"就是一个美国人在政策辩论和解释中频繁使用的历史教训。二战前夕,张伯伦(Arthur Neville Chamberlain)与达拉第(Edouard Daladier)在慕尼黑出卖捷克斯洛伐克,满足了希特勒对苏台德地区的领土野心,本以为这样的绥靖政策能够换回一个"我们时代的和平",却没想到加速了战争的降临。半个多世纪后,当萨达姆·侯赛因的军队进攻科威特时,老布什告诉美国人民:"如果说历史教会我们什么的话,它就是……安抚不起作用。"他说:"和(20世纪)30年代的情况一样,我们看到侵略性的独裁者萨达姆·侯赛因在威胁他的邻居。半个世纪前,世界本有机会阻止一个残忍的侵略者,可惜错过了机会。我向你们保证:我们不会再犯同样的错误。"①战争随即爆发。"越南类比"则是美国人在政策辩论中经常引用的另外一个相反的历史教训,每当讨论美国是否要军事干预外部冲突时,反对的一方总是要发出"不要重复越南战争"的呐喊。

  历史经常会出现相似的一幕,但绝不会一成不变地简单重复。因此运用历史类比时需要防止简单、机械地滥用或误用历史经验教训。哈佛大学学者约瑟夫·奈曾警告历史类比的危险:"战争绝非不可避免,但认为不可避免反而会成为战争的原因之一。"因此,人们应当将历史的类比当成讨论问题的起点,而不是终点,不能将其作为避开探索思考的工具。1990年,美国决策者将萨达姆比作希特勒,然而1990年的海湾与1938年的欧洲并没有太多相似之处。在美国国会讨论战争决议时,几乎所有的共和党都运用慕尼黑的例子来支持其战争立场,而几乎所有自由派和民主党人都运用越南战争的例子来反对采取军事行动。

  (2)个人经验。经验指人们在同客观事物直接接触的过程中通过感觉器官获得的关于客观事物的现象和外部联系的认识,经验是在社会实践中产生的,它是客观事物在人们头脑中的反映。与人们通过不断学习获得的知识不同,经

---

① ROURKE J T. Presidential Wars and American Democracy: Rally Round the Chief[M]. New York: Paragon House, 1993: 31.

验是由人生经历总结而来的,具有明显的个性化特征。有着不同人生经历的人对于同一件事的观念可能会有很大差异。例如,亲历过战争的人往往不比未经历战争的人好战,这部分缘于他们对战争的认识来源不同,前者亲身经历,对战争的惨痛刻骨铭心,而后者则只是通过宣传、影视作品、纪录片等间接获得,甚至对战争产生某种浪漫主义想象。1920年,欧美社会很少有人愿意提及一战,部分缘于人们害怕重新唤醒那段不堪回首的惨痛记忆。

（五）观念局限

观念是人们在长期的生活和生产实践当中形成的对外部事物总体的综合性认识。它一方面反映了客观事物的不同属性,同时又带有明显的主观色彩,是人们对事物主观与客观认识的系统化之集合体。由于人们的观念不仅受自身认识能力、社会环境以及舆论民意等因素的影响,还要受制于不同历史阶段的局限,这就决定了人们的观念有时并不符合客观事实。人们会根据自身形成的观念进行各种活动,因此正确的观念有利于人们做正确的事情,错误的观念则有可能导致人们做出错误的决策。

不同的人有不同的观念,而不同的观念往往却有着共同的特征。这些特征包括以下几种。

（1）我们经常假设其他人会用同样的方式看待世界。不同文化背景下的人们看问题的方式存在差异很正常,于是乎,以己度人的错误也就难以避免。在第一次海湾战争时,以美国为首的多国联军集结海湾,有记者问布什总统,面对占据绝对优势的多国联军,萨达姆是否会从科威特撤军时,他回答说"一些领导人告诉我（伊拉克）不会离开",但萨达姆"肯定明白在实力对比上他会面临着什么","我的本能告诉我他将从那里跑开"。[1]而结果证明他的判断是错的。

（2）我们倾向于把别的国家看得更为心怀恶意。特别是对于我们不了解且不喜欢的政权时,这种倾向就变得更加强烈。1980年,里根总统就特别喜欢妖魔化苏联,将其视为"邪恶帝国";1990年后,克林顿政府以及后来的

---

[1] ROURKE J T. Presidential Wars and American Democracy: Rally Round the Chief[M]. New York: Paragon House, 1993: 37.

<<< 第六章 个人与国际关系

布什政府则将朝鲜、伊朗、伊拉克看成是"邪恶轴心"（Axis of Evil）。著名的冷战设计师乔治·凯南（George Frost Kennan）这样描述美国决策者们是如何看待美苏关系的：

> 我听到这样的辩论："他们（苏联）知道我们（美国）没有侵略的意图，他们知道我们没有必要使用这些武器去袭击他们的念头。"对这句话要说两点。当一个人企图向五角大楼的人或向有类似思想的公民解释，也许苏联没有真的想袭击西方——他们有充分理由不计划或不想做那一类的事时，他就会得到这样的回答："啊，是的。但是，看一看他们军备的规模，在这类事情上我们不能不担心苏联的意图——意图太不确定，而且很难确定；我们只考虑其能力；我们必须假设，苏联渴望对我们做出他们能力允许的任何坏事。"现在这是不是我们的观点（我们）应该只考虑他们的能力，不管他们的意图。但是，我们只希望他们只考虑我们的意图，不管我们的能力？……如果我们只考虑苏联的能力而漠视其他的一切，我们不能同时期待他们忽视一切只考虑我们的意图。①

（3）我们倾向于把别人的行为看得更有计划、更为协调。冷战期间，美苏都将对方想象成：为扩大影响、阻挠或击败对手，正在精心设计一个深谋远虑的高明战略。基辛格曾这样描述美苏两个大国间的关系，他说：

> 超级大国的表现常常像两个全副武装的盲人，同处一室，到处摸索，都以为对方目光如炬，因而自己受到致命的威胁。双方都应当懂得，从本质上说，制定政策这种工作经常是没有把握的、妥协的、缺乏连贯性的。但是他们都倾向于认为对方具有已经被自己的经验否定的一致性、预见性和连贯性。当然，时间一长，即使是两个盲人，如果同处一室而又手执武器的话，也能相互造成极大的伤害，更不用说对房间会造成什

---

① KENNAN G. The Could of Danger: Current Realities of American Foreign Policy [M]. Boston: Little, Brown, 1977: 87-88.

么破坏了。[①]

今天的美国不也是这么看待中国提出的"一带一路"倡议的吗？在美国的政治精英们的眼里，"一带一路"倡议就是中国地缘政治的战略工具，旨在颠覆美国的全球霸权地位；同样中国早在改革开放初期提出的"韬光养晦"思想也硬是被美西方曲解成中国政府有意隐瞒真实意图的欺骗战略。

（4）我们通常很难理解他人为何讨厌、怀疑和害怕我们。肯定自己，否定他人是人性的缺点之一。小布什总统在2001年10月11日的一次新闻发布会上曾反问自己："当看到一些阿拉伯国家对美国的刻骨仇恨时，我会做何反应呢？"在回答这个问题时，他说："我很吃惊，想不到他们对美国的事业的误解如此之深，以至于憎恨我们。我和大多数美国人一样简直不能相信这一点，因为我知道我们有多好。"[②]但阿拉伯人并不这么认为，美国先后发动阿富汗战争、推翻萨达姆的伊拉克战争，又将伊拉克、伊朗等国家定义为"邪恶轴心"国家，这一切都表明，整个西方世界普遍充满对阿拉伯民族和伊斯兰世界的敌意。正如一位巴基斯坦将军所言："这是一种思维定式。当他们谈论恐怖主义时，他们脑海中的唯一事物就是穆斯林。"[③]

（5）我们和他人倾向于对彼此有相似的印象，即所谓的镜像观念（mirror image perception）。20世纪60年代，"镜像论"特别流行，曾在冷战期间风靡一时。它"假定两个长期敌对国家对对方形成固定的和歪曲的看法，而且这些看法颇为相似。两国人民都认为自己善良正直，克制忍耐，爱好和平，而对方则狡诈、有帝国主义倾向、穷兵黩武"[④]。前美国驻华大使傅立民（Charles Freeman）称这叫"想象的镜像"，即"我们看着别人，但其实没有看到对方，而是看到了我们自己。我们没有共同的历史，面临不同的情境，自然有不同

[①] 亨利·基辛格.白宫岁月：基辛格回忆录（第二册）[M].吴继淦，张维，李朝增，译.北京：世界知识出版社，1980：114.

[②] 美国总统布什在白宫新闻发布会上答记者（全文）[EB/OL].中国日报网，2001-10-12.

[③] 约翰·罗尔克.世界舞台上的国际政治[M].宋伟，刘华，张荣耀，等译.北京：北京大学出版社，2005：155.

[④] 詹姆斯·多尔蒂，小罗伯特·普法尔茨格拉夫.争论中的国际关系理论[M].阎学通，陈寒溪，等译.北京：世界知识出版社，2003：262.

的观点，但我们没有意识到这一点，而是想象我们在对方的位置上、按照自己的逻辑做出的行为"[①]。也许这就是所谓的"相由心生"吧，心里想的是什么，你眼中的世界就会是什么。

[①] 曹然.傅立民：现在中国有能力主动迈出第一步［EB/OL］.中国新闻周刊，2021-05-31.

第七章

国家间关系的基础——权力（实力）

一位美国外交顾问曾这样评论道："只要人性不发生变化，实力和武力就会依然占据国际关系的核心位置。"[1]毫无疑问，这句现实主义色彩强烈的话听起来让人感到沮丧，也不会得到所有人的赞同，但它的确突出了实力在外交中所扮演的关键角色。当不同国家的目标和利益彼此冲突时，为了决定谁的利益将会获胜，国家间通常都会展开激烈的竞争，而实力最强的国家往往能笑到最后。"9·11"恐怖袭击发生后，美国声称本·拉登和他的基地组织成员应对此次事件负责，并要求阿富汗政府将他们移交给美国。而阿富汗的塔利班政府则要求美国提供相关证据，塔利班宣布"没有令人信服的证据，我们就不会交出本·拉登"。布什的答复则是，"塔利班政府必须交人，而且必须立即交人，如不交出恐怖分子，塔利班的命运将会同那些恐怖分子的命运一样"[2]。在要求被拒绝后，塔利班政府很快就和基地组织一样，遭到了美国狂风暴雨式的轰炸。

一、权力（实力）的定义

权力的概念首先出现在国内政治学理论中，一些学者认为，权力在国内政治中主要有三种表现：应得惩罚的权力、报偿的权力和制约的权力。马克斯·韦伯（Max Weber）从社会学的角度认为，"权力是把一个人的意志强加在其他人的行为之上的能力。""权力意味着在一定社会关系里，哪怕是遇到

---

[1] 约翰·罗尔克.世界舞台上的国际政治[M]. 宋伟，刘华，张荣耀，等译.北京：北京大学出版社，2005：314.
[2] 约翰·罗尔克.世界舞台上的国际政治[M]. 宋伟，刘华，张荣耀，等译.北京：北京大学出版社，2005：314.

<<< 第七章 国家间关系的基础——权力(实力)

反对也能贯彻自己意志的任何机会,不管这种机会是建立在什么基础之上。"[1] 乔治·坎南说:"一个人的权威意味着另一个人的卑微。"摩根索认为:"权力意指人们对他人的思想和行为施于影响和控制的能力。"他同时强调"政治权力必须同武力,即实际使用的暴力相区别,假如暴力在战争中成为现实,政治权力便被军事实力取而代之。实际运用暴力意味着用两个人的身体接触代替他们之间的精神联系;一个人在体力上强壮得足以支配另一个人的行动,而精神联系却是政治权力的本质所在"[2]。阿诺德·沃尔弗斯(Arnold Wolfers)也认为,"权力是以个人驱使或指使他人按照自己的意志采取或不采取行动的能力"[3]。

英语中的"Power"一词通常被翻译成"权力",但它还含有"实力"的意思。实力一般是静态的,是指一种综合的国家力量状态。而权力则是指动态的对外影响力,是一个行为角色说服和强迫另一个行为角色,从而达到控制该行为角色目的的能力。因此,运用资源的条件是实力,而使用资源的过程是权力。约瑟夫·奈根据权力具有的属性,将其分为硬权力和软权力。硬权力(Hard power)是指国家通过军事的、经济的或两者结合的手段将自己的意志强加给别国的能力。而软权力(Soft power)是指通过影响力说服特定行为角色做某事的能力。一个国家的意识形态、文化引力、道德声誉或事业上的成功都可以使这个国家成为其他国家愿意追随的领袖国家。此外,一个国家运用自身权力的能力也属于软权力的范畴,它包括一国政府的治理能力、领导人的思想意志与战略构想、合理的外交战略运用、成熟的危机处置能力等,这种能力可以最大限度将一国的综合实力快速转化为实际的影响力。

当然理论上不同实力要素的属性划分不是绝对的,还应当与使用它的方式挂钩。譬如,将一国的文化、价值观、制度强加在其他国家头上,推进"民主改造""政权更迭",就很难将其划归为"软权力"范畴;同样,经济实力的属性也应当与使用它的方式挂钩,如果是通过吸引其他经济体而自愿合作,

---

[1] 倪世雄.当代国际关系理论[M].上海:复旦大学出版社,2001:261.

[2] 汉斯·摩根索.国家间政治:权力斗争与和平[M].徐昕,郝望,李宝平,译.北京:北京大学出版社,2006:38.

[3] 詹姆斯·多尔蒂,小罗伯特·普法尔茨格拉夫.争论中的国际关系理论[M].阎学通,陈寒溪,等译.北京:世界知识出版社,1987:95.

149

而不是通过经济制裁或以制裁相威胁迫使对方屈从自己的意愿,就不应该将其划归"硬权力"范畴。譬如,在"共商、共建、共享"模式下提出的"一带一路"倡议,完全建立在各国自愿的基础上,中国的经济实力靠吸引力而非强制力收获影响力,因而属于妥妥的软实力。

二、权力的构成要素

(一)国家地理

1. 地理位置

在人类居住的这个蔚蓝星球上,每个国家都处在不同的地理空间,而不同的地理位置对于生活在其中的人们和所处的国家都会产生重大影响。譬如,两洋天堑在历史上曾为美国提供了天然的安全保护屏障,同时也为其海军提供了"流动的高速公路";无论是人口数量还是国土面积在欧洲都不占优势的英国,之所以能长期推行"光辉孤立"政策,充当欧洲大国均势外交中关键的"制衡者"角色,在很大程度上要得益于英伦三岛与欧陆间的英吉利海峡,这样一条宽只有34千米的海峡,却能在19世纪和20世纪保护大不列颠免受拿破仑和希特勒的占领。地理位置不仅对大国十分重要,对小国也不例外。如扼守马六甲海峡,同时连接印度洋与太平洋的东南亚小国新加坡,一个人口不到600万、面积只有700多平方千米的国家(截至2022年),却能在外交领域纵横捭阖,从容游走在大国外交的舞台上。新加坡之所以能够做到这一点,明显与其扼守马六甲海峡的地理位置优势息息相关。

地理位置如此重要,以至于在国际政治学界很早就诞生了一门专门的学术思想——地缘政治学(Geopolitics)。地缘政治学主要根据各种地理要素和政治格局的地域分布形势,分析和预测世界或地区范围的战略局势及有关国家的政治行为,从而把地理因素视为影响甚至决定国家政治行为的一个基本因素。20世纪以来由于全球政治、经济和军事的发展,出现了各种地缘政治理论,这些理论已经成为各国制定国防与外交政策的一项重要依据。其中有重要影响的有:(1)马汉(Alfred Thayer Mahan)及其《海权对历史的影响(1660—1783)》(1890)提出的海权派理论。马汉是美国卓越的海洋历史学家,一生从军,强烈主张将美国建设成为一个海权强国,后人将其理论总结为海权论（Sea power）。其核心内容包括：海洋是世界的中心，谁掌握了世界核心的咽喉航道、运河和航线，谁就掌握了世界经济和能源运输之门；谁掌握了世界经济和能源运输之门，就掌握了世界各国的经济和安全命脉；谁掌握了世界各国的经济和安全命脉，就（变相）控制了全世界。（2）麦金德（Halford John Mackinder）及其《民主理想与现实》提出的陆权派理论。麦金德于1904年在英国皇家地理学会上宣读了他的《历史的地理枢纽》（"The Geographical Pivot of History"）一文，提出了地缘政治学领域的全新课题。麦金德从世界整体的角度来看待世界地理构成和世界历史进程，认为世界是由几个大岛构成的，其中欧亚大陆和非洲大陆是最大的"世界岛"，美洲大陆是另外一个岛屿，大洋洲则是较小的一个岛屿。由于欧亚大陆是世界上主要政治、经济力量的集中地域，也是人口众多、面积庞大的连贯性区域，加之欧亚大陆是世界性文化、宗教和价值观念的诞生地，因此欧亚大陆成为世界发展的地理枢纽地带。麦金德理论概括起来就是："谁控制了东欧，谁就控制了'心脏地带'；谁控制了'心脏地带'，谁就控制了'世界岛'；谁控制了'世界岛'，谁就控制了世界。"[1]（3）美国地理学家斯派克曼（Nicholas John Spykman）提出的边缘地带理论。斯派克曼于1942年提出：谁（以武力或是和平方式）统一或整合了欧亚大陆东西两端的边缘地带，谁就掌握了世界上最有潜质的地区；谁掌握了世界上最具潜质的地区，谁就能成为欧亚大陆上的世界强国；谁成为欧亚大陆上的世界强国，谁就会成为美国世界超强的有力挑战者。斯派克曼眼中的边缘地带主要指世界传统的"咽喉要道"——苏伊士运河、直布罗陀海峡、马六甲海峡、霍尔木兹海峡以及与这些海峡连接的濒海边缘地带。

今天，尽管现代通信、交通和导弹技术的进步削弱了地缘政治学的合理性与重要性，但该学说在国际关系研究与实践领域中的影响依旧十分深远。

2. 地形

陆地表面所呈现的各种各样的形态，总称地形，其中地表起伏大势被称作地势，地表起伏形态则称为地貌。按其形态可分为山地、高原、平原、丘

---

[1] MACKINDER H J. Democratic Ideals and Reality [M]. New York: Henry Holt and Company, 1919: 150.

151

陵和盆地五种类型，也包括因外力作用而形成的河流、三角洲、瀑布、湖泊、沙漠等。

地形地貌特征对一个国家产生的影响是多方面的，既涉及经济民生，又关乎国防安全，进而影响对外政策。高高隆起的山脉或奔流湍急的大河可以在相邻的国家间构筑一道天然的屏障，给彼此都带来一定减少摩擦的确定性与避免入侵的安全感，就像阿尔卑斯山脉之于意大利、比利牛斯山之于西班牙一样。基于同样理由，对于法国从黎塞留以来一直向往将莱茵河变成德法永久性边界的愿望就不难理解了。传统上俄罗斯一直被视为欧洲国家，与欧洲的交往是其对外交往的主旋律，但俄罗斯与欧洲国家之间是开阔的东欧大平原，之间没有难以逾越的高山大川的阻隔，使得历史上对俄罗斯国家安全构成外部威胁的国家也主要来自欧洲，瑞典、波兰、法国和德国都曾经与俄罗斯交战过，拿破仑大军甚至占领过莫斯科，希特勒的纳粹铁蹄也曾逼近到莫斯科近郊。因此对来自欧洲国家的安全担忧是苏联和今日俄罗斯制定外交政策时必须首先考虑的因素。

欧洲的瑞士地处阿尔卑斯山腹地，虽然其强邻环视，但连绵的高山阻隔，使得任何一个不怀好意者都望而却步，由于瑞士不是进攻第三国的最便捷的跳板，入侵瑞士难以被周边其他国家接受，入侵的代价远大于由此获得的收益，故此瑞士的永久中立国地位一直被国际社会所广泛接受和尊重。而同样寻求获得永久中立地位的另一个欧洲小国比利时就没那么幸运了。1839年，英、法、普、奥、俄在伦敦共同签署承认和确保比利时永久中立地位的《伦敦条约》，但当1914年战争来临时，《伦敦条约》便在第一时间遭到践踏。德国为了进攻法国，有意避开有崇山峻岭阻隔的德法边界，取道比利时进攻一马平川且没有设防的法国北部边界。

3. 面积

各国的领土面积大小不同，大到如俄罗斯拥有1700多万平方千米，小到如梵蒂冈仅有几平方千米。一般来说，一国的领土面积越大越好，领土面积越大意味着可以养活更多的人口，拥有更丰富的自然资源，战时有更辽阔的战略纵深。一些国土面积较小的国家，由于资源和战略空间限制，国家安全经常得不到保障，譬如，科威特虽然极其富有，但国土面积狭小，使得萨达姆统治下的伊拉克军队仅用24小时便占领其全境。这些国家不得不在安全问题上受制于人,通过牺牲部分主权甚至预交保护费的方式将安全问题交由其他大国控制,与强国结盟成为他们解决安全问题的普遍选择,中东欧国家积极寻求加入北约多半出于对俄罗斯这个近邻的天然恐惧。苏联解体后,继承苏联遗产和国际法地位的俄罗斯,一度幻想能够获得欧洲国家的接纳,融入欧洲大家庭,甚至梦想加入北约,但残酷的现实告诉俄罗斯,那只不过是一厢情愿。在美西方眼里,一个拥有1700多万平方千米国土面积,又是核大国的俄罗斯依然是个威胁。美国前国家安全事务助理、知名国际关系学者布热津斯基认为对付俄罗斯的基本战略应该是"分而治之",并提出将俄罗斯分为欧洲、西伯利亚、远东三个国家的设想,认为只有这样俄罗斯才永远不会再对美国形成什么威胁。

4. 气候

从人类发展史来看,气候对于人类经济和军事活动都有着极为重要的影响。首先,气候对农业生产的影响非常显著,地处亚热带或温带、气候湿润地区的农业相对发达,物质的多样性和单位面积产量会比环北极地区或干旱少雨的沙漠地带具有明显优势。早在农耕时代,温带、热带地区就是最先发展起来的,四大文明古国的发源地,没有一处是寒冷地带。俄罗斯虽然幅员辽阔,耕地面积世界第一,但由于大部分地处极寒地带,可耕种的作物种类有限,且作物生长期短,产量不高。20世纪50年代,赫鲁晓夫试图用扩大耕地面积的方式解决长期困扰苏联的粮食短缺问题,可这种单纯依赖扩大耕地面积的粗放型经济模式,以及由此引起的植被破坏和土地荒漠化使该计划难以为继,以至于直到20世纪80年代,苏联依然需要花费巨额外汇进口粮食,以满足苏联人的基本粮食需求。而在所有大国中,俄罗斯的人口数量并不多,与俄罗斯形成鲜明对照的是,中国可耕地面积只占世界耕地面积的3%,但养活的人口数占世界人口的20%,排除技术和制度的原因,气候也是一个重要因素。

其次,气候还会对人类跨越气候带的群体活动产生影响。或许是出于趋热避寒的本能,世界人口从寒冷地区向温暖地区转移,已成为一种全球性现象。以西伯利亚为例,尽管俄罗斯政府不遗余力地对其进行开发与建设,但受制于严寒天气，人口大量流出，西伯利亚的经济发展始终落后于俄罗斯平均水平，这也是俄罗斯虽然地跨亚欧大陆，却习惯性被视为欧洲国家的根本原因。而纵观中国历史也可以发现，从汉代开始，游牧于寒冷地区的北方人就对南方风和日丽的气候极其向往，比如赫赫有名的匈奴之所以与汉朝战事不断，很大一部分原因就是他们想夺取中原，到气候温和、物产富饶的地方生活；很多年之后，雄踞雪域高原的吐蕃人也对大唐王朝的土地虎视眈眈；到了宋代，北方的辽、金、蒙都相继入侵过中原，少数民族更是在中华大地上建立了元朝；明代以后，位于东北的女真族攻破山海关，统治中原长达三百年之久。

最后，气候能够对人类的军事活动产生巨大影响。在越战期间，正是由于热带雨林气候，丰沛的降水和由此形成的茂密的森林植被，让美军无法发挥其先进武器装备的效能。同样在俄罗斯，与其辽阔的国土面积一道，刺骨的寒冬也为其提供了一道天然防线。即使莫斯科被占领，拿破仑依旧征服不了俄罗斯，在从莫斯科撤回的道路上，大量被冻死的士兵很快就湮灭在俄罗斯的漫天风雪中。一百多年后，德国的军队重蹈历史覆辙，在伏尔加格勒和莫斯科保卫战中，大量的纳粹士兵不是战死就是被活活冻死。俄罗斯的冬天如此令人生畏，以至于沙皇尼古拉一世（Nicholas I）曾说："俄罗斯有两位值得信赖的将军，那就是一月与二月。"[①]

（二）人口规模

关于人口对于国家权力的意义，摩根索曾这样说过："虽然认为一个国家由于它的人口多于大多数其他国家就非常强大，是没有道理的，但是确实没有任何国家因不在人口较多的国家之列而能继续保持或成为一等强国。"[②] 在和平时期，人既是生产者又是消费者，具备一定数量级的人口是一个国家综合国力的具体体现，但这并不意味着人口越多越好，那些经济增长水平不足以支持人口增长速度的国家，过多的人口就会成为一国强权的负担，因为该国

---

① 约翰·罗尔克.世界舞台上的国际政治[M].宋伟，刘华，张荣耀，等译.北京：北京大学出版社，2005：320.

② 汉斯·摩根索.国际纵横策论——争强权，求和平[M].卢明华，时殷弘，林勇军，译.上海：上海译文出版社，1995：170.

不得不将更多资源用于养活不断增加的人口。因此,一个国家的人口规模既要与该国的国土面积特别是可耕地面积相适应,又必须与该国生产力水平相适应。在战时,人口规模大小与各国可以迅速动员的士兵数量有关,一些人口少的国家,如只有600多万人口的以色列就不得不在平时实行全民普遍义务兵役制,战时则实行全民动员。当然除了数量外,人口的质量也同样重要,一国国民的受教育程度、平均寿命及健康状况都是衡量其综合国力的指标。世界最不发达的地区主要分布在非洲,那里的人口虽多,出生比例也遥遥领先,但其人口素质、人均寿命普遍落后于世界其他地区,因而人口数量上的优势就难以转化为经济发展的有效推力,甚至沦为经济发展的包袱。

(三)自然资源

自然资源是一国赖以生存的物质基础,一个国家的可耕地面积、物种种类及其分布状况、用于工业的各种矿物资源储量等,都关系到该国的潜在综合国力。首先,在所有资源要素中,粮食无疑是极其重要的资源。对于一个国家而言,粮食的基本自给无论是平时还是战时都十分重要,平时可以节省用于进口粮食的财政资金,战时可以不惧敌方封锁,能够经受住长期战争的考验。其次,是一国工业发展所需的必要矿物原料。毕竟现代国家的综合国力主要不是体现在农业上,而是工业上,因此推动工业发展必不可少的各种原料的获得就显得至关重要。环视全球各国,真正能够实现工业原料完全自给的国家可谓凤毛麟角,因此确保战时贸易通道的畅通对交战各方都至关重要。二战以来,石油一直是很多工业化国家能源消费结构中最主要的组成部分,石油输出国相对于石油进口国具有天然的优势,它们可以通过禁运、提价、差别待遇等方式让石油进口国不得不服从自己的意志。1973年阿拉伯产油国为了支持巴勒斯坦人民的解放事业,第一次动用石油武器,便震惊了整个世界。石油武器的运用成功地分化了西方阵营,迫使严重依赖波斯湾地区石油供应的国家不得不与美国的中东政策拉开距离或分道扬镳。此外,现代经济发展和人类生存需要的稀缺资源越来越多,有色金属、铀、稀土、天然气等在全球分布不均的自然资源,都是构成一国强权的关键要素。资源匮乏国家对资源富裕国家的依赖会给后者带来巨大影响力,欧洲对俄罗斯天然气的巨大依赖,使得欧洲国家的反俄政策始终底气不足。例如,2015年正式动工的"北溪2号"(Nord Stream 2)天然气管道工程,之所以长期以来一直遭到美国的反对,一是因为该项目妨碍到美国向欧洲国家高价兜售更多本国页岩气,让欧洲国家更加依赖俄罗斯能源供应;二是因为美国担心俄罗斯会将天然气用作地缘政治武器离间美欧关系,妨碍美国利用欧洲国家在地缘政治领域实现对俄罗斯的打压。而乌克兰、波兰两国则担心俄罗斯绕过两国向欧洲输送天然气,导致其失去数十亿美元的能源过境费,并危及中东欧国家的能源安全。

(四)经济发展水平

历史上常有经济富足的国家被经济落后的国家在战争中击败而一蹶不振的先例。英国学者安格斯·麦迪森(Agus Maddison)在《世界经济千年史》一书中的统计数字表明:"19世纪前,中国比欧洲或者亚洲任何一个国家都要强大……1820年时,中国的GDP比西欧和它们附属国的总和还要高出将近30%。"[①] 可这一切没能使中国避免在此期间遭受英国的两次侵略。当今世界,尽管经济强国不一定就是军事强国,但经济上的富足总是能为军事强大提供必要的物质基础。在领土、人口、政治因素等变量不变的情况下,经济富足总会与军事强大呈正相关。而在考察一国经济发展水平要素时,通常人们会更关注GDP的总量,而不只是人均收入。这是因为,在决定一国经济对外影响力大小的诸多指标中,总量是第一位的,世界上有很多微型国家如科威特很富裕,它们的人均收入很高,但对外影响力很小。此外,与GDP的规模相比,GDP的结构和质量对于衡量一国经济实力似乎更为重要。1890年中国GDP约为日本的5倍,却在后来的甲午战争中一败涂地,根本原因在于当时中国GDP的结构、质量远落于日本之后,而晚清政府糟糕的治理水平进一步放大了这一差距。在GDP的所有构成要素中,国家的工业生产能力是人们衡量一国综合国力大小的一项重要指标,拥有先进的科技研发能力与工业制造能力是一国能够成为制造业强国和军事强国的必备条件,一个制造业相对落后的国家是制造不出各种先进的武器系统的,单靠进口武器也成就不了一个

---

① 安格斯·麦迪森.世界经济千年史[M].伍晓鹰,许宪春,叶燕斐,等译.北京:北京大学出版社,2006:109.

军事强国。

（五）军事力量

在构成国家权力的诸要素中，军事力量至关重要，它是国家硬实力的核心组成部分。军事力量通常包括：武装力量（常备军和预备役人员数量）、政治素质、文化水平、军事素养、技术水平及其部署状况；武器装备的数量和质量；指挥、控制、情报、通信能力；战场建设和战略物资储备状况；国防科技和国防工业的规模及水平；后勤保障程度；军事理论状况以及战争准备程度等因素。一国的军事力量无论是用于捍卫国家主权，还是用于发动对外战争，抑或是争夺地区和世界霸权，都是不可或缺的存在。战时它是克敌制胜的决定性力量，是国家维护安全利益的终极手段；和平时期则是威慑对手、保护经济政治利益的重要手段，它的存在本身就足以让对手对你抱有一颗敬畏之心。因此，每当国际危机降临时，美国总统问的第一句话总是："我们离冲突地点最近的航母在哪里？"而俄总统普京那句"外交抗议一万次，也不如战略轰炸机的翅膀扇动一次"更加令人印象深刻。

（六）国民士气

士气是指维持人们意志行为的具有积极主动性的精神状态，其作用主要体现在激发人们的潜在能量去完成某些特定的任务。国民士气则是一国在平时或战时支持政府内外政策的决心大小的程度，它体现于一国的所有活动中，从农业、工业生产到军事建设和外交工作，无所不在。在战时，一支士气高昂的军队相较于一支士气低迷的军队具有更强的战斗力；在平时，对国家未来充满信心，对政府执政能力高度信任的国民，就会在国家的内外事务中与政府保持高度一致，带着较高的热忱投身到各自的事业中去，国家的大政方针就能得到快速高效的贯彻执行。与构成国家强权的其他要素相比，国民士气具有不稳定性，而影响士气强弱的因素在于由信念分化出来的态度和信心，它的高低起伏通常与特定阶段的政府和社会素质直接相关，譬如，二战前法国的国民士气与一战期间法国的国民士气相比判若云泥，这与20世纪30年代法国第三共和国政府的低效、混乱、软弱密切相关；而2020年席卷全球的新冠疫情既是对各国应对能力的大考，也是对各国国民是否信任政府、能否众志成城的国民士气的一次检验。

（七）国民性格

一个国家的人民在长期的历史文化积累过程中形成的不同于其他民族的某些智能和性格特征，会持久地影响这个国家的外交行为和强权。摩根索在他的《国际纵横策论——争强权，求和平》一书中列举了一些主要大国的国民性格，其中包括：俄罗斯人的"基本力量与坚韧性"、法国人的个人主义、美国人的"个人主动性和创造性"、英国人的"不固执己见的常识性"、德国人的"纪律性和彻底性"[①]。摩根索列举的不同国家民众在他们可能从事的所有个人和集体活动中各自表现出来的性格特征，具有高度稳定性，一般不会因时事的改变而改变。他还指出："国际舞台的观察者，要想估计不同国家的相对实力，就必须考虑到国民性，不管要正确估价这个如此难以捉摸和无形的因素是多么困难。"[②] 1993年，叶利钦"用坦克炮弹废除了议会"，建立了一个赋予总统广泛特权的政治体制，却并没有引起多数刚刚经历民主化与自由化放纵过的俄罗斯人的抵制。近年来，俄罗斯总统普京成为全球关注并颇受争议的人物，尽管他是俄罗斯人民选出来的总统，但西方社会普遍将其视为"独裁者"，不理解他的民众支持率为何能够达到多数西方政治家难以企及的高度。这种"反常"现象似乎验证了俄罗斯哲学家别尔嘉耶夫（Nicolas Berdyaev）的观点，即俄罗斯人具有专制主义、国家至上与无政府主义、自由放纵共存的政治文化特质[③]。2004年10月，一位名叫香田证生的日本人质被国际恐怖组织"伊斯兰圣战基地组织"残忍杀害。可令人费解的是，日本国内大部分舆论非但没有表现出对被害者的同情，反而出现了很多指责被绑架者家人的声音。该现象反映出来的是日本人崇尚的集体主义精神，即每个日本人都认为自己归属于某个集体，个人都应该为这个集体增光而不是抹黑，尽

[①] 汉斯·摩根索.国际纵横策论——争强权，求和平［M］.卢明华，时殷弘，林勇军，译.上海：上海译文出版社，1995：180.

[②] 汉斯·摩根索.国际纵横策论——争强权，求和平［M］.卢明华，时殷弘，林勇军，译.上海：上海译文出版社，1995：181.

[③] 尼·别尔嘉耶夫.俄罗斯思想［M］.雷永生，邱守娟，译.北京：生活·读书·新知三联书店，2004：3.

量不要给别人带来麻烦是个人应尽的义务,脱离集体而不守规则的个人理应受到谴责。日本国民对本国公民不顾日本政府的警告,执意前去伊拉克,给日本政府带来巨大麻烦感到愤怒的心理,折射出日本国民的集体主义和爱国主义精神,视国家的利益和荣誉高于一切的价值取向。

(八)外交的质量

如果说国民士气是一国的灵魂,那么外交就是一国的大脑。摩根索认为:"在国家强权的所有因素中,外交是最重要的素质,其他所有因素都只是形成国家强权的原料。一国外交的素质则可以把这些不同因素结合成一个统一的整体,赋予它们一定的方向和力量,并且给它们以实际的强权的气息,使它从沉睡中苏醒过来。"[①]19世纪末的法国外交成功与德国外交失败形成鲜明对比;两次世界大战期间的罗马尼亚之所以能在国际事务中发挥超过其实际资源的作用,主要归功于其外交大臣蒂图列斯库(Nicolae Titulescu);19世纪的比利时和土耳其外交,一度能弥补国家强权其他方面的衰落。而衡量一国外交素质高低的标准主要有:(1)能否处理好资源与政策之间的平衡。既不好大喜功,又不妄自菲薄,做力所能及之事,发恰如其分之声。(2)能否处理好一国强权的各种构成资源之间的平衡。一国在一定时期的综合权力相对有限,用于军事部分的资源多了,用于民生与经济发展的部分就少了,合理规划有限资源在不同部门间的分配比例,是衡量一国政府素质的重要指标。(3)能否处理好民意的支持问题。一国政府的执政能力和效率的高低与民意的支持度密切相关,一项得到民意支持的外交政策获得成功的概率无疑会高很多。但民意有时具有不稳定、短视和非理性特征,一味顺从民意未必最符合国家利益需要。因此对待民意,最佳选择是既需要高度重视,又需要正确引导。特别是当民意严重分裂或一项理性明智的外交政策得不到民众支持的时候,更需如此。如法国大革命期间的美国外交,由于当时美国人民普遍同情法国,政府的绝情背叛几乎让多数美国人无地自容,以至于最后全靠华盛顿(George Washington)个人的坚定性格和巨大声望,才阻止了美国人对英宣战。

[①] 汉斯·摩根索.国际纵横策论——争强权,求和平[M].卢明华,时殷弘,林勇军,译.上海:上海译文出版社,1995:190.

三、权力的特征与权力的衡量

人们从权力的构成要素中不难发现，要想准确计算或把握权力的大小及变化趋势，仅仅了解权力的构成还远远不够，还需要掌握权力变化过程及其呈现出的某些具体特征。第一，权力是动态的，它始终处在变化之中。在一个国家的权力构成要素中，除了如领土等少数要素相对稳定外，其他要素则始终处在不停的变动之中。不同国家的经济增长速度、人口出生率、科技发展状态、军事技术的进步、国民素质与教育水平的提高等都不尽相同。因此各国权力此消彼长、发展不平衡现象将长期存在。第二，权力既是客观的又是主观的。一般来说，国际政治既受客观现实因素的影响，又受人们主观认识的影响，一国权力被高估或低估就难以避免。譬如，在国际政治学者看来，这个世界上大概有"多个"中国，一个是"真实的"中国，一个是我们自己感受的中国，还有一个是外界认识的中国。这几个"中国"认知都在对我们的现实政治发挥作用。几十年来，西方关于中国的认识始终在"中国威胁"与"中国崩溃"间左右摇摆，这些关于中国的认知有的出于意识形态偏见，有的则是主观判断偏差所致，中国发展的实践证明了这些认知的荒谬。第三，权力呈现的方式是多方面的：有软的和硬的、有形的和无形的、潜在的和现实的。正是由于权力构成的多面性，常常使人们只看到其中的一面，而忽略另一面。经济、军事等"硬权力"最容易被人们感知，而文化力量、制度优势、国民性格等"软权力"往往容易被人们忽略；现实的权力容易被感知，而潜在的权力则易于被忽略。第四，权力的大小是相对的。在这个多极化趋势不可阻挡的世界里，一国权力的大小总是在与其他国家的比较中产生，任何国家的权力都具有相对性，就像俄罗斯相对于乌克兰具有绝对的实力优势，但相对于北约而言就没那么突出。只有充分认识到权力的这些特征，才能相对准确地衡量一国权力的大小，也只有相对准确地衡量出对手与本国间的权力差距，才能做出明智且有效的外交决策。与高估对手、低估自己导致的保守政策相比，低估对手而高估自己的激进政策带来的危害将更为严重。

权力在国际关系中的重要地位和作用使得学者、政治家和军人对权力的计算产生兴趣。人们往往按国家权力大小给国家定性，如超级强权国家、强权国家、中等权力国家、弱小权力国家，以及迷你国家等。哈佛大学肯尼迪

<<< 第七章 国家间关系的基础——权力（实力）

学院院长、前美国助理国防部部长约瑟夫·奈指出，权力就像天气。每个人都谈论它，但却很少人理解它。正如农民和气象学家努力预见暴风雨的来临一样，政治家和分析家试图理解国家权力分配发生重大变化的动力，权力变迁不仅影响各国的命运，也常常伴随着世界大战的风暴。权力就像"恋爱……易于体验，却很难界定和衡量"[①]。从而给权力蒙上一层神秘的色彩。西方对衡量国家实力的研究基本上分为三个学派：第一，是定性分析派。以摩根索为主，主要将构成国家权力的客观和主观要素加以归纳，再根据主观判断，大致推断出一国权力的大小。在定性派看来，由于权力大小的相对性和变化的绝对性，使得权力的大小无法用准确的数字衡量，只能用模糊的主观判断来加以界定。第二，是定量分析派，又称行为主义派。很多定量派学者认为，一国的经济总量、人口规模、国土面积、军事力量等要素都是可以用数字衡量的，而这些客观具体的数据是计算一国实力大小的可靠依据。除此以外，还可以将更多具体指标纳入统计范围，比如，哈佛大学政治学教授卡尔·多伊奇就把一国在联合国提案的受支持度及一国接受他国邀请访问的次数等也作为衡量权力大小的重要指标。定量分析的缺点在于，构建国家权力的某些主观要素难以准确计算，譬如，特定国家的国民性格特征、国民士气优劣、政治体制好坏、外交素质高低以及领导人的个性特质等，这些带有主观色彩的因素对于一国强权大小的形成至关重要，可在实践中往往最难把握。若将这些要素完全忽视，就很难客观把握真实的国家权力，这显然很不科学；若有意将其纳入其中，却又不太容易确定它们在国家强权构成中的计算比例。第三，是将定性与定量相结合的综合分析派。美国乔治敦大学教授克莱因（Ray S.Cline）提出了有名的克莱因公式：PP=（C+E+M）×（S+W）。C代表人口和领土，E代表经济实力，M代表军事实力，S代表战略意图，W代表国家意志。可感知的权力=[人口和领土（临界规模）+经济实力+军事能力]×（战略意图+国家意志）。为了清晰地计算出各国权力的大小，他还将各国的战略意图与国家意志这类主观因素赋予一定的系数。1978年，根据

[①] NYE J. Understanding International Conflicts: An Introduction to Theory and History [M]. New York: Harper Collins College Publishers, 1993: 55.

该公式，他对77个国家的实力进行了评估，其中苏联的（E+C+M）是382，战略为0.7，意志是0.5，权力总值是458；美国的数值相应为：434、0.3、0.4，权力总值为304；而中国的数值则为：98、0.6、0.8，权力总值是137[①]。需要指出的是，即便是克莱因本人也无法确信其推算方式的准确性，因为要确定一个国家的战略与意志系数的大小本身就是个充满主观色彩又难以把握的任务。

四、权力发挥影响力的条件与方式

（一）权力发挥影响力的条件

1. 权力的影响者与被影响者之间必须存在价值和利益的关联。一个行为体之所以要去影响另一个行为体，是因为这样做可以给自己带来一定的利益，这种利益可以是经济的、政治的或某种精神层面的存在。如果两个行为体相隔遥远、各自孤立地存在，且老死不相往来，那么它们彼此就不会相互影响。就像在新航路开辟以前那样，生活在世界各大洲的不同国家和民族基本没有交往，也就无法彼此影响。罗马帝国曾经有过辉煌的历史，但即便在其鼎盛时期，其影响力也只局限于地中海周边地区，对包括中国在内的亚太地区一无所知。在今天这个全球化时代，各国间的人员、经济交往活动日趋频繁，相互的影响已经渗透到人类活动的所有领域，客观上导致权力的影响无处不在。

2. 权力的影响者与被影响者间存在明显的力量差距。一般而言，差距越大，权力发挥作用的概率就越大，相反双方的差距越小，一方影响另一方的能力就越弱，等到双方势均力敌时，一方想将自己的意志强加于另一方的努力就会遭遇空前的阻力，这时相互妥协便成了唯一的选择。

3. 权力的影响者与被影响者之间必须存在不同程度的相互依赖。虽然相互依赖是全球化时代国际关系的普遍特征，但相互依赖并非完全对等依赖，不同行为体之间的依赖度不可避免地存在差距。依赖度差异往往是衡量谁更能够有效影响对方而不是相反的重要指标，就如产业链上游优于产业链的下

[①] CLINE R. World Power Trends and U.S.Foreign Policy for the 1980's [M]. Colorado: Westview Press, 1980: 173-174.

第七章　国家间关系的基础——权力（实力）

游、跨境河流的上游国家优于下游国家一样，实力强大的经济体就比弱小经济体的影响力更大，拥有资源优势的国家相对于资源匮乏的国家更具影响力，军事实力强大的国家或集团往往可以从容地将自己的意志强加于其他弱小的国家。在安全问题上对美国的依赖，是今日世界上几十个国家竞相与美国结盟的主要动机。

4. 服从的好处比抗拒的代价更具有吸引力。历史上，一些弱小国家抗拒强权国家的现象经常发生，但通常需要付出巨大代价。和平时期，强权国家常用各种经济制裁措施胁迫不服从的对手，受制裁影响的国家往往会感受到明显的经济损失，当这种损失达到难以忍受的阶段，往往就会选择让步。如西方国家对塞尔维亚的持续制裁最终迫使塞尔维亚当局做出让步，同意将其前领导人米洛舍维奇交给设在荷兰的国际刑事法庭受审就是最好的例证；而西方对伊朗的制裁，则是"伊核协议"得以达成的重要原因之一。

（二）权力发挥影响力的方式

权力谋取利益的方式是通过控制来实现的，一国要获取经济利益可以采取的方式有三种：其一，是以平等互利的方式各取所需；其二，是采取霸权手段，"只取不予"；其三，是"多取少予"，只用很小的代价获取丰厚利益。平等互利只是纯粹的市场交易行为，不是强权行为；"只取不予"是赤裸裸的强权行为，是殖民主义和帝国主义时代西方列强常用的手段，这种方式随着二战结束而逐渐被放弃；"多取少予"则是通过强权控制国际社会或单个国家，构建符合自己利益的国际经济体制和规则，在"多取少予"中悄悄地实现本国利益最大化。具体而言，权力获取影响力的方式主要有以下几种。

1. 制定由自己主导的国际规则，名正言顺地获取利益与影响力。2004年约瑟夫·奈在其出版的《软实力》一书中指出："如果一个国家可以塑造国际规则，使之与自己的利益和价值观相吻合，其行为就更可能在他人看来具有合法性。如果它可以使用和遵循那些能够引导和限制他国自愿行为的制度和规则的话，那么它就没有必要使用代价高昂的胡萝卜与大棒。"[1] 第二次世界

---

[1] NYE J S. Soft Power: The Means to Success in World Politics [M]. New York: Public Affairs, 2004: 10-11.

163

大战后，美国利用其雄霸世界的经济军事实力，通过创立联合国和布雷顿森林体系，建立起由美国主导的国际政治金融秩序，通过设立国际货币基金组织与世界银行两机构，巧妙地将美元与黄金挂钩，再让各国货币与美元挂钩，许诺拥有美元的国家可以随时用它来美国兑换黄金。这种看似公平的协议却暗藏着巨大的陷阱，它悄无声息地使美元变成了世界货币，让美元魔幻般地变成了"美金"。从理论上说，此后的美国就可以用不断发行美元纸币的方式无偿占有他国财富，而事实上美国也的确这么做了。1971年美国公然破坏游戏规则，宣布美元不再与黄金挂钩，各国手中的美元不能到美国来兑换黄金。随后美国又以提供安全保护为手段，迫使沙特等产油国承诺将美元与石油挂钩，强行规定任何购买石油的国家都必须使用美元交易。从此之后，美元便成了美国手中无偿掠取财富的魔棒，阴谋变成了阳谋，美元兑换黄金的比率也从战后初期的每盎司35美元急剧攀升到最高时的每盎司1900多美元，是名副其实的无本万利。世界各国已经明白，"美元霸权"是今日美国霸权的基础，其本质是规则霸权，通过它就能轻易实现美国对世界财富的任意收割。

2. 运用政治和军事实力，凭借提供安全保障的结盟外交，诱使实际盟友和潜在的盟友为自己的利益买单。很多国家基于安全优先的考虑，不得不在政治、外交和经济领域向盟主做出无原则的让步。譬如，地处东北亚的韩国、日本为了获得美国在军事安全领域的可靠保障，不仅需要在外交上与美国保持高度一致、在军事上接受美国的领导、高价购买美国的武器系统，还需要通过对贸易、投资、市场准入等方面的妥协让利来优先满足美国的利益。同样地处波斯湾地区的阿拉伯产油国，为了换取美国的安全保护，不得不将大量的石油美元存入美国的账户，并天价购买自身并不急需的海量美制武器；再比如，新加坡购买的美制战机，由于新加坡国土面积太小，一升空就可能越过国界线，故而无法正常起飞训练，只能长期停放在美国本土，这与"交保护费"式的白送没什么区别。

3. 以经济援助为诱饵，威胁或实际使用经济制裁，迫使他国放弃原有的立场与权力，接受本国的主张，从而达到"不战而屈人之兵"的效果。经济援助是一个被国际社会普遍接受的行为规则，多数国家的执政者为使自己的统治具备合法性，就必须在提高就业、发展经济和改善民生上向本国国民交出一份满意的答卷。在吸引外来投资和争取他国援助方面便有了极大的诱惑力，特别是在这种援助并不需要本国付出不可接受代价的情形下就更加难以拒绝。而经济制裁采用的是断绝外交关系以外的非武力强制性措施，是经济实力强大的国家用以打击、削弱其他国家政治、经济和军事实力的手段。但经济制裁是一把双刃剑，主动发起制裁的国家也会遭受一定的经济损失，特别是当被制裁者是具有强大反制裁能力的国家时尤为明显；如果被制裁对象实力有限且经济对外依存度高，如果制裁者不是单个国家而是由多数国家集体发起的，制裁就会易于达到预期的效果。因此，很多人认为，没有美国与欧洲长期对伊朗不断收紧的经济制裁，伊朗大概率不会心甘情愿做出"弃核"的决定，没有联合国对朝鲜轮番升级的制裁，朝鲜也不会于2018年突然改变既有立场，做出包括举行朝美首脑会晤、炸毁丰溪里核试验场、明确表达"弃核"意愿等一系列改善关系的举动。

4. 威胁或实际使用军事力量。根据联合国宪章约定，战后只有联合国安理会有权通过决议，合法使用武力制止成员国的不法行为。除此以外，其他威胁或实际使用武力的行为皆为不法。可这种使用权力的极端方式，无论过去还是现在常被一些国家视为简单有效的途径而反复使用，19世纪的"炮舰外交"与今天"新干涉主义"如出一辙，动辄使用或威胁使用武力展现的是国际政治领域原始与野蛮的特征。

五、权力在国际关系中的使用限制

（一）权力的使用必须与国家利益相吻合

满足国家利益需要是所有国家制定外交政策和实际使用权力的出发点。但由于对国家利益的判断总是带有强烈的主观色彩，各国决策者们在制定外交政策时难免会犯错，把本不符合国家利益的决策付诸实践，就像美国在越南、伊拉克在科威特曾经所犯的错误一样。20世纪50年代美国总统艾森豪威尔根据所谓的"多米诺骨牌"理论，开始卷入越南战争，直到1975年越南统一后才彻底醒悟，他们卷入的是一场基于错误判断导致的代价高昂的战争；同样，伊拉克领导人直到沙漠风暴结束时，才开始明白当初入侵科威特的计划是多么愚蠢。这些基于错误判断导致的权力滥用，通常会以主动或被动的方式被纠正，由此得出的教训也会给后来的决策者们提供有益的警示，促使他们更加谨慎地使用权力。

（二）外交质量的高低会极大影响一国影响力的发挥

外交是将国家权力付诸实施的最主要手段，能否恰到好处地将本国的权力发挥到应有水平，是衡量该国外交质量的主要标志。而一国权力的大小很多时候取决于决策者们的主观判断，对本国权力过高或过低的估计都会影响到外交政策的制定。对国家综合实力的低估会让决策者不敢大胆推行积极进取的外交政策，行事过于保守谨慎、患得患失，使得一国的真实权力得不到有效发挥；同样，对国家综合国力和行动能力的严重高估则易于使决策者们采用过于激进的外交行动，致使国家利益蒙受损害。国际政治的实践告诉我们，中小国家需要在大国竞争面前保持更加谨慎的态度，因为实力不容许它们轻易犯错，一旦犯错结局可能是灾难性的，它们无法像那些强权国家那样具备强大的承受能力，即使犯错也不会招致毁灭性影响。

（三）权力的使用受到国际道德舆论和国际法的限制

国际道德舆论是国际社会公共良心的集中体现，一个国家不管有多么强大，也不能完全无视国际道德和进步舆论的影响。任何一个违背道义或国际法的行为，都将面临国际道德舆论的谴责，承受国际社会的巨大压力，这也是有些国家打着维护道德的旗号为其明显违反国际法行为辩护的原因所在。2003年小布什政府未经安理会授权便发动推翻萨达姆政权的战争，其借口便是伊拉克拥有化学武器，但10多年后美国始终没能在伊拉克找到化学武器，美英当局却轻描淡写地以情报失误为借口造成数十万人死亡的侵略行为辩解，并试图从道德上论证当初推翻萨达姆政权战争的正义性，诡称这场战争帮助伊拉克人民推翻了一个专制政府，实现了自我解放，竭力为这场战争披上一件非法但合乎道德的外衣，以此应对来自国际社会的谴责。

国际法是国际社会公认的规范国家行为的原则规定和行为准则，不违反国际法是对所有国际行为体全部活动的一项基本要求。尽管在国际政治中，一些国家公然违背国际法的行为所面对的后果不同，弱小国家的违法行为时常要面临经济乃至军事制裁的严重后果，而大国违法往往能够轻易逃避惩罚。

但公开违法终究还是会引起世界公正舆论与道义的谴责，甚至会招致其他大国"飞去来兮"式的反噬与报复。2010年，联合国设在荷兰海牙的国际法院的14名法官以9票赞成、4票反对和1票弃权的表决结果发布"参考意见书"，裁定2008年科索沃"宣布独立"的行为"不违反任何可适用的国际法规则"。美国前国务卿希拉里·克林顿随即表示，支持国际法院发布的"参考意见书"。或许是因为担心美西方一手导演的这出闹剧被其他国家依例仿效，美国国务院发言人打补丁式地刻意强调，美方认为有关科索沃独立的裁定"并不适用于其他案例"。西方支持科索沃分离主义运动，通过所谓"公投"帮助其从塞尔维亚分离出来走向独立的行为，被俄罗斯于2014年全盘"复制"在克里米亚的分离主义运动中。天道有轮回，这种"只许州官放火，不许百姓点灯"的行为模式永远不会被国际社会视为理所当然。对此，美国战略思想家布热津斯基更是一针见血地指出："美国成不了全球警察，也当不成全球银行家，甚至连全球道德家也做不成。因为第一类需要名正言顺的合法性；第二类的根基是拥有偿债能力；而第三类则需自身清白。"[①] 由此可见，即便像美国这样的超级大国，也不能视国际道德与国际法为无物，为所欲为。

---

① 赵可金.美国"实力外交观"为何破产了[EB/OL].环球网，2021-09-16.

第八章

国家间关系的工具——外交

外交是指一个国家为了实现其对外政策,通过互设使馆、派遣或者接受特别使团、组织领导人访问、参加国际组织与国际会议,用谈判和缔结条约等方法,处理其国际关系的活动。一国的外交人员是沟通该国与世界其他国家的桥梁,广义的外交人员包括国家元首、参与外交决策和具体外交活动的团体与个人、各国外交部及其驻外国使领馆的外交官员等。狭义的外交官是指各国外交部门专门从事外交事务的工作人员,他们享有国际法赋予外交官的特别权力,代表本国政府展开各项旨在维护国家利益的活动。早在15世纪,威尼斯大使巴巴罗(Daniele Barbaro)曾这样宣称,"大使的第一项任务就是做、说、建议并且思考如何最好地维护本国生存或者扩大本国版图"[1]。而英国派驻威尼斯的大使亨利·沃顿爵士在其遗作中则这样写道:"大使就是一个被派往国外为了英联邦利益而撒谎的老实人。"[2] 无论是高尚的还是欺诈的行为,外交总是由拥有总统、首相、大使、特使等不同官衔的国家官员们完成的。外交是各国维护本国利益的重要手段,一国外交质量的高低对该国强权大小的影响尤为关键,大国可以承受外交错误带来的挫败和损失,而弱小国家的决策性错误往往会给该国带来致命性后果。因此,外交是如此重要,以至于没有国家可以无视它的存在和影响。

---

[1] 约翰·罗尔克.世界舞台上的国际政治[M].宋伟,刘华,张荣耀,等译.北京:北京大学出版社,2005:330.

[2] 约翰·罗尔克.世界舞台上的国际政治[M].宋伟,刘华,张荣耀,等译.北京:北京大学出版社,2006:330–331.

一、外交的功能

外交是一个国家、组织或个人等在国际关系中的活动,其目的在于建立能够满足彼此需求的关系,如互派使节、进行谈判、会谈等。一般来说外交是国家之间通过外交官就和平、文化、经济、贸易或战争等问题进行协商的过程体系。因此,外交的基本职能应该包括以下几点。

1.贯彻执行国家外交方针政策和有关法律法规,代表国家维护本国主权、安全和发展利益,办理各类外交事务。这些事务包括:审核发放签证,对外缔结双边、多边条约,对损害本国利益的行为进行交涉,发布重要外交活动信息,阐述本国对外政策,负责国家重要外事活动中的新闻工作,组织公共外交活动等。

2.通过各种手段收集驻在国的政治、经济、军事等情报,为本国政府制定对外政策提供依据。尽管技术进步为各国收集信息提供了更多渠道,比如,卫星图片、间谍活动、网络窃密、新闻报道等,但外交人员的情报收集与分析依旧不可或缺。驻外使领馆的外交人员从本国利益出发对驻在国特定形势的研究与分析,相比其他渠道获得的信息往往更准确、专业。1979年伊朗伊斯兰革命后,由于"卡特政府忽视了美国外交官发回的报告,该报告认为被废黜的伊朗国王到访美国可能导致严重后果"[1]。作为对伊朗国王访美活动的报复,伊朗扣押了驻德黑兰使馆的美国外交官员,从而引发长达444天的人质危机。外交人员收集情报的活动总是存在一定的灰色空间,使用间谍手段收集情报的活动常有发生,一旦败露就会受到惩罚,轻则被宣布为"不受欢迎的人",由驻在国政府将其驱逐出境,重则遭到逮捕并加以审讯。

3.促进和保护侨民利益。驻外使领馆的外交人员,负有提供领事保护和协助、发布领事保护和协助的预警信息、协调处置涉外突发事件、保护境外侨民和机构的合法权益等职责。在有大量本国侨民居住的外国城市中,当地的领事经常要忙于各种复杂的事务,他们要与当地侨民保持密切联系与互动,充当证人或见证人、主持婚丧嫁娶等各种仪式,并为短期到来的本国游客、

---

[1] 康威·汉得森.国际关系:世纪之交的冲突与合作[M].金帆,译.海口:海南出版社,2004:193.

学生、商务人士和新闻记者等提供便利。特别是在身处国外的本国侨民遇到不可抗拒的突发事变，他们的生命与财产安全受到威胁时，或者因触犯当地法律需要司法帮助时，外交官们就应该向他们提供必要帮助。

4. 调查研究国际形势和国际关系中全局性、战略性问题，研究分析政治、经济、文化、安全等领域外交工作的重大问题，为本国政府制定外交战略和方针政策提供建议，就对外贸易、经济合作、文化交流、经济和军事援助、军贸、侨务、教育、科技、外宣等重大问题，向本国政府提出建议。1946年2月，乔治·凯南从莫斯科使馆发出的8000字电报，直接导致了战后美国对苏冷战政策的出炉。今天的外交人员不只需要具备收集、分析情报的能力，更需要具备深入研究问题并适时提出具有前瞻性建议的能力。

5. 协商与谈判。协商或谈判是外交人员处理涉外事务时的常见方式，无论是讨论合作中的具体细节，还是寻找冲突中的解决办法；无论是处理双边问题，还是解决多边问题，都需要外交人员进行艰苦细致，甚至漫长的谈判。当然外交谈判有时不一定追求达成某项协定，或是为了缓和紧张关系的权宜之举，或是作用于关注此项外交活动的第三方，着眼于通过谈判的宣传效应以求影响其他各方，或为了揭露对方谈判立场的非法和不合情理，增强国际道义、舆论对本国立场的理解和支持。

二、外交的背景

1. 国际体系层次背景。国际体系是一国外交政策宏观背景的一部分，任何一国的外交活动都是在某种特定的外交环境下进行的，不同的环境会极大地影响一国外交政策的选择。

（1）敌对外交：当两个国家间关系严重紧张，在随时有可能卷入武装冲突的背景下，敌对的外交环境就此产生。"9·11"事件后，美国为迫使阿富汗交出以本·拉登为首的基地组织成员所展开的外交活动就属于敌对外交。2001年9月16日，布什总统下令："国务卿应该向塔利班政权发出最后通牒，要他们马上交出本·拉登和他的同伙，否则他们就将面临严重后果。"如果遭到拒绝，"我们将会从海陆空对塔利班发动全面进攻，……我们的枪林弹雨将把他们送入地狱"[①]。与此同时,美国向印度洋派出了"企业号""卡尔文森号"和"罗斯福号"三支航母编队,为外交施压做出充分的军事准备,就是典型的敌对外交;2018年4月,俄罗斯与美、英、法三国围绕叙利亚在东古塔区域就"疑似"化学武器袭击事件展开的外交较量也属于敌对外交,三国联合对叙利亚发动导弹袭击一度将俄美关系推向极其危险的境地;2022年2月24日,由于美国及其北约盟友长期推行敌视俄罗斯的北约东扩战略,俄罗斯总统普京宣布对顿巴斯地区实施"特别军事行动"。2月27日,普京还责成俄罗斯国防部将俄军核遏制力量提升至"特殊战备状态",战争升级的风险陡然增高。可见敌对外交下国家间的关系极其脆弱,存在随时滑向冲突的可能。

(2)对抗外交:当两个或多个国家出现重大利益分歧,但还不至于引发直接冲突的情况下,外交就会在一种对抗的环境下进行。冷战期间苏美在绝大多数时间的外交都属于此类性质,双方在政治、经济、军事、科技及人文等各个领域都展开激烈竞争,彼此都视对方为战略竞争对手。在对抗环境下,国家间相互施压,总是要求对方做出让步。2018年4月,美国总统特朗普向中国发起一场贸易战,先是对中国钢铝产品征收25%的进口关税,继而层层加码,宣布对近5000亿美元的中国产品征税,还无所不用其极地利用技术优势和霸权地位,裹挟盟友,公然对包括华为、中兴在内的中国高科技企业实施打压与制裁。美方高高举起贸易保护主义大棒,其目的昭然若揭,就是想借此对中国施加巨大压力,迫使中国在经贸领域对美国做出巨大让步,并以此遏制中国的发展。对抗外交一旦形成,往往需要经历漫长岁月,双方间的敌意呈螺旋状上升,直到分出胜负,或主导对抗的一方态度发生改变。

(3)同盟外交:同盟外交一般发生在盟友和准盟友之间。一国为了争取更多国家支持其推动的某项政策,寻求盟友的支持就成了首要选项。这是因为盟友在一些领域有着共同利益,说服盟友站在自己一边相对比较容易。特别是当同盟体系中较为重要的盟友提出要求时,其他相对弱小的同盟成员通常会表示支持,而不论其政策是否公正合法。同盟外交经常成为同盟中大国

---

① 约翰·罗尔克.世界舞台上的国际政治[M].宋伟,刘华,张荣耀,等译.北京:北京大学出版社,2005:333.

向其竞争对手施压以达成不可告人目的的工具，而较弱的盟友则成为这些不法行为的追随者。2021年3月，就在中美安克雷奇高级别对话前夕，先有美国总统拜登与澳、日、印举行四方视频会议，紧接着便是美国国务卿不远万里绕道日本、韩国访问为即将到来的中美会谈造势做铺垫，目的是要告诉中方：看吧，我的朋友很多，我是"从实力的地位出发"（from a position of strength）在跟你们谈判。2018年3月4日，俄罗斯前双面特工谢尔盖·斯克里帕尔（Sergei Soripal）父女在伦敦的一家商场内接触不明物质后中毒，英国政府在缺少直接证据的情形下指控俄罗斯应对此负责。3月14日，英国首相特蕾莎·梅（Theresa Many May）宣布驱逐23名俄外交人员，随后共有20多个国家追随英国驱逐了俄罗斯外交官，该事件说明同盟外交的有效和非道义性。

（4）调停外交：开展调停外交的国家一般不是具体冲突的直接参与者，但冲突的长期化也不符合第三方的利益，而参与调停者一般是对冲突双方都具有一定影响力并易于获得信任的国家，其参与调停的目的是帮助冲突各方减少分歧、寻找共识，最终找到解决问题的途径。比如，几十年来，包括美国、中国在内的很多国家都参与了对巴以冲突的调停外交，尽管收效甚微，但持续不断的外交斡旋为该地区的和平稳定做出了应有的贡献。2023年3月10日，经中国政府的调停，中国、伊朗和沙特阿拉伯在北京发表三方联合声明，宣布伊沙两国正式恢复外交关系，这是和平的一次胜利，也是中国作为一个善意、可靠的斡旋者调停外交的胜利。因此，调停外交本质上带有公益性质，需要取得冲突双方的信任，秉持公正、不偏不倚是此类外交获得成功的关键。

（5）合作外交：合作可以培养互信并取得共赢，这种外交可以在所有国家间展开。友好国家间的合作自然不成问题，即便一些国家彼此非敌非友，在一些领域存在严重分歧，但在另外一些领域又存在共同利益，它们之间就需要在彼此有共同利益的领域展开合作，这样的合作不仅可以给彼此带来共赢，还能培养互信，为双方间其他棘手问题的解决创造良好氛围；即使在相互敌对的国家间，合作依旧是有必要且可能的，因为合作不仅能够扩大共同利益，也有助于降低彼此在竞争领域中的紧张关系，让分歧得到有效管控，

172

就像冷战期间的美苏，尽管双方在绝大多数领域展开无情竞争与对抗，但仍然可以在某些领域进行合作。例如，为了防止核扩散，美苏两国同意在该领域进行合作并通过谈判在1963年和英国一道签署《部分禁止核试验条约》。

2. 国内背景：实践中，一项外交政策能否获得国内民众、舆论和各种利益集团的支持，往往是该项政策能否得以有效实施和成功的重要因素。因为外交政策的着力点在于解决国际问题，可其出发点是为了满足国家利益的需要。而对什么是国家利益的解读将反映在内政影响外交的各种因素上。

（1）外交理念：不同政治文化背景下的国家，会有外交理念上的差异。譬如，对于什么是人权的理解，西方普遍强调个人的权利神圣不可侵犯，甚至提出"人权高于主权"的口号。而许多发展中国家认为，人的集体权利往往比个人权利更重要，一国主权如果得不到尊重，允许他国肆意干涉，那么个人的权利也终将难以保证。历史上发生在包括中国在内的广大殖民地半殖民地国家，以及最近发生在利比亚和叙利亚的例子充分证明了这一点。近代以来西方对外殖民扩张的罪恶历史无不建立在其种族和文化优越的思想基础上，当下的"美国优先""美国例外"思潮使得美国外交处处展现出我行我素的单边主义色彩、唯我独尊的霸权主义风格、权力至上的粗鲁野蛮作风。以中美外交理念为例，中国人讲究"己所不欲，勿施于人"，美国人奉行"宁可我负天下人，不让天下人负我"；中国人强调"言必信，行必果"。美国经常告诫他国要遵守国际规则与国际法，不应以武力或武力威胁方式改变现状，更不得以大欺小，实践中却是美国在频繁使用武力攻击弱小国家，肆意破坏它们的领土主权与行政完整；美国要求伊朗、朝鲜必须放弃核武器，却在不断更新升级自身庞大的核武库，将双重标准视为理所当然，也将伪善展现得淋漓尽致。近年来，美国总是要求别国遵守"基于规则的国际秩序"，但对基于什么样的规则，基于谁制定的规则，这种规则与国际法和以联合国宪章为核心的国际秩序之间是什么关系却闪烁其词。美国口中的"规则"从来都只是美国认可的"规则"，而不是国际社会公认的规则，就像美国反复强调"航行自由"，却拒绝加入《联合国海洋法公约》一样。

（2）利益集团：利益集团是指具有共同的政治、经济、社会目标的社会成员，基于共同利益要求而组成的社会团体，其目的是维护本团体的特殊利益。根据团体目标指向与受益的对象，利益集团可分为两大类：特殊利益集团与公共利益集团。利益集团一般明确表示自己的组织目标或价值标准，从而使具有共同社会身份或持有相同观点的人们聚合起来。利益集团以成员共同利益代言人的身份向政府提出利益要求，以影响或制约政府的决策，使政府的政策与立法有利于本集团的利益或目标的实现。利益集团还为自己的成员提供各种服务和信息，以谋取集团利益；为政府有关部门提供情报，以影响政府政策制定；利用传播媒介向社会宣传自身的价值观、利益目标和对政策情况的分析等，以扩大组织影响，获取公众支持。由于不同利益集团间的实力大小有别，彼此间的诉求各不相同，它们对决策者的影响将不可避免地存在差异。比如在美国，"军工复合体"就是对政府影响最大的利益集团，始终是推动对外战争或鼓吹外国军事威胁，要求政府扩充军事预算与增加先进武器采购的积极推动者。1961年，美国总统艾森豪威尔在离任前最后一次公开演讲中提出这样的警告："在政府的各委员会里，我们一定要警惕军事—工业复合体施加不正当的影响，不论它是否有意为之。权力的滥用将导致灾难性后果，这种可能一直存在并将继续存在。"他还进一步警醒后人，"我们决不能让这种组合的势力危及我们的自由和民主进程，只有警觉和知情的公民才能将巨大的防务军事工业机器与我们和平的方法和目标恰当地结合在一起，从而使安全和自由共同繁荣兴旺"。在距离艾森豪威尔的警告已经过去数十年的今天，人们依旧能看到，"军事—工业复合体不会随着冷战的结束而消失。它只不过是重构自身"，"作为克林顿政府鼓励和资助下的军工复合体快速并购的结果，三大武器制造商——洛克希德马丁公司、波音公司和雷神公司，现在每年总共接到五角大楼300亿美元的合同。这意味着国防部花在从步枪到火箭的所有经费中，每4美元就有1美元进了这三家公司的腰包"。此外，它们还在不断发动"协调一致的游说战役，目标是提高军费和扩大对外武器出口。这些动议的目的是瓜分利益，而不是出自冷战后时代怎样最好地保卫美国的客观评估"[①]。时至今日，"在军事开支问题上，由国会、五角大楼和防

---

① OTTOSEN R. The Military-Industrial Complex Revisited: Computer Games as War ProPaganda[J]. Television and New Media, 2009, 10(1): 122-125.

务承包商形成的传统铁三角联合起来推动昂贵的武器装备,这并不是什么新鲜事"[1]。

(3)民意与舆论:舆论是公众在一定时间与空间,对于一个社会普遍关注的特定话题所表达的个人观点、态度和信念的集合体,它是社会评价的一种,是社会公众普遍心理的反映,影响着特定时期人们的思想与行动。作为一种涉及社会公众安宁与幸福等议题的公共意见,舆论一般会得到多数人的赞成和支持,因此舆论本身含有一定的合理性。舆论一般不是政府的意见,而是普通民众的呼声,它反映的主流意见通常又被称为民意。一国政府的内政与外交政策都需要考虑民众的感受和民意的倾向,但由于民意本身特有的易受情绪支配的非理性和不稳定特征,决定了一国的外交不能完全听从民意的指挥。北美独立战争期间,大陆议会、华盛顿本人以及时任美国驻法大使的本杰明·富兰克林(Benjamin Franklin),通过各种方式竭尽全力游说路易十六支持美国独立战争,并最终获得成功,1778年3月11日法国宣布支持美国独立并向英国宣战。法国的支持是美国最终能够战胜英国赢得独立的关键,法国也因为支持美国独立战争,在此后很长一段时间被视为美国解放的救星。可在拿破仑战争期间,面对法国要求美国公开支持法国对英作战的请求,华盛顿却不愿投桃报李,冷酷地拒绝法国特使拉法耶特(Marquis de Lafayette)的援助请求,甘愿承受来自美国潮水般的舆论批评。

(4)领导人的个性特质:党派竞争、民主选举引起的政府自然更迭,势必会引起执政党与国家领导人的变化。必须承认同一个国家掌控在不同个性的领导人手中,展现出来的外交风格往往会有很大区别。领导人的过往经历、执政理念、意识形态、性格特征、意志品质等诸要素的差别会在很大程度上影响该国的外交政策。例如,杜特尔特(Rodrigo Duterte)之于阿基诺(Maria Corazon Sumulong Cojuance),特朗普之于奥巴马,菲律宾与美国的外交政策在不同总统的领导下,都发生了巨大变化,两国外交都各自被打上了极其浓厚的领导者个人性格的烙印。基辛格在任国务卿期间就曾指示研究与理解外国

---

[1] MOUNT I, FREEDMAN D H, MAIER M. The New Military-Industrial Complex[J]. Business 2.0, 2003(2): 102-108.

外交官和决策者的必要性，他认为个人是外交事件的重要决定因素："如果回顾一下历史，就会发现个人特质的重要性。没有周恩来，我们对中国的和平表示就不会奏效；同样没有萨达特（Mohamed Anwar al-Sadat）和梅厄（Golda Meir）或达杨（Moshe Dayan）就不会有中东地区争端的解决。"[①] 个人对于外交政策的影响小则影响国家间关系，大则影响到国际体系的重构，人们只需回顾戈尔巴乔夫执政后的所作所为，就会深切体会到这一点。正是因为戈尔巴乔夫领导的激进改革使苏共延续80多年的执政地位在一夕之间彻底丧失，并间接导致苏联的解体以及随之而来的雅尔塔体系的崩溃；也是因为他那充满理想主义色彩的外交新思维，让苏联外交这艘满载激情与希望的"泰坦尼克号"，在起锚后不久就与漂浮在北大西洋海面上的冰山迎头相撞。

三、外交的历史演变

（一）早期外交

外交是一门历史悠久的艺术。它早在史前时期就已存在，穴居者发现，从一个使者口中获取信息比单纯杀了他更有价值。最早的外交记录存在于距今4000多年的两河流域，古巴比伦国王汉谟拉比（Hammurabi）（公元前1792年—公元前1750年）执政时期，人们就开始记录外交使节的活动。到古希腊和古罗马时，人们的外交实践更加频繁，在诗人荷马（Homer）的《伊利亚特》中，就有关于外交使团的描述。那时的使者一般都是一些雄辩家，在企图说服一个城邦时，他们能够滔滔不绝地发表动人的演说，这些外交家通常还是被劝说城邦的公民，如斯巴达付钱给一个雅典人，让他在雅典为斯巴达的利益进行游说。与古希腊、古罗马时期一样，在中国古代的春秋、战国时期，也曾涌现出一批纵横家，他们游走在列国之间的外交实践活动，同样充满着智慧与力量，并直接影响到各诸侯国的兴衰成败。但自从秦朝统一后，直到鸦片战争前，在这片东方最古老的统一多民族国家内，外交实践活动的机会就很少能够出现在中国历史舞台上了。第一次鸦片战争后，中国被迫卷入与

[①] 布鲁斯·拉西特，哈维·斯塔尔. 世界政治 [M]. 王玉珍，等译. 北京：华夏出版社，2001：238.

176

<<< 第八章 国家间关系的工具——外交

西方列强间的外交实践；第二次鸦片战争后，清政府被迫允许外国使馆进驻北京，还设立了专门处理涉外事务的外交机构——总理衙门，直到19世纪70年代中期才循例向国外派驻第一批公使。当郭嵩焘出任首任驻英公使（1876—1878年）时，他湖南老家的族人、乡党、同僚皆对其嗤之以鼻，不屑与其来往，甚至视其为"湘人之耻"，并极尽嘲讽之能事，骂其"出乎其类，拔乎其萃，不容于尧舜之世。未能事人，焉能事鬼，何必去父母之邦"，清朝末年中国外交从思想到实践的落后由此可见一斑。外交思想与实践植根于国际现实的土壤，近代以来中国外交的落后与中国长期大一统局面的形成以及很少与外界交往的客观事实密切相关，而欧洲诸国长期分裂割据的现实则造就了它们在外交思想与实践领域的相对领先地位。

近代外交一般被看作从文艺复兴早期时的意大利北部开始，最早的大使馆是在13世纪设立的。米兰在这个过程中起了尤其重要的作用，它首先开始在意大利北部其他城邦国家设立常驻大使馆。今天的许多外交习俗就是从当时的意大利开始的，其中一项实践便是大使上任时需要向对方国家元首提交其任命书，另外一项实践是创造了首脑峰会，并因为其高超的外交技巧闻名于世。一个专门用于修饰狡黠外交家的形容词"马基雅维利式的"（Machiavellian），就源于中世纪佛罗伦萨的一位政治家兼学者——尼科洛·马基雅维利。他在《君主论》（1532年）一书中提出，主持外交活动的君主们"必须是一只能认识陷阱的狐狸，同时又必须是头能使豺狼惊骇的狮子"[①]，君主在从事国事活动中，必须首先设想人性是邪恶的，而且在必要时要不惮显现出自己的邪恶本质。由此可见，发端于15世纪的意大利城市国家间的外交实践，对后世外交的发展、演变影响很大，邻近意大利的其他欧洲国家率先效仿。从总体上说，发端于欧洲地区的早期外交有如下几个特点。

1. 精英主导。当时的外交基本上是由国王、大臣和出身于贵族家庭的外交人员主导，对于普罗大众而言，外交基本是个充满神秘色彩且遥不可及的领域。至少"在拿破仑前，人民中只有很少集团把自己认同于本国的对外政

[①] 马基雅维利.君主论[M].张亚勇，译.北京：北京出版社，2007：100.

策。事实上,那时的对外政策并非国家政策,而是王朝政策。"[1]这种传统即使在拿破仑战争后的欧洲依然存留很久,1815年出席维也纳会议的俄皇亚历山大一世身边的近臣多还为外国人,他手下的大臣和外交顾问中有"两名德国人、一名希腊人,一名科西嘉人,一名瑞士人,一名波兰人,还有一名俄国人"[2]。其外交大臣卡尔·涅谢尔罗德(karl Robert Nessselrode)就是德意志人,其他如波兰人亚当·查尔托里斯基(Adam Czatoryski)、科西嘉人波佐·迪·博尔戈(Pozzo di Boego)、瑞士人弗雷德里克·拉哈普(La Harpe)等人都是沙皇倚重的近臣。1862年,俄国沙皇还在试图用外交大臣的职位挽留即将离任的普鲁士外交官俾斯麦,可见那时的外交官是一份职业,一国的杰出人士可以被另一国家聘任担任要职,而不必担心招致卖国的骂名。1868—1870年,清廷委派即将卸任的美国驻华公使蒲安臣(Anson Burlingame)作为清政府"办理各国中外交涉事务大臣",率使团历时两年出访欧洲主要国家及美国的罕见外交,变相说明早期职业外交官的稀缺性与职业性。

  2. 秘密外交。所谓秘密外交,是指不仅谈判过程是秘密进行的,甚至就连条约的内容也不对外公开。一战前比较盛行秘密外交,各国君主确定基本方针或谈判底线,交由王公大臣等外交人员具体执行,而负责具体执行的外交人员通常被赋予较大的权力,凭借自身杰出的外交才能、广泛的人脉资源,与对手进行秘密谈判,以达成符合本国利益的协议。奥地利外交大臣梅特涅生活在古典外交的巅峰时代,他本人就是为达目的不择手段、在尔虞我诈中施展各种外交手腕、崇尚秘密外交的杰出代表。1858年7月20日,意大利半岛上的撒丁王国首相加富尔(Camillo Benso Conte Cawur)秘密潜入普隆比埃,与在此避暑的法国皇帝拿破仑三世密谈数小时,双方就法国支持撒丁王朝未来对奥地利的战争、撒丁割让萨伏依和尼斯给法国、承诺将撒丁国王的爱女克洛蒂黛(Clotilde)公主嫁给自己的堂弟拿破仑亲王等条件达成口头协议,是19世纪最典型的秘密外交。秘密外交的最大好处在于,外交谈判过程可以

---

[1] 汉斯·摩根索.国际纵横策论——争强权,求和平[M].卢明华,时殷弘,林勇军,译.上海:上海译文出版社,1995:143.

[2] 汉斯·摩根索.国际纵横策论——争强权,求和平[M].卢明华,时殷弘,林勇军,译.上海:上海译文出版社,1995:313.

不受外部干扰，有利于通过各自的妥协让步达成协议。其缺陷主要体现在：一是谈判过程及条约内容的不公开会引起相关国家的严重猜疑，引发不必要的紧张情势，因此在秘密外交盛行的时代，国家间相互不信任已经成为常态；二是秘密外交是以他国利益为筹码的不法交易行为，经常以口头约定的方式达成协议，又称"君子协定"。因为没有正式文本，对协议的遵守主要靠双方的默契，对协议的背叛也变得十分简便，它所带来的不确定性毒化了国际关系气氛，摧毁了国家间的基本信任。

3. 以双边外交为主。在巴黎和会召开前的以欧洲为中心的国际关系史上，除1815年的维也纳会议等极少数多边外交外，绝大多数外交都以双边交往的方式展开。在没有第三方干扰的环境下进行外交活动，双边外交容易就一些彼此关切的问题达成妥协，甚至可以在涉及第三方利益的敏感议题上达成某些秘密交易，这在交通与通信技术极为落后及秘密外交盛行的背景下十分普遍。可双边外交的缺陷也很明显，它非但不能解决一些关乎全局的多边问题，还将给其他国家带来不必要的疑虑和担忧，其局限性由此可见一斑。

（二）现代外交

一般认为，一战期间和其后的巴黎和会上，美国总统威尔逊提出的关于国际关系和对外政策的一系列理念和信仰对后世的国际关系影响深远。它具体体现在1918年1月4日威尔逊对国会发表的"十四点计划"的演说中，主要强调下列目标的实现：公开外交、公海航行自由、贸易自由、全面裁军、公正处理殖民地争议、恢复比利时、撤出俄罗斯领土以及建立国际联盟等。在巴黎和会上，威尔逊的新外交理念得到普遍认可，第一次世界大战前流行的旧式外交逐渐淡出历史舞台，全球外交呈现出一些崭新的特征，这些特征包括以下几点。

1. 地理范围扩大。一战前，国际政治的中心一直在欧洲，亚洲和非洲的多数国家还只是欧洲列强的殖民地或半殖民地，美国虽已崛起为世界强国，但一直奉行拒绝介入欧洲内部纠纷的孤立主义外交。1917年美国宣布参战后，威尔逊总统很快提出"十四点纲领"，表达了美国已经做好了全面介入国际事务、重建世界新秩序的准备。巴黎和会后，尽管美国外交重新回归到孤立主义传统轨道，但国际关系中以欧洲为中心的时代已经成为历史，全球范围的外交活动呈现多点开花、全面展开的新状态。

2. 多边外交更加频繁和普及。一战前，各国外交以双边外交为主，多边外交可谓屈指可数，如1648年的威斯特伐利亚和会、1815年的维也纳会议、1878年的柏林会议等属于为数不多的多边外交。1919年巴黎和会后，随着全球化与国家间相互依赖的加深以及国际社会共同议题的增加，以多边会议形式出现的多边外交活动日益增多。与双边外交相比，多边外交不一定更有效率，但更公开透明，更能有效应对全球性问题，也使国际关系变得更加民主，因而受到广大中小国家的欢迎。

3. "议会式外交"的出现。所谓"议会式外交"是指在多边外交场合下，需要所有参与方通过协商或投票决定某项动议是否通过的一种外交活动。"议会式外交"是伴随国际组织的出现而产生的，在国际组织的议事规则中一般都有规定，一些决议需要通过各成员的投票决定方能通过，譬如，联合国大会的投票规则规定，一般性决议半数以上的赞成票即可通过，而重要决议，譬如修改《联合国宪章》，则需要三分之二多数票方能通过。在国际组织的议事规则中，辩论和投票成为最常见的交流方式，它们代替了谈判和妥协，成为解决国际问题的一条主要途径。"议会式外交"的常态化在一定程度上反映了国际政治民主化，体现了主权独立且平等的法治精神和外交理念。

4. 外交的民主化。首先，表现为外交官的社会来源比较广泛，不再由少数精英垄断。人类进入20世纪以来，伴随王朝君主制的零落和民主共和政体的普及，贵族阶层逐渐走进了尘封的历史，外交已不再是少数特权阶层的专属权利。而全球化带来的国家间人员、经济、文化、政治互动的日益热络，导致各国从事外交职业的人数急剧增加，为大量有志于外交事业的普通人提供了机会，"旧时王谢堂前燕，飞入寻常百姓家"，越来越多的平民百姓通过自己的努力进入了外交领域。其次，表现为参与外交活动的机构不再仅限于专业的外交部门，其他非专业部门，诸如立法部门、利益集团和公共舆论在形成外交决策过程中的作用大大提高。最后，"议会式外交"的常态化，使一些中小国在参与国际关系时享有越来越多的话语权。二战后大量政府间国际组织的出现，为中小国家平等参与讨论解决国际问题提供了合法平台，而国际组织普遍采用"一国一票"议会式投票方式，充分体现出国家不分大小，一律平等的宪章精神和国际关系民主化趋势。

5. 公开外交。公开外交包含公开谈判过程和公开谈判结果两部分内容，如今大量外交会议，都是全程公开报道，甚至是电视网络直播，外交人员经常要像演艺人员一样，置于世界媒体的监督之下。但外交毕竟不是为了表演，需要切实解决问题，将外交活动完全置于镁光灯下，接受社会舆论的评议与监督，将会使任何有效率的外交活动难以为继。如果完全按照多数民众意见，任由"不惜一切代价""妥协就是卖国"等极端情绪发酵，外交就会变成一场闹剧。因此，有时秘密外交的确有其优势，多数学者和外交人员承认，公开谈判是十分困难的。外交家在"玻璃鱼缸"内难以进行有效操作，因为外交需要妥协和让步，在好奇的媒体和公众的关注下，一切都会变得十分困难。于是人们学会用秘密谈判、结果公开的折中方式来解决这一难题，在很多外交活动过程中，礼节性的外交寒暄阶段全程对媒体开放，进入实质性谈判阶段就让记者离开，而会谈成果将在会后的答记者问环节向社会公布。所谓外交，无非就是在妥协中达成交易，而有些妥协和交易，只适宜在密室中筹划，包括利用外交家个人才能、人脉资源、环境压力，施加综合性的影响，以换取最好的外交成果。

6. 首脑外交。首脑外交是指由实际掌握最高决策权的首脑人物，一般为国家元首或政府首脑，直接出面以多种方式参与处理对外事务的外交方式。国家领导人是国家对外政策的最终决策人，首脑之间的直接交往不仅可以避开外交上的繁文缛节和纠缠不清的技术细节，还可以通过建立个人间的特殊信任与友谊，化解国家间长期存在的矛盾。首脑外交的缺陷在于，国家元首不受限制的权力，可能会导致在没有充分研究或事前周密论证的情形下，过于轻率或匆忙地与对方达成协议，而一旦首脑做出了决定，就等于丧失了事后补救的机会。因为首脑在首脑会议上所做的决定并非"仅供参考"，而是最终决定，但如果是在较低级别会议进行的，首脑还可对最后的决议保持灵活性。随着巴黎和会落幕，回到华盛顿的威尔逊总统拿着自己在凡尔赛亲自签署的和约，寻求国会批准时遭到拒绝。当国会提出只有对国联盟约进行必要修改才予以批准的要求时,威尔逊无法接受。因为作为大国元首,他不能出尔反尔让他的欧洲同行们耻笑,让总统本人及国家信誉蒙羞,更没有理由或借口要求其他伙伴再次返回巴黎,重开一次会议。

7. 公共外交。"公共外交"（public diplomacy）一词最早出现在1965年,由美国塔弗兹大学弗莱舍法学院系主任埃德蒙德·古利恩（Edmund Gullion）率先提出。美国国务院《国际关系术语词典》把公共外交定义为:由政府发起交流项目,利用电台等信息传播手段,了解、获悉和影响其他国家的舆论,减少其他国家政府和民众对美国产生的错误观念,避免引起关系复杂化,提高美国在国外公众中的形象和影响力,进而增加美国国家利益的活动。由此可见,公共外交就是一种面对外国公众,以文化传播为主要方式,以说明本国国情和本国政策为主要内容的国际活动,是对政府外交工作的有益补充。从事公共外交的主体包括政府外交部门,但更多的是非政府组织,如民间团体、大学、研究机构、媒体、宗教组织以及国内外有影响的人士。他们可以借助各自的领域和国际交往的舞台,面对外国的非政府组织、广大公众,甚至政府机构,从不同角度表达本国的国情和外交方针,展示本国民众的善良与美德,争取获得其他国家政府及民众的认同与好感,"国之交在于民相亲"。进入21世纪以来,公共外交的思想在不断丰富,引起越来越多国家的高度重视。如何讲好本国故事、阐释好本国主张、表达本国的理念与善意、建设好既融通内外又兼具本国特色的国际话语与价值体系、在国际上争取更多的理解和支持是公共外交的使命。有效的公共外交活动可以扩大对外传播的影响力和感召力,塑造和优化本国的国家形象,化解不利于本国形象的负面认知和情绪,拓展于己有利的国际舆论空间。

四、外交的操作条件

（一）经费与外交

首先,随着主权国家数量的增加,一国驻外使领馆和外交人员数量的多少都与该国能够或愿意提供的经费多少密切相关。一些不发达国家往往因为囊中羞涩而无法设立驻外使馆,有些就只能在联合国总部设立单一机构,负责与所有国家的联络。如1985年冈比亚关闭它在华盛顿的大使馆，其根本原因就是资金短缺。即使是世上最强大富有的美国也并非在所有国家都设立了大使馆。1988年，美国打算在乌兰巴托设立外交机构，但为了节省经费，只得将蒙古国大使一职设在了华盛顿，同时只派很少几个工作人员在乌兰巴托租了套办公室常驻，大使只是定期到那巡视。其次，国家领导人及其陪同人员正式出国访问需要大量经费支持，一国主持召开的大型多边主场外交活动也需要花费巨额经费。比如，美国总统克林顿在其任职期间共出访54次，花去229天访问了133个国家，所需费用也极其可观。仅以1998年对中国为期十天的访问为例，陪同他访问的有他的夫人和女儿，5名内阁部长，6名国会议员，86名高级助手，150名文职随从人员；150名军事随扈，150名专职警卫，几只警犬，大量的设备和器材，如10辆防弹豪华轿车和"蓝鹅"——防弹演讲台。美国会计总署的数据统计，这次对华访问的费用约为1900万美元[①]。最后，提供经济援助是对外表达善意和拓展友好关系的重要手段，冷战期间，提供经济援助还是美苏大国争夺在第三世界影响力的必备神器，而提供经济援助的外交同样需要耗费巨资。

（二）外交与豁免权

外交豁免权全称为外交代表的司法管辖豁免权，是一国派驻外国的外交代表享有的一定的特殊权利和优待。它是在国家间互惠的基础上，为了保证和便利外交代表执行正常职务，各国根据相互尊重主权和平等互利的原则，按照惯例或有关协议相互给予的特殊待遇，外交豁免权也就是外国代表和外国使馆在驻在国享有的特殊权利和优惠待遇，又称为外交特权。根据《维也纳外交关系公约》规定，外交豁免权包括司法管辖豁免、诉讼豁免、执行豁免。具体包括：使馆财产、档案不受侵犯，驻在国人员不得进入使馆采取行动或实施法律程序；通信自由，外交邮袋不受开拆或扣留；馆舍免缴各种捐税，使馆公务用品入境免关税；外交代表人身不受侵犯，不受逮捕或拘禁，驻在国司法机关不对外交代表进行诉讼、审判和执行处分；外交代表的私人

---

① 约翰·罗尔克.世界舞台上的国际政治[M].宋伟,刘华,张荣耀,等译.北京：北京大学出版社，2005：341.

用品准予进口并免关税。

但享有外交豁免权的人员对驻在国负有下列义务：在不妨碍外交豁免权的条件下，遵守驻在国法律规定；不干涉驻在国内政；不滥用外交特权和豁免权，特别是利用使馆馆舍做与国际法不相符的行为；也不在驻在国为私人利益从事专业或商业活动。如果外交代表以私人名义从事商务与其他经营活动而引起诉讼的，则不能请求获得管辖豁免。

（三）战争与外交

战争意味着交战双方外交关系的彻底决裂，交战各方除了按照外交惯例允许对方的外交人员安全撤离外，不再有正式的官方关系，因此当外交关系严重恶化甚至断绝之际，也就意味着距离战争不远了。国家一旦卷入战争，人们就会发现，在战场上取得重大胜利、获得更多讨价还价的资本前，与对手回到谈判桌上将十分困难。然而战争是政治的继续，只是手段而不是目的，战争也不可能永久进行下去。故此，战争期间的外交活动非但不会沉寂，反而会更加活跃，争取国际社会的支持对于交战双方都极为重要，包括国际组织在内的第三方的斡旋促和外交也能确保交战双方仍然能够建立一定的沟通渠道。即使在生死相搏的交战双方之间，为了结束战争或战争善后也都离不开外交交涉，也有可能建立一定程度或某种渠道的外交联系。这种情形通常发生在一方或双方承受的损失超过可以忍受的限度时，如在朝鲜战争期间，中、朝与美国为首的"联合国军"一边交战一边谈判，这种交战与谈判双轨并行的状态一直持续到停战协定的签订为止。在对待如何处理外交与军事行动关系问题上，多数国家都将军事行动视为外交活动的一部分，但也有国家例外。比如，以色列军队领导人经常公开把外交部蔑称为"空谈铺子"，包括本·古里安在内的强硬派始终认为，外交官的功能就是向全世界解释军事行动的正当性，不管这些行动有时候会多么令人尴尬，任何行动一旦取得成功，都可以通过外交手段取得国际认可，即使不被认可也没关系，只要对以色列有利就行。

（四）实力与外交

外交活动如拳击比赛，50公斤级的选手通常无法打败70公斤级选手赢得比赛。同理,军人在战场上得不到的东西,别指望外交家们能从谈判桌上赢回来。外交人员背靠的是自己祖国的综合实力,比拼的是运用实力的智慧与艺术,特别是在强制外交的情况下,实力尤为重要。2018年4月19日,一张叙利亚驻联合国代表贾法里(Jafari)的照片在网络上流行,他坐在联合国总部大楼休息区,身形高大、西装革履的贾法里低着头,屈着背,双手交握,人脸侧对镜头,因逆光而看不清表情,姿势却透出一丝疲惫,怅然独坐中的贾法里显得无奈又无助。这张照片深深刺痛了无数中国网民的心,他让人们想起了100年前巴黎和会期间的中国代表团。不管是现在的叙利亚,还是100年前的旧中国,都让我们明白一个道理,"强权胜公理,弱国无外交"。

(五)科技与外交

与电子沟通一样,仰赖喷气式飞机的首脑外交和穿梭外交降低了大使的作用,外交官甚至还获得了"电话另一端的文书"的雅号。摩根索认为外交之所以具有重要的政治功能,原因就在于快捷的沟通方式的欠缺。因此有人说无线电报的发明终结了古典外交,使得外交人员的重要性急剧坠落,并由此得出随着通信技术的进步,外交的衰弱将不可避免的结论。的确,与交通通信技术极度落后的古典时代身在异国他乡独当一面的外交官不同,今天他们的一切判断和动议都必须及时向国内汇报,成为本国最高决策团体出台政策的执行者,还要随时面对国内舆论民意的干扰。尽管科技进步在一定程度上降低了人们对职业外交家个人能力与素质的依赖,但这并不意味外交活动本身重要性的下降。科技进步也为外交活动方式的多样化提供了极大便利,线上外交变得更加活跃,互联网的普及不仅让信息收集变得更加便捷或隐秘,也为公共外交或敌对国家间的认知作战提供了前所未有的有利条件。不同时代的外交人员有不同的职责,今天的外交官们所肩负的使命和面临的挑战,一点也不亚于古典时代的那些职业外交官。

五、有效外交应遵循的规则

汉斯·摩根索在《国际纵横策论——争强权,求和平》一书中提出,成功的旨在能够维护和平的外交必须具备以下九条原则,即消除外交的"十字军讨伐"精神——清除宗教或意识形态狂热;对外政策目标必须按照国家利益确定并以足够的实力予以支持；必须以其他国家的观点注视政治舞台；各国在所有非重大的争论问题上必须愿意妥协；放弃虚幻的无价值的权利，争取实质性的真正利益；绝不要把你自己置于后退要丢面子，前进则要冒大风险的境地；绝不要让一个弱的盟国为你决策；武装部队是对外政策的工具而不是主人；政府是舆论的引导者不是舆论的奴隶①。尽管不同文化历史背景下的国家所秉持的外交理念存在巨大差异，但外交活动中那些行之有效的规则总会被普遍遵守，这些规则包括以下几方面。

（一）脚踏实地、量力而行

要想外交成功，制定一个本国力所能及的目标十分重要，而这通常要取决于各国对于自身实力的清醒认知。基辛格指出："政治家所必须通过的一道考验就是，他必须拥有认清实力真实关系的能力。"②国家如同个人，有理想与抱负不是坏事，但绝对不可抱有"万一实现了呢"的幻想。一国能否在国际上有所作为，以及能够发挥多大的作为，往往不取决于该国领导人的主观意愿，而是取决于该国的具体实力，任何心存侥幸和不切实际的计划随时都有遭遇挫折或失败的风险。美国前国务卿艾奇逊（Dean Gooderham Acheson）曾这样评价战后英国的外交："英国失去了一个帝国，还未找到一个角色。"尽管早已繁华落幕，却依旧沉浸在虚幻的帝国荣光中不能自拔。从丘吉尔"三个同心圆"（三环外交）战略构想的提出，到外交大臣安东尼·艾登（Robert Anthony Eden）的真情告白，"英国的事业和利益远在欧洲大陆之外。我们的心飞越重洋，在那海外的地方"③；从撒切尔的"我们的命运在欧洲，作为欧共体的一部分。这并不是说我们的未来只存在于欧洲"④，到当下英国外交大臣利兹·特拉斯（Elizabeth Truss）誓做"全球英国"，无不彰显出英国统治精英们的思绪仍旧停留在20世纪前，沉迷于那个早已逝去的时代，与这个真实的

---

① 汉斯·摩根索.国际纵横策论——争强权，求和平［M］.卢明华,时殷弘,林勇军,译.上海：上海译文出版社，1995：680-690.

② 约翰·罗尔克.世界舞台上的国际政治［M］.宋伟,刘华,张荣耀,等译.北京：北京大学出版社，2005：349.

③ 尼古拉斯·韩德森.英国的衰落及其原因和后果［M］.林华清,薛国成,译.上海：上海外语教育出版社，1985：56.

④ 撒切尔夫人：英国与欧洲［EB/OL］.个人图书馆，2019-08-22.

世界格格不入，呈现出巨大的反差。其实早在1979年，英国驻法大使尼古拉斯·韩德森（Nicholas Henderson）就已指出："我们的经济几乎不能与德、法相提并论。因此如今的我们不但不再是世界大国，而且甚至不再是一流的欧洲国家。"[1]

（二）措辞严谨、发言审慎

各国的外交部门或主管外交事务的官员经常需要就某些事件对外阐述本国政府的立场与主张，措辞精确或有意识地含糊其词都很必要。确保书面和口头交流时措辞的准确，可以有效防止误解，但有时含糊其词也有好处，当沙特外交官不想同意一项内容时，他们会采取一种巧妙的说法，即"我们考虑考虑"，而不直接说"不"。外交辞令的存在是为双方的分歧进行一些玫瑰色的包装，为将来预留左右腾挪的空间。如1972年的《中美上海公报》所展现的外交辞令极其微妙，公报写道："美国认识到，海峡两岸所有中国人都认为只有一个中国，台湾是中国的一部分。美国政府对这一立场不提出异议。"[2]既明确承认了"一个中国"及"台湾是中国的一部分"，维护了中国政府的尊严，同时又通过"在台湾海峡两边的所有中国人"的限定条件，给予了美国方面以一定的后退空间。尽管这包含着中国政府的部分妥协，却符合当时条件下双方能够找到的最大公约数。2001年9月20日，布什发表"9·11"事件后的第一次国会演说，演说词的第一稿中包含这样一句话："那些胆敢包庇袭击美国的恐怖分子的人，也会被我们视为恐怖分子，遭到美国的打击。"布什的高级顾问认为这句话过于苛刻，他们倾向于给那些曾与恐怖分子有联系的国家一个改过自新的机会，以免给别国留下一个"美国向所有人宣战"的印象。修改后的演讲稿在"包庇恐怖分子"之前，加上"继续"一词，以区分过去和未来的行动[3]。

---

[1] 陈晓律，陈祖洲，刘津瑜，等.当代英国：需要新支点的夕阳帝国[M].贵阳：贵州人民出版社，2000：220.

[2] 亨利·基辛格.白宫岁月：基辛格回忆录（第四册）[M].范世益，殷汶祖，译.北京：世界知识出版社，1980：37.

[3] 约翰·罗尔克.世界舞台上的国际政治[M].宋伟，刘华，张荣耀，等译.北京：北京大学出版社，2005：349.

(三) 求同存异、相向而行

国与国间存在分歧十分正常，但如果紧紧抓住不放，甚至还人为地放大彼此的矛盾，就会使双方关系陷入恶性循环，找到共同点往往是和平解决争端的关键。在国际关系中，我们经常发现即使彼此敌对的国家间也能找到某些利益的共同点，存在合作的空间。冷战中相互敌对的苏美双方，即使在彼此关系最为紧张时，也能在有限禁止核试验、核不扩散条约等领域展开合作。近年来，美国已经将中国看成战略竞争对手，相继提出"亚太再平衡"战略、"印太战略"，试图从政治、外交、经济及军事各个角度对中国展开全方位遏制。却难以做到与中国彻底决裂，仍旧需要与中国在诸如气候、防范核扩散、打击恐怖主义、经济贸易等领域内的合作。因此，寻找共同点、扩大共识是管控分歧的有效途径，也是避免相互关系中敌意不断上升的重要手段。

(四) 相互理解、增信释疑

相互缺乏信任是导致国际关系紧张的重要根源，特别是在彼此缺少必要的了解渠道时，每一方都不惮以最恶意的动机揣度对手的意图，以底线思维做政策制定的准备，因此理性的外交需要建立在相互理解的基础之上。其一，是要理解对方，特别是要学会以对方的思维方式考虑问题。理解对方并不意味着要无原则迁就对方，而是要搞清楚对方的真实目的、思考问题的逻辑。对于对方合乎情理的担忧、基于常识的关切，可以通过持续不断的沟通，增进彼此间信任，化解对方的疑虑，降低双方间的敌意。其二，是要让对手也能正确理解己方的真实意图，避免产生误判。由于敌对国家间的不信任感与生俱来，一方的意图容易遭到竞争对手的误解。"听其言、观其行"是判断对手真实意图的两种方式，相比说了什么而言，做了什么更具参考价值。言行合一是赢得对方信任、避免误解的不二途径。相反，"好话说尽，坏事做绝"只会加剧对方的厌恶与不信任。在言与行的关系上，美国给世界塑造了一个极坏的榜样，在那里，政策精英们的言辞总是"涂上浓重的乐观主义和道德主义色彩……然而，关起门来，筹划国家安全的精英们却满嘴权力语言，而不是什么法则"。"实质上，他们的公开言论与美国外交政策的具体操作之间存在明显的鸿沟。"[1]对此，英国学者卡尔早在1939年就曾说过，欧洲大陆国家把讲英语的民族看成是"在善良的外衣下掩盖其自私的国家利益的艺术大师"，还说"这种伪善是盎格鲁—撒克逊人思维中的怪癖。"[2] 1990年，在讨论德国统一的"2+4"（两个德国和苏、美、英、法四国）外交谈判中，戈尔巴乔夫向西方做出单方面的巨大让步，允许统一后的德国加入北约，苏联撤出全部在德驻军，换来了总统老布什的郑重承诺：美国不会将北约东扩，不会将北约扩张到刚刚得到自由的前华沙条约国家[3]。可结果是"老布什总统与后来的克林顿总统却违背了诺言，他们逐个引诱前华沙条约成员国加入不断向东扩展的新北约"[4]。今天的俄罗斯人惊奇地发现北约的利刃已经抵近莫斯科的咽喉，西方的战略欺骗虽然获得了成功，却也彻底摧毁了俄罗斯人对西方的最后一点信任。

（五）沉着冷静、以待时机

外交活动有时要学会等待时机，世界上的有些问题短时间内因陷入僵局而难以解决，在条件不成熟时强行解决往往代价过于高昂、得不偿失。可只要耐心等待，随着时间的推移，即使你什么都不做，有些问题或许就会迎刃而解。譬如，中菲关于南海主权问题的纠纷在阿基诺任总统期间十分尖锐，但中方不骄不躁、有原则有耐心的外交最终赢来了解决问题的转机，杜特尔特上台后的外交政策调整使得中菲关系开始"柳暗花明"。因此，在处理具体外交纠纷时，急躁往往会使己方做出无可挽回的鲁莽之举，或者在谈判中因急于求成而做出不必要的让步，给对方留下软弱的印象，让自己陷于被动境地。

---

[1] 约翰·米尔斯海默.大国政治的悲剧[M].王义桅，唐小松，译.上海：上海人民出版社，2008：20.
[2] CARR E H. The Twenty Year's Crisis, 1919—1939[M]. New York: Palgrave Macmillan, 2001: 79.
[3] ZELIKOW P D, RICE C. Germany Unified and Europe Transfomed: A Study in Statecraft[M]. Cambridge: Harvard University Press, 1995: 180-184.
[4] 威廉·恩道尔.霸权背后：美国全方位主导战略[M].吕德宏，赵刚，郭寒冰，等译.北京：知识产权出版社，2009：5.

（六）留有余地、不走极端

老鼠在通常情况下胆子很小，但一旦被逼到墙角，它们也会拼死反抗，很多时候国家也一样。基辛格在评论古巴导弹危机时，曾这样说过："如果说处理危机需要采取冷酷的甚至残忍的措施来显示决心，也必须给对方指出一条出路。哗众取宠的确能满足自尊心，但对外交政策来说是不可取的。由于没有退路，引发了许多战争。超级大国有责任避免羞辱对方。"[①] 因此，在处理外交纠纷的过程中，你必须为自己和自己的谈判对手保全"荣誉""面子"或"声望"，给自己与对方都留有回旋的余地。一味强硬或提出让对方根本无法接受的条件无益于问题的和平解决，除非已经决心走向冲突，否则就不应该鲁莽地向对方发出最后通牒，尤其是公开的最后通牒。同样，除非自己处于特别强势的位置或压根就不想达成协议，否则也不要给谈判定下一个最后期限。历史上，因最后通牒而走向战争的事例比比皆是，1998年美国向西班牙发出通牒导致美西战争的爆发，1914年奥匈帝国向塞尔维亚发出的通牒引发了一战。不想发动战争，却又想以最后通牒的方式极限施压，迫使对手做出让步，一旦遭遇对手拒绝，必将使自己陷于被动和尴尬的境地。如果不敢将通牒付诸实施，就只有从原来的立场回撤，导致国家信誉的丢失和影响力的下降。

六、开展外交的备用方式

（一）直接或间接谈判

按照谈判双方的接触形式可分为直接谈判和间接谈判。直接谈判是指在双方谈判活动中，参加谈判的双方当事人之间无须加入任何中介组织或中间人而直接进行的谈判形式。直接谈判的优点在于，谈判双方可以十分清楚地了解彼此的观点立场，可以避免因中间人从中斡旋引起的误解。与直接谈判相比，间接谈判的优点在于：其一，双方无须直接接触或相互承认，而是经由中间人进行谈判，这样就可以不给对手增加合法性，因为直接谈判就等于

---

① 布鲁斯·拉西特，哈维·斯塔尔. 世界政治［M］. 王玉珍，等译. 北京：华夏出版社，2001：290.

承认对手一定程度的合法性。多年以来，相互敌对的以色列—巴勒斯坦间的谈判都是经由第三方进行的，美国经常充当中间人这一角色。其二，间接谈判一般是秘密进行的，因此即使本国的建议遭到拒绝，也不会让本国的外交面临窘境，如中美在20世纪70年代相互探索建立双边联系的过程中，美国国家安全助理基辛格博士的秘密访华之旅安排，都是经由中间人在相互试探中完成的。与直接谈判不同，间接谈判一般很少能够达成持久协议，有时只是为了缓和紧张局势的权宜之计，更多时候是为了建立敌对双方走向谈判桌的渠道。巴以冲突数十载，间接谈判断断续续几十年，可至今依旧看不到"隧道尽头的光亮"。诚如以色列媒体所指，间接谈判不过是为了恢复谈判进程，而不是为了真正的和平。

（二）高层或低层外交

确定实质性谈判的主谈人层级是一件比较微妙的事情，谈判层级高，如首脑外交，主谈人身兼外交谈判者和决策者双重角色，显然有助于谈判者根据谈判进展及时修正谈判目标，以便于快速高效达成协议，而国家元首有关外交的口头或书面声明也会得到别国的高度重视。例如2001年，布什对阿拉法特的批评引起沙特王储阿卜杜拉（Abdullah bin Abdul Aziz Al Saud）的不满，后者打电话给美国驻沙特大使，指出美国的制裁"偏向以色列太甚，即使同样是儿童受伤流血，美国也是高度关注受到伤害的以色列儿童，却很少关心巴勒斯坦儿童的死活，似乎以色列儿童的鲜血就比巴勒斯坦儿童的鲜血珍贵、神圣很多"。他还通过大使转告布什："从今起你走你的道，我走我的路。"[1]阿卜杜拉的不满引起美国的高度重视，随后布什用亲笔信承诺奉行较为公允的中东政策，才浇灭沙特的怒火。但首脑外交也存在明显的局限性，一般只适于讨论国家关系的总体规划与发展方向等原则性问题，不适合讨论一些具体的问题。因为首脑本人如对谈判议题不太熟悉，短时间内难以就相关问题做出审慎的决策，而一旦决策失误则无回旋余地。而低层外交的好处在于，避免对方反应过度和保持灵活性，起到"试探气球"的作用。可如果谈判层级

---

[1] 约翰·罗尔克.世界舞台上的国际政治［M］.宋伟，刘华，张荣耀，等译.北京：北京大学出版社，2005：352.

过低,则主谈人权限有限,需要不时向其上级请示,谈判取得突破的难度较大。所以,在确定谈判层级时,须考虑双方对达成协议的迫切程度、谈判议题的重要程度、双方就谈判议题原先沟通的程度等多种因素。如果双方都比较迫切,议题重大,且双方已有良好的沟通,则最高层级的谈判将有助于谈判取得突破;如果双方并不迫切,且议题不那么重大,双方原有沟通尚不充分,则可以首先在事务级官方层次展开谈判;在介于两者当中的情况下,可以考虑外交部部长或司局长层次的谈判。

(三)主、客场与第三方外交

根据外交活动所在地点的不同进行划分,外交有主场外交、客场外交、主客场外交与第三国场合外交之分。当外交访问或谈判在某一参加国境内举行时,对于东道国来讲,即为主场外交,而对于其他参加国而言,则为客场外交。主场外交的价值在于东道国可以利用主场的天时、地利、人和等多种优势,掌握或增强国际话语权,拟定有利于本国的议题或议程,推动制定有利于本国的国际规则或秩序,从而实现本国的外交目标,因此主场外交的优势十分明显。当外交活动特别是谈判在有关各国间轮流进行时,称为主客场外交。这样做的目的就是确保未来谈判双方的地位保持必要的平衡。当外交谈判在参加国之外的国家举行时,则称为第三国谈判。选择在第三方场地举行外交谈判,往往是由于谈判双方没有建立正式外交关系,或双方处于长期敌对甚至战争状态,而在彼此互不信任的情形下,选择第三方作为外交谈判的地点,既要考虑相互平等与实际需要,又要兼顾实际可能。2018年6月12日,举世瞩目的金正恩(Kim Jong-un)—特朗普首脑峰会之所以选择在新加坡举行,应是双方谈判团队进行认真研判和反复磋商,将对等、安全及便利等一系列因素综合考虑后做出的审慎决定;2022年3月开始的俄乌谈判,先后选择在白俄罗斯和土耳其举行面对面谈判,也是出于安全、对等和便利等因素的考虑。

(四)双边与多边

双边外交是指仅限于两国之间的外交,多边外交则是指由两个以上的国家所进行的外交。在一般情况下,外交谈判多为双边谈判,特别是只涉及两个主权国家间的事务多用双边谈判解决,当然通过拉帮结伙,将共同对付第三国的议题纳入讨论范围的双边外交活动也在日益增多。与此同时,当代多边外交活动正在变得越来越频繁,越来越重要,其主要原因在于,大多国际问题涉及面广,无法经由双边外交解决,特别是关于地区乃至世界的安全、全球治理、区域经济贸易协议的签订等议题就需要相关国家通过多边谈判解决。从根本上讲,外交谈判参加国的多少,主要与谈判的涉及面有关。

(五)公开与秘密

公开外交指的是对外界不加保密而公开进行的外交活动,而秘密外交,则是指对外界加以保密,不公开进行的外交活动,包括过程保密和结果保密。20世纪前,秘密外交广为流行、大行其道,其直接后果是国家间关系的紧张与彼此的不信任。一战后,在威尔逊理想主义新外交理念的推动下,传统的秘密外交逐渐被摒弃,公开外交逐渐成为国际惯例。但在实际操作中,秘密外交并没有彻底消失,有的外交活动特别是外交谈判往往根据实际需要部分公开,部分则加以保密。今天,虽然外交活动过程难以做到绝对公开,但结果必须公开已成广泛共识。公开外交的好处在于增加外交的透明度,减少不必要的相互猜疑与敌视,有利于推动国际关系走向良性互动的轨道,这是时代进步的结果,也是各国增信释疑的共同需要。

(六)官方与民间

官方外交是指由一国政府执行的对外交往活动,而民间外交的实质是非官方外交,或者叫非政府外交,是通过普通民众间的交往增进相互间的友谊与了解,它是官方外交的必要补充。特别是在尚未建立正式外交关系的国家之间尤为重要。1972年中日关系正常化前,双方官方往来中断,但民间交流渠道保持畅通,为中日关系改善做出了巨大贡献。1971年4月10日,新中国迎来的第一批美国客人是参加第31届世界乒乓球锦标赛的美国乒乓球代表团,这场举世闻名的"乒乓外交"成为打破中美僵局的突破口。就在美国乒乓球代表团访华的八个月后,尼克松终于了却了他访问中国的夙愿。在这次访问中,中美双方在上海发表了联合公报,从而历史性地开启了两国关系的新篇章,一只直径只有3厘米的乒乓球居然成为两个大国关系走向正常化的意外推手。

(七)使用威胁或奖励达成协议

除非你既有实力,又有使用实力的意愿,并能让对方相信你真的会使用实力,否则威胁外交是不会取得什么成效的,特别是针对那些势均力敌的对手。威胁外交有很多不足,如果威胁不起作用,那么发出威胁的一方就会面临两难选择:其一,如果不将威胁付诸实践,那就会给世人留下软弱的印象,这不但会刺激处于危机中的对手采取更大胆的行动,也会在旁观者乃至盟友面前丧失信誉,被潜在的对手轻视;其二,如果真的动用武力或经济制裁去实践威胁,那就会带来人员伤亡和财产损失,代价可能极其高昂。此外威胁行动本身也有可能因为对手抗击制裁的能力、韧性或定力而失败,或者招致对手强有力的反制而破局。相反,提供奖励可能更能刺激对方做出符合自己心意的回应,钱有时能买到你用武力赢不了的东西。

(八)用语言或行动进行沟通

语言和行动互有长短,用语言或书面沟通,只需要很小的代价就能让对方明白自己的立场,且与行动相比更具灵活性,其缺点是可信度容易引起怀疑,用语言发出的信号时常会被解读为例行公事或虚张声势。但通过行动发出信号通常更能够引起重视,如沙特王储取消原定于2001年8月在华盛顿举行的一年一度的军事关系研讨会,以此表达对美国在中东严重偏袒以色列政策的极度不满。此举使美国国防部受到相当大的震动,从沙特的行动中,美国明确无误地感受到了它的不满。虽然用行动发出信号具有很高的可信度,但行动尺度难以拿捏,过于含混微妙容易引人误解,且作用有限。过于明确直接的行动传递的信息可信度高,但这么做有时却相当危险,因为同从言语或微妙的行动表达的立场后退相比,从引人注目的重大行动中后撤要困难得多。

(九)将不同外交问题挂钩或分别处理

政策挂钩是指用一些问题作为迫使对手在另一问题做出妥协的筹码。美国对伊朗和朝鲜采取的政策就是让两国在取消经济制裁与放弃核武器的计划间做出选择。不可否认,将两个不同性质的问题挂钩处理有时的确能够取得不错的效果,但有时也有可能使得问题复杂化,而分别脱钩处理有时反而更加有效。譬如,一些美国人想"打台湾牌",将台湾问题与其他问题挂钩,迫使中国在这些问题上做出让步,可是中国政府已经明确宣示台湾问题是中国的内政,属于中国核心利益,不容谈判和交易,如果美方硬要将某些问题与台湾问题挂钩只能自取其辱。20世纪90年代,克林顿总统就曾将人权问题与给予中国最惠国待遇脱钩,其理由是,中美间的正常交流有助于"促成中国的变化,向中国传播我们的价值理念"。而"以孤立来代替接触不会使世界变得更安全",美国对中国的接触政策符合美国的利益,"在亚太地区安全、防止大规模杀伤性武器扩散、打击国际犯罪、保护环境、双边贸易与能源合作等各个领域,美国都需要与中国合作"。① 当然巨大的中国市场有利于美国的出口和投资恐怕才是克林顿有意将两者脱钩的主要考虑。

(十)最大化或最小化冲突

通过援引国家生存、世界和平和其他一些主要原则来使冲突最大化,可以增加外交的可信度。如中国宣布台湾问题涉及我国的核心利益,为了它可以不惜一切代价,这是典型的将台湾问题的重要性最大化的明确宣示,旨在告诉全世界:这是中国不可碰触的底线。相反,对于一些分歧严重且短期无法解决的重大问题,就需要尽可能低调理性处理,或暂时性搁置争议,尽量淡化问题解决的急迫性,对双方都有好处。

(十一)灾难外交

所谓灾难外交是指在他国遭遇自然与人为灾害、遭受空前的人员与财产损失时,给予道义同情与实际支持的外交。每当一个国家遭遇到诸如地震、海啸、火山喷发或恐怖袭击时,其他国家表达同情与慰问,采取派遣救援队伍、提供人道物资援助等实际行动,与受难国家人民站在一起共克时艰。这种灾难外交会给受难国家的人民带来温暖与力量,拉近不同国家人民之间的感情,也有助于缓和与改善处于严重对立状态国家间的关系。

---

① 薛福康.克林顿强调与中国合作符合美国利益[EB/OL].光明日报网,1998-06-12.

第九章

战争与国际政治

无论把战争看成是悲剧故事还是英雄诗史,你都会与德国学者马克斯·韦伯(Max Weber)的经典意见产生共鸣:"政治的终极手段就是暴力。一个人要是连这一点也看不见,那么他在政治上就太幼稚了。"[①]现实主义者同意其观点,战争是政治的固有部分,是国家捍卫独立的唯一手段,因此国家必须永远厉兵秣马,随时准备进行战斗。而理想主义者则回应说,人类可以学着生活在一个没有战争的世界中。早在19世纪,英格兰贵格会教徒乔纳·戴蒙德(Jonathan Dymond)就提出,战争就像奴隶贸易一样,一旦人们不再默许,并开始怀疑其必要性时,它便会消亡。他还反对替那些为国捐躯的爱国将士歌功颂德,认为他们不配得到这种赞扬。他说,军官参军为的是挣得一份薪水,士兵入伍是因为他不愿勤奋劳动,宁可游手好闲,虚度年华;官兵之所以打仗,是因为这就是他们的差事,或者事关他们的荣誉,或者受他人驱使。[②] 亲自参加过二战的美国将军艾森豪威尔曾说:"作为一个从战场上活下来的士兵,作为一个亲眼看到战争的残酷、无益和愚蠢的人,我痛恨战争。"[③]1953年当选总统不久的他便带领美国结束了朝鲜战争。"战争让我感到疲惫和恶心。战争的荣耀是幻想,只有那些从未放过一枪一弹或是听过伤者尖叫和呻吟的人,才会大声呼唤流更多的血,进行更多的报复,造成更多的

[①] 约翰·罗尔克.世界舞台上的国际政治[M].宋伟,刘华,张荣耀,等译.北京:北京大学出版社,2005:399.

[②] 詹姆斯·多尔蒂,小罗伯特·普法尔茨格拉夫.争论中的国际关系理论[M].阎学通,陈寒溪,等译.北京:世界知识出版社,2003:217.

[③] 约翰·罗尔克.世界舞台上的国际政治[M].宋伟,刘华,张荣耀,等译.北京:北京大学出版社,2005:398.

田地荒芜。战争就是地狱。"① 这是亲历美国内战的谢尔曼（William Tecumseh Sherman）将军于1879年对已逝去的那场战争所做的评价，因为那场战争夺去了622 000名士兵的生命，这一数字比美军在两次世界大战外加朝鲜战争、越南战争中军事人员死亡的总数还要多。而在同样参加过那场战争的罗伯特·李（Rober Edward Lee）的眼中，战争却呈现出另一番景象，"战争非常可怕，这很好，我们应该变得喜欢战争"。德国历史学家海因里希·冯·特赖奇克（Heinrich Gotthard Von Treitschk）这样形容战争，他说："我们通过特定过程学会了理解战争的道义尊严，而对肤浅的观察者来讲战争则是残忍的和不人道的。战争的伟大恰恰在于它乍看上去令人恐惧——为了他们的国家，人们要克服人性的自然情感，要屠杀那些并未伤害他们的同类，不仅如此，被屠杀的人可能还是他们所尊敬的勇敢的敌人。人们不仅要献出生命，而且会献出灵魂，灵魂中的自然天性和合理的天性；……这里，我们看到了战争的崇高。"② 无论人们对于战争的态度如何，现实的世界使人类过去、现在或可预见的将来，都难以摆脱战争阴影的笼罩，国家仍然要依靠自己来维护自身安全，有时还会使用威胁和暴力，以增进自己的利益。

一、战争的起因：三个层次的分析

历史上，不同国家在不同时期发动战争的动因千差万别，不同的战争可能有不同的理由，但如果我们对其进行综合归纳，将会发现原因有：掠夺领土与人口；加强自身安全需要；获取财富或特权；维护种姓、文化和宗教的特性和价值；维护或拓展王朝利益；削弱外部潜在的敌人；获得和控制殖民地；传播政治意识形态，捍卫本国政治制度；防止国家分裂、解体或领土损失；干涉外国冲突（履行条约义务、支持友好政府、推翻不友好政府等）；同盟可信性维护的需要；维护或恢复均势、反对霸权的需要；保护海外经济利益；支持海上自由；填补权力真空、扩大势力范围；对潜在敌人的可能威胁发动先发制人的预防性战争；报复性战争；打着"保护人权、自由、民主"等"普

---

① 约翰·罗尔克. 世界舞台上的国际政治[M]. 宋伟, 刘华, 张荣耀, 等译. 北京：北京大学出版社, 2005：398.

② TREITSCHKE H V. Politics, vol 2[M]. New York: Macmillan Press, 1916: 395-396.

世价值"的旗号，实施的人道主义干涉；捍卫民族尊严、荣誉；联合国为了遏制侵略而采取的集体安全措施；等等。研究特定战争爆发的原因往往是历史学家的任务，而国际政治学则是从抽象的理论角度分析战争的起因，并期待找出关于战争因何爆发的带有普遍性规律的认识。

（一）战争爆发的体系层次起因

1. 实力分布不平衡：当国家间实力分布的既有平衡被打破时，就会出现新的权力失衡，而权力大小的改变与失衡，就会诱发新一轮的冲突甚至战争。一战的爆发，就是缘于德国实力的壮大及其对现实权益分配格局的不满，引起传统殖民帝国——英国的担忧，导致了两大军事集团矛盾不可调和的结果。此外，域外国家实力下降或区域内政治情势的改变，导致在某些区域出现一定程度的权力真空，而填补权力真空的角逐也会导致冲突。二战后，在去殖民化背景下，伴随英法殖民势力在中东地区的消退，美苏旨在填补权力真空的激烈争夺便拉开了序幕，致使该地区每一次冲突与战争都或多或少与美苏两国的竞斗有关。国际体系的动态变化使得体系的稳定具有相对性，当改变体系的力量积累到一定程度时，旧的体系就会被打破。当今世界，由于科学技术的扩散效应和全球化的影响，各国政治经济发展不平衡呈现加速态势，拥有市场或人口优势的发展中国家（如中国、印度、巴西、俄罗斯等）不断崛起，导致守成的霸权国家与新兴崛起的大国间矛盾不断发酵，"修昔底德陷阱"的幽灵将会在一些人的心中长久萦绕盘旋，挥之不去。反复无常的挑战与打压所带来的摩擦和冲突风险始终存在。2016年5月9日，美国太平洋司令部司令哈里斯（Harry Harris）就曾公开叫嚣"今夜就开战"，哈里斯的狂妄显然源自其对美国实力的过度自信以及对中国和平崛起的担忧。

2. 体系的无政府状态：长期以来，人类生活的世界一直是一个奉行丛林法则的弱肉强食的世界。在这样一个冷酷无序的生存环境下，战争早已成为国际政治中的常态，国家的安全与生存主要依靠自身的力量来实现，必要且可能时可以通过寻求结盟来获得额外安全保障。一战后，尽管集体安全的理念与实践已经走进现实，"我为人人，人人为我"的集体安全思想获得越来越广泛的认同，但从国联到联合国的实践一再证明，集体安全的机制只是确保国家安全的不太可靠的保障手段之一，现行的国际体系本质上仍然是一个安全自助的体系。由于缺少一个有效实施国际法的权威机构,对肆意侵略他国的国家与个人施行有效的制裁,为各种借口下的战争行为预留了自由操作的空间,使得尽管人类文明已经进入21世纪,但战争的阴云总是难以散尽,并如影随形地伴随人类活动的始终。

3. 体系内的经济因素:自然资源的生产和使用的全球化模式所引起的发展不平衡及对有限资源的争夺,也会诱发一国内部的分离主义运动或国家间冲突。从一国内部来看,不同地区发展的不平衡现象十分普遍,解决不好就会引起不满与动荡。前南斯拉夫的解体部分缘于国内不同区域经济发展水平的巨大差距,以及由此引发利己主义、本位主义和民族分离势力的恶性膨胀,一些富裕地区如斯洛文尼亚便率先要求独立,以防自己创造的财富被其他贫穷落后地区无偿分享,由此引发的内战最终导致南斯拉夫的解体;从国际角度来看,由于各国经济发展水平高低不等及财富分配不均,富裕国家与贫穷国家间存在巨大的财富鸿沟,这种无法填平的经济鸿沟容易引起双方相互不满乃至仇恨。此外,对有限资源或财富的争夺也使得各国间的竞争变得异常激烈,"在人们建立于自然边界之上的帝国不能再轻易扩展的时候,一国提高本国人民生活水准的唯一途径,就是攫取他国人民的资源或者工业成果。而最保险的做法就是,将其他国家纳入自己的帝国范围之内"[1]。可见,无论是过去、现在还是未来,对经济利益的争夺将始终是绝大多数冲突与战争爆发的根本原因。

(二)战争的国家层次起因

1. 军国主义:是指崇尚武力和军事扩张,将穷兵黩武和侵略扩张作为立国之本,将国家完全置于军事控制之下,使政治、经济、文教等各个方面都服务于扩军备战及对外战争的思想和政治制度。奉行军国主义政策的国家往往将本国的生存和发展主要寄托在对外掠夺和扩张上,其基本理论包括对和平的否认,坚持战争是不可避免的,甚至认为战争本身是美好和令人神往的。军国主义的行为体现在某个国家政治、经济和社会生活各个方面,近代的普

---

[1] 约翰·罗尔克.世界舞台上的国际政治[M].宋伟,刘华,张荣耀,等译.北京:北京大学出版社,2005:403.

鲁士、二战期间纳粹德国、法西斯日本都是典型的军国主义国家，它们的对外侵略扩张活动曾经给世界带来巨大灾难。二战后真正意义上的军国主义国家早已不复存在，但军国主义思想如幽灵般长久存在，只要客观条件许可，便可随时复活，而军国主义政策更是时隐时现。需要指出的是，不能将军国主义与战后遍布亚非拉地区的军人专制政权画等号，它们中的绝大多数只是把专制政权强加于国内民众，并没有将军事扩张与征服变成国策。

2. 内部冲突的外溢：为了把民众的注意力从棘手的国内问题上转移开而发动的战争，故被称为转移注意力的战争或内部冲突的外溢，这在学术界又被称作"战争转移"理论。"如果一个国家内部的争斗十分严重，有导致分裂的风险，那么从维护国家统一的角度讲，战争是一种调整性反应，可以把内部的争斗转换成与另一个群体的冲突。"①在历史演化过程中，长期稳定的接触使国家和民族（当然也涵盖了种族）成为最容易被人接受的分群标准，而地球上的资源争夺与生存敌对也更多以此分群展开。人们对内群体成员更加关注其好的一面、更加宽容，对外群体成员则更加关注其坏的一面、更加刻薄。因此当外部矛盾或冲突出现时，原有的内部矛盾和冲突就变得不那么重要，或者至少被暂时忘却，人们的视线将聚焦在能否挫败外部敌人、捍卫国家权益和荣誉上。可问题在于这种为转移焦点、增强内聚力而发动的战争，必须建立在能取得绝对胜利的基础上，而事实上这一点很难做到。因为战争不会按照发动者设计的剧本展开，结局也难以把控，因此该理论的可行性在具体实践中将面临多重挑战。其一，是不幸战败，就会加剧人们对政权合法性的怀疑，引起更大的社会不满情绪，使执政者的统治变得更加岌岌可危；其二，是战争持久化或不胜不败（军事上），也会迫使政府调拨更多的社会资源用于战争开支，这样也会加剧社会动荡，给心存不满的反对党派提供攻击政府的机会。因此采用对外战争转移国内政治困境的方法，对于所有执政者来说都是巨大的冒险行为。1904年沙皇尼古拉二世为了摆脱国内危机发起日俄战争是如此，1982年加尔铁里（Leopoldo Galtieri）发动马岛战争同样是为了转移国人的视线，他们的结局都很糟糕。

---

① 詹姆斯·多尔蒂，小罗伯特·普法尔茨格拉夫.争论中的国际关系理论[M].阎学通，陈寒溪，等译.北京：世界知识出版社，2003：284.

3. 国家治理类型。对于将国家治理类型与战争起因联系起来的看法，长久以来一直争论不休。其中争论最多的理论莫过于"帝国主义论"与"民主和平论"。首先，包括马克思、霍布森和列宁在内的马克思主义学者认为，当资本主义进入帝国主义阶段后，垄断资产阶级政府就会为了推动本国资本的对外扩张，而要求改变不合理的海外市场被瓜分的现状，于是发动战争变成了推翻现状的必然选择，因此帝国主义就是现代战争的策源地。对此，批评者认为这是将复杂的政治问题简单化的解释，没有太大说服力。哈佛大学经济学家约瑟夫·熊彼特（Joseph A.Schumpeter）就认为，资本主义并非天然具有侵略性，因为战争具有非理性和不可预测性，而资本主义需要在稳定的国际环境下通过理性预测和计划，才能从中获利。战争一旦爆发，深受战争之苦的人数将远多于从中获利的人数，因此多数资本家是和平主义者而非主战派[1]。而另一位美国经济学家雅各布·瓦伊纳（Jacob Viner）认为，"在多数情况下，不是资本家促使政府推行帝国主义事业，以此谋求他们的金融利益，而是政府或推或拽，或哄或诱地把资本家拉进了帝国主义事业之中，以便使政府能在某些地区需要军事保护的时候，向外国和本国人民证明它拥有明显的切实合法的经济利益"[2]。

其次，长期以来一直被西方学界津津乐道的所谓"民主和平论"不仅缺乏理论依据，也没有得到当代世界历史的检验。同样，那种认为威权主义国家更好战的立论也没有充分的理论与历史依据。二战后，西方眼中的"威权主义"国家中确有萨达姆类的极端好战分子，他们极端自负、敢于冒险，成为搅动区域动荡的主要根源。但类似伊拉克与萨达姆式的"威权主义"国家和领导人毕竟只是少数，绝大多数"威权主义"国家很少发动战争是个无可否认的事实。这些国家的统治者普遍厌恶甚至恐惧战争，因为战争带来的巨大不确定性足以使他们深感恐惧。相反民主国家的执政者却不必有此担忧，毕竟"没有哪个现代民主国家会把战争决策交由全民投票来决定"，他们只需

---

[1] 詹姆斯·多尔蒂，小罗伯特·普法尔茨格拉夫.争论中的国际关系理论[M].阎学通，陈寒溪，等译.北京：世界知识出版社，2003：473.

[2] 詹姆斯·多尔蒂，小罗伯特·普法尔茨格拉夫.争论中的国际关系理论[M].阎学通，陈寒溪，等译.北京：世界知识出版社，2003：472.

在战前用或真或假的证据进行一番舆论动员，骗取民众和舆论的支持，就可以放心大胆地发起战争，而不必担忧战败会给自己带来什么严重后果。纵使"民主和平论"的支持者也没有勇气公开说民主国家不好战，只是说"民主国家之间彼此不会发生战争。对于民主和平论有很多解释，孰是孰非仍没有定论"[①]。战争的起因很多，很多战争都是由许多原因共同促成的，国家类型也可能只是其中之一。

4. 政治文化。战争有可能源于一个国家的政治文化，而政治文化是一国国民长期形成的相对稳定的对于生活在其中的政治体系和所承担政治角色的认知、情感和态度，它与政府、政治组织等制度性结构相对应，成为政治体系的主观因素。政治文化不同于公众舆论或民意（public opinion），前者具有稳定性，反映的是长期形成的比较稳定的倾向和心理，后者指的是人们对于某一具体事务或问题所产生的一时性的反应。在对待战争的态度上，不同的政治文化背景下，人们的态度可能存在较大区别。譬如，美国诞生于反对英国殖民压迫的历史背景之下，正是这种反抗经历，使得美国人历来推崇民主自由。美国人对自己的政治体制颇为自豪，认为民主政体是"历史的终结"，是其他所有国家都应该学习借鉴的体制。反专制、反独裁既是美国政府使自己行使对外霸权政策合法化的标签，也是美国民众内心的真实期待。所以只要政府给对手冠以一个"独裁者"的头衔，自然就会得到民意的支持；美国人拥有极为强烈的民族自豪感，这种自豪源自其宗教信仰，他们相信自己是上帝的选民，其天赋使命就是拯救其他民族，甚至把对印第安人的屠杀、对墨西哥的占领以及对菲律宾的殖民统治都说成是遵从上帝的召唤。正是这样的政治文化让一个只有200多年历史的国家变成了"一个处于永恒战争状态的斯巴达国家"[②]，战争对不少美国人来说似乎已经变得不可或缺。

马来西亚前总理马哈蒂尔（Mahathir Mohamad）就曾说过："2000年前我

---

① 约翰·米尔斯海默.大国政治的悲剧[M].王义桅，唐小松，译.上海：上海人民出版社，2008：13.
② 威廉·恩道尔.霸权背后：美国全方位主导战略[M].吕德宏，赵刚，郭寒冰，等译.北京：知识产权出版社，2009：17.

们和中国就有交往,但中国从来没有侵略过我们。相比之下,1509年我们才和欧洲开始交往,但是两年之后,他们就占领了我们。"[1]与美国和欧洲国家的好战不同,中国人的"慎战"思想可谓源远流长。从儒家的"非战"到道家之"去兵"等思想都是典型的东方政治文化,体现出中国古代军事观念中特有的反战、义战、慎战的战略思想。《孙子兵法》中特别强调战争指导者对战争要慎重从事,提醒明主和良将要"虑之""修之""慎之""警之"。并指出:"主不可以怒而兴师,将不可以愠而致战。"做到"非利不动,非得不用,非危不战""合于利而动,不合于利而止"。警告战争指导者不可感情用事,轻率决定战争行动,这就是后世所谓"从古知兵非好战"的思想。当代中国的和平外交思想也是源于中国传统政治文化,和平共处五项原则的提出集中反映了新中国热爱和平、反对战争的思想;新时代中国倡导共建"人类命运共同体"的全球治理方略和"亲、诚、惠、容"的外交理念,无不展现一个和平崛起中的大国锐意维护世界和平的使命担当。

5. 利益驱使。尽管驱使国家发动战争的起因复杂多元,但追逐利益恐怕是最恒久的要素。早在19世纪,阿尔弗雷德·塞耶·马汉就将人类历史看成"是一部社会达尔文式的竞争史",他还把"世界各国看成是谋取经济利益的公司,它们为了争夺资源和市场进行激烈的生存竞争"[2]。国家利益体现在诸多领域,涵盖政治、经济、安全、文化等各个方面,各国在一些非核心利益上存在互相妥协的空间,但在诸如国家安全等核心利益上会寸步不让,必要时诉诸武力也在所不辞。二战以来,美国是全球对外发动战争最多的国家,尽管每次战争都有似乎站得住的借口,但维护美国霸权利益恐怕都是一以贯之的不二动机,美国在纸币美元基础上建起了一个前所未有的金融帝国,这一帝国的"触须"伸向地球各个角落,在每个地方都机械般上演同一个动作:美元流向世界,财富流向美国。只要战争一打,海量的热钱就会立刻从各地

---

[1] 萧敏,寇方,祝文杰.马哈蒂尔:交往2000年,中国从未侵略我们[EB/OL].海外网,2014-07-06.

[2] 詹姆斯·多尔蒂,小罗伯特·普法尔茨格拉夫.争论中的国际关系理论[M].阎学通,陈寒溪,等译.北京:世界知识出版社,2003:222.

抽逃回流美国，直接支持了美国经济走向繁荣。

（三）战争的个人层次起因

战争的爆发可能会与人类的天性或领导人的品性特质有关。"战争的终极分析必须回到人类的本性上去。从人类的本性中，我们可以找到战争的根源，找到历史上无法估量的悲剧的源头。"[①] 人性中的贪婪、好胜、虚荣、仇恨、恐惧，乃至生存和死亡的本能，皆可成为人们刀兵相向、相互杀戮的根源。自古以来，从人性角度歌颂战争的大有人在，但将战争与文化复兴连在一起的，德国哲学家尼采（Friedrich Wilhelm Netzsche）则是第一人，他在1878年曾这样写道：

> 我们尚不知道还有任何其他手段能像每一场大战那样，把军营磅礴的气势，与个人无关的仇恨，无情地杀戮而问心无愧的精神，举国上下必置敌人于死地的热忱，对巨大牺牲的傲然漠视，将个人安危与朋友的生死置之度外的英雄气概以及心胸坦荡等品质直接有力地传达给羸弱的民族。文化决不能没有激情、罪恶和憎恨。当罗马人建立起帝国并变得厌恶战争时，他们便试图通过角斗士的厮杀和对基督徒的迫害获得新的力量。今天的英国人基本放弃了战争，但他们也采取其他办法来重新激起日渐消亡的活力，这些方法包括危险的探险、航海、登山。[②]

历史学家始终无法解释，为何在1898年美国对西班牙发动战争前，那些与古巴毫无利益纠葛的草根民众，却是主张对西班牙开战最积极的群体？他们被狂热的激情裹挟着纷纷走向街头，到处举行示威游行，强烈要求政府应立即向可恶的西班牙宣战。总统麦金莱在战后承认，他是被当时汹涌的民意推着走向战争的，他对战争的谨慎态度遭到美国舆论的大肆攻击，人们指责他优柔寡断、软弱无能，潮水般的批评与责难使他不得不选择战争。

---

① 约翰·罗尔克.世界舞台上的国际政治［M］.宋伟，刘华，张荣耀，等译.北京：北京大学出版社，2005：403.

② 詹姆斯·多尔蒂，小罗伯特·普法尔茨格拉夫.争论中的国际关系理论［M］.阎学通，陈寒溪，等译.北京：世界知识出版社，2003：221.

由于战争一般由统治阶层发动，因此领导者个人的思想观念与性格特质在很多情形下将起着决定性作用，没有萨达姆的伊拉克会不会入侵科威特？没有普京的俄罗斯会不会容忍北约进一步东扩？尽管这些假设性问题很难有确定性答案，但这种没有确定性的答案本身就是答案，它意味着另一种答案存在的可能性。

二、国家的军事力量与国际政治

军事力量是指一个国家可以直接用于战争的力量，包括武装力量的数量、质量和可用于直接支援战争的人力、物力等。人们判断一国军事力量强弱的指标通常有：一是军费水平的高低；二是武器装备与人员的数量和质量。军事力量是国家硬实力的集中体现，是构成一国影响力的核心所在。军事力量的作用主要体现在：在战时，它是确保国家安全和生存的关键；在平时，它是威慑他国挑衅或侵略的有力保障，当然它也是少数国家争夺霸权的工具。当人们看到某一个国家，在每财年预算中将3%以上、总数达8000亿美元的国民收入用于军费开支时，顷刻间就会明白，我们今天依然生活在一个并不完美的世界里，一味谋求军事力量的绝对优势与盲目忽视必要的军备建设都存在极大的风险。

首先，军事实力会制造不安全因素，并诱发战争冲动。扩充军力原本是为国家安全提供可靠支撑的，然而在国际政治舞台上，单一国家增强军事力量的行为会引起竞争对手的连锁反应，他国为了自身的安全不受威胁，必然采取同样步骤扩充军力。其他国家同样的扩军行为又会反过来引发前面国家的不安，这样就会使竞争对手间的不信任与不安全感呈螺旋式上升趋势。2021年9月，美、英、澳三国组建奥库斯（AUKUS）联盟，并由美英共同向澳大利亚提供核潜艇。此举引发了一系列连锁反应：东南亚国家忧心忡忡，马来西亚和印尼明确表示"奥库斯"会造成新一轮军备竞赛，担心澳大利亚一旦拥有使用高浓度铀的核潜艇，南太平洋国家建设无核区的共同心愿和多年努力，或许就要付之东流。面对来自美国的诱惑，新西兰外交部长更是怒批，加入"奥库斯"形同"出卖自己的灵魂"。此外，积聚过多军事力量的威胁还将表现为，在并不涉及本国重大利益的情况下，一国常常会被诱惑使用武力。

尽管约翰逊（Lyndon Baines Johnson）曾把越南说成是一个"破烂的四流国家"，美国还是卷入了越战，除了反共意识形态作祟外，一个重要原因就在于超强实力导致的轻率与傲慢。战争原本乃"兵者，国之大事，死生之地，存亡之道，不可不察也"，但当一国自感实力远超对手时，就不再对发动战争攻击对方保持必要的理性和谨慎了。

其次，军事实力的获得不仅代价高昂，还易于制造帝国的过度扩张。国家不分大小，扩充军力都需要大量真金白银，在财政开支总量不变的情形下，用于军费的预算多了，用于改善民生和发展经济的部分相应就少了，即所谓"大炮与黄油不可兼得"。世界上除少数国家因为"不差钱"或霸权需要能够不计成本地扩充军力外，多数国家都会理性对待军备开支。当代美国历史学家保罗·肯尼迪在其《大国的兴衰》一书中总结了大国兴与衰的规律。他认为，大国兴起，起于经济和科技发达，以及随之而来的军事强盛和对外征战扩张；大国之衰，衰于国际生产力重心转移，过度侵略扩张并造成经济和科技相对衰退落后。一般来说，一国军事实力的过度膨胀会激发其对外扩张的野心，2000年前的罗马帝国是这样，鼎盛时期它曾征服了欧洲、北非和西亚等地中海周边地区；100年前的大英帝国是这样，通过殖民扩张建立了规模空前的"日不落"帝国。而今的美国似乎正在重蹈罗马和大英帝国的覆辙，企图通过大规模的军备扩张，并借助其领导下的同盟体系，建立一个以美国为中心的单极世界。迄今为止，美国已在全球拥有数百个海陆空军基地，与几十个国家签有军事同盟条约，每年的军费总额超过美国之下十个国家军费开支的总和，拥有足以毁灭地球的庞大核武库，还在21世纪以来的短短20多年时间，先后发动了阿富汗战争、伊拉克战争、利比亚战争和叙利亚战争，仅阿富汗战争就消耗了2万多亿美元的军费。不知道这是不是美国正在走向衰落的征兆，也许未来的历史会告诉我们肯尼迪的推论是否正确。

三、战争是政治的工具

（一）战争是政治活动的延续

战争是一种集体性和有组织的政治团体间互相使用暴力、攻击、杀戮的行为，是敌对双方为了达成一定政治目的而进行的武装战斗。战争的主体是

<<< 第九章 战争与国际政治

军人，但触发战争的往往是政治家而非军人，因此战争通常被视为政治和外交的极端手段，"是以另一种手段进行的政治，是政治的继续"，"政治会渗透所有军事行动中，在其暴力性质允许的范围内，对其施加持续不断的影响"。[①] 因此战争总是从属于政治，战争的目标和发动战争的手段受控于政治需要。在朝鲜战争及后来的越南战争中，当美国决策者们发现他们无法在军事上彻底战胜对手后，就被迫做出撤离战场的政治决定。基辛格曾就越南战争评价说："我们打的是军事仗，我们的对手跟我们打政治仗，我们追求消灭对手，对手追求拖垮我们，游击队不被消灭就是胜利，正规军不能全胜就是失败。"

战争是暴力的极端形式，很少会在不经意间偶然爆发。即便是不宣而战，一般也是在蓄谋已久并精心策划下发生的，这是二战期间法西斯国家惯用的侵略手段，无论是苏德战争爆发还是珍珠港偷袭皆属此类。第二次世界大战后爆发的国家间战争，除了极少数带有"先发制人"式的所谓"预防性战争"，已经很少采取这种突然性的偷袭方式进行。这在很大程度上应该归功于《联合国宪章》关于战争非法的原则规定，归功于战后集体安全机制的普遍约束效应。因此二战后的多数战争几乎都有一个较长时间的酝酿和准备阶段，包括向国际社会彰显己方"师出有名"的舆论和法理依据，争取获得安理会授权或其他国家的支持。因此战争的爆发通常需要经过相互间敌意持续累积与对抗不断升级的过程，从威胁使用暴力到实际使用暴力大致要经过以下几个阶段。

1. 外交冲突阶段。很少有战争是在没有相互间敌意不断累积和外交对抗持续升级的背景下突然爆发的，这种情形在二战后尤为明显。在此期间，双方的外交活动急剧增加，都在为可能到来的冲突争取舆论、法理和盟友支持。

2. 公开威胁阶段。公开威胁本质上仍然属于外交活动的延续，或是配合外交行动而采取的威胁使用暴力的恫吓行为，其目的是"不战而屈人之兵"。而公开威胁一旦奏效，后续的战争行为就不会发生。

3. 间接干涉阶段。这是将敌意付诸行动的阶段，但采取的行动往往是间接性的，如策动目标国的内乱或政变、扶持反对派势力制造颜色革命、利用

[①] 克劳塞维茨. 战争论［M］. 张雷芳，译. 南京：译林出版社，2010：18.

207

第三方势力先行发动代理人战争等。优先采取这种干涉方式通常考虑的因素有：（1）是一种风险不大、代价有限的干涉方式，既能扰乱对手，又能保全自身；（2）被干涉对象地理位置遥远，使得本国无法直接向其周边投送力量；（3）对手综合实力强大或比较强大，直接动手的代价无法预测。

4. 军事准备示威阶段。包括在敌对国家附近集结军力，举行大规模具有实战意图的军事演习。这种军力集结与演习，既是一种向对手极限施压、迫使其知难而退的战争边缘政策，又是一种可以随时将演习转化为实际战争的战前准备。无论是过去还是现在，紧贴对手边界位置的军力集结，往往被视为战争爆发的前奏。

5. 实际走向战争。战争通常发生在军事准备就绪后进行，也可以在进攻方发出最后通牒又归于无效的情形下爆发。而最后通牒经常不起效果的原因比较复杂，有的最后通牒被对手视为虚张声势，不相信对方真敢付诸实施；有的是因为误判形势，高估自己而藐视对手；有的是因为通牒内容过于严苛并带有羞辱性质，涉及被通牒国家的核心利益或民族尊严，使后者无法接受，只能用鱼死网破、不惜一切代价的决心和意志勇敢面对。而发出通牒的一方通常也会因为种种原因而无法后退：其一，作为军事优势明显的一方，战争可能本已在既定的计划中，势在必得，通牒不过是发动战争的借口；其二，担心畏战退缩会引来围观者的耻笑、盟友的不信任以及对手的蔑视。

（二）使用武力的效用

战争中自卫的一方通常不会考虑成本与收益，而主动发起进攻的一方则需要考虑使用武力的实际效用，即战争成本与战争收益间的关系。衡量发动战争是否值得的方法一般有两种。

1. 成本收益分析。首先，任何一个主动对外发动战争的国家，都会在战前就战争的代价以及所能获得的收益做精心推算，包括需要动用多少兵力、牺牲多少生命、耗用多长时间、花费多少军费、其他国家的反应或可能的干涉成本与可能获得的潜在收益等因素。当然任何成本—收益比都只是战前的初步估算或预期，而战争的结果往往与人们最初的预期相去甚远。正如克劳塞维茨在他的《战争论》（*On War*）中所描述的那样，每场战争与生俱来都是非线性的，人们无法通过分析来预测决定一场战争过程与结果的样态。第一次世界大战之初,德国士兵们告诉送别的亲人,战争在几个月内就会结束,等到秋风叶落之时就可以回家与家人团聚,没承想战争持续了数年之久;在1950年的朝鲜战场上,联军统帅麦克阿瑟(Douglas Mac Arthur)告诉美军士兵,保证他们能在圣诞节前结束战斗返回家园,可结果是美军不得不在血腥的朝鲜战场上连续过了三个圣诞节;当美国总统布什2003年5月1日在航母"亚伯拉罕·林肯号"上宣布伊拉克主要战事结束时,伊拉克战争其实才刚刚开始。据美联社统计,截至美军2011年12月15日正式从伊拉克撤军,战争共造成近4500名美军死亡,超过10万伊拉克人丧生。除了沉重的生命代价,金钱代价也十分高昂,据美联社报道,过去10年里,美国斥资600亿美元用于伊拉克战后重建,平均每天花费超过1500万美元。而另据美国国会预算办公室计算,10年来的总开支,包括军费、使馆开支和重建及援助等,已达7670亿美元之巨,连美国人自己都承认,他们在伊拉克花钱太多,回报太少。

其次,战争最大的成本是失败,最大的红利是胜利。战争的本质是一场国家规模的重资产投资,好似一份对赌协议。所谓"胜者为王败者寇",胜利的一方拿走自己想要的东西,失败者则成为任人宰割的羔羊。历史上,一场胜战满盘皆活的例子太多,一场败战满盘皆输的情况更是数不胜数。一战的胜利不仅让法国一雪前耻,收回阿尔萨斯和洛林,还可以驻军莱茵兰,获得巨额战争赔款,使法国再度成为欧陆强国;而甲午战争的失败和八国联军入侵北京,则使因洋务运动而略微恢复一丝元气的清王朝再度陷入山河破碎、任人宰割的至暗境地。

2. 目标的实现程度。鉴于人们发动战争的原因不同,不以经济利益为目的的战争,就无须像做生意一样,只求稳赚不赔。单纯运用成本收益衡量法将无法解释很多战争现象,比如,一些国家为了维护主权独立与领土完整、打击境外恐怖主义组织、履行对盟友的承诺、进行人道主义干涉、反击外国的军事挑衅等而发动的战争。这些战争往往出于实现某种政治目的,只要发动战争的政治目的能够全部或大部分实现,只要有绝对取胜的把握,决策者一般不太考虑可能的支出成本,特别是经济上的代价。

(三)争取胜利的条件

所有主动或被动参与到战争中的国家,没有不渴望自己是最终取得胜利的那一方，可一场战争能否取得胜利将取决于多重因素。

1. 战争的性质。得道多助、失道寡助是战时普遍适用的规律，合法的正义的战争不仅能让本国民众同仇敌忾，还能得到世界所有进步力量的支持，非法战争可能得逞于一时，却难以长久维持。20世纪三四十年代，德日意法西斯轴心国满世界侵略扩张，迫使全世界的正义力量集结在一起，组建了世界反法西斯同盟，并最终赢得了胜利，正义有时会迟到，但永远不会缺席。阿富汗之所以被称为"帝国坟场"，既不是因为地理位置有多么神奇，也不是外部帝国力量不够强大，而是因为阿富汗人民站在反入侵的正义一边，促使他们可以用最原始的武器，在最艰苦的环境下，进行年复一年、不屈不挠的战斗，直到取得最后胜利。

2. 决策层高度统一的战争意志。一个国家的领导集体对待一场战争的态度是战争能否取胜的关键。立场高度统一、战争意志坚定将有利于汇集举国之力打败对手，反之就会导致无法竭尽全力而进退失据的情形出现。一战时的法国统治集团内部的团结与坚定的战争意志，是使法国能够在国土大片沦丧、首都巴黎危在旦夕的危难时刻，依旧能够万众一心，与德军进行鏖战，直至取得最终胜利的原因。而二战初期的法国内部政局动荡，统治集团内部对外政策分歧严重、进退失据，从而极大削弱了其抵抗纳粹德国军事打击的意志，是法国开战不到六周就沦亡并宣布投降的根本原因。

3. 得到本国民众和舆论的支持。抗日战争期间毛泽东在《论持久战》一书中指出："战争的伟力之最深厚的根源，存在于民众之中。"[①] 在今天，同样的道理仍然适用，战争离不开民众人力、物力和精神上的支持。越战的延宕与触目惊心的伤亡数字使得美国国内的反战抗议沸反盈天，令约翰逊身心疲惫。战争是政治的延续，没有民众的支持，美军只能在无法取胜的情形下从越南撤军，任由美国人眼里的第一张"多米诺骨牌"倒下。美国国防部长麦克纳马拉（Robert Stange McNamara）对此深有感触，他在后来的回忆录中明确指出："一个国家最强大的力量并不是其军事的强大威力，而是其民众的同心协力，而我们却恰恰失去了这一点。"[②]

[①] 毛泽东.毛泽东选集：第二卷[M].北京：人民出版社，1991：501.

[②] 罗伯特·S.麦克纳马拉.回顾越战的悲剧与教训[M].陈丕西，杜继东，王丹妮，等译.北京：作家出版社，1996：332.

4. 军事装备的优势。历史上的战争中常有以弱胜强的事例发生，拥有超强军事实力并不能确保可以赢得每一场战争的胜利，美国在越南的失败充分说明了这一点。美国几乎赢得了每一次战役的胜利，却最终输掉了越战，越南人用非对称作战方式拖垮了美国人的战争意志，成为最后的赢家。然而在现实世界中，更多的战例证明，战争能否取胜主要取决于军事力量的强弱，实力明显强大的一方往往能够笑到最后。

5. 目标明确有限且力所能及，不要试图改变或超越目标等。战争只是流血的政治，运用战争手段实现的政治目的必须明确而有限，为了实现无限目标而不加节制地使用武力，大概率不会成功。"如果战争是完全不受约束的、绝对的暴力行为（战争在纯粹意义上是如此），那么，战争就会在政治把它发动起来后，以它的独立意志篡夺政治的位置，把政治赶下台，用它自己的法则来统治。就像地雷，只会按事先设定的方向和方式爆炸。"① 朝鲜战争期间，以美国为首的"联合国军"进入朝鲜作战的初始目标就是将朝鲜人民军赶回"三八"线以北，并没有越过"三八"线向北推进的计划。但仁川登陆成功后，"联合国军"在军事上的快速压倒性胜利，使美国统治集团迅速改变初衷，全然不顾中国政府的一再警告，同意麦克阿瑟的北进计划，导致中国被迫参战。此后，针对麦克阿瑟试图用战争绑架政治，将战火烧到中国本土的计划，1951年美国参谋长联席会议主席布莱德雷（Omar Nelson Bradley）在麦克阿瑟听证会上难得清醒地指出："赤色中国不是一个足以寻求世界霸权的强盛国家，如果把战争扩大到共产党中国，参谋长联席会议认为，这一战略将使我们在错误的地点，错误的时间，同错误的对手打一场错误的战争。"很显然，是"联合国军"在战场上的失败才使得美国决策层明白了这样一个道理，即在战争中要学会尊重你的对手，并懂得适可而止。

四、战争的分类

人们经常根据不同标准对战争进行分类，有的从战争的性质划分，有的从战争的表现形态上划分，也有的从战争的规模上划分，不同的划分方式提供给人们的分析角度将大不相同。如仅从战争性质角度分析战争，会使人们

---

① 克劳塞维茨. 战争论［M］. 张雷芳, 译. 南京：译林出版社, 2010: 17.

纠缠于战争的正义与非正义、合法与非法的窠臼，而无法展现复杂战争现象的全部面貌；而仅从战争规模角度分析战争，则无法涵盖现代战争表现出来的所有形态。因此较为合理的分析角度应当是从战争的表现形态着手。

(一) 非常规战争

非常规战争是一种间接使用军事力量，采用多种暴力手段介入国际冲突的准军事行动，其方式主要有以下几种。

1. 武器转让。武器转让是指武器系统在不同国家间流动转让的行为，它包括武器买卖、武器赠予等具体形式，有的属于纯商业行为，有的则带有强烈政治目的。对于输出国来说，武器输出的背后动机主要有：(1) 维持国防生产设施的良性发展。军火工业事关国防安全，非战争期间，军工企业单靠本国政府的订单不足以确保超额利润，进而无法确保投入充足资金研发先进武器。在保证本国武器优势的情形下，适当出口本国次优武器系统，将有助于获取更多利润，使本国军工企业步入良性发展轨道。(2) 获取经济利益。由于军火工业涉及的上下游产业众多，因此军火工业的繁荣将有助于提振经济。以美国为例，二战以来的历次战争期间，美国经济都会出现所谓的"战争景气"现象，短期内大量来自政府的军火订单对经济的刺激十分明显。与战时的军事订货一样，和平时期的军火贸易也能起到刺激经济、拉动内需、扩大就业的效果。(3) 获取外交影响力。一些国家购买先进武器装备的动机，一是为了提升本国军事实力，二是获取武器输出国某种形式的安全保证。地区动乱、地缘政治危机和国家安全感的下降，是国际军火贸易市场持续繁荣的主要原因，其中亚洲国家作为国际军火买家的表现尤其突出，不乏像沙特阿拉伯、阿联酋、印度这样的军购大户。而武器出口国，通常会将军售作为扩展国际政治影响力的重要手段，或作为海外直接军事存在的某种代替方式。(4) 干涉他国内政。武器出口不是简单的商品买卖，而是充满政治算计的。向一国境内的反叛武装或分离主义势力转让武器，就是一种赤裸裸的干涉他国内政的行为。国际军火贸易的繁荣无疑向人们发出了一个明确的信号，表面平静的国际安全格局暗流涌动，充满险滩与暗礁。

尽管输出武器对输出国的好处十分明显，但其造成的恶劣影响也会如影随形。首先，武器交易会加剧国家间紧张局势，促使暴力活动增加，特别是向一个独裁政权、反政府武装、陷入动乱之中的国家或地区提供武器，就更容易引发人道主义灾难。其次，武器出口会引发相关国家间激烈的军备竞赛。2021年9月，美英通过美英澳三边协议，决定向澳大利亚出售攻击型核潜艇，这引起东南亚国家的集体担忧，他们担心会由此打开"潘多拉魔盒"，导致军备竞赛和核扩散风险急剧升高。人们自然会提出这样一个问题，既然美英可以向澳大利亚提供核潜艇，中俄可否有权向包括伊朗、委内瑞拉、巴基斯坦、印度尼西亚等国家提供此类武器？最后，武器转让还存在受本国武器之害的潜在风险。武器一旦被转移出去，转让武器的国家大概率会失去对武器流向的实际控制，不仅不能保证它们是否被再次交易到别的地方，甚至流入恐怖组织手中，进而危害世界安全，而且也很难保证这些武器或制造武器的技术参数不会落到对手手中，尽管一些国家尽量不将最先进的武器出口，但依然阻止不了武器技术的扩散。美国为了反击苏联对阿富汗的占领，向塔利班、基地组织提供的大量武器，却成了阿富汗战争期间塔利班攻击美军的主战装备。

就武器输入国而言，购买大量武器系统，固然可以提振本国军事实力，增加维护国家安全的砝码，但要付出极其高昂的代价：扩大财政开支，挤占民生支出；政治外交难保独立，严重依赖武器输出国家的善意，有的需要以结盟为手段，以放弃经济利益甚至主权独立为代价；影响本国军工企业的自主发展，进而影响到国家的战时安全等。

2. 特种作战行动。特种作战是指一些国家为了达成特定的战略战役目的，领导和指挥由特殊编组、训练及装备的特种作战部队或根据任务的需要临时编组的精锐分队，以特殊的方式和手段实施的作战行动。具有目的特殊、计划周密、方式独特、手段多样、隐蔽突然、速战速决等特点，包括公开或秘密派遣自己的特别行动队、情报人员或准军事人员进入其他国家，执行诸如突击、情报收集、解救人质、猎杀特定人物等小规模军事行动。当这些军事行动包括攻击敌方武装部队或其他军事目标时，就被称为特别作战行动。例如，1980年卡特政府策划并实施了针对伊朗的"蓝光行动计划"，试图解救美国驻德黑兰大使馆中扣押的53名人质，与1983年里根政府动用海豹突击队入侵格林纳达皆属于典型的特种作战行动。作为军事干涉的一种形式，在近几十年里，特别作战行动被频繁使用的原因是：首先，一些地区或国家内部的冲突增加，军事政变、人质危机、恐怖袭击等非战争行为频繁发生，而应对此类危机又不适合采取常规战争手段，低烈度、高隐秘的特种作战行动就成了最优选项；其次，特种作战行动经常被用于干涉别国内政，实现推翻一个不喜欢的政府或建立分裂性政权的政治目标，此类非法干预行动显然不太适合采取公开使用武力的方式进行；最后，特种作战行动通常采取隐秘方式进行，方便采取行动的国家在必要时中止行动，这是公开行动难以做到的。况且未经联合国安理会授权，公开对别国采取敌对军事行动本身就是违反《联合国宪章》、侵犯别国主权的违法行径，势必会招致国际和国内舆论的批评，采用短促、隐秘方式进行干涉就不会有此风险。2011年5月2日凌晨（美国当地时间下午3时），美国总统奥巴马下达猎杀本·拉登特别行动命令。79名海豹突击队员，分别搭乘4架直升机，从阿富汗贾拉拉巴德的军事基地出发，秘密进入巴基斯坦境内，武装直升机在拉登住宅附近降落，经过短暂交火后迅速撤离现场。等巴基斯坦军队发现"越境者"并循声赶到时，行动已经结束，美军实现了预定计划目标。美国未经巴基斯坦同意，派遣特种部队越境开展军事行动，是对巴基斯坦国家主权的肆意侵犯，鉴于本·拉登的特殊身份，加上行动本身短暂并快速结束，事后巴方也未再深究美国跨界入侵的责任。

由于特种作战行动本身具有规模小、时间短、隐秘性强的特点，客观上对情报和人员装备及作战技术细节高度依赖，行动过程中任一环节出现问题，都可能前功尽弃。1980年卡特政府为解救被扣押在伊朗的美国人质，实施代号"蓝光行动"的特种作战计划，但因为行动过程中出现沙尘暴、军机相撞等一系列意外事故而被迫宣告失败。

3. 代理人战争（特种战争）。一国派遣特种部队或其他人员，操纵另一国的军事、政治力量，并有意对付该国某一政治组织与武装力量或用于对付第三国而进行的一种战争形式。1961年初肯尼迪政府在研究"防御"计划和"军事援助"方案时首次提出了"特种战争"概念，用以对付亚非拉地区人民争取民族解放的武装斗争，特别是游击战。这种战争本质上就是代理人战争，其特点是由美国出钱、出武器并派出军事顾问，训练当地军队进行战争。1954年日内瓦会议结束后不久，艾森豪威尔政府便着手替代法国正式卷入越南事务，公开扶植越南傀儡政权，对抗胡志明（Hôchí Minh）领导的越南民主共和国，试图阻止越南的统一，并于1961—1964年间操纵南越军队发动以越南人打越南人的"特种战争"。1964年北部湾事件后，美军正式参战才使得越战性质由原来的"特种战争"升级为局部战争。随着美国在越战的泥潭中越陷越深，美军伤亡数字激增，国内反战声浪骤起，万般无奈下的尼克松政府不得不考虑如何体面地结束这场无法取胜的战争，但美国所能想到的结束越战的唯一方式便是使战争再次"越南化"，即通过培训越南作战人员、提供更多的军事装备让越南人承担主要作战任务。就像一位美国官员所说的那样，这只意味着"改变尸体的颜色"。

美国在越南耗时20年之久，最终在1975年迎来屈辱的"西贡时刻"。巨大的代价、惨痛的教训，以及由此引发厌战情绪普遍蔓延的"越战综合征"，使得在越战后的相当长时间里，美国政治精英们对于公开军事卷入外国事务都变得格外小心。直到1991年海湾战争的结束，这种"越战综合征"才被普遍认为得到有效"医治"。此后，好了伤疤忘了疼的美国再度开启战争机器，先后发动对南斯拉夫、阿富汗、伊拉克的战争。特别是历时20年的阿富汗战争再度让美国付出极其高昂的代价，两千多士兵伤亡、两万多亿美元的战争费用让美国人见识了什么叫"帝国的坟场"。与越战相似的一幕再次上演，在塔利班划定的2021年8月31日到来之前，慌不择路的美西方从喀布尔机场组织了一场规模空前的撤离行动。与"西贡时刻"相比，除了时空有别，整个过程和呈现出来的景象几乎没有什么不同。伴随一系列代价高昂、耗时漫长的战争而来的，是美国人民的厌战情绪（被称为"反恐综合征"）被重新唤醒。

考虑到公开使用军事力量卷入地区冲突不仅代价高昂，还会招致本国民众反对，选择代理人战争就成了越来越普遍的现象。自越战以来，代理人战争时而成为大国博弈的工具，时而成为少数国家推进霸权干涉别国内政的手段，用以支持"友好"政府镇压反政府武装，或支持反政府武装推翻"不友好"政府的方式，达成改造别国、实现自身战略的意图。如冷战期间美苏对安哥拉、阿富汗、柬埔寨等地的争夺，冷战后双方在南斯拉夫、格鲁吉亚、乌克兰等地的较量，都是双方进行全球战略博弈的写照；而2011年美欧支持利比亚班加西反政府武装推翻卡扎菲政权的军事行动、近年来支持叙利亚反对派武装旨在推翻阿萨德政权的代理人战争，打的都是"民主改造""反抗暴政"等光鲜亮丽的旗号，干的皆为干涉他国内政、追逐地缘政治私利的勾当。自2022年2月24日俄罗斯发起针对乌克兰的特别军事行动后，一场俄乌间的局部冲突很快演变成一场由北约全力支持的乌克兰与俄罗斯之间的代理人战争。

（二）常规战争

顾名思义，常规战争是指使用常规武器所进行的战争。而常规武器是指人类自有战争以来通常使用的那些武器，它是相对于有特殊性杀伤机能的核、化学和生物武器而言的。在人类战争的历史长河中，只有在近现代的一些战争中，曾偶尔出现过使用化学、细菌甚至核武器的现象，但其规模都十分有限，没有对战争进程和结局产生决定性影响，因而历史上发生的战争都属于常规战争。根据战争的目的和方式，人们通常将常规战争分为有限战争与总体战。

1. 有限战争。有限战争是指在一定的地区内，为了达成有限政治目的，使用一定规模的武装力量进行的战争。战争往往只波及世界的某一地区，在一定范围内对国际形势产生影响，因此有时也被称作局部战争，即在战争目标、武器使用、参战兵力、作战地区等方面有所限制的战争。20世纪80年代，美国学界开始把战争区分为低强度战争、中强度战争和高强度战争三类。局部战争主要是指低强度战争，其中包括地区性武装冲突，游击战与反游击战，叛乱与反叛乱，中、小规模武装入侵与反入侵，"外科手术式"的突然打击，等等；而中强度或高强度战争通常指与世界性大国或至少是地区性强国间的战争，这也是二战以来所有大国极力避免的情势。为了避免战争规模的无限升级，参战各方就必须在战争方式、手段、区域、规模、强度等多方面进行限制：(1) 确立明确有限的战争目标。局部战争的目的往往被限制在一定的政治与军事目标上，而不会像二战期间对付法西斯国家那样，迫使对方无条件投降，或像罗马对迦太基战争那样，彻底毁灭对手。战争中的目标往往会随着战事的演变而出现调整，或在原有目标上推进，或从原来的目标回撤。朝鲜战争期间，以美国为首的"联合国军"最初的作战目标就是收复失地，将朝鲜人民军赶到"三八"线以北，但当这一初始目标随着仁川登陆后快速实现，杜鲁门和麦克阿瑟很快被胜利冲昏了头脑，轻率地将作战目标调整为快速占领整个朝鲜半岛，实现在美国主导下的朝鲜统一，结果让一场本可以在

1950年就能结束的战争延宕至1953年。(2)限制战争的规模和武器的使用。双方都有意将战争规模限制在一定的范围内,动用适度的兵力,并有意限制一些武器的使用,尽量避免使用大规模杀伤性武器而使战争轮番升级。(3)限制作战的地理空间和袭击的对象。局部战争一般多发生在战略边缘地带和边界争议地区,限于双方境内一定纵深、一定海区或空域范围。战争中双方军队攻击的对象一般都是一定区域内的军事目标,极少以平民及民用设施为作战对象,或以对方首都等具有重要政治意义的目标为攻击对象。(4)保持沟通渠道的畅通。在多数情况下,局部战争的最终目的很难完全依靠军事行动达成,需要以政治、外交手段来配合解决,因此维持沟通渠道的畅通往往十分重要。军事行动不能须臾脱离政治为其设定的目标,有时则应以准确有效的军事行动为外交谈判服务,成为直接进行政治斗争的工具,战争过程中往往是作战与谈判相配合,边打边谈或打打谈谈,其结局多以外交谈判或政治妥协的方式解决。

一场有限战争的发动者总是期望能够以较少代价、在较短时间结束战斗,完成既定政治目标。可实践中真正要做到这一点并不容易,这不仅需要主动发起战争的一方具有远超作战对手的实力,还需要确保对手得不到第三方的援助,特别是需要设定一个切实可行的既定目标,否则一场有限战争随时有可能演变成一场难以取胜的持久战或消耗战,美国在越南与苏联在阿富汗的教训令人印象深刻。

2. 总体战。总体战又称全面战争,是指一个国家动员所有能够运用的资源,摧毁另外一个国家参与战争能力的军事冲突。最早提出该理论的是一名德国将军兼军事战略家——鲁登道夫(Erich Von Ludendorff, 1865—1937)。他参加过第一次世界大战,因战功卓著而威名远扬,一战后被解除军职,专门从事政治研究和写作,《总体战》是他的代表作。书中关于总体战的思想观点有:(1)现代战争是全民族的战争,不仅战争已扩展到参战国的全部领土,卷入战争的人员也由军队扩大到全体民众。在这种情况下,"战争和政治都应服从于民族生存,但战争是民族生存意志的最高体现。因此政治应为作战服务"。地不分东南西北,人不分男女老少,都需要为胜利竭尽己任,因为战争结局关乎所有人的生死存亡。(2)总体战的基础是民族的精神团结,为此政府应当采取特别措施，控制新闻舆论工具，利用一切手段进行精神动员，强化军事教育与爱国主义教育，激发全民族同仇敌忾、战胜敌人的勇气与精神，对泄露军情和煽动不满情绪者坚决镇压。（3）实行国民经济军事化管理，需要将粮食、服装、燃料、钢铁等重要物资的生产与供应纳入政府统一计划，力争战争物资自给，扩大军事工业生产规模，做好长期战争的物资准备。（4）军事作战行动要贯彻协同、突然、迅猛的原则，需要陆、海、空三军立体协同作战，为达成战略进攻的突然性，应尽可能不宣而战。要选定最危险的敌人为主攻目标，在决定性的地区投入最大的兵力，以闪电式进攻战方式向对方实施最沉重的打击，力争速战速决，而不要打一场旷日持久的消耗战；同时还不吝破坏对方的工业设施，甚至大量屠杀对方的平民，肆意掠夺资源，给对方造成深重的灾难，以摧毁对方持久作战的物质基础和国民的战争意志。（5）要建立独裁式的战争指挥体制，以具备卓越的才能、坚强的品格、充沛的精力、敏锐的观察力等优良素质的人为统帅。由他来加强国民和军队"在种族基础上"的民族团结，考察与战争有关的各项方针政策，指导战争全局等，并领导由陆、海、空军，宣传、军事技术、经济、政治领域里的奇才所组成的国防参谋部来贯彻其思想意志。鲁登道夫的"总体战"思想在二战中被纳粹德国应用到了极致。

由此可见，总体战是不同国家、民族间的全面战争，胜利成为绝对的战争目标。在总体战中，士兵与平民、前方与后方的界线变得模糊，规范战争行为的国际法形同虚设，采取一切可用手段，持续而有节制地对敌方实施无情杀戮将不可避免，包括必要时大量杀伤对方的平民、摧毁对方的基础设施、封锁对外补给通道等，以期削弱对方持续作战能力，并最终实现摧毁敌人战争意志的目标。早在一战前的战争准备阶段，德皇威廉二世就明确指示："一切都应当被淹没在火焰与血泊之中，必须把男女老幼统统杀死，一所房子、一棵树都不能留下……运用这种手段战争不到两个月就会结束；假如我们以人道主义为本的话，那么战争必将延续好多年。"德国《陆军军事条例》则明确规定"在全力以赴作战时，不可能只对付敌人的作战人员和筑垒要塞。相反还要竭力破坏敌人用以进行战斗的一切精神和物质的辅助源泉""只要能达到作战目的，可以使用任何作战手段。"①二战中，美苏英德日均采取了持续的无情杀戮手段，侵华日军在南京制造了惨绝人寰的大屠杀，企图用极端恐怖的手段摧毁中国人民的抵抗意志；1945年5月9日、10日两天内，美国就出动了334架次B-29战略轰炸机对东京实施无差别轰炸，造成8.4万日本人死亡，8月6日和9日还向广岛与长崎投下当时美国仅有的两枚原子弹，造成数十万人死伤，从而彻底摧毁了日本人的抵抗意志，迫使日本无条件接受《波茨坦公告》并宣布投降。

二战结束后，随着纽伦堡和东京审判将一大批战犯送上了绞刑架，那种为了达成战争目的而不择手段、无情杀戮等公然违反交战法规的行为，已被绝大多数国家摒弃。人们开始对"总体战"有了新的认识，赋予了它新的内涵，越来越多的国家将"总体战"视为使用全部综合国力进行的"混合战争"，是敌我双方总体力量的较量，既包括双方军事力量的直接抗衡，也包括双方在政治、经济、科技、精神、外交、宣传等领域的尖锐斗争。特别是相对弱小的国家在反抗外来侵略时，往往需要出动全部物质与精神力量，以"总体战"对抗大国发动的"有限战争"。由此我们看到，同一场战争，对于大国来说可能只是一场"有限战争"，而对小国而言则是"总体战"。

五、大规模杀伤性武器的禁用

"大规模杀伤性武器"（Weapon of Mass Destruction，WMD）一词最早出现在1937年，特指德国在西班牙内战中针对非军事目标实施的无差别轰炸行为，并非特指某类具体的武器。20世纪50年代，在艾森豪威尔政府制定针对苏联的"大规模报复战略"中，正式将核武器作为"大规模杀伤性武器"确定下来。1991年的联合国安理会第687号决议第一次将核武器、生物武器和化学武器并称为"大规模杀伤性武器"。虽然在20世纪90年代克林顿政府又将射程300千米以上的弹道导弹也列入"大规模杀伤性武器"的范畴，但国际社会对此并不认可。

---

① 罗斯图诺夫．第一次世界大战史［M］．钟石，译．上海：上海译文出版社，1982：174-175.

（一）生物武器

生物武器是以生物战剂杀伤有生力量和破坏植物生长的各种武器、器材的总称，包括立克次体、病毒、毒素、衣原体、真菌等。生物战剂是军事行动中用以杀死人、牲畜和破坏农作物的致命性微生物、毒素和其他生物活性物质的统称，旧称细菌战剂。这些致病性微生物一旦进入机体（人、牲畜等）便能大量繁殖，导致机体功能破坏、发病甚至死亡，它还能大面积毁坏植物和农作物等。生物战剂的种类很多，据国外文献报道，可以作为生物战剂的致命微生物约有160种，但具有引起疾病能力和传染能力的不算很多。1975年3月26日，《禁止细菌（生物）及毒素武器的发展、生产及储存以及销毁这类武器的公约》正式生效，迄今为止已有近180个国家批准了该公约，主要内容是：缔约国在任何情况下不发展、不生产、不储存、不取得除和平用途外的微生物制剂、毒素及武器；也不协助、鼓励或引导他国取得这类制剂、毒素及武器；缔约国在公约生效后9个月内销毁一切这类制剂、毒素及武器；缔约国可向联合国安理会控诉其他国家违反该公约的行为。

（二）化学武器

化学武器是指可以通过爆炸方式释放有毒化学品以达成作战目的的武器，或称化学战剂。由于这类武器可以通过引起人的窒息、神经损伤、血中毒和起水疱等令人痛苦的生理反应大规模杀伤人类，因而它在战场上的实际使用会使战争变得极其残酷和非人道。为此，在1899年及1907年召开的两次"海牙和平会议"上，各方就禁止在战争中使用含毒剂的炮弹达成一致。然而这些早期协议在一战中变成了一纸空文，战争中化学武器被大规模使用，造成了巨大的人员伤亡。1925年，在国际社会的共同努力下，《禁止在战争中使用窒息性、毒性或其他气体和细菌作战方法的议定书》(《日内瓦议定书》，下文简称《议定书》)正式达成，然而《议定书》的先天不足在于其未能有效禁止化学武器的生产和储存，致使所有缔约国均有权保存化学武器，其中不少缔约国还宣布保留其进行报复性使用和对非缔约国使用的权利，由此导致了化学武器禁而不止的尴尬局面。

1993年签署并于1997年正式生效的《禁止化学武器公约》(下文简称《公

约》)全称为《关于禁止发展、生产、储存和使用化学武器及销毁此种武器的公约》,是第一个关于全面禁止、彻底销毁一整类"大规模杀伤性武器",并规定了严格核查制度和无限期有效的国际条约。《公约》的主要内容是签约国禁止使用、生产、购买、储存和转移各类化学武器;所有化学武器生产设施拆除或转作他用;提供关于各自化学武器库、武器装备及销毁计划的详细信息;保证不把除莠剂、防暴剂等化学物质用于战争目的;等等。《条约》中还规定由设在海牙的一个机构经常进行核实,这一机构包括一个由所有成员国组成的会议、一个由41名成员组成的执行委员会和一个技术秘书处,《公约》规定所有缔约国应在2012年4月29日之前销毁其拥有的化学武器。

(三)核武器

1. 核战争的可能性。所谓核战争是指使用核武器为主要毁害手段的战争,其特点是战争的规模、突然性和破坏性比常规战争更大。尽管有人试图将核战争细分为核大战和有限核战争。所谓核大战,是指核大国及其联盟之间,以战略核武器的核突击为决定性打击方式的战争。而有限核战争,是指在一定地区或战场环境内,使用战术核武器的战争,或者是使用为数不多的核武器突击为数不多的军事目标的战争。但这种本质上为降低核战争门槛而辩护的分类不仅毫无意义,而且极其有害,因为没有人可以保证使用战术核弹头的打击行动只会停留在有限核战争的阶段,而不会招致对手的全面核报复,实际核战争完全可能由战术核武器的使用、战略核突袭,甚至常规战争升级中的任何一种引发。因此,任何抱有有限核攻击而不会引起核大战的想法都是天真鲁莽且不切实际的,核武器的第一次也是唯一一次实际使用发生在二战期间,广岛与长崎见证了核爆炸的威力。此后,尽管局部冲突与战争连绵不断,核武器再也没有在实战中被使用过,但威胁使用核武器的意愿从未消失,潜在的核战争风险始终存在。

2006年6月30日,英国国家档案馆解密了一批1957—1961年间的绝密档案,这批档案显示,英国在20世纪五六十年代为防止中国收回香港,曾计划对中国进行核打击,并且在新加坡部署核轰炸机,计划秘密储存48枚核弹。并于1963年11月,开始在新加坡进行针对中国的原子弹投掷训练。

与英国相比，美国在冷战期间动用核武器打击对手的念头更为强烈。朝鲜战争期间，麦克阿瑟就曾请求在半岛使用战术核武器，企图以此快速改变战争态势。1954年奠边府战役期间，白宫专家们曾多次劝说艾森豪威尔进行核攻击；2006年4月30日，美国国家安全档案馆公布了12份冷战期间的文件，其中就有用原子弹攻击中国厦门的具体计划。可见核战争的幽灵严重威胁着世界的安全。

冷战期间的历史表明，核战争爆发的阴云始终在天际徘徊，只要有核武器存在，核战争的可能性就不能排除，未来的核战争也可能基于以下原因而爆发：（1）丧失理性的领导人，特别是那些狂热、精神错乱、醉酒或因其他原因失去控制的领导人，将是核战争爆发不能排除的潜在因素。一位叶利钦时期的俄罗斯将军，曾忧心忡忡地告诉国家杜马，他们不能确定，在危急时刻，经常喝得酩酊大醉的总统会干出什么事情来[①]。（2）蓄意攻击。如果一个国家感到，它能够在第一次打击中让对手全部或大部分的战略力量陷入瘫痪，那么蓄意攻击就是可能的。这是因为在所有拥有核武器的国家中，迄今为止，中国是唯一公开宣布不首先使用、不对无核国家使用或威胁使用核武器的国家。（3）最后手段。核战争可能是避免常规战争失败而做出的最后尝试，除非自己没有核武器，否则没有谁能够保证一个有核国家会放任战败而不使用手中的核武器。不管"没有俄罗斯，还要这世界干什么！"这句话出自谁之口，它所要表达的含义大概能够反映有核国家的普遍心声。类似的情况可能发生在被阿拉伯包围的以色列身上，以色列前领导人梅厄亦曾在公开场合暗示，如果其引以为傲的常规武装力量被阿拉伯击败，以色列将毫不含糊地发起核攻击。（4）误解和疏忽大意引发的核战争。由于相互抱有敌意的有核国家间缺乏信任，敌意螺旋上升下的各方都会建立起最坏情形下的底线思维，对他国某一具体行为真实意图的误判随时可能发生。比如，美国退出《中导条约》的单方毁约行为将明显使国际安全环境进一步复杂化，从亚太方向或欧洲方向射向中、俄的中程弹道导弹，就很难让人相信它携带的仅仅是常规弹头。此外，尽管启动核打击需要经过一整套安全程序，但紧急情形下的误

---

① 约翰·罗尔克.世界舞台上的国际政治[M].宋伟,刘华,张荣耀,等译.北京：北京大学出版社，2005：433.

判也有可能发生。1995年，俄罗斯雷达侦察到挪威海上好像发射了一枚正在靠近的导弹，便迅速做好了对美国实施核反击的战前准备，但是到了最后一刻才判定那不过是发射的一枚科研卫星。俄罗斯国防部官员说："有那么一会儿，这个世界处在了核大战的边缘。"①

2. 核威慑。所谓核威慑是指有核国家运用核武器的威慑功能来实现本国战略目标的一种策略。威慑就是以使用武力为威胁，迫使敌方因面临无法承受的报复而不敢贸然发动战争的一种手段。"威慑是一种让敌人在发动进攻时产生内心恐惧感的艺术。"威慑是一种"艺术"不是"科学"，它需要的是"恐惧感"，而恐惧感，需要有效地传达到你想要打击的敌人的脑袋里才能激发起来，否则威慑就不存在。西方理论界把威慑的手段分为"惩罚性威慑"与"抑阻性威慑"。前者亦称"进攻性威慑"，即采取迅速和压倒一切的报复行为，迫使进攻者认识到得不偿失，其立足点是反击能力。后者亦称"防御性威慑"，即以足够的、有效的防御能力，使敌方感到无法实现预期的目标。核威慑以核报复力量为后盾，以可能采取敌对行动一方的大城市或军事基地为攻击目标，进行恫吓，使敌方认识到一旦采取敌对行动将招致核毁灭和生态破坏的严重后果，从而放弃原有的企图。核威慑的目标是保持核优势，冒最小的战争风险，获得最大的威慑效果。对于核威慑的价值，基辛格这样写道：

> 从威慑的观点来看，表面上的软弱与真正的软弱所产生的后果是一样的。同样是进行威慑，虚张声势的手段如果被对方信以为真，其效果比那种虽然是真正的威胁却被当成虚张声势的手段要有效得多。威慑需要实力、使用实力的意志，以及潜在进攻者对这两方面因素的评估三方面的结合。而且，威慑是所有这些因素的乘积，而不是它们的和。如果其中任何一个因素是零，威慑就会失效。②

---

① 约翰·罗尔克.世界舞台上的国际政治[M].宋伟，刘华，张荣耀，等译.北京：北京大学出版社，2005：434.
② 詹姆斯·多尔蒂，小罗伯特·普法尔茨格拉夫.争论中的国际关系理论[M].阎学通，陈寒溪，等译.北京：世界知识出版社，2003：379-380.

由此可见，核威慑的效能主要取决于以下因素：（1）拥有充足的、可靠的核打击能力，特别是要具备二次打击或确保相互摧毁的能力（Second-strike capability or mutual assured destruction）。确保相互摧毁战略是20世纪60年代中期美国提出的核政策，认为核战争的结果是同归于尽，强调加强第二次核打击的能力，以遏制对方发动核战争。（2）使用这种力量的决心与意志，使潜在的敌人确信任何核挑衅都将遭受毁灭性核报复。（3）拥有有效的指挥、控制、通信系统和预警系统，一旦威慑失灵或必要时能够做出灵活反应和多种选择。

3. 核利用。核平衡导致的结果通常是核无用，意味着任何一方都不可能单方面对另一方实施核讹诈，而核利用则旨在打破既有的核平衡，获取单方面攻击对方而不担心对方核反击的能力，确保己方核武器的有效利用。具体方式就是要建立起有效拦截对方导弹，使其难以抵达本国或盟友领空的能力。1972年5月26日，苏联领导人勃列日涅夫（Leonid Llyich Brezhnev）同美国总统尼克松在莫斯科签署《限制反弹道导弹系统条约》（以下简称《条约》），《条约》通过禁止双方发展全国性的反导系统，来确保对对方的核威慑，用所谓的"核恐怖平衡"来达成避免核战争的目的。其实质就在于保证美、苏双方都有能力消灭对方，从而达成相互牵制，确保谁也不敢轻举妄动的目的。尽管如此，美国并没有放弃追求单方面核优势的努力。1983年3月，里根政府提出发展导弹防御武器系统的"战略防御倡议"（SDI），要求20世纪末之前，在空间或地面部署以定向能武器为主，包括攻击卫星和截击导弹的新型反弹道导弹系统。这项计划后被称作"星球大战计划"。由于计划设计过于科幻超前，技术上无法实现，加之美苏关系缓和的影响，最终没能付诸实施。1993年克林顿政府宣布以国家导弹防御系统（National Missile Defence）和战区导弹防御系统（Theater Missile Defence）取代"星球大战计划"，但鉴于《条约》的约束，亦未能加以落实。2001年12月13日，美国总统布什在白宫玫瑰园正式宣布退出《条约》，谋求导弹防御系统研制与部署的合法化，借以打破有核国家间"相互确保摧毁"的有限平衡，剥夺对手核反击能力，继而利用美国的核优势敲诈竞争对手。于是从小布什开始，美国的国家导弹防御体系和战区导弹防御系统全面启动，进入全球部署阶段。2006年3月，美国两位军事专家基尔·利伯（Keir Lieber）和达里尔·普雷斯（Daryl G. Press）在《外交》杂志上发文指出："美国可能会部署的这种导弹防御系统，其价值主要体现在进攻上，而不是防御上，是美国首次核打击能力的补充，而不是单独存在的导弹防御系统。如果美国对俄罗斯（或中国）发动核打击，被打击的国家仅能保住为数不多的核武器，甚至可能一枚都剩不下。到那个时候，即使作用相对有限或没什么效能的反导系统，也足以应对任何报复性打击……除非华盛顿改变政策，或者莫斯科和北京采取行动增加其核力量的规模和戒备等级，否则俄罗斯和中国以及整个世界，都将在未来的很长时间内生活在美国的核阴影里。"[1] 矛与盾相克相生，批判的武器永远替代不了武器的批判，这种单方面打破核平衡的举动必将激发新一轮军备竞赛，直至新的平衡被重新建立。

六、关于战争正义性与合法性的争论

（一）关于战争正义性的争论

正义战争理论最早发端于基督教神学命题，由公元5世纪的古罗马思想家奥古斯丁（Augustine of Hippo）首先提出，他认为基督徒并非全然不能参与战争，战争可以为伸张正义与重建和平而进行。正义的战争必须是由合法的统治者来发起和领导，并且基督徒战士必须以仁爱的态度对待敌人，不可假战争之名进行屠杀和掠夺。古罗马学者西塞罗（Marcus Tullius Cicero）曾说："如果我们的生命受到出自暴徒或敌人之手的暗杀或公开的暴力威胁，那么任何自卫手段都是被允许采用的。"[2] 中世纪意大利著名学者托马斯·阿奎那（Thomas Aquinas）宣称正义战争必须具备的三大条件：第一，是战争身份的问题，即战争的发动者和执行者必须有主权性质，他认为只有君主才有权发动战争；第二，是战争的前提要有充分而必要的理由，是为惩罚对方的不正当行为而迫不得已采取的行动；第三，战争的目的必须符合永恒之法，即自然法的思想，他指出了人类有反抗暴政的权利，这为后世自然法的发展奠定了基础。17世纪的格劳秀斯也明确指出："如果发动战争的目的是保全我们

---

[1] LIEBER K A, PRESS D G. The Rise of U.S. Nuclear Primacy[J]. Foreign Affairs, 2006(2): 42-54.
[2] 雨果·格劳秀斯. 战争与和平法[M]. 何勤华, 译. 上海: 上海人民出版社, 2013: 38.

的生命和身体完整，以及获得或者拥有那些对生活来说是必要的和有用的东西的话，那么都是完全与那些自然法原则相一致的。"[1]为了说明什么是正义战争，他还列举出一系列非正义战争的类型，包括：缺乏正当理由，纯粹出于野心和冒险的战争；用似是而非的借口掩饰真实动机的战争；对于邻国的忧虑或恐惧而发动的战争；将从中获益当成与"必要性同等重要和正当的原因"而发起的战争；"梦想要迁移到一个土壤、气候条件更好的地方"而攻击邻国；"基于新发现的所有权而对属于他人的事物提出要求"；剥夺个人自由和国家独立的攻击行为；"运用武力使他人陷入奴役状态，并辩称这是按照其特性最适合他们的"行为；妄图成为"整个世界的统治者"的扩张行为；基于人道或美德的理由而进行干预的行为以及起源正义而过程不正当的战争；等等[2]。

按照正统的正义战争理论，正义战争可以分为三部分，即战前正义、战中正义和战后正义。所谓"战前正义"，主要关注发动战争的理由是否正当。传统的正义战争理论认为，正义战争需要满足的条件主要有：需要有一个合法的权威来发动战争；需要一个正当的理由；抱有伸张正义或恢复和平等善良的意愿；是不得已而采取的最后手段，只有当外交努力、经济制裁等非暴力手段无法解决问题的时候才可以诉诸战争。

而"战中正义"又称"过程正义"，主要关注战争中的具体战斗行为。要求在战争进行时，"必须自始至终怀有正当的道德意图，不得使用违反基本道德的手段，因为以正义开始的战争，有可能在进行过程中变成非正义的战争"[3]。为此，来自中世纪的佛罗伦萨思想家圣·托马斯·阿奎那提出了两项原则，即遵循适度原则和区别对待原则。适度原则要求尽量控制战争带来的不必要的伤亡和破坏，不能让战争带来的损失和破坏与发动战争的正义理由不相称；区别对待原则要求尽可能避免过度使用暴力，特别要尽可能区分平民和士兵，禁止滥杀无辜、虐待俘虏、使用违禁武器、以平民为人质等公然违反战争法的行为。

---

[1] 雨果·格劳秀斯.战争与和平法[M].何勤华，译.上海：上海人民出版社，2013：35.
[2] 雨果·格劳秀斯.战争与和平法[M].何勤华，译.上海：上海人民出版社，2013：236-241.
[3] 詹姆斯·多尔蒂，小罗伯特·普法尔茨格拉夫.争论中的国际关系理论[M].阎学通，陈寒溪，等译.北京：世界知识出版社，2003：212.

第九章　战争与国际政治

"战后正义"主要体现在诸如责任追究、战犯审判、损失赔偿与秩序重建等一系列事务上。既要厘清战争责任，惩治战犯，又要尽可能避免将屈辱性条件强加到战败国人民身上，只有这样才能实现公正和持久的和平。一战后召开的巴黎和会在处理战败国问题上就没有体现出应有的公正，《凡尔赛和约》将一系列极为苛刻的制裁条款强加给了德国人民，以至于签字的德国代表团团长表示"有人要求我们承认是战争的唯一祸首，如果我本人这样承认，那是撒谎"。而法国的联军统帅福煦（Ferdinand Foch）将军却认为条约对德国过于宽厚，未能满足法国安全的基本需要，为德国的卷土重来提供了有利条件，因此评论说"这不是和平，这是二十年的休战"[1]。对此，基辛格在其《大外交》一书中做过这样的论断："从言和的角度看，处罚太重，从防止德国复苏的角度来看又太宽大，《凡尔赛和约》注定使百废待兴的民主国家长期不得安宁，必须不断地面对卷土重来桀骜不驯的德国。"[2]没有正义就没有持久的和平，这是巴黎和会留给后人的深刻启示。

时至今日，西方传统正义战争论在国际实践中难以成为衡量战争是否正义的客观标准。为了发动战争，人们总能找到若干冠冕堂皇的理由昭告天下，将主动进攻说成是迫不得已，将公然侵略说成是奋起自卫，以捍卫人类文明价值旗号，掩饰不可告人的邪恶动机，将战争中对平民的杀戮轻描淡写地说成是战争中不可避免的憾事。美国《外交》双月刊网站2021年10月15日发表题为《美国军国主义的终结？》的文章，作者安德鲁·巴切维奇（Andrew J.Bacevich）和安妮尔·谢莱恩（Annelle Shelin）在该文中一针见血地指出："太长时间以来，历届美国政府都把美国军事实力视为解决问题的权宜之计——讨厌某个政权，就推翻它；华盛顿认为所谓的恐怖分子和其他人有威胁，就干掉他们。"[3]战争本质上是人性中的恶反复发酵的结果，人们无法阻止战争，是因为人性的黑暗与利益的争夺无休无止。与此同时，人类的不断进步都是在自我反省中求得的，人类渴望"永久和平"的希望之火也一直不曾熄灭。

---

[1] 温斯顿·S.丘吉尔.丘吉尔文集：二战回忆录：上册[M].康文凯，宋文，译.南京：江苏人民出版社，2000：6.

[2] 亨利·基辛格.大外交[M].顾淑馨，林添贵，译.海口：海南出版社，1998：228-229.

[3] 美媒：澳美英协议暴露美国"嗜战基因"[EB/OL].参考消息网，2021-10-19.

227

20世纪80年代中期,来自苏联的戈尔巴乔夫提出了"人类的利益高于一切"的外交新思维,这位一直被美国视为"邪恶帝国"的领导人的提议,成功击穿了美国总统里根的心理防线。于是两大冷战对手开始着手建立起一定程度的互信,并于1987年成功达成销毁全部中程弹道导弹的协议。由此可见,只要人们心存善念,渴望光明,就会创造奇迹,实现持久和平。

战争是人类社会集团之间为了一定的政治、经济目的而进行的武装斗争,其正义与否应由多数国家或世界进步舆论说了算,不能任由个别国家单方面解释。世界绝大多数国家会把带有自卫性质或者民族解放性质的战争视为正义战争,把侵略战争或者为争夺霸权而战视为非正义战争。世界反法西斯战争的正义性举世公认,但今天的人们依然可以看到日本右翼势力为侵略战争历史翻案的强烈企图。因此从本质上看,正义战争应该是为多数人和多数国家的正当合法利益、对社会进步和人类文明起到积极推动作用的战争。与此相反,非正义战争通常是为维护少数统治集团或少数国家的一己私利而发动的战争,违背了人民的根本利益和阻碍了社会进步的发展方向。以此为标准,历史上的争霸战争、殖民战争、帝国主义战争和侵略战争皆属非正义战争。一战之后,在《国际联盟盟约》《非战公约》和《联合国宪章》中都有禁止侵略战争的精神,赋予正义战争以全新的内容,即正义战争首先必须是合乎法律规范的战争。

(二)关于战争合法性的界定

战争的合法性问题直到20世纪才被正式提上议事日程。在此之前,传统的正义战争理论普遍认为,战争只有正义与非正义之分,没有合法与非法之别,尽管格劳秀斯提出过战争的合法性问题,但显然已将正义战争与合法战争画上等号。1899年和1907年两次海牙会议就交战规则问题达成一系列协议,将交战过程中的某些行为和武器的使用视为非法,并未就战争本身是否合法达成共识。在一战后制定的国联章程中规定冲突双方在交战前,需要保留三个月的冷静期便于国际社会的斡旋,变相承认战争权是一个国家合法的、不可分割的权力的一部分。1928年的《非战公约》是历史上第一个明确否定战争合法性的国际法文献。《联合国宪章》第二条第四款明确禁止会员国彼此使用或威胁使用武力,只允许有两个例外:第五十一条规定的自卫和安理会维

<<< 第九章 战争与国际政治

护集体安全而采取的行动。可在联合国成立后的几十年间，一些会员国违反规定，频繁使用武力的情形不断发生，屡禁不止。在所有武力使用的统计数量中，真正经由安理会授权而使用武力的情况寥寥无几，除自卫以外的绝大多数武力使用的性质皆为非法。《联合国宪章》关于使用武力的条文在具体付诸实施时，经常会遭到别有用心的曲意解读。一国为了应对某种并非紧迫的威胁，声称它有权出于自卫，发动先发制人的攻击，这是否合法？1967年，以色列为了制止来自阿拉伯前线国家"迫在眉睫"的入侵威胁，率先发起进攻，在短短一个星期里，攻占了包括戈兰高地、西奈半岛在内的大片阿拉伯领土，事后以色列的战争行动是否合法就变成了一场旷日持久的政治口水战，难有定论。1964年，美国总统约翰逊以"北部湾事件"①为借口，假借自卫之名，获得国会授权对越南民主共和国直接使用武力，导致美国陷入历时10余年的越南战争泥潭。2003年2月5日，美国国务卿鲍威尔曾在联合国安理会作证，他拿出一个来历不明的试剂瓶声称："萨达姆用这么一点炭疽就能造成数万人死亡。"2003年3月20日，美国以伊拉克非法拥有"化学武器"为由，未经联合国安理会授权便悍然发动推翻萨达姆政权的战争。2020年6月7日，时任美国总统的特朗普在其社交媒体上怒怼鲍威尔："鲍威尔是一个真正的死硬分子，他应该为我们卷入灾难性的中东战争而负责，鲍威尔不是说伊拉克有大规模杀伤性武器吗？他们没有，但是我们还是去打了一仗。"②一个大国国务卿为发动战争在众目睽睽之下公然撒谎，彻底摧毁了人们对人性道德善良的信心以及国家间关系的最起码信任。作为《联合国宪章》的起草者之一，美国显然十分清楚单方面使用武力的非法性，因此在战争爆发前，美国动用一切外交资源，展开密集外交游说行动，试图获得安理会的授权，并为此一再推迟开战时间，但因绝大多数成员国的拒绝而归于失败。无奈之下，美国只得撕下尊重国际法的伪装，选择采取我行我素的单边主义军事行动。美国发

---

① 1964年8月4日，美国海军的"马多克斯"号驱逐舰声称在北部湾水域巡逻时遭到来自越南鱼雷艇的"疑似"攻击。消息传至美国，总统林登·约翰逊发表电视演说，并下令对越南采取报复性空中打击。8月7日，美国国会通过《东京湾决议》，批准总统采取所有必要的措施抵抗任何针对美国军队的武装袭击，为美国全面介入越南战争打开绿灯，大量美军士兵和武器装备进入越南，越南战争全面爆发。

② 刘丹忆.美国的"大秘密"！特朗普说漏嘴了……［EB/OL］.中国新闻网，2020-06-09.

动这场战争的主要理由又是所谓的"预防性自卫权",借口是伊拉克拥有"大规模杀伤性武器"而对美国安全构成威胁。

"预防性自卫"是指在没有发生武装攻击但存在迫近的武装攻击的可能性时,首先使用武力予以打击以保护自身重要利益的战争行为。早在2001年9月20日发表的《国家安全战略报告》中,布什政府就已经明确表示,为了确保美国的"绝对安全",美国将利用"绝对的优势",采用"先发制人"战略打击对美国安全构成潜在威胁的国家[①]。这种"预防性自卫权"理论从诞生以来一直受到国际社会的广泛质疑,根本不具有合法性基础。诚如联合国前秘书长安南(Kofi Atta Annan)在第59届联合国大会上指出的那样,伊拉克战争将联合国带到了一个决定性意义不亚于创建联合国(1945年)时的"岔路口",担心这场战争可能开创先例,导致"非法使用武力"的现象会进一步泛滥起来。因为如果主动使用武力可以被视为"自卫",那么这世界就再也没有所谓的"侵略",每个国家都可以以此为借口,随心所欲地发动战争,而不必担心受到刑事责任的追究。当今世界到处都有被人视为潜在威胁的客观存在,因此不能认为撇开集体认可而采取单方面的预防行动是合法的。允许一国采取行动,就等于允许所有国家自由采取行动。

---

① 李国富.美伊战争的前景与影响[J].国际问题研究,2003(2):42-46.

第十章

军备竞赛与军备控制

对于任何一个国家来说，获得武器的代价总是十分高昂的，它的生产、维护以及对经济生活产生的消极影响无处不在。一国单方面扩充军备的行为还会引起连锁反应，从而加剧国际紧张局势，甚至引发冲突。历史一再证明，庞大军备开支与疯狂扩军备战的终点就是战争，除非人类在军备控制方面能够取得进展，否则就不会有一个和平安宁的未来。然而，尽管绝大多数人都反对军备竞赛并支持军备控制，但人们总是知易行难，传统的安全观所展现出来的强大惯性思维，将继续推动人们沉浸在军备竞赛的泥潭中不能自拔。

一、军备竞赛中的冲突

（一）军备竞赛简史

军备竞赛是指和平时期敌对国家或潜在竞争对手互为假想敌，在军事装备方面展开的质量和数量上的竞赛。各国之间为了应对未来可能发生的战争，竞相扩充军备，增强军事实力，是一种预防式的军事对抗。1890年后，随着德国首相俾斯麦的下野，欧洲局势日趋不稳，面对普法战争中法国战败对德所产生的仇恨、奥俄两国在巴尔干半岛势力范围的争夺，以及殖民地拓展政策所带来的列强竞争，欧洲各国除了通过外交结盟争取优势以确保自身安全外，立足于增强自身实力的军备竞赛也正式拉开了序幕。陆军的竞赛主要集中在法国、德国、俄罗斯和奥匈之间，由于各国军事装备基本处于同一水平，所以它们的竞赛主要体现在大肆扩张陆军规模上。而海军的军备竞赛则主要集中在英德两国之间，重点放在"无畏舰"的建造与扩充上。德国于1900年制定海军法，旨在扩充海军规模，以维持德国与其日益扩张的殖民地间的联系。而英国作为一个岛国，其生存需要保持海上力量的绝对优势，以维持其本土及海上补给线的安全，故德国的海军扩张惹来英国的忌惮，迫使英国自1905年开始建造无畏舰，并在1907年德国开始建造无畏舰时制定了"以二对一"的海军政策，既确保自身无畏舰的数量为德方之两倍，还于第二次摩洛哥危机后，联合法俄两国实施三国海军联防，即英国在北海、法国在地中海、俄罗斯在波罗的海分别对付德奥两国海军。

巴黎和会后，由于战争的破坏及世界各国不堪军备竞赛给经济带来的巨大压力，美国、英国、日本、法国和意大利五个海军强国在华盛顿签订了《限制海军军备条约》（简称《条约》）。《条约》规定美、英、日、法、意五国海军的主力舰（战列舰和战列巡洋舰）总吨位比例为10：10：6：3.5：3.5，限制主力舰的单舰吨位（不超过35 000吨）和主炮口径（不得超过16英寸）。此外还规定了缔约国航空母舰总吨位、标准排水量、火炮口径。然而《条约》的签订只是暂时缓解了各国的海军竞赛，此后由国联主持的裁军会议虽历经多年准备，却依然无疾而终。各国的军备竞赛重新展开，特别是因战败而受到严厉制裁和束缚的德国更是处心积虑地想要打破现状，彻底推翻凡尔赛体制的羁绊。纳粹上台以后，德国通过切香肠式的一次次冒险尝试建立起一支强大军队，逐步摧毁了《凡尔赛和约》套在德国身上的枷锁，而英法等国则选择绥靖政策，坐视德国的壮大。到1939年，德军人数已经达到73万人，并有8000余架飞机和数十艘战舰，远超《凡尔赛和约》对德国的限制。当然，同时期的英法等国也不敢怠慢，在坐视德国强大的同时也在加紧扩军备战，法国为防御德国进攻修建了号称"坚不可摧"的马其诺防线，试图用一支强大的陆军和坚不可摧的防御工事保障本国安全，英国则继续致力于扩充海军实力，维持70艘以上的战列舰规模，企图用海军实力的优势抵御来自德国的威胁。

二战结束后的军备竞赛参与者越来越多，主要集中在有地缘政治利益冲突的地区国家之间和美苏两个大国之间。领土纠纷、生存资源的争夺往往是导致地区国家间冲突的主要原因，阿拉伯与以色列、伊朗与伊拉克、印度与巴基斯坦，这些地区国家间的军备竞赛也因此而长期存在，但由于综合实力与科技水平的限制，它们相互间的军备竞赛规模和强度皆无法与苏美两国的军备竞赛相提并论。早在二战结束前美苏间的军备竞赛就已经开始了,在美国成功研发出原子弹并对日本实施核打击之后,苏联就下令尽快研发核武器予以应对。随着冷战的爆发,苏联开始在火箭、人造卫星、核武器、航母、导弹、飞机、宇宙飞船、空间站等各领域与美国展开全面竞赛,军费开支逐年上升,最高时竟达到国家经济总量的三分之一。这种大规模的军备竞赛带来的直接后果,便是与民生关联密切的轻工业、农业、服务业等长期不受重视,并逐渐衰落,导致百姓的生活水平长期停滞不前,成为苏联解体最主要、最直接的原因之一。冷战结束后,军备竞赛并未随着冷战的结束而归于沉寂,尽管传统大国对美国的安全威胁已大大降低,但旨在追求建立单极世界的美国,仍在不停扩充军备,不断增加军费开支,开发各种先进武器系统,并在此基础上发动了一次又一次战争,引发国际与地区局势的持续紧张与动荡,迫使其他国家不得不卷入各种类型的非对称军备竞赛。"国虽大,好战必亡;天下虽安,忘战必危。"军备竞赛的最终结局便是走向战争,而战争对人类经济和生命的破坏是巨大的,如何吸取历史教训、总结历史经验,避免军备竞赛带来的和平之殇,防止世界频繁走入战争深渊,将是全世界都需要切实面对的重大课题。

(二)军备竞赛中的冲突

在国际政治实践中,定义什么是军备竞赛并不容易,因为人们不能将不同国家间的军费增长一概都视为军备竞赛,那些纯粹由于内部因素(内部军工集团的游说、平息军队对经费不足的不满、因经济发展引起的附带军费开支增加、兑现竞选时的承诺等)引起的军费预算增长就不是军备竞赛。军备竞赛通常是外部因素刺激的结果,来自"敌对"国家的军事压力和军备扩张行为,使得其他国家对获取先进武器装备的愿望以及大幅增加军费支出变得日趋强烈。这种来自外部竞争所造成的心理压力,与捍卫领土主权,维护国家安全、发展利益的实际需要不同,是引起军备竞赛久盛不衰的主要原因。

首先,军备竞赛一般是对"敌对"国家或潜在竞争对手军备增长的反应。无论是冷战期间美苏间激烈的战略武器竞赛、地区内中等强国间因地缘政治纷争导致的军备竞赛，还是而今为了突破美国全球范围内的反导计划，一些大国在高超音速武器领域的研发竞赛皆属此类别。此外军备竞赛也可能由一些国家的内部因素引发，个别国家的军工、国防等利益集团为了一己私利，不断煽动所谓的外部威胁，游说国会议员与政府部门，增加政府对先进武器系统研发的支持与采购，并推动政府向盟友推销这些武器。这样的行为必然在外部世界引起连锁反应，那些明确感受到这些武器威胁的国家自然要采取相应的反制措施，被迫反应式的军备竞赛就会同步展开。今天的美国国债上限已突破31万亿美元，可每年的军事预算依旧高达8000多亿美元，比美国后面十个国家军费开支的总和还要多，面对如此冷酷的现实，其他国家想不参与军备竞赛都很困难。

其次，军备竞赛是由拓展经济利益、政治影响、扩张势力范围等需要引起的。在全球化的今天，各国利益呈现广泛深度交融态势，植根于世界各地的经济利益客观上需要军事力量的保护，而少数国家的特殊利益甚至需要以军事霸权为基础才能加以实现。若不是美国军事实力世界第一的缘故，人们将很难想象几十个国家争相与美国结盟的现象出现在当代国际政治舞台上，从地中海到波罗的海、从中东到东亚，中小国家与美国结盟只是为了获得一份安全保障，而美国则酷似一只体型硕大的章鱼，利用这些盟友将自己的触须延伸到更远的位置，把更多的地方纳入自己的控制范围，使自己成为这个世界上"不可或缺"的存在，并借此获取更多的利益。

最后，军备竞赛的心理基础——"安全困境"。安全利益是一国最核心的利益，由于国际社会处于无政府状态，各国的安全主要依赖各国自助来实现，这样无论国家大小强弱，都会或多或少存在安全问题。一个国家再弱，如果没有其他国家企图侵犯它，它就是安全的。相反，一国再强大，如果没有打算去争取强权，它就不会对他国构成威胁，也就不会引起他国的安全担忧。正如斯皮克曼所言："如果一个国家同潜在的敌人一样强大，是谈不上真正的安全的。要想得到安全，就必须比对方略强一些。"[1]正是这种要想获得安全就

---

[1] 肯尼思·沃尔兹.国际政治理论[M].胡少华，王红缨，译.北京：中国人民公安大学出版社，1992：2-4.

必须比别国强大得多的惯性思维,成为国家间军备竞赛经久不息的主要原因,并由此引起国际社会普遍存在的"安全困境"。"安全困境"概念最早由美国学者约翰·赫斯(John Herz)在1950年《世界政治》杂志上发表的一篇文章中提出,他认为:"为了从……进攻中获得安全,(国家)被迫攫取越来越多的权力,以避免他国的权力冲击。这又反过来使其他国家感到不安全,并迫使后者做最坏打算。由于在一个充满竞争单元的世界里没有任何国家感到彻底安全,因此权力竞争相继而生,敛聚安全的恶性循环也接踵而至。"[①]

国际政治学界常用"囚徒困境"(prisoner's dilemma)理论来类比这种安全困境。用两个被捕的囚徒之间的特殊博弈模型,来说明为什么在军备竞赛中,尽管竞赛双方或多方都明知合作(相约进行军备控制)对双方都有利时,保持合作却仍然非常困难的道理。囚徒困境假定每个参与者(囚徒)都是利己的,即都寻求自身利益最大化,而不关心另一参与者的利益。参与者某一策略所得利益,如果在任何情况下都比其他策略要少的话,此策略称为"严格劣势",理性的参与者绝不会选择。在没有任何其他力量干预个人决策的情形下,参与者可完全按照自己的意愿选择策略。将个人刑期缩至最短便成了两名囚徒选择策略时的优先考虑,由于被隔绝监禁,彼此都不知道对方将作何选择,而即使给了他们交谈机会,也未必能够相信对方不会反悔。就个人的理性选择而言,检举背叛对方(坦白)所得的刑期,总比沉默(抗拒)要来得短。这样处于困境中的两名理性囚徒会如何做出选择:若对方沉默,背叛会让我获释,所以会选择背叛;若对方背叛指控我,我也要指控对方才能得到较短的刑期,所以也会选择背叛。因此两名囚徒的理性思考都会得出相同的结论,即优先选择背叛,由此背叛便成了两种策略之中的支配性策略。囚徒博弈面临的困境与现实中国家间的安全困境十分相似,下表说明了A、B两国在军备竞赛还是控制领域面临的两难选择。

[①] HERZ J H. Idealist Internationalism and the Security Dilemma[J]. World Politics,1950,2(2):157.

表10-1 安全困境

A \ B	抵赖（军备控制）	坦白（军备扩张）
抵赖（军备控制）	1，1（A、B合作）	-10，10（B不合作）
坦白（军备扩张）	10，-10（A不合作）	-5，-5（A、B不合作）

该表格中的正负数字代表在双方同时实施军备控制、一方实施军备控制而另一方实施军备竞赛以及双方同时实施军备竞赛三种不同情形下，各方所能得到的安全利益的大小。

（三）军备竞赛的种类与影响

人们习惯按照不同标准或角度对军备竞赛进行分类。从军事装备的属性看，可分为常规武器竞赛、核军备竞赛及太空武器竞赛；从竞赛的规模和布局看，可分为全方位军备竞赛和局部领域的军备竞赛；从竞赛的对应方式看，可分为对称性和非对称性军备竞赛；从参与竞赛的对手看，可以分为具有全球影响力的大国间军备竞赛、地区内存在利益冲突的中小国家间军备竞赛、力量悬殊的大小国家间非对称军备竞赛；等等。冷战期间的美苏军备竞赛属于全方位竞赛，双方不仅在海陆空常规武器领域展开激烈竞争，还将重点放在核军备竞赛领域，彼此都企图占据具有压倒性优势的有利位置。持续几十年的核竞赛使得美苏双方在1987年底分别拥有2.6万和2.2万个核弹头，占世界核弹头库存总数的97%，总爆炸量相当于投在日本广岛原子弹的100万倍，可以摧毁地球数十次。同时双方在核武器运载工具、多弹头分导、陆基固定与机动发射、战略核潜艇及战略轰炸机等三位一体核打击能力方面投入大量人力和物力。所谓非对称性竞赛，一般是指综合力量较弱的一方，既无力与对手展开全面竞赛，又不甘束手就擒、坐以待毙，只能选择在某些领域，以较少的投入，研发某类有特殊针对性的武器，以期实现某种非对称遏制对手能力的目的。如没有航母的国家竭力研发代价低廉的反航母武器，以期达到区域拒止的能力；缺少反弹道导弹系统部署能力的国家，可以研发高超音速武器系统，挫败对手谋求打破核平衡的企图；弱国为了避免任人宰割的命运，热衷发展核武器或暗中发展生化武器的努力，也是为了求得一定程度的非对称遏制力。

第十章 军备竞赛与军备控制

尽管军备竞赛的形式与种类不同，但揭示出这样一个残酷现实，即人们必须诚实面对军备竞赛将长期与我们共存的事实。反对军备竞赛，主张裁减军备，维护世界和平，需要人们客观理性评价军备竞赛带来的影响，并在此基础上探究解决之道。应当承认，军备竞赛给人类社会带来的影响巨大、深远且复杂，具体来看主要有以下几点。

1. 推动科技进步，刺激经济增长。军备竞赛最能激发一个国家对科研的投入热情和技术创新动力，20世纪五六十年代的科技革命浪潮，产生的一大批科技创新成果，多半与美苏军备竞赛有关。苏联利用高度集中的计划体制，举全国之力搞军工科技，率先创造了诸如第一颗人造地球卫星、载人飞船等重大技术成果，这一切深深刺激了作为全世界科研中心的美国。为了迎接苏联的挑战，美国制定了庞大的"阿波罗登月计划"，该计划从1961年开始实施至1972年结束，不仅实现了美国在航天航空技术上赶超苏联的政治目的，而且引发了新一轮技术革命，其科研成果还带动了20世纪六七十年代美西方在计算机技术、通信技术、测控技术、火箭技术、激光技术、材料技术、医疗技术等高新技术的全面发展，共获得了3000多项专利，把科技整体水平提高到了一个全新的高度。阿波罗计划实施过程中获得的绝大多数技术被成功应用到商业和民用经济生活领域，极大地改变了世界面貌，促进了社会进步。据估计，阿波罗计划每投入1美元平均可以带来5美元的附带效益。

2. 劳民伤财，造成巨大的财政和资源浪费。美国前总统怀特·艾森豪威尔曾经说过："每一把做完的枪支，每一艘下水的战舰，每一支点燃的火箭，根本来说，都是从那些又穷又饿、饥寒交迫的人那里偷来的。这个武装的世界花掉的不仅仅是金钱，还有劳动者的汗水、科学家的天才和孩子们的希望。"[1]有研究显示，一架B-52轰炸机每小时要消耗1.2万升航空燃料，而一架F-15战斗机每小时要消耗7000升航空燃料。根据英国杜伦大学和兰卡斯特大学研究人员获得的数据，2017年，美国军方每天需要采购269 230桶石油，当年释放的二氧化碳总量超过2500万吨[2]。这样暴殄天物式的军备活动不仅消耗

---

[1] 康威·汉得森.国际关系：世纪之交的冲突与合作[M].金帆，译.海口：海南出版社，2004：321.

[2] 英媒：美军成全球"头号环境污染者之一"[EB/OL].光明网，2021-11-09.

大量的石化资源，造成严重的环境污染，也带来沉重的财政负担。尽管军备竞赛客观上具有促进技术创新、刺激经济发展的附带效用，但其负面效应更为明显。首先，不是所有军备竞赛参与者都具有强大的技术创新能力，绝大多数没有原始创新或制造能力的国家，只能依赖向少数军火出口大国购买必要的武器装备，这就需要这些国家花费大量外汇资源，背负沉重的财政与经济负担，挤占民生开支和发展资金；其次，一些国家虽有科技创新能力，拥有生产先进武器的技术，却无法将这些军用技术应用到商业经济领域，带来改善民生、促进经济发展的附带效应。苏联就是典型的例子，它的工业经济就以军工为主，军工体制是苏联制造业的核心，加上苏制武器在世界军贸市场上的占比远低于美国，生产越多带给苏联的财政负担就越重。

3. 加剧国际紧张局势，增加战争的可能性。1963年6月10日，肯尼迪在美利坚大学演讲中谈及军备控制时说："具有嘲讽意味但准确无误的事实，即两个最强大的国家恰是面临最大毁灭危险的国家……即便在冷战中，我们两国也承受着最沉重的负担……陷于危险的恶性循环，一方的怀疑引出另一方的怀疑，新的武器招来相反的武器。"[1] 一国军备扩张必然增加敌对国家或潜在竞争对手的担心，后者为了避免国家主权与安全利益受损，通常会不得不以对称或非对称方式增加军备。例如，小布什总统退出反导条约，执意在全球范围内部署反导拦截系统，企图打破"相互确保摧毁"的核平衡举措，直接刺激俄罗斯加大对高超音速武器的研发投入。尽管俄军费开支远低于美国，难以承受与美国展开全方位军备竞赛的资源投入，但也绝不想坐以待毙，在一些关键技术领域展开非对称军备竞赛就成了不二选择。大国尚且如此，中小国家为了确保自身安全，抗拒居心叵测的外部势力，在力所能及的范围内发展非对称战力亦属情非得已。当国际社会一味指责朝鲜核计划危害地区与世界和平时，也应该学会换位思考，厘清朝鲜这样做的动机。只有从根本上缓解东北亚的紧张局势，确保朝鲜作为主权国家应有的国际地位，解除朝鲜的安全担忧，才是半岛"去核化"成功的关键所在。

---

[1] 雷蒙德·加特霍夫.冷战史：遏制与共存备忘录[M].伍牛，王薇，译.北京：新华出版社，2003：158.

二、军备控制中的合作

（一）限制武器的目的及存在的障碍

当代社会的人们普遍认为，实行军备控制、限制武器的数量与质量的好处十分明显。首先，是有利于实现和平。尽管对于武器限制能否减少战争存在争议，如摩根索就曾说过："人类不会因为有了武器才打仗，他们之所以拥有武器，是因为他们认为有打仗的必要。拿走他们的武器，他们也会打仗，或者赤手空拳打，或者掌握新武器来打仗。造成战争的是人们的思想状况……而渴望武器和拥有武器不过是一种症状。"[1] 但与此同时，人们又普遍认同这样一个事实，即使用武器杀人比赤手空拳杀人要容易得多，使用先进武器杀人比使用落后武器杀人效率更高，拥有更多更先进的武器更容易诱发人们的战争冒险欲望。因为主动挑起战争的一方多数都是在认定己方军事实力远超对手的主观判断下进行的。二战以来，美国凭借世界上最强大的战争机器，发动了一次又一次战争，可人们发现美国选择的作战对象，无一例外都是一些比美国弱小得多的国家。因此，在传统智慧的指引下，人们认识到武器控制协议虽不能阻绝战争爆发，但至少可以在一定程度上缓和紧张气氛，延缓战争的爆发或降低战争的烈度与危害。其次，是可以减轻财政负担。特朗普曾要求所有北约国家须将每年军费支出提高到GDP的2%，而常识告诉人们军费支出除了能增加一丝虚幻的安全感、给某些特殊利益集团带来好处外，不会给人民带来任何福利，枪炮子弹永远不能当作面包黄油供人食用，只会挤占用于民生改善的有限资源。控制或裁减军备显然有利于增进各国人民的福祉，提高人民的生活质量，并能减轻政府的财政负担。最后，军备控制可以在一定程度上降低国际与地区紧张局势，纾解彼此间的相互猜疑与敌意，从根本上解决国家间的"安全困境"。

国际军备控制的历史可以追溯到19世纪末，因沙皇尼古拉二世的倡议，第一次"万国和平会议"于1899年5月18日—7月29日在海牙举行，参加会议的有26个国家。会议宣称其主要目的是限制军备与保障和平，但颇具讽刺

---

[1] 汉斯·摩根索.国际纵横策论——争强权，求和平[M].卢明华，时殷弘，林勇军，译.上海：上海译文出版社，1995：514.

意味的是，会议很快便偏离主题，与会各国将一场军备控制的和平会议硬生生开成了一次制定交战游戏规则的会议，代表们在试图限制现代科技在战争中的使用，以减少爆发大战的风险和战争的残酷性议题上达成一系列共识，在和平解决国际争端和交战法规编纂方面签订了3项公约和3项宣言，即《和平解决国际争端公约》（1899年海牙第1公约）、《陆战法规和惯例公约》（1899年海牙第2公约）及附件《陆战法规和惯例章程》、《关于1864年8月22日日内瓦公约的原则适用于海战的公约》（1899年海牙第3公约）、《禁止从气球上或用其他新的类似方法投掷投射物和爆炸物宣言》（1899年海牙第1宣言）、《禁止使用专用于散布窒息性或有毒气体的投射物的宣言》（1899年海牙第2宣言）、《禁止使用在人体内易于膨胀或变形的投射物（外壳坚硬而未全部包住弹心或外壳上刻有裂纹的子弹）的宣言》（1899年海牙第3宣言）。

古罗马有句格言："如果想要和平，就要准备战争。"控制军备有利于和平的道理人尽皆知，可实际操作起来困难重重，历史上绝大多数关于裁军的谈判最后都无疾而终，只有很少情形下才能达成协议，其根源就在于人们对这个危险重重的世界充满担心和国家间彼此缺乏信任，单一国家只能秉持底线思维，从最坏处着想，坚守安全靠自助（self-help）的底线，将国家安全牢牢掌握在自己手中。此外，裁军谈判中的许多技术问题也是阻碍军控协议达成的最大障碍，当人们坐到谈判桌前严肃讨论具体裁军问题时，马上就会面临一系列无法克服的技术问题。比如A、B两国各自可以拥有多少军费开支？各国军力大小的权力比如何计算？是按国土面积还是按人口数量确定各国军费比？攻击性武器与防御性武器需不需要进行差别衡量？战略性和战区性武器如何确定及如何查证？盟友的武装力量要不要纳入以及怎样纳入其中？一国拥有的某类处于绝对优势的武器系统应不应该纳入其中？诸如此类的一系列问题都会成为追求本国"绝对安全"的谈判方无法逾越的技术障碍。因此，历史上绝大多数裁军谈判多以失败告终，未来裁军谈判也必将困难重重。

（二）军备控制的类型

军备控制是为了建立一定程度的军事稳定性而对军备竞赛实行限制的行

为,其具体方法有:(1)限制武器的数量。对武器施加高于、等于或低于现有水平的数量限制,是最为普遍的军备控制方法,如1922年的《美英法意日五国关于限制海军军备条约》规定了五国战列舰总吨位限额,是典型的军备数量限制条约。(2)限制武器的种类。有关国家就禁止生产或保有某类武器而达成的军备控制协定,如1987年苏美双方签署的《中程核力量条约》(以下简称《条约》)便是其中之一。根据该《条约》规定,美苏双方将全部销毁和彻底禁止射程为500千米至1000千米的中短程导弹及射程为1000千米至5500千米的中程导弹,包括搭载常规与核弹头的导弹、导弹的陆基发射器,双方销毁2692枚导弹。《条约》还规定为监督条约的遵守,缔约方都拥有就地核查的权利。(3)限制某类武器的研究、开发。这是一种军事"计划生育法",使某类武器永远不会进入发展和测试阶段,如1968年签署的《不扩散核武器条约》明确规定:有核国家不得向无核国家直接或间接转让核武器或核爆炸装置,不帮助无核国家制造核武器;无核国家保证不研制、不接受和不谋求获取核武器;停止核军备竞赛,推动核裁军;把和平核设施置于国际原子能机构的国际保障之下,并在和平使用核能方面提供技术合作。(4)禁止特定区域的武器部署。一些武器系统被禁止部署到特定区域,如大气层、南极、海床等。(5)限制武器的转让或扩散。为了防止一些武器转让给地区及国际安全带来动荡与风险,有关国家寻求达成限制某类武器系统转让的协定,除核武器不得扩散外,弹道导弹及其技术也因美国的极力推动而被纳入其中。战后国际社会在防止大规模杀伤性武器扩散领域也曾取得一些进展。包括防止核、生物和化学武器的垂直和水平扩散,如1963年的《部分禁止核试验条约》、1968年的《不扩散核武器条约》、1972年的《禁止生物武器公约》、1987年的《导弹及其技术控制制度》、1993年的《化学武器公约》、1996年的《全面禁止核试验条约》等。此外在联合国框架下,常规武器的买卖与转让也需要登记在案被纳入监督之中,向动荡地区或处于内战状态下的武装团体出售武器会加剧人道主义灾难,故此任何基于经济或政治动机对该区域的武器转让行为都会遭到国际舆论的谴责。(6)建立军事热线。军事热线是指两国军事部门为解决双方军事领域可能出现的突发性问题而建立起来的、用于管控突发风险的沟通机制，它由一系列保密通信设备和操作人员的人机组合而成，是构建两国军事互信机制的重要步骤。现代军事热线始于古巴导弹危机之后，起因在于危机期间美苏两国处于战争边缘，但美苏两国领导人——肯尼迪与赫鲁晓夫之间的信息传达速度太慢，一方发出的信息需要6个小时才能抵达对方阵营，而等到双方领导人的命令传至前线时，战争可能早已发生。为了避免因误判或错误决策而爆发核战争，美苏两国领导人意识到双方建立直接联系渠道的重要性和必要性，两国遂于1963年6月20日在日内瓦签署《建立热线机制备忘录》。美苏双方同意建立直接联系渠道，在紧急状况或特殊事件发生时，保证快速提供对方的相关信息。两国政府相互提供对方有线、无线电报接收设施，热线从华盛顿的白宫及五角大楼开始，经英国的伦敦、丹麦的哥本哈根、瑞典的斯德哥尔摩、芬兰的赫尔辛基，最后同苏联莫斯科的克里姆林宫接通。确切地说，此时的军事热线应是一条元首热线，但由于冷战时期美苏两国在军事领域的尖锐对峙，因此它更多地发挥了军事热线的作用。军事热线为大国间消除误会赢得了时间，也为热点地区缓和局势提供了机会。（7）通过军事交流与谈判建立互信机制。国际政治的实践证明，国家间关系的紧张乃至冲突的爆发，很多是缘于彼此的互不信任。而建立稳定的交流机制，通过持续不断的沟通谈判可以在一定程度上化解分歧，了解各自的真实意图，增加彼此间的信任度。缓和军备竞赛，纾解安全困境，实现军备控制；避免战略误判，防止冲突升级，实现危机管理；营造安全环境，提高合作效率，促进合作共赢。（8）单方面裁军。单方面裁军是一国向国际社会主动发出的和平信号，也是向战略竞争对手释放出缓和关系的善意，如果能因此获得其他国家的正面回应，将有助于缓解国家间紧张的关系。

世界范围内真正付诸实践的军备控制活动始于一战后，1922年的华盛顿会议达成了人类史上第一个多边军控条约——《限制海军军备条约》。此后在国联主导下召开了一系列裁军预备会议，尽管无疾而终，但由此开启了国际裁军活动的历史新篇章。二战结束后，在大国军备竞赛日趋激烈和大规模杀伤性武器在数量和质量双重扩散的背景下，国际社会军备控制活动变得更加活跃，并在诸多领域取得了一系列成果，如下表所示：

表10-2 军备控制条约表

条约	内容	日期
《限制海军军备条约》	限制美、英、日、法、意海军的主力舰吨位	1922
《日内瓦议定书》	禁用毒气和细菌武器	1925
《部分禁止核试验条约》	禁止大气层、太空和水下核试验	1963
《不扩散核武器条约》	禁止出售、给予或接受核武器、物质及技术	1968
《禁止生物武器公约》	禁止生产和拥有生物武器	1972
《第一阶段限制战略武器条约》	限制苏美战略武器	1972
《反弹道导弹条约》	限制苏美试验和部署反导系统	1972
《限制地下核武器试验条约》	苏美地下试验为15万吨	1974
《第二阶段限制战略武器条约》	限制苏美战略武器	1979
《中程核力量条约》	消除苏美射程500千米~5500千米导弹	1987
《导弹及其技术控制制度》	限制导弹技术的转让	1987
《欧洲常规武装力量条约》	削减欧洲常规军事力量	1992
第一阶段《削减战略武器条约》	削减苏美战略核力量	1991
第二阶段《削减战略武器条约》	削减苏美战略武器	1993
《化学武器公约》	禁止2005年后拥有化学武器	1993
《全面禁止核试验条约》	禁止所有核试验	1996
《禁止杀伤人员地雷公约》	禁止生产、使用、拥有和转让地雷	1996
《莫斯科条约》	削减美俄战略核力量	2002

注：本表根据第一次世界大战后世界各国达成的重大军备控制条约的统计数据绘制而成。

上述军备控制条约，尽管存在这样那样的缺陷，对防止军备竞赛、缓和国际紧张局势的实际作用有限，但它们存在的意义依旧不能忽视。至少可以说明，只要人们拥有限制军备竞赛、维护世界和平的强烈愿望，秉持共同、

243

合作、综合与可持续的安全观，摒弃我赢你输的零和思维，就一定能够在管控分歧、限制军备领域达成更多的军控协议，为最终实现人类永久和平创造条件。

（三）现有的武器控制机制存在的必要和缺陷

1. 核不扩散体制

核不扩散体制是指国际社会为了预防核战争而制定的各种公约、协定及成立的各类机构所形成的全部机制，具体包括：有关核裁军的条约，如《美苏关于销毁中程和中短程导弹条约》等；关于限制核武器空间部署及有关无核区的条约，包括《外层空间条约》等；限制核武器发展的条约，包括《全面禁止核试验条约》等；有关无核国家安全保障问题的文件；国际出口控制与核查机构，包括核出口委员会、核供应国集团（Nuclear Suppliers Group）、国际原子能机构（International Atomic Energy Agency）等。核不扩散体制的核心部分是由《不扩散核武器条约》（Treaty on the Non-Proliferation of Nuclear Weapons）和《全面禁止核试验条约》（Comprehensive Nuclear Test Ban Treaty）为主构成的。目前世界上绝大多数国家签署了这两个条约。

（1）《不扩散核武器条约》最早由爱尔兰于1959年和1961年提出的要求有核武器国家不向无核国家提供核武器和"防止核武器在更大范围扩散"的议案，后经联合国大会表决通过。1968年1月7日，英国、美国、苏联和其他59个国家分别在伦敦、华盛顿和莫斯科签署《不扩散核武器条约》（以下简称《条约》）。该《条约》后经联合国大会批准于1970年3月5日正式生效，有效期为25年。1995年5月11日，联合国《不扩散核武器条约》审议和延长大会以协商一致的方式决定无限期延长该《条约》。至2010年，缔约国已增加到189个，但包括印度、巴基斯坦、以色列在内的一些"核门槛"国家一直拒绝加入该《条约》。该《条约》明确规定，所谓核国家，必须是1967年1月1日前爆炸核装置、掌握核武器的国家，允许这些国家保留核武器，即中国、美国、俄罗斯、英国、法国五个国家为合法的有核国家。该《条约》的宗旨是防止核扩散，推动核裁军和促进和平利用核能的国际合作。其主要内容是：有核国家保证不直接或间接地把核武器转让给非核国家，不援助非核国家制造核武器；非核国家保证不制造核武器，不直接或间接地接受其他国家的核武器转让，不寻求或接受制造核武器的援助，也不向别的国家提供这种援助；停止核军备竞赛，推动核裁军；把和平核设施置于国际原子能机构的国际核保障之下，并在和平使用核能方面提供技术合作。

（2）《全面禁止核试验条约》始于1954年印度总理尼赫鲁（Jaraharlal Nehru）在联合国大会上提出的一项建议。1963年苏美英等国家签署《部分禁止核试验条约》，全称《禁止在大气层、外层空间和水下进行核武器试验条约》。1994年1月在日内瓦裁军会议上正式启动了《全面禁止核试验条约》（以下简称《条约》）的谈判，1996年9月，联合国大会以158票赞成、3票反对、5票弃权通过《条约》文本。《条约》规定：缔约国将做出有步骤、渐进的努力，在全球范围内裁减核武器，以期实现消除核武器，在严格和有效的国际监督下实现全面彻底核裁军的最终目标；缔约国承诺不进行任何核试验爆炸和任何其他核爆炸，承诺其管辖或控制的任何地方禁止和防止核爆炸，并承诺不导致、鼓励或以任何方式参与任何核武器实验爆炸。《条约》规定在44个具有核能力的国家批准后的第180天生效，由于迄今仍有10多个国家尚未签署或批准，故《条约》尚未生效。该《条约》的签订标志着国际社会的长期努力取得了阶段性成果，朝着全面禁止和彻底销毁核武器的目标迈出了重要一步。但该《条约》也明显存在着不足之处，如未禁止核武器国家为保证其核武器的安全和可靠性而进行的非爆炸性核试验，未包括核裁军和不首先使用核武器内容，没有就核裁军并最终消除所有核武器制订明确时间表，核查条款带有明显的不公正和歧视性等内容，使得《条约》对于广大无核国家极不公正，带有明显的"按我说的做，但不要像我那样做"的伪善性。

对于核不扩散机制，中国政府的立场既尊重有核国家存在的客观现实，又充分理解并代表广大无核国家的切身利益和关切。中国主张有核国家应该放弃核威慑政策，拥有庞大核武库的国家应率先并继续大幅度削减其核武器；有核国家应将部署在外的核武器撤回本国，承担在任何时候和任何情况下不首先使用核武器的义务，无条件地承诺不对无核武器国家和无核区使用或威胁使用核武器，并尽早就此缔结有约束力的国际法律文书；有核国家应承诺支持建立无核区的主张，尊重无核区国家与人民的意愿，承担相应的义务；

各国均不发展、不部署外太空武器系统和破坏战略安全与稳定的导弹防御系统；通过谈判缔结关于全面禁止和彻底销毁核武器的国际公约。

自广岛与长崎经历核武器爆炸之后，人类对核武器应当持有足够的敬畏之心。广大无核国家承诺不发展或拥有核武器，应该以有核国家放弃攻击性的核威慑政策和逐步裁减并最终彻底销毁核武器为条件。不是所有无核国家都有无限等待的耐心，当国际社会用制裁强迫伊朗、朝鲜等国家遵守核不扩散机制时，也应该明白，这不是解决问题的根本途径。

2. 生化武器公约

生化武器（Biochemical Weapon）是指利用生物或化学制剂达到杀伤敌人的武器，它包括生物武器和化学武器。生物武器是指以细菌、病毒、毒素等使人、动物、植物致病或死亡的物质材料制成的武器。化学武器作为一种大规模杀伤性武器，至今仍然对人类构成重大威胁。在人类战争史上，利用生化武器作为攻击手段的记载有很多，例如：1346年鞑靼人就曾在与克里米亚的战争中利用鼠疫攻入卡法城；18世纪英国侵略军在加拿大用赠送天花患者使用过的被子和手帕的办法在印第安人部落中散布天花，使印第安人不战而败，留下殖民统治者可耻的记录；1915年4月22日，德军在比利时的伊普尔战役中首次大规模使用毒气；二战期间，臭名昭著的731部队研制的细菌武器被日军在中国战场上广泛使用；20世纪六七十年代的越战期间，为了不让遮天蔽日的森林成为越南游击队的天然屏障，美国曾喷洒了7600万升的落叶剂，这种化学试剂的后遗症在当地民众身上延续了半个多世纪，致使当地新生儿缺陷率高达三分之一。

在战争中使用有毒的化学物质，会给参战士兵带来巨大痛苦，有违人道主义精神，故历来遭到世界各国人民的反对。早在1899年，海牙国际和平会议就通过了《禁止使用以散布窒息性或有毒气体为唯一目的的投射物宣言》；1925年的日内瓦会议，再次通过《禁止在战争中使用窒息性、毒性或其他气体和细菌作战方法的议定书》。然而，化学武器的发展历史证明，国际公约并未能限制这种武器的发展，更没能限制它在战争中的使用，化学武器成了一种禁而不止的大规模杀伤性武器。1992年第47届联合国大会一致通过《禁止化学武器公约》(以下简称《公约》)，并于1997年正式生效，《公约》主要内容是签约国将禁止使用、生产、购买、储存和转移各类化学武器，所有缔约国应在2007年4月29日之前销毁其拥有的化学武器。2003年，美国曾以伊拉克拥有化学武器为名发动伊拉克战争，可时至今日，美国却是缔约国中唯一尚未销毁化学武器的国家。美国在化学武器问题上的"双标"所产生的负面效应，加上国际军控组织与核查手段滞后于生化武器研制技术的发展和扩散，成为少数国家秘密研制和生产生化武器的核心推手。随着军备竞赛加剧，特别是美国发展导弹防御系统使原有维护战略平衡与稳定的基石不复存在，缺少大规模杀伤性武器的国家面临的战争威胁日益严重，没有核武器的国家发展化学武器以求自保的心理需求变得越发强烈。

《禁止细菌（生物）及毒素武器的发展、生产、储存以及销毁这类武器的公约》又名《生物武器公约》(以下简称《公约》)于1975年正式生效，迄今已有超过183个国家加入该《公约》。该《公约》主要内容是：缔约国在任何情况下不发展、不生产、不储存、不取得除和平用途外的微生物制剂、毒素及其武器；也不协助、鼓励或引导他国取得这类制剂、毒素及其武器；缔约国在公约生效后9个月内销毁一切这类制剂、毒素及其武器；缔约国可向联合国安理会控诉其他国家违反该《公约》的行为。但由于美国的阻挠，《公约》至今没能通过确保成员国履行义务的必要核查机制，使得该《公约》的实际效果大打折扣。2022年3月10日，俄罗斯军方公布在乌克兰境内缴获的文件，揭露美国在乌克兰境内开展的生物武器研究，其中包括研究"通过候鸟传播高致病性禽流感病毒"，以及"能够从蝙蝠传播给人类的细菌和病毒等病原体"等多个项目。俄联邦安全会议秘书尼古拉·帕特鲁舍夫（Nikolai Patrushev）在接受《生意人报》采访时说："在全球范围内，美国控制的生物实验室就像酵母发面似的越来越多，其中绝大多数位于俄罗斯和中国附近。……美国给我们的说法是，这些在两国边界附近的实验室是用于和平目的的卫生防疫中心，但它们不知为何更像美方数十年来一直在研究军事生物学的德特里克堡基地。需要关注的是，在这些美国生物实验室邻近地区经常暴发当地非典型疾病。"①

2022年3月11日，中国常驻联合国代表张军在安理会发言时指出："美国在全球有336个实验室，这是美方向《禁止生物武器公约》缔约国大会提交的数据。"要求美方就这些实验室的研究及生物安全问题做出全面澄清，并接受多边核查。既然美方是用于和平目的的研究项目，为何不愿接受国际社会的核查以正视听，消除人们的疑虑？国际社会有理由质问，一个每年军费开支达8000多亿美元、拥有最强核战备力量的超级军事大国，为何还要利用一流科技如此执着地研发早被人类文明所摒弃的生化武器？

3. 导弹科技控制体制

导弹及其技术控制制度（Missile Technology Control Regime，MTCR）创立于1987年，是美国等西方七国建立的集团性出口控制制度，旨在防止可运载大规模杀伤性武器的导弹和无人驾驶航空飞行器及相关技术的扩散。与"核供应集团"（Nuclear Suppliers Group，NSG）、"澳大利亚集团"（Australian Group）（防止生化武器扩散）和"瓦森纳安排"（The Wassenaar Arrangement on Export Controls for Conventional Arms and Dual-Use Good and Technologies）共同构成全球四大出口管控机制。

1987年4月16日，在美国的倡导下，美国、加拿大、法国、联邦德国、意大利、日本和英国西方7国经过秘密磋商，签订了《导弹及其技术控制制度》（以下简称《制度》）。该《制度》不是一项正式的国际条约，而是一份关于限制导弹和导弹技术、零部件出口的意向性文件，对成员国没有法律约束力，各成员国可根据本国的政策和立法参照实施、自愿遵守。该《制度》作为导弹领域的多国出口控制机制，在延缓导弹及相关技术扩散方面发挥了一定的积极作用，也有助于防止受控导弹和技术落入恐怖组织和个人之手。MTCR控制的最敏感项目，包括主要参数超过300千米射程、500千克载荷的完整火箭系统（包括弹道导弹、空间运载火箭和探空火箭）和无人驾驶航空飞行器系统（包括巡航导弹、靶机和侦察机），以及上述系统的生产设施、主

---

① 柳玉鹏. 美国在全球建N多实验室，搞生物武器？中方呼吁美切实回应国际社会关切［EB/OL］. 环球网，2021-04-09.

要分系统（包括火箭各级）、再入飞行器、火箭发动机、制导系统及弹头机制。这类项目在转让时不论目的如何，均应加以特别限制，适用"强烈推定不予转让"原则。

4.《特定常规武器公约》

《特定常规武器公约》全称为《禁止或限制使用某些可被认为具有过分伤害力或滥杀滥伤作用的常规武器公约》（以下简称《公约》），该《公约》于1981年4月10日在纽约开放签署，并于1983年12月2日生效。《公约》旨在禁止或限制使用某些被认为具有过分伤害力或滥杀滥伤作用的常规武器，涵盖了地雷、饵雷、燃烧武器、激光致盲武器以及战争遗留爆炸物的清除。《公约》包括序言和11条正文，并附有5个议定书。《公约》主要内容是：武装冲突各方选择作战方法和手段的权利并非毫无限制，禁止使用可能引起过分杀伤或不必要痛苦的武器、弹药和作战方法，务必使平民和战斗人员无论何时均受人道原则、公众良知和既定惯例的保护。《公约》包含5个议定书:《第一议定书》即《关于无法检测的碎片的议定书》，禁止使用以碎片伤人且碎片在人体内无法用X射线检测的任何武器;《第二议定书》即《禁止或限制使用地雷（水雷）、饵雷和其他装置的议定书》及其《技术附件》，对地雷（水雷）、饵雷等武器的使用作出限制；1996年得到修订，进一步限制地雷的使用和转让，规定所有可杀伤人员的地雷须具有可探测性，所有"遥布"（可撒布）地雷须具有自毁和自失能功能;《第三议定书》即《禁止或限制使用燃烧武器议定书》，对燃烧武器的使用作出规定;《第四议定书》即《激光致盲武器议定书》，禁止使用以致人眼永久性失明为作战目的的激光武器;《第五议定书》即《战争遗留爆炸物议定书》，主要包括清除"战争遗留爆炸物"等战后一般性补救措施和提高弹药可靠性等一般性预防措施。

5. 常规武器管理体制

1991年12月9日，第46届联合国大会通过了题为《军备透明》的第46／36L号决议，该决议认为增加军备透明度可以加强信任、减缓紧张局势、加强地区及国际和平与安全，有助于制约军备生产和武器转让；要求联合国秘书长在纽约联合国总部设立常规武器登记册，以登记国际武器转让的数据以及成员国提供的军事资产、武器采购与生产的有关政策情况；呼吁成员国每年向联合国秘书长提供上一年度列入登记范围的常规武器进出口情况，包括赠予、信贷、易货或现金支付等各种方式的武器转让。该决议在其附件中，将作战坦克、装甲战车、大口径火炮、作战飞机、攻击直升机、舰艇、导弹或导弹发射系统7类武器纳入登记范围，规定了每类武器的技术参数。1992年常规武器销售登记制度经过25年的讨论后正式付诸实施。

三、国际安全观的重建

军备竞赛连绵不绝、军备控制踯躅不前的根本原因，就在于人们普遍存在的不安全感。为了消解这种不安全感，实现普遍且永久和平，人类进行了持之以恒的艰难探索，努力提出各种不同的解决方案。尽管迄今为止提出的方案没有一项是完美无缺并得到全世界一致认可的，但这样的探索本身既是一个不断摒弃旧观念、构建新思维的过程，也是一个久久为功、凝聚共识的过程，意义极其深远。

（一）维持大国均势以实现和平

《大英百科全书》中关于均势的定义是："国际大家庭各成员之间恰好维持平衡的局面，借以防止任何一个成员变得十分强大，以对其他国家贯彻其意志。"简而言之就是"你不应该变得过分强大"。在近代国际关系史上，奉行均势外交最娴熟、最成功的当属英国。丘吉尔曾说过："英国的政策并不考虑究竟是哪个国家企图称霸欧洲。问题不在于它是西班牙，还是法兰西君主国，或是法兰西帝国，是德意志帝国还是希特勒政权。英国的政策与国家和统治者毫无关系；它唯一关心的是谁是最强大或潜在的称霸暴君。"[1]可见均势安全理念是一种从对抗、遏制、均衡等角度提供解决传统安全问题的思路。历史上，国家间特别是大国间的力量平衡有利于维护和平的观念曾得到普遍认同，特别是近代欧洲的政治精英们对此更是笃信不疑。可国家间力量此消彼长与发展不平衡的规律，意味着任何均势都是相对且短暂的，均势天平的两端平衡面临随时被打破的危险，因此单纯用均势来维持的和平必定难以持久。此

---

[1] CHURCHILL W S. The Second World War: The Gathering Strom [M]. Boston: Houghton Mifflin Company, 1948: 207-208.

外，奉行均势外交的国家多为大国或至少为地区强国，有些国家的根本目标不是维护均势，而是最大限度地追逐自身利益或谋求霸权，只要战争能够带来好处，和平就不是他们追求的目标。至于众多被迫卷入均势外交的弱小国家，由于它们缺乏在大国间纵横捭阖的能力或讨价还价的筹码，极易沦为大国均势外交的牺牲品。欧洲近代史上针对波兰的三次瓜分、维也纳会议上的补偿原则以及英法在慕尼黑会议上对捷克斯洛伐克的出卖，无不以牺牲弱小国家的利益为代价。因此均势制衡本质上是一种强权政治，那里没有道德信义，没有真诚友谊，只有尔虞我诈和背信弃义。因此，在均势外交的实践中，安全焦虑必将如影随形地伴随国家间关系的始终，无论国家大小，没有人能够真正感受到绝对安全。

（二）集体安全思想与实践

集体安全是指由众多国家为维护本国安全和世界和平做出的集体相互保障的安排。在这种集体安全机制下，集体中的所有单个成员都须本着"人人为我，我为人人"的协作理念，彼此约定侵略者进攻集体安全体系中任何一个国家即被视为侵犯所有国家。在正常情况下，由于集体的力量总是要强于单一国家的力量，能使任何潜在的入侵行为面临巨大风险，用理性的力量遏制非理性冲动，从而让世界各国和平相处，永享安宁。集体安全理论的代表人物克劳德（Ennis Claude）认为，集体安全有两层含义：其一，建立稳定有效的集体安全保障体系，以集体的优势实力制止战争和侵略行为；其二，不仅保障大国的利益，而且确保弱小国家的独立主权和安全，这是集体安全能够实现的关键。集体安全体系一向被看作全球性的，其成员具有世界性和全球责任感。20世纪前，在国际关系中主要实行单独安全保障体系，即各国主要依靠自身力量或与别国结盟以保障安全，这种体制是以大国或大国军事集团的对抗和牺牲弱小国家利益为特征的，结果酿成了两次世界大战。集体安全主张正是在预防世界大战的背景下产生的，国际联盟和联合国的建立，是迄今为止国际社会所做的实现集体安全的两次重大努力。

成立国际联盟是建立集体安全的一次重要尝试。一战期间，美国总统威尔逊为实现"领导世界"的对外政策目标，竭力抨击传统的欧洲强权政治与均势外交，率先倡导集体安全。他以筹建全球性的集体安全保障体系——国际联盟为中心，提出自由航行、废除秘密外交等充满理想主义色彩的新外交思想，并将这些作为"永远结束战争"，缔造和平世界的基本原则。1920年国联成立后，由于美国国会的拒绝，苏联和战败国德国又被人为排除在外，使其从一开始就丧失了覆盖全球的普遍性。尽管国联盟约规定，一个会员国违反集体安全而诉诸战争，各国可予以制裁直至使用武力。但判定一国是否有侵略行为，以及采取何种制裁手段，需要国联按照全体一致原则决定；且国联的决议也只具有劝告和建议性质，对成员国不具有强制约束力。国联成立的宗旨是建立一种以集体的优势力量遏制单个国家战争冲动的机制，但拒绝法国提出的建立联合参谋部，由各国提供一定数量的军队供其统一指挥的提议。特别具有讽刺意味的是率先倡导建立国联的威尔逊政府居然也反对以武力遏制战争的提议，强调用道义的力量维护和平。当20世纪30年代法西斯侵略威胁迫在眉睫时，苏联开始大力推进集体安全政策，参加了国联，并积极倡议建立地区性的欧洲集体安全保障体系，签订有关国家间互助防御条约，但均未能实现。二战的爆发使国联这个维护和平的国际组织声名狼藉，威尔逊倡导的集体安全主张也因此被西方学术界视为理想主义的"乌托邦"。

  国联的失败一度使集体安全思想遭到普遍怀疑，可随着二战的爆发和世界反法西斯统一战线的建立，集体安全的思想再度复活。战时的美苏英三国摒弃意识形态分歧，在华盛顿附近的敦巴顿橡树园进行了长时间的艰苦谈判，为建立战后维护和平的集体安全组织——联合国奠定了基础。1945年，联合国这个20世纪以来最具代表性的全球性集体安全保障组织正式建立。在汲取国联失败教训的基础上，《联合国宪章》明文规定，禁止使用武力作为解决国际争端的工具，只有在遭到他国武力进攻时，才可行使单独或集体自卫权。与国际联盟比较，联合国的集体安全保障制度更为有力，安理会的决议具有普遍约束力，它可以采取各种制裁措施，甚至包括使用武力来维护和平。与国联不同，联合国将维护和平与安全的责任交给了包括五大常任理事国在内的15个安理会成员，其中只有五大常任理事国享有否决权，在实质性问题上实行大国一致的投票原则。因此，从理论上说，只要是安理会达成的决议，在实践中被有效付诸实施的可能性就会很高。然而随着冷战的爆发和东西方冲突的加剧，安理会常任理事国在许多重大问题上常常难以做出一致决议，否决权的频繁使用，曾使联合国的集体安全保障功能几近丧失。20世纪70年代以后，随着第三世界国家在联合国的力量增强和东西方关系的缓和，安理会在协调中达成一致的决议数量明显增多，开始在促进地区争端的和平解决方面发挥越来越积极的作用。

需要指出的是，战后成立的多个区域性军事集团是否属于集体安全保障的范畴，在国际上一直存有争议。联合国在制定宪章时，确立了全球性的集体安全保障原则，但美国坚持把承认区域性协定及其机构的作用列入宪章。据此，美国将美洲国家组织、北大西洋公约组织和东南亚条约组织等都纳入全球集体安全保障的范畴，随后苏联也同样建立了华沙条约组织。本质上，这类组织只是地区性政治军事集团，属于单独安全保障体系，与历史上传统的军事结盟并无区别，是对以联合国为中心的集体安全体系的背离，是制造国际紧张气氛的主要推手，也是少数大国手中肆意干涉他国内政的工具。

尽管集体安全保障机制在理论上意义非凡，但从战后数十年的实践看，国际社会仍未完全摆脱大国强权政治的影响，少数大国以区域防务组织为依托，以同盟外交为手段，经常凌驾于联合国之上，造成联合国维护和平与安全活动的实际效用距离全球性集体安全保障的目标和要求相去甚远。从国联到联合国的集体安全实践证明，集体安全思想在理论上可行，在实践中却举步维艰。

（三）新安全观

新安全观又称"非传统安全观"，是对冷战后期开始出现的一些不同于传统安全观的新安全观念的统称。自20世纪70年代以来，一些国家基于对冷战期间各国传统安全观念的反思，相继提出一系列有创意的新安全思想。

1. 综合安全观

20世纪70年代末，日本政府在《国家综合安全报告》中第一次系统阐述了综合安全观，后又于20世纪80年代初提出了"综合安全保障战略"，认为要防止和对付诸如战争、能源危机、资源危机、自然灾害等方面的威胁，必须将经济、政治、军事、外交等多种手段结合在一起，发挥其综合作用。这一以综合安全代替传统军事安全的思想,曾在20世纪80年代获得过一些东盟国家的认同,冷战结束后得到更多国家和研究人员的支持,并在全球范围内产生了广泛影响。进入20世纪90年代以来,最早提出该安全观的日本却将这一战略当成实现大国梦想的工具,充分利用日本在经济、科技、金融领域内的优势,并将它们转化为政治影响力,以实现其成为政治大国的目标,人们从其在对外战略中始终坚持以日美同盟为中心的立场,便可以看出它并没有真正跳出传统的冷战思维。

2. 共同安全观

共同安全的概念源于欧洲,它的出现是一种作为对东西方对抗的反动,尤其是对美苏战略核威慑的反动。1982年,瑞典首相帕尔梅(Sven Olof Joachim Palme)在主持非政府组织"裁军与安全问题独立委员会"的一次会议上,就全球安全做了一份题为《共同安全:一种生存蓝图》的报告,第一次就共同安全要达成的目标、实现的途径、应该遵循的原则等做了比较系统的分析论述。该报告认为"避免战争,尤其是避免核战争,是一种共同的责任。世界各国的安全甚至生存是相互依赖的"。该报告提出共同安全的六个原则:(1)所有国家都有获得安全的合法权利;(2)军事力量不是解决国家间争端的合法手段;(3)在表达国家政策时需要克制;(4)通过军事优势是无法得到安全的;(5)削减军备和对军备进行质量限制是共同安全所需要的;(6)军备谈判和政治事件之间的"挂钩"应该避免。该报告提出的对抗没有出路、"安全不可分割"的观点得到国际社会的普遍认同。1983年,联合国大会决定专门组建一个政府间的研究小组,重点研究共同安全,最后发表了题为《安全概念》的研究报告,初步肯定了共同安全观。

3. 合作安全观

合作安全观是一种力求通过安全主体在一定范围内的合作来谋求国家安全、地区安全乃至全球安全的主张和观念。"合作安全"概念由美国布鲁金斯学会于1988年率先提出。冷战结束后的1992年,该学会对合作安全进行了更为系统的阐述,形成了合作安全理论和较完整的合作安全观。在此期间,加拿大政府于1990年开始主张在亚太地区实行合作安全,同年9月,加拿大外长约·克拉克(Joe Clark)在联合国大会的发言中认为,亚太国家应根据冷战结束和亚太地区安全所出现的新情况,重新定义安全概念,追求合作安全。他说,合作安全就是在互信基础上开展多边合作,取代以势力均衡为基础的冷战安全观。此后不久,加拿大又提出了进行"北太平洋合作安全对话"的具体倡议,建议北太平洋的美国、苏联、中国、韩国、朝鲜、日本和加拿大7个国家进行前所未有的安全对话,这一倡议得到了相关国家不同程度的响应。但由于合作安全建立在有关国家需要摒弃冷战思维、奉行共同安全政策的基础上,这种充满想象力的合作建议,在实践中却难免会陷于知易行难的窘境。

4. 中国新安全观

早在1997年3月,中国就曾在东盟地区论坛会议上正式提出了中国版的"新安全观",其核心要义是"互信、互利、平等、协作"。"互信"是指超越意识形态和社会制度异同,摒弃冷战思维和强权政治心态,互不猜疑,互不敌视;"互利"是指顺应全球化时代社会发展的客观要求,互相尊重对方的安全利益,在实现自身安全利益的同时,为对方安全创造条件,实现共同安全;"平等"是指国家无论大小、强弱、贫富都是国际社会的一员,应平等相待,不干涉别国内政,推动国际关系的民主化,发达国家应该为全球共同安全、消除冲突根源承担更多的责任;"协作"是指以和平谈判的方式解决争端,经常就各自安全防务政策以及重大行动展开对话与相互通报,并就共同关心的安全问题进行广泛深入的合作,消除隐患,防止激烈冲突的发生。

2014年5月22日,习近平主席在亚信峰会(亚洲相互协作与信任措施会议)倡导"共同、综合、合作、可持续"的安全观,创新安全理念,搭建地区安全和合作新架构,努力走出一条共建、共享、共赢的安全之路。"共同"就是要尊重和保障每一个国家的安全,而不是一个国家安全而其他国家不安全,一部分国家安全而另一部分国家不安全,更不能牺牲别国安全谋求自身所谓的"绝对安全",否则就会像哈萨克斯坦谚语说的那样:"吹灭别人的灯,会烧掉自己的胡子。"因此,安全应该是普遍的、平等的、包容的。要恪守尊重主权、独立和领土完整,互不干涉内政等国际关系基本准则,尊重各国自主选择的社会制度和发展道路,尊重并照顾各方合理安全关切。"综合",是指统筹维护传统领域和非传统领域安全,通盘考虑安全问题的历史经纬和现实状况,多管齐下、综合施策,协调推进地区安全治理。"合作"就是要通过对话合作促进各国和本地区安全，增进战略互信，以合作谋和平，以合作促安全，以和平方式解决争端。"可持续"是指实现持久而不是一时的安全。鉴于贫富悬殊、南北差距造成的地区持久动乱及外部干涉是影响世界持久和平的重要原因，各国应共同聚焦发展主题，创建和谐共生的发展环境，对接融合各国发展战略，缩小世界范围内的贫富差距。唯有如此，才能不断夯实安全根基，真正实现持久和平。

总之，中国的新安全观是综合安全观、发展安全观、合作安全观、共同安全观的综合，是建立在世界多样性和共同利益基础上的安全观念和安全模式，既符合各国人民意愿，也顺应时代潮流，也是化解各国安全困境、实现人类持久和平的有效途径。

第十一章

国际法与国际政治

国际法（International law），是指适用于主权国家之间以及其他具有国际人格的实体之间的法律规则的总称。19世纪英国法学家奥斯丁（John Austin）曾将国际法仅仅看成是一种实在道德，并不具有真实的法律效力。但就当下各国对国际法法律地位的承认和国家间所发生的贸易摩擦也常常援引国际法解决这些迹象来看，国际法的法律地位事实上已经得到了确认。

由于国际社会中没有凌驾于国家之上的组织独立地行使立法权和司法权，因此国际法在渊源上主要表现为国家间条约（双边或多边公约）和习惯（又叫惯例）。从实证的角度来考察，名义上国际法对国家具有约束力，但事实上由于贯彻国际法的跨国行政机构在面对主权国家之时，不具备能够保障其法律体系始终顺利运作的排他性权力，缺乏有效制裁违法国家的手段。因此在这个无政府且不平等的世界之中，处理国际关系要遵循国际法和道义标准的意见，经常会被人们当成理想主义的幼稚言论。

一、国际法的渊源

国际法渊源，是指国际法原则、规则和规章、制度第一次出现的地方或最初的表现形式，是国际法中证明具有法律约束力并普遍适用的规则已存在的证据和表现这种规则效力的法定形式，国际法的渊源包含实质渊源和形式渊源。

（一）实质渊源

国际法的实质渊源是指在国际法规范的形成过程中，对其内容产生直接或间接影响的各种因素，它们涉及政治、经济、文化、哲学、伦理等各个方面，实际上是要回答人们创制国际法的思想渊源，回答人们为何需要国际法以及基于怎样的原则创制国际法的问题。从历史上看，国际法的思想渊源可以追溯到欧洲的基督教思想、罗马法、教会法、自然法思想以及后来的实证主义思想。

首先，一些带有先验性的宗教意识形态或神学思想对于国际法的创建起过巨大的推动作用。以西欧中世纪罗马教皇及教廷为核心，以基督教神学为思想基础形成的规则和惯例，随着教会势力的扩大和教皇权威的树立，逐渐演化为一种超越国界与民族的带有综合性和普遍适用性的思想体系。内涵极为丰富的国际法思想，对欧洲中世纪国际秩序的形成、近现代国际体系的塑造以及国际法律规范都有着独特的贡献，如关于主权、正义战争概念的产生等。荷兰著名法学家雨果·格劳秀斯正是在此基础上，分别于1609年、1625年发表了《海洋的自由》与《和平与战争的法律》两本著作，为其赢得了"国际法之父"的美名，亦为后世国际法的研究与发展奠定了不朽的基础。

其次，国际法的起源还受到不同时期哲学思想的影响，自然法便是其中之一。自然法源于古希腊罗马时代，人们相信某些形而上的原则是自然的、神圣的、是无须证明的。格劳秀斯将他的国际法奠基于自然法，他认为"即使一位全能者的旨意都不能改变或废除"自然法，"自然法是永恒不变的，它甚至不能为上帝所改变。尽管上帝具有无穷的力量，但也有些事情是他所力不能及的。……正如上帝不能让2乘以2不等于4一样，他也不能让那些本质为恶的事物不再为恶"[①]。英国哲学家洛克（John Locke）在他的《政府论》中指出，人类需要一种自然法来指导人们的行为，即所有人生而平等、独立，人的生命、自由和财产安全不受他人侵犯。托马斯·杰弗逊（Thomas Jefferson）在《独立宣言》（Declaration of Independence）中描述"不可剥夺的权利"（unalienable rights）时，引用的也是自然法理论，声称："我们坚持这些真理是不言自明的，即人人生而平等，上帝赋予每个人以不可剥夺的权利，包括生命、自由和对幸福的追求。为确保这些权利，政府应由人们共同建立。

---

① 雨果·格劳秀斯.战争与和平法[M].何勤华,译.上海：上海人民出版社,2013: 24.

其正当的权利来自被统治者的承认。"[①] 可见,自然法学派以内容的正确性作为定义法的概念的唯一要素,坚持正义的绝对性,认为法在本质上是一种客观规律,立法者所制定的法律必须以客观规律为基础,这种客观规律是宇宙、自然、事物以及人的本性,是理性的反映,由此推理出"恶法非法"论。

最后,实证主义思想的影响。实证主义理论主张在定义法的时候,道德因素不应包括在内,法律与道德是分离的。认为国家实践定义了国际法,反映了社会和人们所期待的社会运行方式,它强调在事实基础上的"是什么",而不是在道德基础上的"应该是什么"。一般以权威性制定和社会实效两个要素定义法律,因而其合乎逻辑的主张便是"恶法亦法"。这一思想为强权国家提供了思想武器,从而在一定程度上将国际法变成"强者的法律"。

(二)形式渊源

国际法的形式渊源是指国际法规范形成的各种表现方式,包括国际条约、国际习惯以及法的一般原则等。

1. 国际条约。国际条约是现代国际法最主要的法律渊源。从缔约国数量上看,可分为双边条约和多边条约;从渊源角度看,可分为"契约性条约"和"造法性条约"。双边条约一般是专为缔约国双方规定权利和义务的条约,一般只对缔约国双方有效,对非缔约国没有约束力,因而不能形成普遍适用的规则,类似国内法的契约。而多边条约由于参与的国家数量较多,故而比较容易形成一般适用的规则,特别是那些旨在确立或修改某些国际法原则、规则或制度的条约更是如此,类似国内法的立法,故而常被称为"造法性条约"。尽管并非所有条约内容都能够转化为某种国际法规范,但基于国家意志的真实表达而形成的条约,对于国际法规则的形成和一般原则的确立起到难以替代的作用。《国际法院规约》第38条第1项就此明确规定,国际法适用"不论普遍或特别国际协约,确立诉讼当事国明白之规条者"。

2. 国际习惯。国际惯例是指在国际交往中由各国前后一致、不断重复实践所形成并被广泛接受为具有法律拘束力的行为规则和制度,它是国际法最古老、最原始的渊源。随着国际关系的产生,国家交往中必然会形成许多惯

[①] 路易斯·亨金,斯坦利·霍夫曼,威廉·D.罗杰斯,等.真理与强权:国际法与武力的使用[M].胡炜,徐敏,译.武汉:武汉大学出版社,2004:21.

例，这些惯例如被接受为法律，就成为国际习惯法。国际习惯的形成通常要经历两个过程：一是惯例的产生过程，它一般来自各国长期"反复"和"前后一致"的实践。如现代国际社会通行的海事交通和外交规范就是来源于习惯的两大重要国际法领域，古老的由海岸向外延伸3海里即为一国领海的法则，就是源于当时大炮的射程，而外交特权与豁免，起初就是在各国交往中形成的一种惯常做法，我国古代国家间交往中也有"两国交兵，不斩来使"的习惯。二是各国对这些惯例的法律确认的过程，这是一个心理因素。如多数国家认为这种规则对各国正常交往十分必要，便相约接受它的拘束，使其成为具体的成文法规，这在国际法理论上被称为法律确信。那些长期积累的习惯随着时间的推移一旦被后人汇编成法律，习惯就成了国际法，1861年的《维也纳外交关系公约》便是如此。

  3. 基本法律原则。国际法的规则通常是正式的、落于书面的行为要求，而原则是不那么正式的、社会成员倾向于遵守的习惯要求。一般法律原则，现已被理解为文明国家法律体系所共有的原则，如善意、禁止反言等。它是用来填补法院审理案件时可能出现的由于没有相关条约和习惯可以适用而产生的法律空白，它在司法实践中处于补充和辅助地位，较少单独适用。在古罗马，万民法的概念是法的一般原则的基石。据此，国际法院在审理具体案件时，如果遇到没有适当的法律规范可以援引适用的情形时，往往就会适用"被文明国家所承认的法的一般原则"。在二战结束后的纽伦堡法庭上，许多被告人在法庭上宣称自己无罪，理由是他们只是作为一名军人或德国公民在履行自己对于祖国的义务而已，他们遵守的是德国的法律和职责。但法官明确告诉他们，除了国家的制定法外，人类头上还有自然法的存在，那就是良知，是道德底线，就是对于人类生命权的尊重和不同文化的兼容。当法律成为恶魔施虐的帮凶时，每一个人都应服从自己内心自然法则的召唤而不是以职责所在，以服从命令为天职作为为自己脱罪的抗辩理由。这种法理的提出，不仅解决了纽伦堡审判法律依据的问题，也为日后国际法庭的成立奠定了法理基础。2001年对南斯拉夫前总理米洛舍维奇的逮捕，也是基于其"触犯"了所谓法的一般原则，海牙特别刑事法庭对他的指控罪名包括其践踏了1949年的《日内瓦公约》以及古老的万民法。其中包含"13项践踏法律或是战争习惯"的行为，例如，"基于政治原因的迫害、根绝行动、谋杀、关押、折磨以及非人道行为（强迫迁移）"等。米洛舍维奇在2006年3月11日离奇地猝死在狱中，10年后的2016年海牙法庭却宣告米洛舍维奇无罪，从而变相印证了米洛舍维奇在法庭审理时的自我辩护，即法庭对他的指控是"肆无忌惮的谎言和对历史的歪曲"[①]。

二、国际法的主体与特征

作为国际法的主体，通常需要具备三个条件：其一，独立参加国际关系的能力；其二，直接承受国际权利和义务的能力；其三，独立进行国际求偿的能力。三个要件相辅相成，相互联系。一般认为，在当代国际社会里同时具备上述三个要件的是国家和政府间国际组织。此外，在一定范围内和一定条件下正在争取独立解放的民族团体也可以是国际法主体。争取民族独立、反对殖民统治或外国控制的政治实体多产生于二战后，它们的国际法主体资格早已获得了国际社会的承认，它们的数量也随着绝大多数民族国家争取政治独立任务的完成而逐渐消减。但今天仍有少数活跃在国际政治舞台上，如巴勒斯坦解放组织、库尔德人自治运动等，它们获得国际法主体资格的法律依据不是对领土的实际控制，而是基于国际社会对于民族合法权利的尊重，它们被认为是正在向国家过渡的政治实体。至于个人能否成为国际法主体，学术界存在颇多争议，支持者较多来自自然法学派，他们认为国际社会终究是由具体而微的个人组成的，国家只是抽象的概念和存在，国家承担的权利和义务最终将由个人承担。另有一些学者从个人在国际人权法上的地位论证其拥有国际法主体资格，认为国际公约对个人自由和权利的保护，直接说明了个人可以享有国际法规定的权利。而不支持个人具有国际法主体地位的学者认为，个人享有权利和承担义务都是通过国家完成的，且个人不具有进行独立求偿的能力和法定权利。

国际法的特征主要指与国内法相比较所呈现出来的差异性。两者的区别主要体现在：其一，法律主体资格不同。国际法的主体主要是国家、民族团

[①] 杨丽明. 米利塞维奇开始为自己辩护[N]. 中国青年报，2004-09-01.

体、国际组织等，绝大多数个人很少能够成为合乎条件的国际法主体，而国内法的主体主要是自然人和法人。其二，法律来源或制定方式不同。国际法是国家以协议的方式来制定的，国内法是由国家立法机关依照一定程序制定的。其三，法律的执行方式不同。国际法采取与国内法不同的强制方式，国际法主要是依靠有组织的国际强制机关加以维护，保证实施，而国内法的强制方式主要依靠国家本身的行动。国内法的强制方式由各国司法机关负责执行，有强大的国家机器给予保证，具有明确的权威性和可靠性。相比而言，国际法的强制方式便显得不那么可靠。

三、国际法的范畴

现有的国际法调整范围涉及人类生存的各个领域，既包含政治敏感度极高的政治军事领域，又包括越来越多的纯粹实用性合作需要的社会经济生活领域。

1. 主权。涉及国家主权的国际法文献早已出现，《威斯特伐利亚和约》最早确立了国家主权原则。二战结束以来，有关主权的国际法规、宣言、公约不断累积增加，包括《联合国宪章》、1960年《给予殖民地国家和人民独立宣言》、1962年《关于自然资源的永久主权的决议》、1965年《不容干涉各国内政和保护各国独立和主权的宣言》、1974年《侵略定义》《建立新的国际经济秩序宣言》和《各国经济权利和义务宪章》，以及1963年《各国在探索与利用外层空间活动的法律原则的宣言》和1970年《国家管辖范围以外海床洋底及其底土的原则的宣言》等一系列国际法文件都在反复确认国家主权的平等性和不可侵犯性。

2. 战争法。战争法又称"武装冲突法"，是指国际社会以条约或惯例等形式，调整在战争和武装冲突中的交战国家之间、交战国与中立国之间以及交战行为的原则、规则和制度的总称。2000多年前，古罗马的政治家西塞罗有句名言，"在战争中，法律一言不发"，可战争的常态化和残酷性还是引起了国际社会的关注，激发了人们用制定战争法规来规范战争行为的强烈愿望。从1856年《巴黎海战宣言》开始，到1899年和1907年两次海牙和平会议，以欧洲为中心的国际社会制定了一系列有关规范战争行为的国际法规，旨在使战争行为变得更加人道，也为和平解决国际争端制度的建立开辟了道路。这些国际法规包括1856年《巴黎会议关于海上若干原则的宣言》、1868年的《圣彼得堡宣言》、1899年和1907年的《海牙公约》、1919年的《国际联盟盟约》、1925年的《关于禁止化学武器的日内瓦议定书》、1936年的《关于使用潜水艇的伦敦议定书》以及分别于1864年、1906年、1927年和1949年缔结的四个《日内瓦公约》等大量国际法文件。这些交战法规的制定是在"军事必要原则"和"人道原则"两者间相互适应的妥协中产生的，是人类文明不断进步的结果，是为了在战争无法避免时，尽量减轻其给人类带来的痛苦，使战争更符合现代文明价值，展现更多的人道主义光辉。

而在和平解决争端方面，人类也在不断探索前行，并出台了一系列具有指导和规范和平争端解决机制的文件。从1899年海牙会议通过的《和平解决国际争端公约》到1919年巴黎和会上通过的国联盟约，从1928年的《巴黎非战公约》再到1945年的《联合国宪章》，打破了长期以来西方关于战争合法与正义的传统理论，即战争是主权国家不容置疑的权力，没有合法与否的问题，只存在正义与否的问题。《非战公约》第一次明确宣布："缔约各方以它们各国人民的名义郑重声明，它们斥责用战争来解决国际纠纷，并在它们的相互关系上废弃战争作为国家政策的工具。"《联合国宪章》第2条第4项也明确规定："各会员国在其国际关系上不得使用威胁或武力，或以与联合国宗旨不符合之任何其他方法，侵害任何成员国或国家之领土完整或政治独立。"[1]第51条则明确将使用武力限定在自卫与安理会授权采取集体行动的两种情形下，直接将不符合条件的武力使用判定为非法，从而大大压缩了为不法战争进行辩护的灰色空间。

1899年7月4日，出席海牙和平会议的各国代表利用会议间隙，一道向《战争与和平法》的作者格劳秀斯墓碑敬献一枚银质纪念饰环，以表达人们对"国际法之父"的崇高敬意："即使在战争的剧烈震荡和风暴的时候，人类也必须遵循和服从它所拥有的自然规范；甚至各个享有独立主权的国家，也有义务遵循由一种高于君主主权和国家意志的力量所确立的规则，否则，这些国

---

[1] 王铁崖. 国际法 [M]. 北京：法律出版社，1995：618-619.

家也同样要接受人性法庭的审判。"①

3. 生物圈问题。生物圈是人类赖以生存的地理空间，保护人类生存环境关乎全人类的共同利益，需要各个主权国家协调一致共同行动。特别是涉及不属于任何国家所有的海洋、极地、大气层、外层空间等公共空间，更需要各国摒弃自私自利的国家利益至上观念，牺牲部分发展利益，齐力守护这片人类共同的家园。二战后，在联合国的组织推动下，国际社会在减少温室气体排放、防止海洋污染、保护极地与外层空间等领域，采取了包括立法在内的一系列行动。从1982年的《国际海洋法公约》、1997年的《京都议定书》到1915年的《巴黎气候协定》，尽管波折不断，但不断强化规则、制定规范是国际社会的唯一选择，因为地球是我们唯一的共同家园。无论是发展中国家，还是发达国家，都需要本着"共同但有区别"的原则，承担各自的义务，确保人与自然的和谐共生，维护好我们彼此不可分割的共同生存环境。

4. 人权问题。二战后国际社会在人权保护领域的立法活动取得了巨大进展，包括《联合国宪章》、1948年的《世界人权宣言》、1977年的《赫尔辛基协定》、1990年的《非洲人权和人民权利宪章》等文件，都规定了保护人权的条款。国际社会还专门通过了8项多边人权公约，包括1949年《防止及惩治灭绝种族罪行公约》、1951年《关于难民地位的公约》、1965年《消除一切形式种族歧视国际公约》、1976年《公民权利与政治权利国际公约》、1976年《经济、社会、文化权利国际公约》、1979年《消除对妇女一切形式的歧视公约》、1984年《禁止酷刑公约》、1989年《儿童权利公约》等。二战以来，世界人权事业取得了巨大成就，无论是发达国家还是发展中国家，人权状况普遍得到持续有效的改善。但不可否认的是，由于各国所处的历史发展阶段不同，各国的人权保护水平客观上存在一定差距；而不同文化传统的国家对人权理解上的分歧，也会妨碍有关人权法规的落地实施。尽管如此，现有有关人权的国际公约还是为各国促进本国人权、推动世界人权进步提供了充分的法理依据。

5. 经贸、卫生、交通、通信、司法等次政治领域。这是国际社会最容易

---

① 雨果·格劳秀斯. 战争与和平法 [M]. 何勤华, 译. 上海：上海人民出版社，2013：16.

进行合作并达成广泛共识的领域，其特征是政治敏感度低、实用主义需要强烈，因而也是目前国际法规范出台数量最多的领域，是国际合作最广泛的基础。而这些领域的国际法规将为全球化时代各国人民友好交流提供史无前例的机遇，同时也使得国际法规范的有效性得到世界各国人民的广泛认可，有利于促进人们对高政治敏感度领域国际法的尊重，为构建一个以国际法为基础的、更加和谐的世界秩序奠定坚实的基础。

四、国际法院的管辖、裁决与执行

1900年在荷兰海牙设立的国际仲裁常设法院是迄今最早的带有国际性质仲裁机构，它与今天的国际法院没有任何关系。而一战结束后，作为国联一部分的国际常设法庭于1922年设立，在1946年随着国联的终结而宣布解散。二战结束后，附属于联合国的国际法院（International Court of Justice）于1946年设立并延续至今，它位于海牙，由15名法官组成。国际法院的主要功能是对联合国成员国所提交的案件做出有法律约束力的判决，并就正式认可的联合国机关和专门机构提交的法律问题提供咨询意见。国际法院是具有明确权限的民事法院，没有附属机构，也没有刑事管辖权，因此无法审判个人。刑事审判的空缺将由国内法院或联合国特设刑事法庭和2002年成立的常设国际刑事法院管辖。

（一）国际法庭的管辖

理论上讲，国际法院的权威涵盖所有的国际法律争端，其管辖权主要通过两种渠道实现。其一，是相互存有争议的国家自愿将彼此间的争端提交到国际法院，授权国际法院审理该案，并自觉接受法院的裁决；其二，联合国的一个部门或专门机构要求国际法院就某一存有巨大争议的问题提供咨询性意见。

一般认为，世界如此混乱且纷争不止，国际法院应该是这个世界上最忙碌的法院才是。可事实是，自1946年成立至今，国际法院受理的案件可谓屈指可数，平均每年不超过2件，远没有人们想象的那样为国际争端的解决发挥巨大作用。形成这种局面的根本原因在于，国际法院行使管辖的权限始终面临结构性的、难以克服的障碍，它们包括：(1)相关国家必须首先同意服从国际法院的管辖，即参加国际法院章程的国家必须签署"选择条款"，承认国际法院做出的强制性判决。可到目前为止，三分之二以上的国家没有签署该条款。(2)无论是否同意接受国际法院的管辖，所有国家都可以拒绝承认国际法院在某一具体案件上的管辖权或者具体判决。而国际法院行使管辖权是建立在有关国家自愿将争端提交法院裁决的基础上，实践中出于对国际法院的不信任或其他政治原因，绝大多数国家选择拒绝将此类争端提交给国际法院。(3)即使已经签署过"选择条款"的国家仍然可以在必要时退出所签署的"选择条款"，如国际法院受理尼加拉瓜诉美国案后，里根政府便在1985年退出了选择条款[①]。(4)选择条款签署国，还可以在协议上附加保留条件。75%以上的国家都在签署该条款时提出了附加条件，譬如，美国提出的附加条件是，不承认国际法院"在任何应由美国自身决定的国内事务"上拥有管辖权，这一宽泛的否决权意味着，美国几乎可以在所有争端问题上拒绝国际法院的管辖。

至于国际法院接受委托就某一争议问题提供咨询意见，一般不存在管辖权争议。作为联合国附属的权威性法律机构，国际法院对此类问题的裁决也有助于解决一些悬而未决的理论问题，甚至有可能建构普遍的国际法规范。例如，鉴于联合国大会和世界卫生组织曾在不同场合下要求国际法院就核武器使用的合法性问题进行裁决，1996年，国际法院的裁决结论为"一般来说，使用或威胁使用核武器不符合适用于武装冲突的国际法法规"，同时又指出"在国家自卫的极端情况下，在事关国家存亡的时候，不能绝对断定使用或威胁使用核武器是合法还是非法"[②]。国际法院的法官们在做出这样的裁决时，显然既考虑了道德的因素，又不得不带入政治的考量。人类的道德良知要求有

---

① 1983年年底和1984年年初，美国派人在尼加拉瓜沿海港口附近布雷，范围包括尼加拉瓜的内水和领海，严重威胁了尼加拉瓜的安全和航行。1984年4月9日，尼加拉瓜政府向国际法庭提交了"关于美国支持尼加拉瓜反政府武装分子在尼境内和针对尼加拉瓜的军事和准军事活动案"，请求国际法庭宣布美国的行为是非法使用武力和以武力相威胁、干涉其内政和侵犯其主权的行为，请求法庭责令美国停止上述行为，并对造成的损害予以赔偿。国际法庭受理了尼加拉瓜的申诉，美国拒绝应诉，并宣称"国际法庭不具备相应司法管辖权和裁决能力"。1984年11月26日，国际法庭拒绝美国的辩解，指出作为联合国下属常设机构，该庭有权对联合国成员国有关遵守一般国际法的申诉进行调查和审理。1985年1月18日，美国宣布退出国际法庭，指责该案件是"出于政治和宣传目的错误利用国际法庭"。

② Advisory Opinion of July 1996 on Legality of the Threat or Use of Nuclear Weapons [R]. LCJ Report, 1996: 226.

核国家不得使用,尤其是不得首先使用核武器;与此同时,考虑到有核国家奉行不同核政策的客观现实,特别是担心某些核大国的抵制,也就只能采取如此模棱两可的表述。即便如此,这样的裁决还是有意义的,因为起码让那些掌握核按钮的领导人意识到,除非万不得已,不能轻易使用核武器,如果在非极端情形下使用了核武器,他们将有可能成为未来在国际刑事法庭以"战争罪"或"反人类罪"等罪名加以审判的对象。

(二)裁决与执行(有效性)

在国内法的裁决与执行上,尽管各国法治环境存有差异,但只要法院的裁决生效,一般都能得到有效执行。如果当事人不愿自觉遵从,法庭就可以依靠强有力的执法机关来强制执行判决结果。但国际法院则不同,一旦国家不愿遵守法庭裁决,国际法院则无法像国内法院那样依赖强有力的机构执行判决。因此国际法院判决的执行情况大概有以下几种情况:(1)自愿遵守。一般来说,自愿将争端提交给国际法院审理的当事国,接受仲裁结果并自愿遵守的可能性较大。大量证据表明,国家利用国际法院、欧洲法院和其他国际法庭并接受它们判决的自觉性也在缓慢提高。特别是那些中小国家,在处理争端的外交努力失败后,国际法院为他们提供了不诉诸战争来解决争端的次优渠道。(2)即使不承认国际法院的管辖,国际法院的判决仍然会产生一定的影响。如1984年的尼加拉瓜诉美国案,国际法院做出有利于尼加拉瓜的判决,尽管美国拒绝接受该裁决,甚至还以此为理由退出国际法院,但该判决让美国颜面尽失,迫于国际舆论的压力,最终停止了在尼加拉瓜沿海布雷的行动;同时判决书中关于限制武力使用的司法解释,进一步压缩了一些国家对《联合国宪章》中有关自卫权的滥用空间,明确列举了非法使用武力的各种情形,如:无论是单独或集体自卫,"都只能由作为武装进攻的受害者的有关国家来行使这种权利",国际法院不得"考虑设立一项新规则以赋予一国因他国选择某种特定的意识形态或政治制度就对之进行干涉的权利",而"相反的观点将会使整个国际法赖以存在的国家主权基本原则和一国选择其政治、社会、经济及文化制度的自由都变得毫无意义",不存在"为支持别国内部的反叛而进行干涉的普遍权利","使用武力并不能作为督促或确保"尊重人权的"恰当方式"等①。虽然国际法院对尼加拉瓜诉美国一案的判决,对于涉案之外的国家没有约束力,但司法判决本身就是"确定法律规则的辅助手段"(《国际法院规约》第38条),其影响将长期存在。

(三)战后国际法庭的审判记录

二战后国际法庭处理的案子多数是一些政治性较低、冲突程度不高的案件。原因在于各国往往不愿将重要的纠纷诉诸国际法庭,国际法庭对顽固抵抗的国家执行其判决的无能为力也损害了它的声誉,如对1949年阿尔巴尼亚破坏英国船只的判决、对1979年伊朗占领美国大使馆的判决、对1984年尼加拉瓜诉美国案的判决等就是如此。在此情形下,法律的至高无上遭到破坏,而强大的主权国家自行其是的行为赢得了胜利,国际体系的无政府主义潜力不时爆发,颠覆了国际法的有效性。但同时,国际法对个人的适用领域则取得了进展,具体表现为以下几点。

1. 二战后审判战犯的国际法实践。二战结束后,为了惩治犯罪并警示后人,国际社会分别在东京和纽伦堡快速成立了两大国际刑事法庭,负责审理在二战期间犯有严重战争罪行的法西斯战犯。这是人类历史上第一次对侵略战争的组织者、煽动者和计划执行者进行的国际审判,开创了将战犯押上国际法庭接受法律惩处的先河。对这些战犯的指控以指导战争行为公认的国际法和国际惯例为依据,作为国际刑法史上的典型案例将永载史册。其中,纽伦堡审判还史无前例地创设了一系列影响深远的国际法原则:原则一,从事构成违反国际法的犯罪行为的人需要承担个人责任,并因此而受惩罚;原则二,国内法不处罚违反国际法的罪行的事实,不能作为实施该行为的人免除国际法责任的理由;原则三,以国家元首或负有责任的政府官员身份行事,实施了违反国际法的犯罪行为的人,其官方地位不能作为免除国际法责任的理由;原则四,依据政府或上级命令行事的人,假如他能够进行道德选择的话,不能免除其国际法上的责任;原则五,被控有违反国际法罪行的人有权在事实和法律上得到公平的审判等。这些原则的创制势必将对此后的国际刑

---

① 路易斯·亨金,斯坦利·霍夫曼,威廉·D.罗杰斯,等.真理与强权:国际法与武力的使用[M].胡炜,徐敏,译.武汉:武汉大学出版社,2004:48.

事法律规范的构建与国际刑事法院的实践产生重大影响。

2. 国际法的国内实施。一些国家为发生在其他国家的罪行而抓捕并审理某些个人的行为，如1960年5月，以色列政府对藏匿在万里之遥的阿根廷原纳粹战犯阿道夫·艾希曼（Adolf Reichmann）的秘密抓捕与公开审判，就是一个主权国家根据国际法在国内对其进行审判的典型案例。面对国内外一些质疑的声音，以色列总理本·古里安这样回答，"我们要让世界明白：不管那些沉浸于所谓'非人道'的形式主义专家提出怎样的抗议和诡辩，艾希曼都将由一个纯粹的以色列法院，依据1950年通过的为那些纳粹屠夫专门设置的法律进行审判"。"历史正义与犹太人的荣誉都要求，审判必须由以色列这个主权国家的法院实施，这是以色列政府和全体以色列人民的共同意志。"[①]以色列对艾希曼的审判，开启了一个国家适用本国法律审判针对本国公民犯罪的他国公民的先例。此外，一些国家采取引渡并审判国家前领导人的司法行动，以及一些国家对别国领导人在其他地区的犯罪行为进行缺席判决的行为，都属于援引国际法进行国内审判的情形。如1999年西班牙要求从英国引渡智利前领导人皮诺切特，西班牙法官指控他当政期间下令谋杀智利境内的西班牙公民，犯有反人类罪。将一个享有豁免权的前任或现任国家领导人引渡至本国进行审判，是一起典型援引国际法在国内实施审判的行为。2001年，比利时一家地方法庭决定接受对以色列前领导人沙龙犯有战争罪的刑事起诉，指控沙龙在20年前担任以色列国防部长期间，对1982年发生在巴勒斯坦难民营的屠杀事件负有责任。比利时法庭对一个既不发生在本国，又非针对本国公民的犯罪行为进行指控并审判的行为前所未有。为此，国际法院曾为此案做出专门裁决，即"在外国国内法庭前免于刑事程序是国际法的惯例，不应违反这一惯例"，比利时的"调查法官所依赖的普遍管辖权并没有为国际法所承认，因而他就无权认为他有能力裁决这一并非确切无疑的罪行"[②]。这样，国际法院的裁决最终否决了国内法院可以指控并审判他国领导人在本国之外的其

---

① BRECHER M. The Foreign Policy System of Israel: Setting, Images, Process [M]. New Haven: Yale University Press, 1972: 237.

② 约翰·罗尔克. 世界舞台上的国际政治 [M]. 宋伟，刘华，张荣耀，等译. 北京：北京大学出版社，2005: 385.

他地方所犯罪行的权力。

3. 1990年后建立的国际刑事法庭审判。发生在20世纪90年代的一系列种族屠杀事件让世界良心不安。根据《防止及惩治灭绝种族罪公约》规定，灭绝种族不论是在和平时期还是在战争期间发生，都是国际法绝对禁止的罪行，公约承诺要防止和惩处这类罪行。于是，三个特别临时刑事法庭应运而生，针对前南斯拉夫的国际法庭设在海牙，针对卢旺达的国际法庭设在坦桑尼亚的阿鲁沙。1993年5月25日，安理会通过了附有《前南国际法庭规约》的第827号决议，前南法庭正式成立，负责审判自1991年以来在前南联盟境内违反国际人道主义法律的犯罪嫌疑人；1994年11月8日，安理会通过了第955号决议，设立"卢旺达刑庭"，负责起诉1994年1月1日至12月31日期间在卢旺达境内的犯有种族灭绝及其他严重违法行为的负责者和应对这一期间邻国境内种族灭绝及其他这类违法行为负责的卢旺达公民；第三个特别刑事法庭则是由联合国与柬埔寨王国于2003年签署协议，共同设立的"柬埔寨特别法庭"，用于审理20世纪70年代在柬埔寨犯下种族灭绝罪、战争罪以及危害人类罪的前"红色高棉"政权领导人。由于上述特别刑事法庭的使命单一，在完成相关案件审理后都自行解散了。为了警示后人并防范类似犯罪行为的再次发生，一个专门用来惩治此类犯罪的常设国际刑事法庭于2002年正式成立。

4. 常设国际刑事法院的建立。国际刑事法院成立于2002年，总部设在荷兰。其主要功能是对犯有灭绝种族罪、危害人类罪、战争罪、侵略罪的个人进行起诉和审判。国际刑事法院成立的基础是2002年7月1日开始生效的《罗马国际刑事法院规约》（下文简称《罗马规约》），因此该法院原则上只对规约生效后的前述四种国际罪行有管辖权。联合国前秘书长科菲·安南就此发表评论说："将近半个世纪以来——几乎从联合国成立以来，联大就认识到有必要设立一个国际刑事法院，起诉和惩罚应该对种族灭绝罪行负责的人。许多人以为，二战种种耸人听闻的惨事——集中营、残酷暴行、集体灭绝、大屠杀等，永远不会再发生了。但是它们还在接连不断地发生：在柬埔寨，在波斯尼亚和黑塞哥维那，在卢旺达。我们这个时代——甚至就在（20世纪）90年代里，我们看到，人所能做出来的邪恶是没有极限的。……针对这个可怕

270

的现实，我们必须付出历史性的回应。"①联合国前人权事务高级专员何塞·阿亚拉·拉索（José Ayala-Lasso）认为，在"杀害了10万人的人，要面对审判的机会还不如杀害了一个人的人"的现实面前，设立国际刑事法院的目的在于不让犯罪者逍遥法外。《罗马规约》的生效及国际刑事法院的建立，标志着国际社会向建立一个公正、高效的超国家刑事审判机构迈出了关键性的一步，给国际正义的实现带来了光明与希望。然而迄今为止，国际刑事法院暂时还不能对侵略罪行行使管辖权，其普遍性和权威性尚未获得国际社会的认可。因为截至目前，尽管全球已经有100多个国家签署并批准了《罗马规约》，但仍有很多国家出于政治原因拒绝签署并批准《罗马规约》，且在已经签署的国家中，已有30个国家被迫与美国签署了旨在排除国际刑事法院管辖权的"98条协定"，要求任何国家在向国际刑事法院移交美国公民时必须首先获得美国的同意，其本质上等同于完全否决了国际刑事法院对美国公民的管辖权。

五、国际法在国际政治中的效用评价

（一）国际法的作用

国际法的作用主要体现在它对各种国际法主体行为的规范与引导上，以及对现实国际关系的规范和调整上，具体包括引导、判断、教育、预测和强制等多重功能。第一是它的引导功能。国际法通过确立具有普遍意义的规则与原则来指引各国的行为，依据这些规则与原则，国际法主体明确了哪些行为是法律鼓励或允许的，哪些行为是法律限制或禁止的，从而决定自己的行为取向。第二是它的判断标准。国际法是判断、衡量单个行为体的行为是否合法有效的标准，是国际关系中一个普遍的评价准则，各国可依此对本国或他国某一具体行为的合法性予以判断，并以此为依据确定本国政府对某些具体行为的原则立场。第三是它的教育功能。国际法的教育作用体现在通过对合法行为予以支持、鼓励和赞扬来维护一国的声誉、名望和信誉，通过对违法行为的限制和制裁使一国在国际社会声名狼藉甚至处境艰难，从而影响一国的国家决策和国际实践。第四是它的可预测功能。鉴于国际法预先设定了

---

① 信力建. 现代国际秩序中的国际组织一览表（2）[EB/OL]. 宣讲家网，2013-01-16.

国家间关系应该遵循的规范和原则，各国可以据此预估相互间的行为及其后果，在不损害他人利益的同时，积极维护自身合法权益，增强国际交往的安全感。第五是它的强制功能。国际法强制力的存在早已是不争的事实，它不仅体现在众多的国际法规范中，也体现在许多"造法性条约"中，如《联合国宪章》第41条、第42条规定可通过单独或集体制裁使违法者受到处罚。二战之后，纽伦堡和东京对法西斯战犯的审判开启了运用国际法惩治个人的先例，安理会对不履行条约义务甚至发动侵略的国家实施集体制裁或采取集体安全行动，使得一些国家或个人违反国际法的行为受到了惩罚，这些都足以说明国际法的强制力、威慑力始终存在。

（二）国际法的局限

国际法只是调整国际关系的诸多因素之一，其局限性既体现在法律规范本身不完善，又体现于适用法律的过程中面临的各种障碍。

1. 构成国际法的许多原则、规范过于抽象，其内涵具有极大模糊解读的空间。比如，禁止使用武力是二战后国际社会的普遍要求，《联合国宪章》的起草者们对此进行了严格的限制。1999年3月24日，以美国为首的北约发动了针对南联盟的空中打击，引发了科索沃战争。根据《联合国宪章》规定，美国及其北约盟友们未经联合国授权使用武力，这场战争的非法性理应十分清楚，但很多美西方学者在为这场战争的"合法性"进行不厌其烦的辩护，鼓吹"人道主义干涉"应该成为使用武力的一个例外，辩称美国与北约的行动没有违反《联合国宪章》的基本原则，并以《联合国宪章》第1条第3款为据，竭力论证人道主义干涉符合《联合国宪章》保护人权的宗旨，从而选择性地对《联合国宪章》进行了灵活性解释，认为《联合国宪章》暗含了人道主义干涉的权利。可世人从美国过往的对外干涉历史中不难发现，美国人道主义干涉行动带有明显的选择性，干涉哪个国家与什么时候干涉全凭美国自己说了算。在那些远离地缘政治核心的区域，美国对索马里、卢旺达发生的人道主义灾难，均视而不见。巴尔干半岛地缘政治价值的重要性人尽皆知，"人道主义"只不过是遮人耳目的借口，其目的是挤压俄罗斯战略空间，实施北约东扩战略。此外，美国还企图通过科索沃战争塑造"美国版"的国际新规范，迫使国际社会承认其合法性，为美国颠覆《联合国宪章》精神，挑战现有国际规则创造先例。

美国政治学家弗兰克（Thomas M. Frank）评论道，"无论安理会是否对人道主义行动实践达成共识，关于此类行动的规则正在发生改变。科索沃行动发生后，以美国为首的西方国家认为紧急人道主义援助是十分必要的。他们不会在乎这项行动是否符合善意原则或者获得了普遍认可，而是认为一项新规则的合法性是可能发生变化的，在于未来实践进程中可以通过协定或其他手段逐步影响现行规则的修改，直到新规则最终获得主权国家的广泛认同"[1]。

2. 国际法没有也不可能有超国家的国际强制机关来保障其实施，而没有强制机关和暴力机构为基础，国际法就只具有国际道德规范的属性。由于现有的"国际体系没有为国际法律权利本身的实施提供中心机构，而建立这样一个总的制裁体制在目前看来是遥远的前景……没有这种执行的权力意味着每个国家可以随心所欲地采取适合于行使它本身权利的行动。这并不意味着国际法没有制裁，如果制裁这个词按照其本来的意义用来指保证法律得到遵守的手段的话。但事实是它所掌握的制裁手段既不系统也不集中，因此在实行制裁时并不可靠"[2]。因为法律发生效力要以政治权力为依托，而道德发挥影响靠的则是多数国家的公认，借助的是以道德为基础的国际舆论的影响。因此，国际法的实施主要是通过各国的自觉自愿实现的，如果一国不遵守国际法，受害国只能通过单独的自助行为，如抗议或警告、要求赔偿损失和道歉、发动舆论进行揭露和谴责甚至采取武装自卫来抗击不法行为，或者通过集体行动或集体制裁来捍卫自己的权益，保障国际法的实施。但当侵害国是拥有否决权的强权国家时，受害国则只能诉诸道德舆论的微弱声音捍卫自身的权益。

3. 国际法院的诉讼管辖权建立在主权国家同意的基础之上，即只有在当事国明确表示同意接受国际法院管辖的情况下，国际法院才能对其进行管辖。《国际法院规约》第36条第2款规定了一种"强制管辖"，但这一管辖权实际也是以国家的事先声明为前提的。从20世纪70年代初的第25届联合国大会开始，就有人提议试图将国际法院的"强制管辖权"变成各国普遍遵守的强制

---

[1] FRANK T M. The Power of Legitimacy and the Legitimacy of Power: International Law in an Age of Power Disequilibrium[J]. American Journal of International Law, 2006(1): 101.

[2] 汉斯·摩根索. 国际纵横策论——争强权，求和平[M]. 卢明华，时殷弘，林勇军，译. 上海：上海译文出版社，1995：370.

性义务，但立即遭到普遍性反对。该建议忽视了这样一个事实，即今天的国际社会是由190多个主权国组成，而且大多数国家都不愿意让某种不确定的外部力量强行限制其主权。从国际法院成立以来的记录看，声明接受强制管辖的国家与联合国会员国总数相比是呈下降趋势的，截至1994年7月31日，只有不到联合国会员国总数1/3的58个国家声明接受国际法院的强制管辖，而且其中相当一部分国家还附有多种保留。特别是在国际政治中有影响力的大国集体缺席的情形下，国际法院的管辖权受到极大的压缩，在解决国际纠纷中被彻底边缘化。

4. 国际法的实施受到强权国家的抵制。在试图建立一个永久性的国际刑事法院的罗马会议上，时任联合国秘书长安南曾满怀信心地告诉与会代表："两千年前，这座城市最著名的政治家之一——西塞罗宣称，'在战争中，法律一言不发'。而今天，我们所做的一切，给予了我们希望。在未来，西塞罗的灰暗陈述不会再像在过去那样真切了。"[①] 由于担心在将来的某一天可能被用来针对美国领导人和在海外执行任务的美国军人，参加会议的美国代表对国际刑事法院的成立充满疑虑："事实是，美国是一个全球性军事力量，美军遍布全球。对此，有些人无休止地抱怨，我们不得不小心翼翼，以防止这个法院为这些抱怨的人们所利用。"[②] 2002年，布什政府的一位发言人宣称，"美国未来与国际刑事法院的合作是人们猜测的对象。但是，我可以说：美国的意图将会与这一过程脱离，也不会在国际刑事法院中发挥什么作用"[③]。布什政府还要求给予美国军人豁免权，否则将拒绝参加国际维和行动。美国的行为遭到来自世界各国甚至盟友的批评，连当时德国的司法部长都说："国际成文法应该被适用于大国身上。可是美国不接受这一点，我们无法接受美国的立场。"[④] 倘若其他国家都如美国这般选择性地对待国际法，"合则用、不合则

[①] 约翰·罗尔克.世界舞台上的国际政治[M].宋伟，刘华，张荣耀，等译.北京：北京大学出版社，2005：388.

[②] 约翰·罗尔克.世界舞台上的国际政治[M].宋伟，刘华，张荣耀，等译.北京：北京大学出版社，2005：385.

[③] 约翰·罗尔克.世界舞台上的国际政治[M].宋伟，刘华，张荣耀，等译.北京：北京大学出版社，2005：386.

[④] 约翰·罗尔克.世界舞台上的国际政治[M].宋伟，刘华，张荣耀，等译.北京：北京大学出版社，2005：386.

弃"，必将严重削弱世人对国际法的信心。

5. 国际法功能还受到国际法不是调整国际关系的唯一手段的影响。在国际关系中，除法律手段外，政治、经济、外交、国际道德及礼让、国际文化交流等各种方式都会积极反映和促进国际关系，甚至在很多场合下，法律并不是调整国际关系的最主要手段。更重要的是，对于一些领域，国际法根本无法调整，比如，各国采取的社会经济制度及意识形态等。而且对于一些事实无法确定的国际争端也不宜或应谨慎使用国际法，使用国际法的前提应是明确事实、分出是非，如果滥用则会损害国际法的严肃性和权威性。

（三）国际法的遵守

国际关系的实践表明，各国都承认国际法是对国家有拘束力的法律，没有任何国家公开声明它的行动可以不受国际法的约束。首先，国际法的遵守主要依赖各国主观自愿。一方面，由于规范诸如贸易、金融、交通和外交之类复杂国际互动的需要，管理国际日常关系的功能性国际法迅速发展。对于国际社会来说，这些基于实用主义相互需要的国际法规范，能使国际体系的运转变得可以预测，自愿遵守这些国际法是必要的，因此在国际交往的实践中，这种类型的大量国际法规范能够得到很好的遵守，同时也给了人们对其他领域内遵守国际法以莫大的信心。另一方面，在诸如主权、安全、军事等高度敏感与充满争议的领域，那些基于准则之类的国际法的合法性还不太牢靠，难以得到普遍认可和有效遵守与执行。"国际法中诸如《白里安—凯洛格公约》《国际联盟盟约》和《联合国宪章》这类引人注目的国际法文件。这些文件的效验确实大可怀疑（也就是说经常被违反），有时甚至连效力也大可怀疑（也就是说在被违反时不常强制执行）。"[1]虽然如侵略、侵犯人权和其他不被接受的行为日渐受到国内外的广泛谴责，但由于统一的国际标准缺失，如何判断这些行为是否违反国际法本身就十分困难。1989年美国对巴拿马采取军事行动，并将该国合法领导人诺列加（Manuel Antonio Noriega Moreno）抓回美国受审，这种公然践踏一国主权，赤裸裸的违法行径虽然遭到联合国和美洲国家组织的

---

[1] 汉斯·摩根索.国际纵横策论——争强权，求和平[M].卢明华，时殷弘，林勇军，译.上海：上海译文出版社，1995：350.

谴责，但这一切都无法迫使美国遵守国际法。在强权政治下，善良的人们经常目睹国际法的尊严惨遭践踏而无能为力，于是乎"既然别人可以不遵守，我为什么要遵守？"的疑问，就会把国际社会带进丛林法则盛行的原始状态。

其次，虽然强制执行是国际法发生效力的重要方式，但很少发生在国际法院生效判决执行中，且令人遗憾的是，绝大多数强制执行只会适用在那些弱小国家身上，发生在它们明显违反《联合国宪章》宗旨和安理会决议的情形下，例如，萨达姆武装入侵科威特、朝鲜违反禁止核试验条约等。在大国肆意违法却能轻易逃避处罚的国际环境下，强迫弱小国家遵守安理会决议明显缺乏道德说服力。因此，在一些现实主义者眼里，国际法只是国际关系的附带现象，是国家追求权力过程中的副产品，强权国家尊崇国内法、漠视国际法的现象将长久存在。

尽管如此，我们依旧很难想象在一个谋求和平与发展的多极化世界中没有国际法的存在。至于国际法究竟会起怎样的作用，是斗争的武器还是禁锢的绳索，则取决于我们对其本质和作用的清醒认识，也取决于我们对国际法的运用方法和技巧。实践中，我们必须摒弃国际法万能论和国际法虚无论的错误认识，运用国际法，在纷繁复杂的国际斗争中捍卫国家和民族利益、维护世界和平与秩序。进入20世纪70年代，一批信奉自由主义、跨国主义的美西方学者开始研究国际体制问题，或者说是国际法问题。他们普遍认为体制的规则和原则要求鼓励各国之间的和平合作，国际法正在将世界从无政府状态带向更加合作的国际社会。人们有理由相信，在建立合作的"格劳秀斯式"秩序，以取代"霍布斯式"的无政府秩序这一点上，国际法起的作用也许比其他任何事物都大。

（四）国际法与"基于规则的国际秩序"

近年来，美国及其盟友极其虚伪地常将维护"基于规则的国际秩序"挂在嘴边，玩弄抽象的概念游戏以混淆视听，把不遵守国际秩序的标签贴在他们眼里不友好的国家身上，却刻意回避对什么是"基于规则的国际秩序"做出明确清晰的界定：对基于谁定的规则，应该维护什么样的秩序，始终语焉不详、闪烁其词。这是基于美军超强实力下的"自由横行"？还是基于布雷顿森林体系下美元霸权地位的不可挑战？是基于"民主、自由、人权"普世价值观下的双重标准？还是凡是不顺从美国就等于"破坏基于规则的国际秩序"的傲慢蛮横？与美国和西方不同的是，世界上绝大多数国家不反对基于规则的国际秩序，而且都能够坦坦荡荡地公开主张：世界上只有一个体系，那就是以联合国为核心的国际体系；只有一个秩序，就是以国际法为基础的国际秩序；只有一个规则，就是以《联合国宪章》宗旨原则为基础的国际关系基本准则。这是真正符合大多数国家利益的公平合理的国际体系和国际秩序，符合国际关系民主化的世界趋势。

将国际法看成国际秩序赖以构建的最核心基础，世界上大概没有人会质疑。恰恰在遵守条约义务、履行国际法义务这一有效维护国际秩序的领域，美国为世界树立了最坏的榜样，留下一连串糟糕的记录：1982年，为维护其海洋霸权利益，美国拒不签署它曾力推过的《联合国海洋法公约》；1984年，因不满其文化控制权逐步被发展中国家削弱，美国正式退出联合国教科文组织；1985年，因遭到尼加拉瓜向国际法院起诉其武装干涉侵犯他国主权，美国宣布退出联合国国际法庭，拒不接受国际法院裁决；1995年，美国宣称由于"国内预算困难"，退出联合国工业发展组织并拒交拖欠的会费；2001年，美国宣称由于履行环保义务不符合美国国家利益，拒绝批准《京都议定书》；2001年，因未能阻止对以色列镇压巴勒斯坦人行动的讨论，美国宣布退出联合国反对种族主义大会；2001年，美国退出美苏1972年签署的《反弹道导弹条约》；2002年，考虑到对美国的军人、外交官和政治家不利，美国正式退出《国际刑事法院规约》；2017年1月，美国退出跨太平洋伙伴关系协定；2017年6月，美国宣布退出旨在防止地球气候变暖的《巴黎协定》；2017年10月美国再次宣布退出联合国教科文组织；2018年5月美国宣布退出《伊核协议》；2018年6月美国常驻联合国代表黑莉（Nikki Haley）在华盛顿宣布美国退出联合国人权理事会；2019年8月美国正式退出《中导条约》；2020年7月，美国宣布退出世界卫生组织。由此可见，美方所谓的"基于规则的国际秩序"与国际社会公认的以联合国为核心的国际体系和以国际法为核心的国际规则毫无关系，其彻头彻尾地成了美国维护单极霸权的工具。

综上所述，人们怀疑国际法在国际政治中发挥的积极作用，除了国际法本身不够完善外，根本原因在于受到大国强权政治的制约。然而法律可能暂时沉默，却不会永远沉睡，因为它代表"沉默"的大多数。国际法对强权政治的制约作用始终存在，强权的兴衰轮替难以避免，而法律的精神和道义的力量却可以永恒。特别是对于生活在当代世界的绝大多数非强权国家来说，高举国际法旗帜，维护以联合国为核心的国际秩序尤为重要，唯有如此，中小国家及其人民的利益才能获得保障。

第十二章

国际道德舆论与国际政治

在波诡云谲的国际政治舞台上,各种行为体在处理彼此关系上,都会适用一定的原则和规范。他们时而适用强权,时而适用法律,时而借助国际道德与舆论的力量,来实现自己的目的。20世纪以来,国际道德在国际关系中的作用越来越被世界各国所重视,并成为国家权力的一种制约力量,为国际政治、国际关系良性发展发挥了积极的作用。

一、道德的起源与属性

(一)道德的起源

人类乃万物之灵,不仅具有趋利避害的本能,还有团结互助的理性,做有利于自己的事,避开对自己有害的不利因素,从来都是人类的生存策略。为了对付恶劣的自然环境和其他族群或部落的侵扰,结伴群居成了最符合人类自身利益的生存方式。群居生活虽然符合绝大多数成员的生存利益,但也无法避免群体内部成员之间,以及成员与群体间因利益而发生冲突与矛盾。若每个成员都为一己之私与其他成员发生内斗,就会陷入"一个人与每个人战争"的状态,其结果必然是个体与族群都走向衰落。所以当这些冲突与矛盾发生时,就需要制定出一个大家共同遵守的行为准则或约定俗成的习惯,用每个人都牺牲一部分非必要的个人利益,换取更基本、更必要的个人利益与团体利益,这便是所谓的道德。先秦思想家老子在所著的《道德经》一书中说:"道生之,德畜之,物形之,势成之。是以万物莫不尊道而贵德。道之尊,德之贵,夫莫之命而常自然。"这里讲的"道"是指自然运行与人世共通的真理,而"德"则是指人的德行、品行。在西方,"道德"(morality)一词起源于拉丁语的"Mores",意为风俗和习惯。由此可见,道德源于人们的习俗,人们通过确定和遵循道德原则,促进人与人之间的和谐共处,改善社会的生存环境,使每一个个体都能够免于恐惧,不必担心自己遭受残害、欺骗、偷窃等不法侵犯。

道德规范既已产生,确保其施行的社会手段也就应运而生。鉴于人类固有的自私本性会对道德规范的实施起遏制作用,道德通常会借助团体中全体成员的舆论、某种共同宗教信仰或统治集团的意志加以施行。遵循道德会得到社会舆论的赞赏与支持,违背道德则会遭到社会舆论的谴责与排斥;宗教则由于其倡导的道德规范有着先验之神的赏罚力支持,"行善进天堂,作恶入地狱"就成了一股强大的制裁力量鞭策人们按照道德规范行动;统治阶层通常也将道德同他们的政治权威相联系,颁布各种道德律令,告诉人们需要做什么,禁止做什么,遵守可得到相应奖赏,违背将遭受严重处罚,将某些道德规范法治化,以此维护社会的公序良俗和政权的稳定。"老吾老以及人之老,幼吾幼以及人之幼",道德的作用就在于让每个人都懂得:做好事不做坏事符合我的自身利益,因为这样做我就受益,不这样做就会被排斥或受到惩罚。由此可见,道德起源于人类的需要,由于认识到以合作和共存的方式生活在一起的价值,所以便依靠生活经验和理性,制定了一套社会生活中共同遵守与维护的行为准则和价值观,宣布善与恶的内容,鼓励人们行善,禁止人们作恶,使善行得到及时肯定,罪恶受到严厉批判。道德不是天生的,人类的道德观念是受到后天的宣传教育及社会舆论的长期影响而逐渐形成的。

(二)道德的属性

1.道德具有明显的社会意识形态属性。首先,道德是一种社会意识形态,它是人们共同生活及行为的准则和规范,它产生的基础是基于人的内心良知,它不是政治意识形态,不是衡量一个社会制度好与坏的标准。据此,西方社会津津乐道的所谓"民主、人权、自由"等价值理念就不属于道德范畴。道德引导人们追求至善的方向,它教导人们认识自己对家庭、对他人、对社会、对国家应负的责任和应尽的义务,教导人们正确地认识社会道德生活的规律和原则,从而正确地选择自己的生活道路和规范自己的行为。

其次,道德与法律不同,它是以善与恶、公平与不公平、正义与非正义等道德概念来评判和约束人们行为的,并不具有强制的效力。法律规范一般规定必须如此,受约束的人别无选择,而道德规范规定最好如此,但可以自由选择。表达这些规范的语言形式分别是"必须"和"应该",而实施这些规范的手段则分别是国家暴力机关和社会舆论;对于违法行为的惩罚通常是物质上和人身上的,最严厉的惩处是剥夺人的生命权,而对于违背道德的惩戒主要是精神上的负面评价,它可以导致被评价者受到精神上的羞愧和痛苦。通常个人与非个人的行为体对违背道德行为的痛苦感知度不同,从国家的角度看,对他国的不道德行为往往被视为对本国的道德行为,导致一些政客对不道德行为习以为常,甚至引以为豪。

一个社会一般有社会公认的道德规范,只涉及个人、个人之间、家庭等的私人关系的道德,称私德;涉及社会公共部分的道德,称为社会公德。道德一般根植于多数人的利益,需要经多数人认可方能有效,其生效的依据是多数人的心悦诚服。因此遵守道德准则,按照道德规范行事符合多数人的利益,易于获得社会舆论的普遍认同。

2. 道德具有一定的社会文化属性,深受一国历史文化的影响,不同文化背景下人们的道德观就会存在差异。如在今天的许多阿拉伯国家,一夫多妻不仅合法也合乎道德,在另外一些国家则完全相反。世界上不同的人群有不同的道德规范,我们应尊重不同文化各自的特色。尊重老人被普遍认为是道德行为,但在印第安人文化中则不然,美国印第安原住民的一些部落,相信人死后会不断轮回,轮回转世的身体状态与死亡时的状态密切相关,因此该部落的习俗是,人到老年,在身体仍然健康之际,希望有人帮他结束生命,否则带病而死会影响转世再生时的身体状态。俄国著名作家陀思妥耶夫斯基(Fyodor Mikhaìlo vich Dostoevsky)曾经灵魂拷问:如果上帝不存在,人为何不能为所欲为?如果灵魂在死后不能继续存在,人为何要有道德?充分说明道德的文化属性。人类的道德有共通性,不过不同的时代,不同的社会,往往有一些不同的道德观念;所谓"性相近,习相远",同样一种道德,在不同文化社会背景中的外在表现形式、风俗习惯往往也相去甚远。例如,在二战之后,世界各国在尊重人权的价值理念上的认识并不一致,西方文化比较强调人的自然属性、个人性、利己性,而中国文化则比较强调人的社会性、道德性以及个人对他人的依存性；西方比较强调追求私有财产和个人幸福的权利，注重个人权利，而中国则是比较强调个人权利与集体权利、权利与义务的不可分割性。

3. 道德具有明显的时代性，会随着时代进步而不断演进。譬如，古罗马时期的道德是维护奴隶主贵族利益，欺骗和镇压奴隶的精神工具。奴隶必须心甘情愿地服从主人的命令是遵从上帝的旨意，奴隶主认为奴隶只不过是一种有生命的财产、会说话的工具，否认他们的任何自由和权利。奴隶杀死主人是一种罪大恶极的行为，必须受到严厉惩罚，而主人随意杀死自己的奴隶是合乎道德的，这只是行使他对自己财产的所有权而已。在罗马人眼中，女人只不过是一种家庭奴隶，是替丈夫做家务和生育子女的工具，她们的身体是丈夫的财产，通奸被看作可耻的罪行，是对自己主人的背叛。罗马法规定，妻子必须顺从丈夫，严禁和自己丈夫以外的任何人发生性关系，妻子如果被发现通奸会被处死，而丈夫和妻子以外的女奴隶发生性关系则不受任何惩罚。不同时代有不同的道德观，过去被认为合乎道德的观念，今天则可能被认为是不道德的。中国古代要求妇女遵守"三从四德"，提倡"女子无才便是德"，而今早已被男女平等的新时代道德观所取代。

二、国际道德的形成

同道德源于人与人的交往一样，国际道德也是在国际交往中产生的。如果国与国之间老死不相往来，缺少必要的交集，就不会有所谓的国际道德，当然也不会有国际法。当相互交往的国家为了协调彼此在交往中出现的矛盾与冲突，而就相关分歧达成某种解决方案或形成某种惯例，且这些惯例得到多数国家的认同时，国际道德就此产生。老子在《道德经》中说："天下皆知美之为美，斯恶矣；皆知善之为善，斯不善矣。"意思是说，天下人都知道美之所以为美，于是就有了令人嫌恶的丑；都知道善之所以为善，于是就有了反面的不善。国际道德不必获得所有国家的一致同意，其效力表现形式为多数国家意志对少数国家意志的舆论强制，因而在现实的国际政治中，国际道德更多反映的是多数中小国家的利益，大国可以争夺强权，而小国唯有伸张道义。在大国肆行强权面前，道德的声音通常十分微弱，代表着沉默的多数，

<<< 第十二章 国际道德舆论与国际政治

反映在大多数国家的共鸣中。通常大国在遵守道德方面有更多选择,国际道德对大国的制约主要靠大国本身的自律来实现,如果遵守某些道德并不违背自身利益,甚至还能提高自身威望,它们就会顺水推舟,尽量按道德规则行事,例如,人道援助、难民安置、灾难救助、保护妇孺等。但如果遵守某项道德规则会导致自己在追求强权活动时缩手缩脚,在违背道德的损失小于收益时,它们就会毫不犹豫地采取不道德的行为,如背叛、盗窃、撒谎、欺压等。

　　国际道德是随着国际社会的发展而不断演绎发展起来的,不同时期有不同的国际道德准则,国际道德的内涵也随着国际社会的发展而在不断地深化。汉斯·摩根索在《国家间政治》一书中写道:"第一次世界大战前,国际道德是个人主权者,即某个君主及其继承人和相对较小的、有内聚力的、成分相同的贵族统治集团关注的事情。"当时的国际社会是贵族统治者的社会,他们或以个人的形式或以贵族统治集团的形式掌握着国家权力。而在作为特定国家代表的贵族之间的交往中,他们所信奉的就是贵族社会通行的道德信念,具有超国家特征,各国的外交政策就处于这种超国家的普遍道德行为规则制约之下。这时的国际道德实际上表现为:作为国家代表的君主的道德和各国具体负责外交政策的人的个人道德。"路易十五在国际舞台上所采取的任何行动都是他个人的行动,其中显露的是他个人的道德义务感,因而也就关系到他个人的荣誉。由于他所负有的道德义务也为其他君主所承认,所以如果他违背了这些义务,那就不仅会使他自己内心不安,而且会引起超国家贵族社会的本能反应,这种反应将会使他为违反这个社会的惯例而付出丧失威望也就是丧失权力的代价。"[①] 可见,彼时的国际道德实质上是反映贵族阶级利益的社会意识形态的组成部分,是特定阶级的道德反映,与我们今天所主张的、国际社会普遍接受的公平、正义、平等、人权的国际道德概念是截然不同的。比如在17、18世纪时某国的外交官为了谋取个人的物质利益,在与他国缔结条约时接受贿赂或转任其他国家的外交官,都被看成稀松平常的行为,而在今天看来,这些都是违背对祖国的忠诚原则的,被看成非道义的。当然,这

---

① 汉斯·摩根索.国际纵横策论——争强权,求和平[M].卢明华,时殷弘,林勇军,译.上海:上海译文出版社,1995:315.

283

一时期的国际政治关系由于受生产力水平、科学技术发展程度以及地理条件的制约,处于一种偶然性的松散状态之中。而且就国家行为来说,要想使自己的国家获得更多的财富,当时最合理最简捷的方式就是直接吞并他国的人口和领土资源,所以战争被视为有效的方式。

一战前后,一些国家的领导人和学者正式提出了国际关系中的道德主义主张,其代表人物是美国总统威尔逊。威尔逊作为进步派政治家,在一战前后,将自己所信奉的和平、平等、正义等价值观运用到了美国的对外政策之中,并力图将这种观念推广到整个世界。1913年3月4日,这位学者型总统在其就职演说中,用诗一样的语言阐释了对道义力量的期待:"不要忘记,道德的力量同样非常了不起。在世界的各个地方,杰出的男人女人……展示他(她)们以自己的努力矫正谬误、拯救生灵,给弱小者以力量和希望。……我们同时见到了丑恶、虚假和邪恶,它们与美好、真实和善良共存于这个世界。我们的使命是清除、反思、纠正前者,同时却丝毫不削弱、不损伤、不危及后者。"[1]

在一战期间,威尔逊总统提出了著名的"十四点计划",期待建立一个公平正义的世界新秩序。该方案包括废除秘密外交、公海航行自由、取消贸易壁垒、削减军备、成立以维护和平为己任的集体安全组织——国联等。威尔逊自己解释说:"在我所概述的整个方案里,贯穿着一个鲜明的原则。这就是公正对待所有人民和一切民族,确认他们不论强弱均有权在彼此平等的条件之上,享受自由和安全的生活的公平原则。""除非正义施及他人,否则正义也不能独施于我。"这种从道德角度阐释国际关系的主张,是欧洲列强在过去从未系统提出过的,威尔逊的道德主义主张为一战后一系列国际关系新原则的确立开辟了道路。威尔逊的主张从人性善的哲学观念出发,以国际社会应该遵循抽象的"普遍道德原则"为前提。一战爆发后,威尔逊等人认为人类之所以会遭受大战之苦,是因为人类理性和道德的沦丧。他们相信人类本性是善的,所以应重新提倡道德的作用,创立新的国际规范,以保障国际秩序的稳定。这些主张带有明显的道德主义色彩,因而被称为理想主义,后来受

---

[1] WHITNEY D C, WHITEY R V. The American Presidents [M]. New York: Reader's Digest, 1996: 229–232.

到了以摩根索为代表的现实主义学派的批判。

二战以后,各国要求建立和平、公正、平等的国际秩序的呼声日益高涨。法西斯国家在二战中对弱小国家的肆意侵略和对他国人权的粗暴践踏,成为战后道德主义原则被国际社会普遍接受的重要推动力,包括《联合国宪章》《世界人权宣言》等一系列国际公约确立了许多为各国共同接受的道德行为准则,这些国际道德规范即便在冷战期间也具有很强的生命力。和平共处五项原则的提出,亚非会议的召开及《万隆宣言》的发布,殖民地的独立及民族解放运动的兴起,都表明长期在国际社会中处于被压迫地位的第三世界要求实现国际平等和正义的强烈愿望。

总之,从个人道德到国家道德,从道德的理论到道德的实践,展示了人类在道德观念上的与时俱进,也展示了国际关系的成熟。20世纪90年代以来,随着冷战结束,国际关系由两极向多极化转变,国际道德观念也日益成为各国普遍接受的行为准则。霸权主义、强权政治在今天已越来越没有市场,战争行为更是被越来越多的国家唾弃,共同维护国际道义的新局面正在形成。过度强调本国的国家权力和利益的狭隘观念,也正在被以合作和互利为要素的长期性比较利益观所代替。区域经济一体化的发展,基础建设领域的互联互通,人文领域内的交往日益密切,外交活动中的多边主义,正在成为一种不可逆转的时代潮流,为国际关系中道德主义原则的最终确立奠定了基础。

三、国际道德机制的建构

尽管国际道德在国际社会中已形成巨大影响力,但想要完善道德主义原则,充实国际道德的丰富内涵,建构一套系统的国际道德机制,依然需要走一段漫长的路。

首先,如何调和个人道德与国家道义的冲突。在特定的国内社会,被多数人认可的公民道德对于维护社会的公序良俗,促进人与人间的友好相处发挥着巨大作用,成为法律规范行为的必要补充。同情弱者、乐善好施,己所不欲、勿施于人,富贵不淫、威武不屈,诚实守信、公正无私等皆为美德。然而这些公民社会备受推崇的个人道德难以外化为主权国家的行为准则。国家不同于个人,个人行为可以利他,可以超越自我,对个人来说,无私或许是最高的道德品质。因此,当个人发现国家的行为有悖于自己接受的道德准则时,往往需要做出痛苦抉择,"当莫利勋爵和约翰·伯恩斯一旦感到英国参加第一次世界大战与他们的道德信念不相容时,便辞去了他们的内阁职务。这是他们个人的举动,而他们的道德信念是他们个人的信念"[1]。而作为"集体人格者"的国家,不可能以牺牲自身利益为代价去实践利他主义。正如摩根索所言"尽管个人道路上有权牺牲自我"去捍卫某项原则,但"国家无权让道德上的非难妨碍成功的政治行动。它本身所负的道义原则是国家的生存"[2]。一个理性主义国家不会为某种高尚的道德情操去做那种毫不利己,专门利人的牺牲。因此,要求个人做到的道德很难适用于国家,国家间背信弃义、不遵守盟约的行为比比皆是,这些行为倘若行之于个人,必定被视为不道德行为,而要行之于国家,则是极具合理性的。得道多助、失道寡助,国家是民众的集合体,作为集团人格的国家可能会因为其不道德行为感到不适,却很少有人为此感到内心的焦灼和痛苦。美国民众曾对他们的总统华盛顿拒绝帮助法国在道义上感到羞愧,但总能以这只是华盛顿个人行为来减轻内心羞愧的程度。作为具有集团人格的国家,可能会对战争或其他大规模暴力行为进行所谓的反思,但往往都源自战败所带来的耻辱,而非对受害者的道德愧疚。在单个国家社会内部,个人道德能够被广泛遵守,是建立在人人平等的法制与道德观念基础上的,而在国际社会,国家间事实上的不平等与丛林规则的肆行,则是一些国家(特别是一些大国)无视道德舆论、恣意妄为的根本原因。2019年4月15日,美国前国务卿蓬佩奥将"我们撒谎、我们欺骗、我们盗窃"视为有损国家荣耀的荒诞言论,并没有让这个始终自诩身处"道德高地"的大国感到一丝难堪。在一个普遍信仰基督教的国度,《圣经》是所有基督徒信奉的经典,《圣经》中"你们不可偷盗,不可欺骗,也不可彼此说谎"的训诫,应当成为所有基督徒遵守的道德法则。蓬佩奥在演讲中承认当他还是一名军校学员的时候,西点军校的格言是"绝不撒谎、欺骗、偷窃,也绝不容忍有此类行为的人"[3]。

---

[1] 汉斯·摩根索.国际纵横策论——争强权,求和平[M].卢明华,时殷弘,林勇军,译.上海:上海译文出版社,1995:317.

[2] 汉斯·摩根索.国际纵横策论——争强权,求和平[M].卢明华,时殷弘,林勇军,译.上海:上海译文出版社,1995:14.

[3] 蓬佩奥:我们撒谎欺骗偷窃,这才是美国的荣耀[EB/OL].央视网,2019-04-23.

可见，在蓬佩奥眼里，"绝不撒谎、欺骗、盗窃"是一个合格军人最基本的道德准则，诚实、服从命令、遵守纪律是军人必备的基本素质。可角色一旦变换成了情报、外交人员，"撒谎、欺骗、盗窃"就变得天经地义了。

其次，如何调和国际道德与国家利益的冲突。在国际关系中，主权国家是行为主体，是政治权力最核心的载体，国际组织、国际法对主权国家权力的制约是有限度的，而且没有一个凌驾于国家之上的强制机构将道德准则和义务强加给所有国家。而在每一个民族国家中，个人对国家的忠诚被看作个人最重要的品德，如果国家需要，个人可以为之牺牲一切，甚至包括自己的生命。在这种情况下，国家利益实际上就被看成了道德目的本身。由于这种强烈的民族意识的存在，又有强有力的国家权力的制约，在一国内部被国民所普遍接受并付诸实践的道德准则和规范是很容易确立起来的。在二战结束后的纽伦堡审判中，纳粹战犯奥尔多夫（Aldorf）在回答为什么不从其所抵制的特别行动队的领导位置上退出时说："我认为，我所处的位置不是去判断它的措施……是道德还是不道德的……我迫使我的良知接受我是一个军人的事实，因此我只是庞大国家机器中一个相对微不足道的齿轮。"① 由此可见，民族意识和国家权力的存在，已成为国际道德确立的最主要障碍。但与此同时，遵守公认的国际道德符合绝大多数国家的根本利益，特别是广大中小国家的利益。因为中小国家从来都是强权政治、双重标准、任意干涉、武力威胁的受害者，它们最需要捍卫那些真正能够体现人类"普世价值"的道德原则。

再次，如何协调国际道德与各国文化传统差异引起的冲突。国际道德的构建不仅要克服狭隘的国家利益的障碍，而且还要克服各国不同文化的障碍。各国基于不同的国家制度和文化传统，具有不同的道德观、价值观，因而也就有不同的道德主张。国际舞台上的某一行动，可能被某一集团谴责为不道德、不公平的，却被另一集团赞扬为道德的和公平的。人们在追求平等、自由、富足等方面的心理特征和基本愿望是大致相同的，但在不同的文化传统影响下，所形成的道德信念是各种各样的。严格来说，从道德主义观念萌芽之日起，各国在接受其平等和正义要点的同时，对其中的标准和具体内涵的认识就是不同的。在道德原则还主要被视为一种理想主义主张的情况下，分

---

① 张家栋.恐怖主义论［M］.北京：时事出版社，2007：116.

歧尚不明显，而当道德主义在今天开始作用于实践的情况下，这种差异才显露出来。在国际道德主张中，发展中国家一般强调国际道义的主权基础，坚持政治和经济的平等是道德的；西方国家则认为道德标准是超越国界的，国际道德更多地表现为对个人命运的公正对待。这种文化的差异，不是在短时期内就能弥合的，它必定对国际道德的发展起着长久的制约作用。

最后，国际道德标准的统一。尽管不同国家的历史、文化、宗教等因素各不相同，由此形成的国内环境下的道德观也不尽相同。但作为规范国家间关系的行为准则，判断什么是道德、什么是不道德的标准只能有一个，那就是绝大多数人或国家的普遍认可。据此，只有少数国家认可而不被多数国家认可的价值不能称之为道德，道德不能强加于人，必须是自觉认同并心甘情愿遵循的价值取向；同时，道德标准只有一个，不能此时此地是一个标准，而彼时彼地是另一套标准，双重标准或多重标准都不符合道德应有的规范。2022年2月11日，美国资深民主党参议员伯尼·桑德斯（Bernie Sanders）在参议院发表演讲时表示，俄罗斯和美国一样，都会对邻国的安全政策感兴趣。"如果墨西哥、古巴或中美洲、拉丁美洲的任何国家，与美国的对手结成联盟，美国会什么都不说？会有议员站出来说'墨西哥是个独立主权国家，它有权做任何事情'吗？"如此直白的"灵魂拷问"，使现场一片寂静，所有人都陷入了沉默。桑德斯在演讲中一针见血地指出，美国长期在美洲践行"门罗主义"，并据此"破坏和推翻了拉丁美洲、中美洲和加勒比海地区十几个国家政权"。他还以1962年古巴导弹危机为例指出："1962年，我们与苏联差点爆发核战争，为什么我们几乎到了与苏联爆发核战争的边缘？我们这么做是为了回应苏联在离我国海岸90海里的古巴部署导弹。"[①] 既然道德是调整人际关系和国际关系的重要规范，国际社会就有责任厘清道德与非道德的界限，就道德的标准达成统一认识，摒弃双重或多重标准，使国际道德真正发挥调和国际关系、促进和平发展的积极作用。

国际道德的建构与完善是一项极为艰巨的任务，其中最根本的困境就是各国追逐本国利益最大化的客观现实。20世纪70年代在国际政治学领域中发

---

① 桑德斯真相了：当墨西哥等国与美国的对手结盟时，美国会什么都不说吗？！［EB/OL］. 环球网，2022-03-03.

展起来的道德利益论,否定了传统国际道德理论关于抽象的道德原则,重新将道德和利益结合起来。但是很多学者提出了"正确理解国家利益"的问题,也就是承认国家利益具有相对性。他们认为在国际社会中,对本国利益做出适度的牺牲是各国很难接受的,但如果没有这种适度的牺牲,国际道德的建立是非常困难的。所以要实现国家间的和谐,其前提条件就是必须对追求本国的国家利益适度"自制",放弃零和博弈思想。不仅要承认其他国家也有其合法的国家利益,还要适时地调整本国的国家利益。否则,国际冲突将永无休止,任何的国家利益都难以实现。这种观点对国际道德的进一步发展是有利的,因为在目前的国际社会中,任何国家都不可能是孤立存在的,其他国家的发展都包含着本国的国家利益,国际和平必须是基于各国共同维护的国际秩序,每个国家都必须为这种秩序的建立做出自己的贡献,因为在这一秩序中有着它自己的长远利益。如果各国都能从全人类的生存和发展的角度出发去行动的话,那么,国际道德是不难建立的。然而,现在这个状况离目标还比较遥远。

四、国际道德的作用

道德作为规范人们行为的准则,往往代表着社会的正面价值取向,有着引导、促进人们积极向善的功能。因为有了道德的力量,我们的社会才变得温馨和谐。一个道德沦丧的社会是没有希望可言的,也不会走得长久。法治作为强制性的制约手段是对道德约束的补充,但最终目的还是要实现道德的约束作用。道德能使人们主动去遵守行为规范,而法律永远只是让人们被动地接受。因此,道德在规范人们行为和实现社会和谐中的作用是无法被取代的,国际道德也不例外,人们无法忽视其对国际政治的影响,具体体现在以下几个方面。

1. 国际道德为国际社会正常交往提供了切实可行的行为规范,有助于抑制霸权主义和强权政治的冲动。二战以来,和平发展已成为时代的主旋律,废除以战争作为推进国家政策的工具思想得到国际社会的一致认同。凡违反《联合国宪章》所规定的"自卫"和"集体安全"原则而采取的单方面侵略行为,将会遭到国际道德舆论的普遍谴责。1990年伊拉克武装入侵科威特的行为与2003年美国为首的多国部队发动的旨在推翻萨达姆政权的战争,皆因其非法性质而遭到了国际社会多数国家的谴责，无论是伊拉克还是美国都为此付出了巨大代价。其所体现出来的背叛、伪善、欺诈、"双标"等非道德行为，同样会遭到国际社会的不齿和国际道德舆论的谴责。

2. 国际道德作为一种向善的力量有助于各国在追求本国国家利益的同时适度照顾他国的利益，推动国际关系向良性互动转换。国际道德要求国家间相互展示必要的善意，在一国遭遇自然灾害、恐怖袭击或内部动乱时提供必要的支持；国际道德促使发达国家向不发达国家提供必要的经济与技术援助；国际道德促使人们向饱受战乱与灾害之苦的难民提供急需的人道主义援助。在经济全球化与各国相互依存关系进一步增强的今天，没有人可以独善其身，互利合作、彼此展现必要的善意才是各国实现国家利益的最佳选择。"国之交在于民相亲，而民相亲在于心相通"，道德则是被多数人普遍认可的价值观，是各国人民都能听得懂的语言。本着"己所不欲，勿施于人"的精神，通过不断交流，以善意赢得善意，以真诚换取真诚，使得国际社会真正能够做到和谐共生、合作共赢，为走向人类命运共同体开辟通路。

3. 国际道德是影响国家外交政策的重要因素。国际社会中的绝大多数成员在从事外交活动时，除了要从国家利益出发外，还需要考虑道德因素的影响。威尔逊的"十四点计划"中那些充满着道德至上的理想主义原则，对一战后的世界秩序和外交实践产生了深远影响；中华人民共和国政府倡导的"和平共处五项原则"，反映了广大中小国家渴望平等的道德精神和独立自主、反对外部干涉的政治诉求，同样影响深远。现如今，多数国家在对某一事件表示赞同与反对、支持或谴责的时候，往往会依据一定的道德准则来选择自己的立场。2018年3月发生在英国的俄罗斯前特工斯克里帕尔父女疑似遭化学毒剂谋杀案引发了一场外交风波，在没有确凿证据证明是俄罗斯政府所为的情况下，不少欧美国家根据有罪推定原则，盲目追随英国驱逐了俄罗斯的外交官，这种"只问亲疏、无论是非"的做法引起巨大争议。尽管如此，依然有一部分欧洲国家并未一味盲从他们的北约盟友加入对俄罗斯的"群殴"阵列，昭示了人性中道德的光辉，说明道德虽有时微弱，但无处不在。所谓"公道自在人心"，指的是道德规范代表大多数国家的意志，它默默潜藏在人们的内心深处，是人们发自内心自愿遵循的规范。尤其是在大国强权面前，弱小国家有时只能用道德的声音争取权利，尽管这样的声音有时显得十分孤独，却能代表"沉默的多数"，反映这些国家内心的真实声音。正因如此，即使是推行强权政治的国家，也会经常假借"道义"之名，站在道德制高点上展现自我的优越感，这不仅能够降低做坏事带来的不适和罪恶感，而且还有利于屏蔽来自外部世界的批判。如美西方以"人权高于主权"为借口出兵干涉南斯拉夫内政，以"反对独裁、促进民主"之名在东欧、西亚和北非大搞"颜色革命"。可一旦相同的事件发生在自己身上，结论就会完全不同。2021年1月6日发生在美国的国会山骚乱事件，却被美国国会定性为"未遂政变"，说明他们心里十分清楚道德的界限在哪里，只是因为现实需要，才将道德标准做"内外有别"的划分，道德只是他们为自己的不当行为粉饰、遮羞的道具。

4. 国际道德有助于约束国家间的战争行为。近代以来，国际社会通过了大量旨在约束国家战争行为的国际法规范，对这些规范的严格遵守是所有处在武装冲突中的当事国的义务。战争的正当性与合法性不仅关乎交战方是否能够"得道多助"或"失道寡助"，更关乎战争中无辜民众合法权益保障的问题，因此争取国际道德舆论本身便成了战争不可分割的一部分。与对战争起因的正义和合法性争论不同，当战争爆发后，人们往往更加关注交战过程中双方对交战法规的遵守程度，如是否存在"无差别攻击"、以平民为人质、使用大规模杀伤性武器、虐待战俘等不法现象，这些都会成为争取道德和舆论支持的重要领域。对道德舆论的敬畏，无疑将会影响战争的进程。

5. 国际道德有助于发展中国家争取建立公平合理的国际政治经济新秩序的努力。国际道德原则受到广大发展中国家的欢迎，是因为国际道德反映的是多数国家人民追求和平、发展、公平与正义的普遍愿望。二战以后，大量原殖民地国家在取得政治独立后，纷纷响应并加入不结盟运动，奉行独立自主的外交政策，他们渴望平等地成为国际社会的成员，拒绝在冷战对手间"选边站队"；他们还联合起来站在国际道德的高地，利用联合国、不结盟首脑会议等多边机构与场合，谴责强权政治和各种霸权主义行径；在经济领域强烈要求改革由美国主导建立的、不合理的国际经济贸易秩序，组建77国集团，推动南北对话，并积极开展南南合作，为推动建立一个公正合理的国际经济新秩序进行了持续不断的斗争。随着广大发展中国家国际地位的日益提高，它们将逐渐成为一股运用国际道德塑造国际秩序的强大力量。

因此，在对待国际道德的问题上，人们应该像现实主义学派代表人物摩根索所说的那样，必须防止两个极端：一是过高估计道德对于国际政治的影响，一是过度贬低道德对于国际政治的影响。一方面，摩根索认为不能将人们实际遵守的道德规则与他们假装遵守的道德规则，以及与著作家们声称他们应该遵守的道德规则混为一谈。著作家们往往提出政治家和外交官应当铭刻于心的道德告诫，诸如信守诺言、信任别人、公平交易、尊重国际法、保护少数、放弃战争作为国家政策的工具等，以使各国关系更趋和平、更少纷乱。[①] 但是，这些告诫实际上能否决定或在多大程度上决定人们的行动，则很少被问津。而且，政治家和外交官们不管自己的实际动机是什么，都习惯于用道德说词为他们的行动和目标辩护，若以其表面来判断其意愿则会犯错误。对于广大发展中国家来说，盲目相信道德能够在国际政治中实现自我，而忽视自身实力有待提高的事实，不仅危险还十分愚蠢。在现实的强权面前，道德的力量依然十分微小。另一方面，认为国际政治罪恶至极，因而为抑制国际舞台上的权力欲望寻找道德是毫无用处的观点同样是错误的。因为在现实的国际政治发展中，道德原则已在不同层次上产生了不同的效果，其对国家权力的制约功能也已明显而有效地表现了出来。并且今天看来依然处于弱势地位的道德原则和道义力量，也不会永远踯躅不前，"善不积不足以扬名，恶不积不足以灭身"。道德的力量虽不会自动发挥效能，但只要世界上致力于反对强权政治的正义力量能够团结协作，敢于伸张正义，拒绝助纣为虐，相信"道义行天下"的一天迟早会到来，世界也必将因此而变得更加美好。

---

① 汉斯·摩根索.国际纵横策论——争强权，求和平［M］.卢明华，时殷弘，林勇军，译.上海：上海译文出版社，1995：296.

第十三章

国际政治经济学

国际政治经济学是国际关系学的一个分支学科,它主要研究国际体系中经济因素与政治因素之间的相互影响与制约的关系。经济学家雅各布·瓦伊纳曾将经济与政治间的密切关系类比成财富与权力间的关系,是一枚硬币的两面,他说:"财富是获得权力绝对不可或缺的手段……权力是获得和保有财富的根本的和有效的手段;财富和权力都是国家政策正当的和最终的目的;从长远来看,这两个目的是和谐一致的,尽管在一些特定情况下,不得不牺牲经济利益,以换取军事安全和长期繁荣。"[1]20世纪70年代,随着布雷顿森林体系解体,国际货币危机频繁发生,西方经济体普遍出现滞胀危机,保护主义再次在发达国家抬头,许多学者开始担忧,类似20世纪30年代发生的由于世界经济秩序混乱所引发的国际政治冲突会不会再次发生。于是,国际政治与经济互动关系再次引起了西方学者的关注,他们希望通过研究国际政治和经济的互动关系、研究国际经济的新变化、研究世界经济史中由于经济危机导致的政治冲突等诸方面问题,为国际制度建设与国际秩序的变革寻求政治上的解决方案。

一、国际政治经济学理论

(一)经济民族主义

经济民族主义者主张政府应当采取一切可能的措施保护本国的经济利益,防止外来竞争给本国经济造成伤害。他们把各国间的经济活动看成一场零和

---

[1] 詹姆斯·多尔蒂,小罗伯特·普法尔茨格拉夫.争论中的国际关系理论[M].阎学通,陈寒溪,等译.北京:世界知识出版社,2003:447-448.

博弈，一些参与者的收益必然意味其他参与者的损失，担心贸易与投资自由化会损害本国经济，带来产业向外转移、就业机会流失等消极影响，于是贸易保护主义就成了经济民族主义的突出表现形式。而世界政治经济发展不平衡的客观现实，也将如何平衡与协调不同国家间的竞争和合作关系摆在世人面前。经济民族主义者经常使用"救生艇类比"来形容不同国家间的关系，他们将世界视作一条只能承载一定人数的救生艇，经济发达国家的富人在艇上，发展中国家的数十亿穷人在海里，他们随时都有被淹死的可能，正在大声叫嚷着要上艇，如果让所有的人都上艇，救生艇将会下沉，所有的人都将淹死，于是早先坐在艇上的人只能带着悲伤和叹息把艇开走。由此可见，只要从本国利益优先的原则出发，人们就不难找到支持经济民族主义的理由。

1. 保护国内经济。在国家和民族利益至上思想的推动下，历史上很多国家都在不同时期采取过各种保护主义措施，以促进本国经济的发展。尽管战后世界范围内的自由贸易体系是在美国主导下建立起来的，但历史上的美国是一个长期奉行贸易保护主义政策的国家，美国第一任财政部长亚历山大·汉密尔顿就曾主张"用美国政府的干预和援助来保护美国工业以及美国的经济力量是必不可少的"[1]。而今，无论是发达国家还是发展中国家，无一不以这样或那样的国家干预方式保护本国的某些相对落后但又极其重要的产业。

2. 促进国内经济的多样化。一国的产业门类是否齐全是衡量该国经济对外依赖度的重要指标。过度迷信全球化和产业分工，相信基于资源禀赋理论的贸易自由化，可能会使一国产业结构残缺不全，失去抵御不确定外来风险的能力。

3. 社会、经济和环境保护。一国为了维持经济、社会及环境的可持续发展，维护国家长远发展利益，也需要对发展方式、外来投资结构、资源开发与环境保护等领域进行合理规划和必要管理。

4. 国家主权、安全利益的维护。保护本国的民族经济是维护国家安全和主权完整的重要手段，如果一国经济发展的关键资源、能源、产品和技术严重依赖某些单一供应渠道，一旦遭遇断供或"掐脖子"类的恶意制裁，就会威

---

[1] 约翰·罗尔克. 世界舞台上的国际政治[M]. 宋伟，刘华，张荣耀，等译. 北京：北京大学出版社，2005：488.

胁到国家的安全利益。例如，鉴于粮食安全对国家安全的意义重大，和平时期事关国家的经济利益，战时则关系到一个民族的生死存亡，所以多数国家都对此高度关注，不会轻易彻底开放农产品市场，任由别国摧毁本国的农业经济。

5. 实现非经济目标的政策工具。适当的经济手段还被经常用作达成政治、军事或外交目的的工具。冷战期间，西方国家对社会主义阵营的经济和技术封锁是这样，2018年特朗普政府利用芯片技术上的垄断优势制裁中兴与华为公司、对中国出口美国的高科技产品强征关税也是这样。

经济民族主义具有顽强的生命力，在经济全球化背景下，就像一股逆流不停冲击着世界经济秩序，进而影响到民族国家间关系。一国采取的经济保护措施必将遭到其他经济体类似措施的反噬，而极度自私的经济民族主义甚至还会诱发一个多民族国家内部的民族分离势力发动的分离运动，如2017年10月西班牙加泰罗尼亚自治区举行的"独立公投"，引发西班牙政治危机和民众对立。同一时期，意大利北方联盟谋求独立建国的运动，退而求其次地举行了威尼托、伦巴第大区"高度自治"公投。这些西班牙、意大利最富裕的地区，包括先前联邦化的比利时弗莱芒大区，无不展现出其不愿承担在国家统一格局中为解决区域经济发展不平衡做出奉献的责任。而英国苏格兰的民族主义分离运动也与其以北海油气资源为资本，想要将苏格兰打造成北欧"富裕小国"的美好愿望密切相关。

（二）贸易自由主义

自由贸易是指国家取消对进出口贸易的限制和阻碍，使各种商品与服务在没有进口关税、出口补贴、国内生产补贴、贸易配额或进口许可证等因素的限制下进行的跨国商业活动。而赞成自由贸易与经济自由化的理由则来源于一系列的经济和政治假设。实现自由贸易的政治条件是：各国政治上能够友好相处，彼此没有根本利害冲突，或者即使存有矛盾，但互惠贸易带给双方的利益远高于对抗带给己方的好处；自由贸易理论产生的经济学依据是比较优势理论，即各国均致力于生产成本低、效率高的商品与服务，来交换那些在本地区无法低成本生产的商品与服务。这样一来，贸易自由带来的好处就显而易见，主要包括：使各国都能从专业化分工中获得好处，推动全球经济繁荣;避免因各自采取的贸易保护主义措施招致的巨大代价;国际市场竞争机制的引入将推动各国创新动力的生成,促进技术进步与产业升级;为落后地区的经济发展提供充沛的合作发展基金,提高世界范围内的经济合作水平;推动各国经济上的相互依存,能够有效化解分歧、抑制冲突等。

但问题在于,按照这种自由贸易理论进行的国际分工,带来的负面影响也不容忽视。首先,世界范围内产业分工的结果必然会造成多数国家产业门类的残缺不全,世界上很少有国家可以在所有门类的产业领域都具有绝对竞争优势,在经济全球化的局势下,一些国家的劣势行业将无法获得保护,某些经济部门和产业甚至可能被彻底摧毁,而如果这些部门或行业恰恰是该国发展的命脉所在,就会危及其国家安全;其次,参与自由贸易的国家,专门生产更多占用本国丰富而廉价资源的产品,而少生产或不生产占用本国稀缺而昂贵资源的产品,其结果必然会加快资源的枯竭和环境的恶化,从而严重影响一些国家甚至整个世界的可持续发展;最后,贸易自由化通常要求实行自由的货币兑换制度,与利率和汇率的市场化相伴而来的货币自由兑换需要健全的金融体系支撑,如果一个国家经济实力有限,金融体系很脆弱,抗风险的能力就会十分有限,不加限制的自由贸易很可能会引发金融危机。由此可见,自由贸易理论未能准确地解释自由贸易发生和运转规律的主要原因,片面夸大了自由贸易为参与国带来利益的统一性,而没有注意到自由贸易条件下国家间利益的差异性和贸易收益在不同国家之间分配的不均衡性,没有充分意识到无条件的自由贸易可能对国家利益造成损害。

(三)经济结构主义

世界由数量众多的、处在不同发展阶段的国家构成,国家间的发展水平存在或大或小的差距。经济结构主义主要探究造成不同国家间发展差距形成的原因,以及如何才能改变这种状态,让欠发达国家也能与发达国家一样走上共同富裕道路等问题。20世纪70年代以来,人们习惯将当时的世界各国分为三个阵营,即工业化的西方民主国家(第一世界)、苏联东欧社会主义国家(第二世界)和其他发展中国家(第三世界)。冷战结束后,这种带有浓厚政治色彩的"三个世界"划分法已经不再流行,以发达国家和发展中国家划分法代之。发达国家主要集中在北美、大洋洲、中欧、西欧、南欧和北欧,而发展中国家是与发达国家相对的、经济上比较落后的国家，包括亚洲、非洲、拉丁美洲及其他地区的130多个国家，占世界陆地面积和总人口的70%以上。发展中国家地域辽阔，人口众多，有广阔的市场和丰富的自然资源，历史上一般都是西方列强的殖民地、半殖民地或附属国，还是它们的商品市场、原料产地和资本输出场所。二战后大多数国家虽然在政治上获得民族独立，但在经济上还没有完全摆脱西方发达国家的控制和剥削，旧的国际经济结构并没有被彻底摧毁，一些国家的经济命脉仍然被不同程度地控制在国际垄断资本手里。因此，维护国家主权和发展民族经济、反对强权政治、变革国际旧秩序就成了发展中国家面临的共同任务。

那么，西方发达的工业化国家与亚非拉发展中国家在物质财富上存在的巨大差距是如何造成的？常识告诉我们，一个国家发展得好与不好的原因一般不外乎两种，即内因与外因，对于发展中国家经济上长期落后的解释也一样。一是内因驱动，即从各国自身的内在因素寻找发展落后的原因，譬如一国的自然资源状况、人口规模及素质、政府及精英阶层的执政水平、发展战略的可行性等如何制约了这些国家的经济发展。二是外因所致，即从世界政治经济体系及其他国家的行为所产生的影响等外部因素上寻找原因。二战以来，这种将发展中国家落后的原因归咎于外因的解释逐步流行，秉持这种观点的学术思想基本上有两类。

其一，是马克思主义学派的观点。一些信奉马克思主义的学者认为，历史上的殖民主义、资本主义和帝国主义都是建立在对内剥削本国工人阶级、对外奴役殖民地人民的基础上的。二战后，尽管绝大多数国家早已摆脱殖民主义统治，但经济上对发达国家的依赖并未就此终结，发达的工业化国家凭借资金、技术上的优势，通过低价进口原材料、初级产品，高价出口工业制成品和服务贸易，将欠发达国家永久置于产业链的低端继续剥削，这是造成发展中国家长期贫困的主要根源。对于西方殖民主义应当为发展中国家贫穷落后负部分责任的理论，很多人并不认同，甚至还极力为过去那段不道德的殖民统治辩护。英国学者鲍尔就曾在《当代历史》杂志上发文指出：

> 西方国家在非洲和亚洲的殖民统治极有可能不是抑制，而是促进了

当地物质文明的进步。殖民政府实行轻微的压制政策，很少干涉多数人的生活，以此建立起法律和秩序，维护私有财产和契约关系，提供基本的运输和医疗卫生服务，并引进了一些现代金融和法律机构。殖民政府的统治所创造的环境建立并促进了当地与外部世界的联系，结果也促进了外部资源的流入，特别是管理、商业、技术以及资本……如果没有殖民统治，非洲和亚洲的社会、政治和经济环境不可能更有利于物质文明进步。[1]

这是当代国际学术界典型的"殖民有益论"观点，其错误不仅在于其刻意回避对殖民活动这段罪恶历史本身的道德属性进行客观评价，漠视殖民活动对殖民地、半殖民地人民所造成的物质与精神伤害，还在于其故意淡化殖民主义对欧洲国家早期原始资本积累与后来资本主义发展的助推作用。

其二，是依附论，又称新马克思主义理论或经济激进理论。依附理论是19世纪60年代末由拉丁美洲学者所提出的一套国际关系与发展经济学理论。它将世界划分为先进的中心国家与较落后的边陲国家，后者在世界体系中的地位使之受到中心国的盘剥，因而得不到发展，产生腐败等弊病。拉美经济学家普雷维什（Raúl Prebisch）运用"中心—边缘"概念去分析国家间的关系，在世界的"中心—边缘"结构中，"中心国"与"边缘国"之间的关系是一种不平等的关系。相对于中心国家而言，边缘国家被置于一种依附的地位上，中心国家控制了边缘国家的发展，使边缘国家的发展朝着对中心国依附的方向趋近。

从发展经济学的观点来看，依附理论是国际经济和政治关系中影响重大的一种理论，这一理论经历了从悲观的"古典依附论"到具有乐观色彩的"依附发展论"的演变。霍布森、普雷维什、弗兰克和阿明对古典依附论的创立和发展做出了贡献，而卡多索和埃文斯则是"依附发展论"的代表。这一理论在西方的杰出代表当属美国著名学者伊曼纽尔·沃勒斯坦（Immanuel Maurice Wallestein），他被视为美国新马克思主义学派的代表性人物。他认为

---

[1] 詹姆斯·多尔蒂，小罗伯特·普法尔茨格拉夫.争论中的国际关系理论［M］.阎学通，陈寒溪，等译.北京：世界知识出版社，2003：485.

在世界经济舞台上,国际分工格局是那些强大的、工业发达的资本主义国家占据了中心地位,弱小国家则处在边缘地区,它们技术落后,处于为中心地区国家提供原料的地位。而半边缘地区的国家主要指新兴工业化国家,其经济活动是中心国家和边缘国家经济混合的产物。他还认为这种格局并非当代独有的现象,因为早在1600年前的世界体系中,西北欧就曾处于中心地位,东欧和拉丁美洲是边缘地区,而南欧如葡萄牙、西班牙和意大利等国则处于半边缘地位。[1]

相对于古典的"依附论"来说,"依附发展论"促进了这一领域更具开放性的经验研究。根据沃勒斯坦对世界体系论的看法,尽管"核心—半边陲—边陲"的结构不会改变,但一个国家或社会在世界体系中的地位是可以改变的,"边陲"国家可以升为"半边陲"国家甚至"核心"国家,同样,"核心"国家也可能下降为"半边陲"甚至"边陲"国家。处于半边陲地位的少数国家就能够成功地实现依附性发展。对此,美国著名国际关系学者罗伯特·吉尔平（Robert Gilpin）做过如下评论:"每个欠发达国家必然依靠不断变化着的世界市场,它们必须引进资本、技术和工艺……在一个连续统一的国家体系中,每个国家都或多或少地依赖于他国。但如果某一个国家把这种依赖作为自己落后的原因,它的解释就没有多少说服力。"[2] 在他看来,发展中国家对发达国家的依赖,"恰恰是由于它们的落后造成的,而非依赖造成了它们的落后",它们的困难缘于其本身的低效率,而不是对于外部世界的依赖。他还以新兴工业化国家为例,认为这些国家因为提高了效率,所以经济获得了快速发展。

二、发达国家间的经济合作与竞争

（一）发达国家之间的合作

由于历史的原因,经济发达的欧美国家彼此间合作的深度与广度都远超

---

[1] WALLERSTEIN I. The Modern World-System I: Capitalist Agriculture and the Origins of the European World-Economy in the Sixteenth Century [M]. New York: Academic Press, 1974: 126-127.

[2] GILPIN R. The Political Economy of International Relations [M]. New Jersey: Princeton University Press, 1987: 303-304.

其与欠发达国家间的合作。

首先,发达国家间的合作始于布雷顿森林体系的建立,美元作为世界货币地位的确立,各国货币与美元挂钩并保持固定汇率,替代了战前各自为政的自由浮动汇率制,创设了世界银行和国际货币基金组织两大机构,建立起相对稳定的国际货币体系,为平衡各国间贸易收支失衡、确保世界贸易的发展创造了前所未有的崭新机制。

其次,二战后不久,美国发起的马歇尔援助计划,从1948年到1952年,为欧洲提供了130多亿美元的经济援助,既解决了美国国内产业过剩的难题,又复兴了西欧的经济,稳定了欧洲的政局,遏制了冷战对手苏联,促成北大西洋公约组织的建立,确立其对西欧的全面控制;在亚洲,基于中国共产党在解放战争中逐步获胜的政治现实,美国很快便将扶植并控制战败国日本作为离岸制衡、遏制中国与苏联的主要手段,不仅放松对日管制,还从经济上给日本不断"输血",推动了战后日本经济的快速复兴。于是华盛顿的决策者们与欧洲、日本等盟友之间达成了心照不宣的交易:"美国的盟国默许美国霸权体系的存在,使美国拥有在海外采取单边行动的特权以增进其政治与战略利益。作为回报,美国也允许盟国借此体系促进它们的经济繁荣,即使这种繁荣有时是以牺牲美国的利益为代价的。"[①]因此,在冷战基础上的美西方国家间的经济合作关系,虽然存在一定的利益冲突,偶尔产生一些贸易摩擦,但总体上比较和谐,它们彼此间的贸易、投资、人员往来,相较于它们与社会主义阵营、发展中国家的关系更为紧密。

再次,创建一系列加强合作的组织平台,制定贸易、投资规则,形塑以发达国家为主的国际经济秩序。除了成立世界银行、国际货币基金组织,并达成关贸总协定用于恢复二战后的世界经济外,发达国家还构建了一些仅限于发达国家间的合作组织,如经济合作与发展组织(Organization for Economic Co-operation and Development,OECD)和七国集团(Group of Seven,G7)等。经济合作与发展组织始建于1948年,是一个协调马歇尔计划下援助欧洲的经济合作组织,1960年美国和加拿大参加后,组织的名称改为经济合作与发展

[①] 詹姆斯·多尔蒂,小罗伯特·普法尔茨格拉夫.争论中的国际关系理论[M].阎学通,陈寒溪,等译.北京:世界知识出版社,2003:479.

组织，后因日本和其他经济发达国家相继参加，使其成为名副其实的"富国俱乐部"。尽管该组织的主要任务是促进发达国家的经济合作，但也开始关注发展中国家的问题，继1994年墨西哥加入后，韩国、土耳其和几个转型中的东欧国家也相继加入，使其成员数达到23个。七国集团建立于1975年11月，为共同解决"石油危机"引发的经济衰退，经法国倡议，美国、英国、法国、联邦德国、日本和意大利六国领导人在巴黎郊外的朗布依埃召开最高级经济会议，确立了旨在协调各国政策、振兴经济发展的年度首脑会晤机制。次年6月加拿大在第二届首脑会议上加入了这一机制，七国集团从此形成。1991年7月在伦敦举行首脑会议期间，该集团首次邀请了苏联总统戈尔巴乔夫参加了最后一天的会议，所以西方舆论界又称它是"7+1"会议。1997年6月，在美国丹佛举行第23届峰会期间，俄罗斯总统叶利钦应邀参加会议，并首次以"八国首脑会议"的名义共同发表公报，自此八国集团峰会机制形成。严格地讲，它并非一个严密的国际组织，以往也被称为"富国俱乐部"，不过是由于俄罗斯经济不算发达，与西方七国经济相差悬殊（当时俄罗斯GDP仅占全球1%，而美国却占26%），因而被排除在讨论全球经济及金融汇率等核心问题之外，无权参加七国财长会议。2014年6月，原七国集团成员国以俄罗斯吞并克里米亚为由，拒绝参加原定于6月在俄罗斯索契召开的八国集团峰会，转而在比利时布鲁塞尔召开峰会，等于公开将俄罗斯排除在外，从此八国集团重新恢复成七国集团。七国集团峰会旨在应对复杂多变的国际政治经济形势，从整体上协调政策，缓解内部矛盾，这一机制曾在全球经济、政治治理中产生过重要影响。然而，随着世界格局的不断变动，新兴经济体实力的不断壮大，七国集团多数成员经济增长乏力，其在引领全球经济增长、完善全球治理问题上的影响力日渐式微，取而代之的则是更具代表性的二十国集团（Group of 20，G20）。二十国集团的成立为国际社会齐心协力应对经济危机，推动全球治理机制改革带来了新动力和新契机，全球治理开始从"西方治理"向"西方和非西方共同治理"转变。

（二）发达国家间的竞争

1. 冷战期间的经济政治关系。美国主导建立的布雷顿森林体系及关贸总协定构筑了一个自由贸易市场体系，为二战后世界经济的复苏创造了有利环境。此外基于冷战的需要，美国不仅通过马歇尔计划从经济上复兴欧洲，通过"道奇计划"从经济上复兴日本，还允许欧洲和东亚的盟友们在经济上搭乘美国便车，放宽这些国家对美国的产品出口政策，使得这一时期发达国家的经济普遍快速发展，美国成为世界经济政治当之无愧的领导者。由于冷战的原因，其他资本主义国家在政治及安全战略上与美国保持高度一致，经济领域内的关系相对和谐，竞争并不显见。进入20世纪60年代后，随着欧洲一体化向纵深发展和经济竞争力的快速增长，以及日本经济的高速崛起，美国与上述国家间的经济关系开始出现龃龉，贸易冲突也时有发生。到了20世纪70年代，在凯恩斯（John Maynard Keynes）扩展性财政与货币政策的长期实践和石油危机的冲击下，欧美经济出现严重的滞胀危机，各国间经济的总体和谐局面被彻底打破，竞争也因此变得越发激烈，在贸易领域尤为严重。特别是在进入20世纪80年代后，日本在半导体、汽车等领域的竞争优势日益明显，美国对欧洲和日本的贸易逆差持续扩大，失去耐心的美国最终举起政治施压这面大旗，迫使主要贸易伙伴于1985年在华盛顿签署《广场协议》，强迫各国货币对美元有秩序升值，以此缓解美国对外出口的不利局面。

2. 后冷战时代北方国家间经济政治关系。冷战结束后，发达国家间经济政治关系开始出现重大转变。鉴于过去传统的安全威胁在冷战后得到极大缓解，降低了西方盟国之间在政治和安全领域实施战略合作的重要性，它们的竞争变得更加激烈，越来越多的国家开始将经济安全放在主要议事日程上。1993年克林顿总统对美国外交政策做出重大调整，提出美国对外政策所谓的三大支柱，即确保美国的经济安全、重塑美国军事力量和在全世界推进民主人权外交。在这三大支柱中，经济安全被置于首位，足见克林顿政府对国家经济安全的高度重视。与美国一样，其他发达经济体也都将占领世界市场，以获取最大经济利益作为外交活动的中心任务，经济问题日益成为国际政治关系的主要内容。于是人们看到，发达国家间的经济竞争日趋激烈，欧洲致力于打造世界上一体化程度最高的最大经济体，美国筹建北美自由贸易区，欧美竞争态势十分明显。尽管如此，由于在安全问题上美国与欧洲国家间利益高度一致，且绝大多数发达经济体又都是美国的盟友，因此经济上的激烈竞争并不会导致彼此在政治、安全领域关系的破裂。相反由于在安全问题上有求于美国，其他国家有时不得不在经济上做出无奈让步。

三、南方国家的发展与政治诉求

由于世界上大多数发达国家都地处北半球，也就是在赤道以北的地区，比如，美国、加拿大、日本、英国、法国、德国、意大利等，而贫穷的国家也就是发展中国家大多地处南半球，比如，非洲、拉丁美洲、亚洲的南部地区（处在北半球南端）很多相对贫穷的国家。南半球的发达国家只有澳大利亚、新西兰，其他都是相对贫穷的发展中国家。南方国家参与国际政治活动的中心任务，就是解决如何摆脱贫困、谋求发展的问题。与所有国家一样，南方国家的发展，离不开资金、技术以及公平合理的国际经济秩序。

（一）南方国家发展的资金需求

1.外来贷款。获取资金是绝大多数发展中国家发展经济过程中面临的首要问题。除了世界银行和国际货币基金组织等国际金融机构能够提供部分发展资金外，来自发达国家的贷款就成了发展中国家获取资金的主要渠道。从20世纪80年代起，由于发展中国家对资金需求旺盛，发达国家给发展中国家的借款出现非理性的螺旋式上升，这些贷款的利用效率普遍不高，而随后出现的经济低迷更进一步削弱了这些国家的还款能力。1982年8月，墨西哥政府宣布无力偿还到期债务，由此拉开了债务危机的序幕，危机很快扩散到巴西、阿根廷、智利、委内瑞拉等拉美国家，非洲的尼日利亚也未能幸免。到1982年底，有20多个国家拖欠了共2000多亿美元的银行债务，在1987年高峰时，债务总额几乎是这些国家出口所得的两倍。这些国家必须用其全部出口额的26%来支付一年一次的本金和利息，阿根廷、巴西、墨西哥、尼日利亚和其他几个欠发达国家濒临破产，他们不得不面临一个两败俱伤的选择：要么停止支付债务而毁掉国家信誉，要么勉为其难地继续尽力支付债务。于是私人投资机构对这些经常违约的国家的贷款逐渐停止，债务国要求债权国减免债务的呼声也日益高涨，这一切势必会影响到很多国家继续获得外国贷款的能力。

2.私人投资。私人投资是指非政府属性的对外投资活动,其投资主体来自企业或个人,包括直接投资和间接投资。所谓直接投资是指资金所有者和资金使用者的合一,一般是生产性投资,会形成实物资产;而间接投资是资金所有者和资金使用者的分解,是资产所有权和资产经营权的分离运动。通常直接投资是以进入外国进行产业经营活动的实体投资为主,间接投资是以进入外国金融市场的投资为主,如以购买金融证券的形式达成投资行为,两者都能够给一个国家带来发展资金。与直接投资相比,全球的间接投资规模巨大,但其缺点也非常明显,它"来也匆匆,去也匆匆",容易波动并导致金融危机,因此并不受多数发展中国家欢迎。私人投资活动的动机是获取利润,它们只会流向那些政治稳定、交通便捷、经济富庶的地区,而经济贫困、基础设施落后、政局动荡的国家却难以获得急需的直接投资。因此,人们会遗憾地看到,大多数投资只在发达国家间相互流动,直至20世纪80年代,超过95%的对外投资来自经济与发展组织的成员,其中四分之三是成员方间的相互投资[①]。而"美国的全部对外直接投资有一半以上是面向5个工业化国家(英国、加拿大、德国、瑞士和荷兰)的。"[②]对发展中国家的投资也主要集中在人口集中、市场规模庞大、劳动力价格便宜、基础配套设施健全的国家,发达国家的私人资本很少光顾那些经济发展水平普遍落后的地区,也不会对没有出海口的内陆国家产生太多兴趣。

3.对外贸易。当一些发展中国家无法通过吸引投资筹集发展资金时,就只能通过出口渠道赚取外汇收入。但不幸的是,很多发展中国家在贸易条件上存在诸多弱点,包括:(1)贸易规模有限。尽管发展中国家在国际贸易中的占比不断提高,从1995年的25%左右提高到2014年的48%,但考虑到发展中国家的人口数量占据绝对多数的现实,与发达国家相比仍旧处于劣势。(2)贸易分布不平衡。少数几个新兴工业化国家就占了南方国家货物出口的大多数,从1994年到2013年,仅"金砖五国"的贸易总额占世界贸易总额的比

---

① SPERO J E. The Politics of International Economic Relations [M]. 3rd ed. New York:St. Martin's Press,1985:134.
② 詹姆斯·多尔蒂,小罗伯特·普法尔茨格拉夫.争论中的国际关系理论[M].阎学通,陈寒溪,等译.北京:世界知识出版社,2003:501.

重就从5.59%上升至16.93%[①],而多数发展中国家的出口创汇能力依旧十分有限,尤其是那些不发达的发展中国家更是如此。(3)严重依赖出口初级产品。出口产品结构单一,并且这些产品的需求和供给价格弹性较小,易受国际市场价格波动的影响。一旦这种产品的收成欠佳或市场需求减少,出口收入就会显著降低,进而影响到国民收入和就业水平。(4)经常处于贸易赤字状态。由于发达国家的制造商凭借垄断或技术优势抬高制成品价格,出口这些高附加值产品所产生的高收益流进制造商的口袋,而发展中国家初级产品的出口价格是在市场竞争的基础上形成的,除了石油等少数资源外,多数产品难以形成垄断价格,致使其贸易条件持续恶化。

4. 外国援助。二战以来,流入欠发达国家的官方发展援助(Official Development Assistance,ODA)的数额多达5000多亿美元,仅2001年的官方发展援助就有514亿美元。它们主要来源于22个经济发达国家,是开发援助委员会(经济合作与发展组织设立的一个机构)的成员。大多数援助是通过双边方式进行的,也有少数是通过多边渠道(联合国、世界银行和其他政府间国际组织)进行的。尽管这些援助对发展中国家的经济发展起到了巨大推动作用,但实践中也存有明显的缺陷。

其一,军事和防务安全优先的考虑影响了援助的效果。在冷战背景下的援助难免会带有过多的政治算计,发达国家在对外提供援助时,会很自然地将援助与遏制竞争对手的因素结合在一起。1949年杜鲁门第四点援助计划旨在遏制苏联填补"中间地带"的权力真空;1951年的《共同安全法》(Mutual Security Acts)进一步规范了此后美国的对外援助政策,将军事援助作为此后美国对外援助的重点,少量的经济援助则要服务于促进与受援国间的防务合作,那种单纯为了改善民生和促进人权的经济援助已不在考虑范围之内。此后,美国的多数援助给了那些地缘政治位置比较重要的国家或对于美国遏制竞争对手有价值的国家,如以色列、埃及;而欧洲国家的对外援助重点给了像土耳其、印度这样的国家。除法国基于殖民情结对非洲法语国家的援助相对大方外,多数发达国家对撒哈拉以南最不发达的非洲地区的援助极其吝啬。

---

① 张翔. 金砖国家进出口总额20年上涨12.69倍[EB/OL]. 中国经济网,2015-01-30.

而恰恰是这些最需要援助的地区，仅仅因为地处地缘政治的核心区域以外，缺少战略价值而备受冷落。就像富布赖特在《帝国的代价》中所言："多少年来，我们毫不犹豫地自愿为那些宣传反共的政府出钱出枪，无论人民有多么正当的理由对这些政府不抱任何幻想。只要哪个国家拒不学舌反共的话，我们便不支持他们。我们大部分援助给了穷国的军人政权……对解决贫困有意义的发展项目的援助却很吝啬。"[①]最近几年西方对乌克兰的援助就是最好的诠释，军事装备、人员培训是援助的重点，目的十分明确：遏制和削弱俄罗斯，而不是帮助乌克兰致富。

其二，援助的过度政治化也影响了其执行的实际效果。冷战期间，西方援助的主要动机就是遏制所谓"共产主义扩张"。苏联解体与冷战终结一度被西方普遍视为民主制度和市场经济的胜利，于是民主主义和市场经济作为一种意识形态已经成为"普世价值"，应该成为改造世界政治经济体系的国际标准。西方社会经常带着救世主般的情结，将推进受援助地区的民主改造和公民建设作为提供援助的政治条件，无论是政治人物的选举、媒体舆论环境的塑造、资本的自由流动还是所谓的人权保障，都需要按照西方所谓的民主化逻辑进行。这些附条件的援助并非发展中国家需要的，急于求成的"民主化"已在很多国家与地区引起混乱和动荡，对经济发展与民生改善毫无裨益。而且很多援助经常被用在一些象征性的、不够经济的项目上，或用来支持当地的精英而不是真正的穷人的方式进行运作。

其三，援助金额占比的下降和援助资金使用中的浪费与低效。二战以来，发达国家提供的发展援助虽然总数十分可观，但总体来看，援助资金占本国GDP的比例较小并呈下降趋势。1965年占0.46%，2001年为0.22%，其中美国只占0.11%[②]，排在经济发达国家的末位。特别是在冷战结束后，随着昔日的冷战对手在落后地区争夺影响力的竞争暂告一段落，发达国家基于善意的援助数量也随之急剧下滑。联合国曾做出决议，富国要把其总产值的0.75%拿

---

① 詹姆斯·威廉·富布赖特，塞思·蒂尔曼.帝国的价值[M].熊昌义，译.北京：新华出版社，1992：116.
② 约翰·罗尔克.世界舞台上的国际政治[M].宋伟，刘华，张荣耀，等译.北京：北京大学出版社，2005：546-547.

来援助穷国，但这些年除了斯堪的纳维亚地区的少数北欧国家之外，其他富国提供的官方援助平均大约只占国内总产值的0.25%。如1999年美国的外援总计140亿美元，只占它当年9万亿美元国内总产值的0.15%，而且这笔钱中有30亿美元给了盟国以色列，21亿美元给同以色列签订和约的埃及[①]，剩下给其他国家的援助已经寥寥无几。大国的政治算计使本已有限的援助大打折扣，而援助资金实际使用中的浪费与低效也严重影响到援助的实际效果。

（二）南方国家发展行动与诉求

除拉丁美洲的一些国家早在19世纪初叶就已经赢得了民族独立和国家主权外，亚洲、非洲绝大多数国家和地区，在一个相当长的历史时期仍然处于被殖民状态，遭受着殖民者和宗主国的侵略、剥削与掠夺。这些国家在二战以后的民族解放运动中相继赢得政治独立，建立起独立自主的民族政权，但在经济上却依然处于贫穷落后的境地，因此在战后初期，这些国家被称为"落后国家"（backward countries），后又被称为"不发达国家"（underdeveloped countries）或"欠发达国家"（less developed countries），意在强调这些国家仍然处于经济发展的低级阶段，和那些经济发达的国家相比较，仍然处于不发达的境地。由于欠发达国家多数位居南半球，而发达国家多半地处北半球，故此这些国家又有了一个新的称谓——南方国家。

为了改变这种政治独立但经济落后的情况，广大南方国家从独立之初就开始采取一系列行动，旨在巩固独立成果，发展民族经济。这些行动包括：（1）巩固政治独立成果，积极参加不结盟运动。（2）采取去殖民化措施，重点对殖民时期的外国企业进行国有化。如1951年5月2日，伊朗摩萨台政府颁布"伊朗石油公司"法案，将英伊石油公司国有化；1956年7月26日，纳赛尔宣布将苏伊士运河公司国有化，用运河过境费筹集建设阿斯旺高坝（Aswan High Dam）所需的外汇资金；等等。发展中国家在独立初期采取的国有化政策，旨在将殖民时期西方列强借助不平等条约掠夺的非法权益收归国有，对于捍卫发展中国家的经济主权，发展本国经济意义重大，这些行动无一例外地遭到西方国家的反扑，伊朗摩萨台民选政府于1953年被美国中情局策动的

---

① 芮英杰.世纪观察：曲折向前的南北关系［EB/OL］.新华网，2001-01-07.

政变推翻，纳赛尔领导下的埃及也因此遭到英法以三国联合入侵。(3)从早期驱逐外国资本，到后期采取各种优惠政策（包括税收优惠、低工资、牺牲环境等）吸引外资，发展中国家对待跨国资本的态度已悄然发生改变。(4)联合组建77国集团（Group of 77，G77），试图以集体的力量提高自身与发达国家对话的能力，使联合国贸易与发展会议成为发展中国家讨论他们的诉求并向北方国家提出要求的一个重要平台。

南方国家深知他们的贫困既与历史上西方国家的殖民掠夺密切相关，又与战后西方主导建立的不合理的国际政治经济秩序紧密相连。要想彻底改变经济落后的现状，除了各自努力寻找适合本国国情的发展道路外，还需要汇聚集体的智慧和力量，争取同发达国家进行对话，对现存的国际经济秩序进行必要的改革，以满足广大南方国家谋求发展的合理诉求。他们的要求汇集在一起，集中体现于1974年由联合国贸易与发展会议起草的《建立国际经济新秩序宣言》中。该宣言一开始就抗议北方国家对现存经济结构的支配以及全球财富分配的不均，并提出一系列改革措施。发展中国家的要求在2000年77国集团的《哈瓦那行动纲领》中得到更加系统的阐述，它们的诉求主要有：推进贸易改革，扩大发展中国家产品进入发达国家的渠道；推进货币制度改革，希望国际汇率、直接和间接投资更加稳定；推进机构改革，更多地参加到国际金融机构的决策中去；希望发达国家通过转让技术和帮助发展中国家增加生产以实现现代化；要求发达国家尊重发展中国家政治独立和经济主权；允许发展中国家向发达国家输出数量更多的劳工移民；主张发达国家消除对发展中国家的经济压迫和制裁；要求发达国家提供更多的经济援助；减免发展中国家的债务负担；等等。对此，一些经济自由主义者认为，发展中国家的要求具有合理性，他们同样运用"救生艇理论"，认为南北方国家同生在一个地球上，就如同在同一条船上，命运相连、风雨同舟。要么一同抵达繁荣的彼岸，要么一同沉没。但这些理性的声音并没有获得发达国家的积极响应，南北对话成了有去无回的单声道。

发展中国家的诞生，是20世纪人类发展与社会进步事业中最为重大的历史事件。它标志着自有人类历史以来，世界上数量最多的国家和人口开始将谋求经济发展、社会进步、国民富裕作为自己的努力方向和奋斗目标。经过近半个世纪的不懈努力，除了少数最不发达国家外，大多数发展中国家的状况都发生了明显的变化，取得了令人鼓舞的成就。20世纪50年代后期，特别是进入20世纪60年代以后，在经济全球化的大背景下，不少发展中国家利用国际分工体系中本国特有的比较优势，承接大量由发达国家转移过来的制造业，制定积极融入世界市场的发展战略，使得一些过去经济落后的国家和地区，获得迅速发展。亚洲"四小龙"的腾飞、拉丁美洲的"经济奇迹"，使广大亚非拉国家看到了谋求经济发展的新希望。

世界银行1999—2000年世界发展报告对发展中世界既往的发展实践进行总结时指出："近几十年的发展情况表明，发展是可能的，但同时它既不是必然发生的，也不是轻而易举的。成功的经验已经足以让我们对未来充满信心。"当下世界上综合国力较强的发展中国家越来越多：在亚洲有中国、印度、印度尼西亚、马来西亚、泰国；在欧洲有俄罗斯；在非洲有南非、埃及、肯尼亚；在美洲有墨西哥、巴西、阿根廷、智利等。其中中国、俄罗斯、印度、巴西、南非被誉为"金砖五国"，是发展中国家中的佼佼者。

四、南北合作与南南合作

（一）南北合作

由于世界上大多数发达国家都处在地球赤道以北的北半球，如美国、加拿大、日本、英国、法国、德国、意大利等，因而被称为北方国家。而发展中国家大多处在南半球，如非洲、拉丁美洲、亚洲的南部地区（虽然有些在地理上属于北半球但处在北半球南端）国家，南半球的发达国家只有澳大利亚、新西兰，其他都是相对贫穷的发展中国家，因此被称为南方国家。故而南北合作就是指发达国家与发展中国家合作，这种合作既有利于促进发展中国家的发展，也同样有利于发达国家在发展中国家的市场开拓，南北合作的模式主要有以下几种。

1. 双边发展援助。其中官方发展援助是南北合作的方式之一。ODA（Official Development Assistance）是指发达国家官方机构为促进发展中国家的经济发展水平和福利水平向发展中国家或多边机构提供的赠款或赠予成分不低于25%的优惠贷款。这是发达国家与发展中国家合作的形式之一，这样的合作客观上有利于发展中国家的经济进步，同时也有利于援助方国家利益的拓展。因为这类援助可以拉近援助国与受援国间的政治关系，为两国在更多领域的合作创造良好的政治环境。一方需要对方的资金与技术，另一方则需要对方的市场和资源，其本质是互利双赢。以日本对华援助为例，大平内阁1979年年底做出的对华日元贷款决定，是日本承诺对中国提供多年度一揽子援助的开始，也是中国首次从经合组织（OECD）开发援助委员会的成员方中接受此类发展援助。此后的历届日本内阁都继承了大平内阁的政策，不断扩大对华援助的规模，成为中日关系健康发展的一个重要标志。

二战结束以来，来自发达国家的官方援助的确为发展中国家带来大量资金与技术，促进了南北合作。然而在实际运行过程中，妨碍这种合作扩大与深化的主客观因素依旧长期存在，极大制约了这种合作的效果。其一，发达国家对发展中国家援助存有过于明显的政治动机，给援助与合作设置种种政治条件，对发展中国家保持俯视姿态，借援助来对援助对象国进行政治和经济"改造"的动机太强，它们要求发展中国家跟着自己的模式走，胁迫使他们的经济社会发展脱离自然和自主的进程，从而严重限制了南北合作的深度与广度；其二，发达国家的援助存有过于明显的经济获利动机，为本国企业开辟市场、获取原料服务，是发达国家提供发展援助的主要动机，例如法国的援助重点放在了非洲法语国家，日本的发展援助则主要集中在东南亚与中国，而很多最不发达地区国家却很难获得必要的援助资金，客观上造成发展中国家获得的援助数量严重失衡，从而影响了南北合作的效果。

2. 利用国际组织展开合作。南北国家间在国际组织中的合作一直存在，在联合国和各种区域经济组织内的合作、在关税与贸易总协定以及后来的世界贸易组织（World Trade Organization，WTO）内的合作从未间断，并且呈现出不断推陈出新的趋势。

（1）贸易合作。关税及贸易总协定（General Agreement on Tariffs and Trade，GATT，简称"关贸总协定"）是一个政府间缔结的有关关税和贸易规则的多边国际协定，简称关贸总协定。它的宗旨是通过削减关税和其他贸易壁垒，消除国际贸易中的差别待遇，促进国际贸易自由化，充分利用世界资源，以扩大商品的生产与流通。关贸总协定于1947年10月30日在日内瓦签订，并于1948年1月1日开始临时适用。应当注意的是，由于未能达到关贸总协定规定的生效条件，作为多边国际协定的GATT从未正式生效，而是一直通过《临时适用议定书》的形式产生临时适用的效力，是世界贸易组织的前身。关贸总协定实施以后，开始进行全球多边贸易谈判，40多年间，共举行八大回合的多边贸易谈判，使关税税率有了较大幅度的下降。发达国家的平均关税已从1948年的36%降到20世纪90年代中期的3.8%，发展中国家和地区同期降至12.7%。这种大幅度地减让关税在国际贸易发展史上前所未有，对于推动国际贸易的发展起了很大作用，为实现贸易自由化创造了条件。

（2）货币合作。国际货币基金组织（International Monetary Fund，IMF）是根据1944年7月在布雷顿森林会议签订的《国际货币基金协定》，于1945年12月27日在华盛顿成立，与世界银行同时成立，为世界最重要的两大金融机构。其职责是监察货币汇率和各国贸易情况，提供技术和资金协助，确保全球金融制度运作正常。其基本职能是：保持汇率的稳定，通过向那些出现国际收支问题（贸易赤字、债务负担和其他因素）的国家提供短期贷款来实现。该组织自成立以来，在稳定国际经济秩序，帮助发展中国家解决资金短缺、平衡预算、稳定金融秩序等领域发挥过巨大作用，但有关它的争议也从未停止。其一，是关于投票权之争。IMF投票权由两部分组成，每个成员国都有250票基本投票权，以及根据各国所缴份额所得到的加权投票权。由于基本投票权各国都一样，因此在实际决策中起决定作用的是加权投票权。加权投票权与各国所缴份额成正比，而份额又是根据一国的国民收入总值、经济发展程度、战前国际贸易幅度等多种因素确定的。故此，IMF的投票权主要掌握在美国、欧盟手中。美国是IMF的最大股东，占有17.69%的份额，中国仅占4%，显然不能准确反映中国在世界经济中日益强大的重要性。IMF这种以经济实力划定成员方发言权和表决权的做法与传统国际法的基本原则显然是背离的，引起了不少国家尤其是发展中国家的不满。据统计，基本投票权曾经超过IMF所有投票权的15%，但由于IMF的扩大，现只占总数的2%。2008年美国金融危机后，IMF投票权改革提上了议事日程，2010年IMF执行董事会通过改革议案，中国的份额计划由3.65%升至6.19%，可该方案在2013

年3月11日被美国国会否决。其二，是关于接受资金援助的条件限制问题。接受IMF资金援助的条件十分苛刻，这些条件通常有：国有企业私有化、减少贸易和资本往来的壁垒（结果增加了外国资本对国内企业的控制）、减少国内项目以消除政府预算赤字、取消国内补贴或人为压制价格的法规等。这些限制条件通常会造成一国的经济主权遭受侵犯，政府权威受到严重挑战，社会福利政策被迫做出调整，为外国资本入侵并大肆收购东道国廉价资产打开方便之门等一系列严重后果。1997年11月中旬，继东南亚金融危机之后，地处东北亚的韩国也爆发了金融危机，17日，韩元兑美元汇率跌至创纪录的1008：1。21日，韩国政府不得不向国际货币基金组织求援，被迫接受了一系列极为苛刻的条件：开放韩国市场，允许外资以任何形式和理由并购韩国企业。一时间，大量外来资本如潮水般涌入韩国，控制了韩国大量核心企业的经济命脉，韩国八大银行的外资股份，均占到了三分之二以上，连韩国最引以为豪的三星集团，大部分股份也都掌握在了华尔街手中，仅三星电子股份公司，外国投资者就占据了53%的普通股和73%的优先股。IMF趁火打劫般的资助条件激怒了韩国民众，人们纷纷走上街头进行抗议。

（3）发展合作。1945年12月27日，世界银行在布雷顿森林会议后正式宣告成立，其正式名称为国际复兴与开发银行（International Bank for Reconstruction and Development，IBRD）。它与1956—1988年相继建立的其他4个金融机构一起组成世界银行集团，其总部设在华盛顿哥伦比亚特区，是一个非营利性的国际组织。具体包括：①国际复兴开发银行：建于1946年，主要发放有息贷款；②国际金融公司（The International Finance Corporation，IFC）：建于1956年，作为世界银行的分支，主要向公司提供贷款；③国际开发协会（International Development Assoiation，IDA）：建于1960年，作为世界银行的分支机构，主要发放无息贷款；④国际投资争端解决中心（International Center for Settlement of Investment Disputes，ICSID）：1966年成立，提供针对特定风险的保险，包括政治风险，主要针对私人企业；⑤多边投资担保机构（Multilateral Investment Guarantee Agency，MIGA）：建于1988年，旨在促进私人向不发达国家投资（提供非市场风险担保）。这些机构的官方目标为通过向中等收入国家和信用好的贫困国家提供贷款和分析咨询服务，促进公平和可持续发展，创造就业机会，减少贫困，应对全球和区域性问题。世界银行自成立以来，致力于向发展中国家提供长期贷款和技术协助来帮助这些国家实现它们的脱贫计划，世界银行的贷款被用在非常广泛的领域中，从对医疗和教育系统的改革到诸如堤坝、公路和国家公园等环境和基础设施的建设等。世界银行不是一般意义上的银行，它是联合国的专门机构之一，拥有189个成员国。每个成员国的表决权分两个部分：第一个部分所有成员国都是相同的，第二个部分按每个成员国缴纳的会费而不同。因此虽然世界银行的大多数成员国是发展中国家，却受少数发达国家控制。由于任何重要的决议必须由85%以上的表决权决定，所以美国一国就可以否决任何改革方案。

3. 区域经济合作。区域性经济合作是指某一区域内两个或两个以上的国家，为了维护共同的经济和政治利益，实现专业化分工和进行产品交换而采取共同的经济政策，实行某种形式的经济联合或组成区域性经济团体。区域性经济合作是生产社会化和经济生活国际化发展的产物，有其深刻的现实基础和客观必然性。这些区域经济组织中，很多属于既包括发达国家，又包括发展中国家的区域经济合作组织。比如北美自由贸易区（North American Free-Trade Agreement，NAFTA）、东南亚国家联盟（Association of Southeast Asian Nations，ASEAN）、全面与进步跨太平洋伙伴关系协定（Comprehensive and Progressive Agreement for Trans-Pacific Partnership，CPTPP）、区域全面经济伙伴关系协定（Regional Comprehensive Economic Partnership，RCEP）等。以刚刚成立不久的区域全面经济伙伴关系协定为例，其成员既有东盟十国中新兴工业化国家，如新加坡、马来西亚、泰国，也有经济相对落后的发展中国家，如柬埔寨、老挝、缅甸，还包括东盟之外的新兴经济体——中国以及日本、韩国、澳大利亚、新西兰等。这个经过多年谈判并于2020年11月15日正式达成的协定，在货物、服务、投资、原产地规则、海关程序与贸易便利化、卫生与植物卫生措施、技术法规与合格评定程序、贸易救济、金融、电信、知识产权、电子商务、法律机制、政府采购等领域达成一致。协定里的15个成员方人口达22亿，GDP达29万亿美元，出口额达5.6万亿美元，吸引的外商投资流量3700亿美元，基本占全球总量的30%左右。RCEP成立之后，将会是世界上最大的自由贸易区。该区域经济合作组织将有利于构建一个开放型多边经济贸易体制,改善地区贸易和投资环境,推进贸易投资自由化、便利化,帮助各国更好地应对挑战,增强本地区未来发展的潜力,造福于本地区的各国人民。RCEP 还对老挝、缅甸、柬埔寨等最不发达国家,给予一些过渡期的特殊安排,使其能够更好地融入区域经济一体化进程中,成为不同经济发展水平国家间进行高水平合作的典范。

近年来区域经济合作的加速发展与经济全球化发展趋势密不可分。一方面,区域经济合作使得区域内各个成员方应对和抵御全球化风险的能力增强,能够有效缓冲经济全球化带来的竞争压力;另一方面,区域经济合作也是在国际多边协作难以取得进展时的一种变通办法。由于世贸组织成员众多,其经济发展阶段,贸易政策不尽一致,达成一项共识需要兼顾各方利益,难度很大,而区域经济合作开始主要发生于有地缘优势的相邻国家和地区之间,彼此可以自由选择成员,确定合作领域、合作范围和合作方式。其合作内容早已超过了单纯的关税减让,广泛到包括投资、竞争政策、服务贸易、环境、劳动力等全球框架下无法包括的内容。一些区域经济合作组织不仅是自由贸易区,而且向关税同盟乃至货币联盟发展,欧盟便是其中之一。

随着21世纪初世界多极化趋势的加快和新兴工业化国家的崛起,全球经济治理需要新的更具代表性的机构参与。1999年9月25日八国集团财长在华盛顿宣布成立20国集团,由原八国集团加上其余十二个重要经济体共同组成,作为布雷顿森林体系框架内非正式对话的一种机制。该组织的宗旨是为推动发达国家和新兴市场国家之间就实质性问题进行开放及有建设性的讨论和研究,以寻求合作并促进国际金融稳定和经济的持续增长。在2008年美国金融危机的冲击下,这个全新的、更具代表性的20国集团开始发挥作用,在协同抗击金融危机的风雨洗礼中展现出强大生命力。现如今它的架构日趋成熟,为反映新兴工业国家的重要性,G20集团成员国的领导人于2009年宣布该组织已取代 G8 成为全球经济合作的主要论坛。按照惯例,国际货币基金组织与世界银行列席 G20 会议。20国集团成员涵盖主要发达国家和部分新兴发展中国家,该集团的 GDP 占全球经济的90%,贸易额占全球的80%,因此已取代 G8(现在的 G7)成为全球经济合作的主要论坛,在参与全球经济治理、推动国际经济秩序改革、化解金融危机等领域发挥越来越大的作用。

(二) 南南合作

1. 南南合作的方式与问题

南南合作是广大发展中国家基于共同的历史遭遇和独立后面临的共同任务而开展的相互之间的合作。由于世界上的发展中国家绝大部分都处于南半球和北半球以南，于是从20世纪60年代开始，这些国家之间为摆脱发达国家的控制，发展民族经济，开展专门的经济合作，即称为南南合作。南南合作旨在促进发展中国家之间的技术合作和经济合作，并致力于加强基础设施建设、能源与环境、中小企业发展、人才资源开发、健康教育等产业领域的交流合作。南南合作的形式多样，涵盖了几乎经济合作的各个领域，如贸易、技术、货币金融等，特别是在成立大量区域经济组织、强化区域内国家间合作方面取得了显著的进步。

南方国家间的区域经济合作组织主要有：1961年中美洲共同市场（Central American Common Market，CACM）（5国）、1964年阿拉伯经济统一委员会（Council of Arab Economic Unity，CAEU）（8国）、1966年中非关税与经济联盟（Customs and Economic Union of Central Africa，CEUCA）（6国）、1967年东南亚国家联盟（Association of Southeast Asian Nations，ASEAN）（10国）、1969年安第斯共同体（Andean Community，AC）（5国）、1973年加勒比共同体与共同市场（Caribbean Community and Common Market，CARICOM）（14国）、1975年西非国家经济共同体（Economic Community of West African States，ECOWAS）（16国）、1981年海湾合作委员会（Gulf Cooperation Council，GCC）（6国）、1983年中非国家经济共同体（Economic Community of Central African States，ECCAS）（11国）、1989年阿拉伯马格里布联盟（Union of the Arab Maghreb，UMA）（5国）、1992年黑海经济合作组织（Black Sea Economic Cooperation，BSEC）（11国）、1992年南非发展共同体（Southern African Development Community，SADC）（14国）、1995年南方共同市场（The Southern Common Market，MERCOSUR）（6国）等。这些区域内经济合作组织的成员方之间一般采取减免关税、实行商品自由流通、对外统一关税和实行共同市场等措施，以促进本区域各国经济

的共同发展。但令人遗憾的是，除了东南亚联盟这样少数区域经济合作组织获得成功外，大多数南方区域组织的合作成效都十分有限，经济合作水平不高，缺陷十分明显。它们普遍存在的问题主要有：第一，区域内各国、各地区经济互补性不高，特别是非洲与南美洲的小型经济共同体，彼此经济结构相似，生产要素雷同，无法展开有效的经济合作；第二，市场封闭且规模小、作用有限，无法形成集体优势；第三，组织内各国、各地区都普遍缺少资金与技术，基础设施落后，成员方更需要与外面发达经济体合作。而东盟之所以能够成为南南合作中较为成功的区域经济组织，原因主要有：（1）人口规模巨大，有强大的内生市场。东南亚面积约457万平方公里，人口数量超过6亿，是亚洲乃至全球人口密度较高的区域之一，仅印度尼西亚就有2.74亿人口，极易发展成大规模的内生市场。（2）成员方发展水平、生产要素、资源的多样性，使得成员方能够实现资源配置的优势互补。2020年，东盟10国GDP总量共计3万亿美元，人均GDP达6万美元以上的新加坡可以对外输出资本、技术与管理经验；经济相对落后却拥有1.1亿多人口的菲律宾可以发展旅游、输出劳工；越南、柬埔寨则可以利用廉价劳动力的比较优势，承接其他国家转移过来的劳动密集型产业等，各成员国各取所需，使得彼此间的合作空间越来越大。（3）强化与区域外国家的合作也是东盟获得成功的主要因素。东盟不是一个封闭的区域经济体，成员方的合作也不仅局限于组织内部。东盟是一个开放性的经济组织，一直致力于强化与组织外的国家，特别是周边强大或发达经济体间的合作。2001年以来，东盟一直使用"10+1"（东盟10国+中国）、"10+3"（东盟10国+中日韩）模式，推动东盟与中国、日本和韩国之间的合作。2020年11月15日，东盟10国与中、日、韩、澳大利亚和新西兰共建区域全面经济伙伴关系协定，进一步扩大与深化了东盟与周边经济体的合作关系。

2. 中国与南方国家间的合作

中国是发展中国家的一员，是南南合作的积极倡导者和支持者。长期以来，中国本着"平等互利、注重实效、长期合作、共同发展"的原则，积极支持并参与南南合作。与发展中国家的合作已成为中国全方位对外开放战略的一部分，合作内容不断丰富，规模迅速扩大，形成经济上合作共赢的局面。

面对新形势和新挑战，中国主张发展中国家应加强团结，从战略上重视南南合作；加强政策协商，充分参与国际经济决策；拓展思路，加强能力建设；调动多种资源，拓展合作渠道，丰富合作内涵。中国愿同其他发展中国家一道努力，加强合作，共同推动南南合作朝着促进普遍发展、实现共同繁荣的方向发展。中国与南方国家间的合作遵循的基本原则主要有以下几点。

（1）支持77国集团改变国际经济秩序的正义主张。作为发展中国家的一员，长期以来，中国始终站在发展中国家一边，充分利用中国在国际事务中的影响力，持续不断地为发展中国家的利益和合理诉求发声，在减免债务、技术转让、贸易优惠、发展援助等诸多领域为发展中国家争取权益。

（2）力所能及地向落后国家地区提供援助。最近30年来，中国经济经历了一段快速发展期，但人均国民收入依旧很低，是个不折不扣的发展中国家。尽管如此，中国依旧秉持大国担当，在力所能及的范围内，持续不断地为其他发展中国家，特别是非洲最不发达地区提供大量援助。自2000年中非合作论坛成立到2006年，仅仅6年时间，中国就免除了31个非洲重债国家和最不发达国家部分到期政府债务共109亿元人民币；相继对与中国建交的28个非洲最不发达国家部分输华商品实施零关税待遇；在援助项目下帮助49个非洲国家建成了720多个成套项目；在26个非洲国家承担了58个优惠贷款项目；为非洲国家培训各类人才1万多名；鼓励有实力的优势企业到非洲投资设厂，累计对非各类投资达到62.7亿美元。[①]

（3）从单纯援助转向互利合作。赞比亚经济学家丹姆比萨·莫尤（Dambisa Moyo）女士多年来一直尖锐地批评国际社会对非洲的援助，称西方的援助方式扼杀了非洲的发展，滋生了腐败并阻碍了经济增长。她在2013年2月28日接受CNN采访时表示，与西方对非援助方式不同，中国的投资有利于非洲经济增长、创造就业机会和消除贫困。她认为中国的援助方式契合了非洲要求经济增长和实质性减少贫困的需求，非洲需要投资、贸易和工作机会，而不是仅仅基于人道的、用以展现援助方慷慨仁慈的象征性资助。非洲需要的不是一颗包治百病的"魔术药丸"，而是一套解决问题的方案。非洲

---

① 张毅. 商务部：中国政府已免除31个非洲国家109亿元债务［EB/OL］. 中国政府网，2006-10-16.

70%的人口在24岁以下,因而必须创造更多的就业岗位,而中国恰恰带来了这个。

(4)援助不附带限制性政治条件。与西方有限制条件的援助不同,中国本着互利共赢、不干涉内政原则,以及"授人以鱼,不如授人以渔"的精神,加强与非洲各国的贸易与投资合作,给大量非洲民众带来实实在在的就业和摆脱贫困的机会。中非间互利共赢的合作,引起曾经殖民过非洲的西方国家的焦虑,他们开始恶意揣测并无端攻击中国在非洲的投资活动。在政治人物的恶意挑衅下,西方媒体、政客及学界借机推波助澜,蓄意炒作中国在非洲大陆推行"新殖民主义",其惯用的手法主要有:一是恶意中伤中非合作,蓄意将中国塑造成掠夺资源和倾销商品的掠食者形象;二是肆意扭曲中国对非援助时奉行的不干涉内政原则是在变相鼓励非洲的独裁政权,冲击西方在非洲推行民主、人权的努力,妨碍了西方对非洲国家的政治改造。对于西方舆论关于中国对非洲实行"新殖民主义"的指控,赞比亚经济学家莫尤则表达了不同看法。她认为,中国是一个拥有14亿人口的大国,自身也面临着很多经济问题,他们根本没时间来殖民其他国家,说中国推行"新殖民主义"是荒谬的,最重要的是看中国能为非洲做什么。

判断一国推行的政策是不是殖民主义,最关键的要看该国的投资活动是否构成对当地经济命脉的垄断和政治资源的掌控,是否以不合理的方式强迫当地政府出让政治与经济利益。中国从不干涉非洲国家内政,不把本国的文化和价值理念强加给非洲国家,支持非洲国家维护独立主权、自主解决非洲大陆问题的努力。在平等交流、互利共赢、相互借鉴的基础上,帮助非洲国家建设公路、桥梁、医院、学校,开设工厂,用等价交换方式购买非洲的资源,客观上提高了非洲资源的价值,使非洲能够获得更多的利益。世界银行行长保罗·沃尔福威茨(Paul Wolfowitz)曾就中国的贡献做过这样的评论,他说中国的行动"为撒哈拉以南仍在努力寻找脱贫之路的非洲人提供了宝贵的经验,这将鼓舞和促进非洲国家战胜贫困,中国的作用将日益重要,并越来越受到欢迎"。[①]至于西方有关中国投资非洲纯粹为了掠夺非洲资源的指责

[①] 刘鸿武.论中非新型战略伙伴关系的时代价值与世界意义[J].外交评论(外交学院学报),2007(1):19.

同样没有依据。2008年6月3日中国非洲事务特别代表刘贵今在尼日利亚拉各斯发表演讲时表示:"非洲大陆2006年的石油总产量是4.7亿吨,其中80%供出口,当年中国从非洲进口了4600万吨石油,不到非洲石油总产量的10%,剩下的90%卖给谁了呢? 33%卖给了美国,36%卖给了欧洲。"①中国帮助非洲国家开发资源,并以合理的市场价格购买的行为,完全符合国际流行的贸易投资规则,没有采用西方国家惯用的价格压榨手段,没有控制、压迫和剥削,就不存在殖民主义。只要对照历史上欧洲殖民者们在非洲的所作所为,就清楚什么是真正的殖民主义,他们用无情杀戮或诡诈欺骗手段掠夺非洲的资源、贩卖非洲的人口、强占非洲的土地、毁灭非洲的文化,他们才是不折不扣的殖民者。

3. 南方最不发达国家经济发展面临的问题

虽然从整体来看,发展中国家战后几十年来的经济发展取得了很大成就。但各国经济发展水平的不同,国内政局稳定程度的不同,发展战略和改革调整水平的不同,科技、教育、文化重视程度的不同,以及其他地理条件、人口状况等因素的不同,导致发展中国家经济发展不平衡的现象十分突出。按人均国民生产总值的高低,可以将发展中国家分为四类:第一,高收入的中东和其他地区的石油生产与出口国。世界各国对能源需求的强劲增长,以及价格的飙涨,让一部分本来并不富裕的产油国步入高收入国家阵列,海湾地区的一些产油国如沙特阿拉伯、科威特、阿联酋等,人均国民收入甚至已经超越很多发达国家。但这些国家的经济大多存在结构性缺陷,那就是产业结构单一,过度依赖石油、天然气出口,对国际市场资源价格的波动特别敏感,因而无法在国际政治舞台上发挥持久的影响力。第二,上中等收入的新兴工业国家和地区,包括拉丁美洲的巴西、墨西哥,亚洲的中国、韩国、新加坡等。这些国家主要借助全球化过程中的产业结构调整,制定适合本国国情的发展战略,逐步实现了工业化,成为发展中国家一道靓丽的风景。需要指出的是,进入新兴工业化行列的国家将是个动态变化的过程,未来还会有更多的国家迈进中等收入国家的行列。第三,下中等收入的国家和地区,它们占

---

① 魏向楠.中国非洲事务特代回应中国看重非洲石油敏感问题[EB/OL].中国新闻网,2008-06-04.

第三世界的大多数，多是农业国，处在资本主义生产方式和前资本主义生产方式并存的阶段，正在争取实现国家工业化、现代化的发展，但由于资金短缺、基础设施落后、资源匮乏、远离发达经济区域等系列因素的影响，发展速度相对较慢。今天多数拉丁美洲国家、一部分亚洲国家和少部分非洲国家属于这一类别。第四，最不发达国家。根据2015年联合国发展政策委员会制定的标准，人均国民收入低于1035美元的国家被列入最不发达国家。按此标准，截至2019年，全世界经联合国核准的最不发达国家共有47个。其中非洲就有33个，亚洲有9个，大洋洲有4个岛国，北美洲只有海地一个。据世界银行统计，这些国家共有7.5亿人口（其中31个国家位于撒哈拉以南的非洲地区，涉及近7亿人口），近半数人每天的生活费不足1美元，其中利比里亚的文盲数量比例占全国人口的78.1%，塞舌尔婴儿死亡率达87.6‰，中非共和国人均寿命只有50.3岁。

这些最不发达国家都有各自落后的特殊原因，但也存在一些普遍性的共同特质，具体体现在：第一，债务负担沉重，发展资金短缺，技术人才匮乏。第二，农业基础设施落后，人均粮食产量不断下降，随时面临粮食危机，严重依赖粮食进口。第三，人口的增长超过物质资料生产的增长，卫生条件严重落后，传染性疾病流行，社会不堪重负。罗伯特·卡普兰（Robert Kaplan）极其悲观地称非洲是被"疾病之墙"（艾滋病、乙肝、结核和疟疾）隔离的大陆，认为西非的贫困与"疾病、人口过剩、无端犯罪、缺乏资源、难民迁移……私人军队"密不可分[1]。第四，经济对外依存度高，产品过于单一，抗风险能力差。第五，交通、电力、教育等基础设施落后，难以吸引外资。第六，政治秩序不稳定，间歇性军事政变频发，经济政策变化无常等。

发展问题终究需要依靠发展来解决，单纯依靠发达国家的援助解决不了发展问题，祈求发达国家帮助提供一劳永逸的脱贫方案无异于缘木求鱼。最不发达国家一定要立足本国国情，利用自身优势，制定切实可行的发展方案，并寻求与其他国家进行互利共赢的产业合作，走出一条符合本国国情的发展道路，才是解决发展问题的根本之道。

---

[1] KAPLAN R D. The Coming Anarchy[J]. Atlantic Monthly, 1994(2): 44-76.

五、经济相互依赖对世界和平的影响

依存与合作、竞争和发展是当今世界经济发展的主流,在经济全球化的推动下,各国之间形成了既相互依存合作,同时又彼此激烈竞争的格局。但从总体来看,这种格局有利于推动各国社会经济的进步和发展,它既能促进生产要素在全球范围内的合理流动与国际分工的不断深化,又能推动国际贸易的迅速发展与世界范围内资源配置效率的提高。此外,经济上的相互依赖对于全球范围内的安全与政治稳定的作用也同样不容忽视。

(一)促进和平

经济相互依赖和平论者认为,国家间经济的高度相互依存可以使他们彼此不太可能发动战争。因为基于国际分工基础上的相互依赖,能够使各国在贸易与投资中获益,进而促进各国经济的繁荣。"因为繁荣的国家更能在经济上获得满足,而满足的国家更爱和平。许多国家投入战争是为了获得或保护财富,而国家一旦满足,就很少萌生战争动机。更何况,相互依存的富裕国家彼此厮杀势必造成繁荣局面的丧失,这等于是对财富的恩将仇报。如果国家建立广泛的经济联系,它们就会避免战争,而专注于财富的积累。"[①]认为经济相互依赖能够促进和平、抑制冲突的根本原因在于:首先,国家间的经济交往能够给各自国家带来收益,从而提高冲突的成本,使冲突变得得不偿失。全球化使得资源要素在各国间自由流动,每个国家都不同程度地参与其中,并从中获益。特别是那些经济高度依存的重大经济体之间,任何政治、军事冲突都将不可避免地给经济带来巨大冲击,给彼此带来巨大损失,不符合各自的国家利益。因此人们发现,即使是在充满敌意的战略竞争对手之间,也不得不学会和平共处。特朗普总统上台后不久,便使用加征关税、技术封锁等制裁"大棒",企图迫使中国在经贸、技术领域对美国做出全面让步;与此同时,还联合盟友、集结海空军力,通过"自由航行"、抵近侦察、穿行海峡、海上军演等手段实施极限施压,企图借此突破中国的心理防线。一年后人们发现,特朗普发动的这场史无前例的贸易战与政治对抗的目的并未实现,

---

① 约翰·米尔斯海默.大国政治的悲剧[M].王义桅,唐小松,译.上海:上海人民出版社,2008:12–13.

最后不得不坐到谈判桌前，与中方一道寻找解决办法。

其次，经济相互依赖推动了区域经济一体化，欧洲、东南亚与北美三大区域一体化组织的建立，让资金、人员跨国界自由流动成为现实，领土的敏感性与重要性同步下降，使得高度一体化内部国家间冲突变得不可想象。二战后欧洲在法德领导下经由煤钢联营开始的一体化进程，不仅在经济上取得巨大成功，也从制度创新角度结束了数百年来相互残杀的历史，使欧洲大小国家都能彻底摆脱传统的安全困境。欧共体的缔造者让·莫内认为，经济一体化可有效消除欧洲国家间冲突的根源，如果德法能够首先将两国边界的煤炭和钢铁产业置于一个超国家的机构来共同经营，就能彻底结束长久以来两国对这片土地的激烈争夺，他说："如果能够超越国界的局限，把两国的煤和钢合并在一起，既可以剥夺一方的特权地位，又可以为另一方消除战争瘟疫的威胁，使两国进入和平时代。""对欧洲的统一起积极的促进作用。"[①]因此，当法国外长舒曼（Robert Schuman）于1950年5月9日提出西欧煤钢共同体计划后，立即获得德国的强烈支持，时任联邦德国总理阿登纳公开表示，这项提议将"为今后消除法德之间的一切争端创造一个真正的前提"[②]。因为"重整军备首先总是在煤、钢的增产过程中显其端倪。如果建立起舒曼所建议的那种机构，那么两国中的任何一国都能够察觉到重整军备的初步迹象"[③]。可见舒曼计划着眼于政治安全的意图十分明显，煤钢联营成功孵化出后来的欧共体以及今天的欧盟，足以证明经济的相互依赖能够有效降低国家间冲突的可能性。正如法国政治家勃鲁姆（Leon Blum）指出的那样，"在一个和平与稳定的欧洲中使德国不致为害"的唯一途径，就是要把德国整合到一个"强大的、足以对它进行再教育和加以约束的，并在必要时加以控制的国际共同体之中"[④]。战后欧洲一体化的实践已证明了它对解决欧洲内部安全问题的有效性。

---

① 让·莫内.欧洲之父：莫内回忆录［M］.孙慧双，译.北京：国际文化出版公司，1989：98-99.
② 康拉德·阿登纳.阿登纳回忆录：第一卷［M］.上海外国语学院德法语系，译.上海：上海人民出版社，1973：378.
③ 康拉德·阿登纳.阿登纳回忆录：第四卷［M］.上海外国语学院德法语系，译.上海：上海人民出版社，1976：373-374.
④ 萧汉森，黄正柏.德国的分裂、统一与国际关系［M］.武汉：华中师范大学出版社，1998：336.

再次，经济相互依赖能够在一些国家内部培养支持友好合作的利益集团，这些获利的利益集团将会对本国的外交政策产生影响。所谓利益集团就是指"一部分人组织起来为了共同利益而对政治过程施加压力"[1]的群体，在欧美国家，由于文化、族群及利益的多元化影响，各种利益集团都会从各个不同方向影响着政府内外政策的制定过程，这些"利益集团对决策的影响取决于他们的经济实力、规模、团结程度、目标的单一性、组织和领导等因素"[2]。美国前总统特朗普充分利用弥漫于美国社会的民粹主义情绪，宣称发动对华贸易战的初衷是为美国劳工阶层创造就业机会，让流失的工作机会重新回流美国，因而获得不少草根阶层的支持。但对数千亿美元的中国输美产品加征关税最终损害了美国消费者的利益，带来巨大的通货膨胀压力，也损害了与中国有紧密利益往来的跨国企业的利益，并由此引起这些受损的利益集团的抵制，美国国内支持与反对贸易战的利益集团不可避免地展开博弈，结果往往取决于不同利益集团的实力大小以及美国决策层的理性判断。最近几十年来，美国对华政策左右摇摆，但中美两国既合作又竞争且相对稳定的战略格局始终没有被打破。究其原因，除了缺少在激烈的战略竞争中彻底击败中国的必要能力和充分信心这一主观因素外，中美在经济领域互利共赢的高度依存关系应为最主要原因。两国经济高度互补、各有优长，彼此合则两利、斗则俱伤，构成中美关系稳定的"压舱石"。20世纪90年代以来，经济全球化的浪潮席卷全球，贸易、投资和生产以及金融等领域的全球化成为不可阻挡的时代潮流，贸易自由化、投资自由化和经济市场化成为经济全球化的重要推动力，从广度和深度两方面进一步深化了国家间的经济关系，这段历史实证检验的结果表明，与20世纪90年代以前相比，20世纪90年代后国家间经济的相互依赖对冲突的抑制效果得到显著提高。

（二）客观局限

尽管经济上的相互依赖有利于和平的实现，但这种效应并不具有必然性

---

[1] 加里·沃塞曼. 美国政治的基础［M］. 陆震纶，何祚康，郑明哲，等译. 北京：中国社会科学出版社，1994：182.

[2] BURNS J M, CRONIN T E. Government by the People［M］New Jersey：Prentice-Hall，1984：175.

和绝对性，在复杂的国际政治现实面前，经济相互依赖的和平效应总会受到多方面因素的制约。

第一，相对获益不均问题将成为阻碍国家合作的主要因素。所谓相对获益是指相互依赖的相关方获益的现象，其中获益较少或自认为获益较少的一方，就会愤愤不平，并试图通过非经济手段改变现状。近年来中美间贸易存在的巨额逆差，是特朗普敢于并执意对中国发起贸易战，并在安全问题上一再挑衅中国的重要原因。因此在各方都重视相对获益的环境中，经济相互依赖的和平效应就容易受到限制。

第二，经济相互依赖的和平效应还受到经济相互依赖程度高低的影响，当相互依赖程度较低时，其和平效应相应较小，当相互依赖程度提高时，其和平效应就会相应增加。波罗的海沿岸人口不到300万的小国立陶宛，距离中国万里之遥，双方本无利害冲突，却于2021年11月18日蓄意挑战中国政策底线，允许"台独"分裂势力在其首都维尔纽斯以"台湾"名义设立代表处。立陶宛政府敢于这么做的原因除了通过挑战中国来讨好美国外，还有一个重要考虑，就是其不太担心来自中国的制裁，因为它与中国的贸易额占其外贸进出口总量的比例较低，因此主观认定即便遭到中国的经济制裁，对立陶宛的影响也将十分有限。但立陶宛忘了自身也是全球化分工体系中的一环，而中国则是世界第二大经济体，是经济全球化体系中的重量级参与者，是国际产业链的中流砥柱。立陶宛对中国的挑衅不仅令两国外交关系遭受重创，还在一定程度上把自己置于国际产业链之外。

第三，依赖转移的可能性也限制着其安全维护效用。相互依赖是一个过程而不是目的，一个国家对外依赖度越高，其经济的脆弱性就越发明显。因此，理性的国家为了避免出现这种被动局面，总会寻求可替代性渠道，逐步降低或分散对某一特定国家与地区的依赖。在一个全球化时代，除了某些特定的原料、产品或垄断性技术难以在短期内被替代外，大多数产品与原材料都可以找到替代供应渠道。例如，中国政府为了确保能源供应的可靠性、分散能源供给过度集中的风险、解决马六甲附近航道的安全困局，近20年来一直致力于采取措施，与俄罗斯、哈萨克斯坦等国合作，构建了数千千米的石油、天然气管道，实现了能源供给结构的多元化，确保在非常时期我国能源供给的安全，此举不仅有效降低了过度依赖海湾地区石油供应的安全风险，还附带提高了我国作为能源进口大国在国际市场上的议价能力。防止某些特定资源、产品、技术对不友好国家的高度依赖和关键领域被"掐脖子"的被动情形出现，已经成为有关国家不再迷信全球化，追求全方位独立自主，或主动转移依赖的强大驱动力。

第四，政治与安全的优先考虑降低了经济相互依赖的和平维护效用。经济利益固然是各国政府制定外交政策的重要考虑因素，但绝不是唯一甚至最重要的因素，国家重大战略与安全利益往往是各国政府优先考虑的最核心要素。在贸易、投资领域里的暂时让步，仅仅意味着多赚或少赚，而在领土、安全问题上的让步，将意味着不可逆转地改变一个国家的生存环境，各国政府在此问题上都会选择绝不妥协的立场。2022年2月24日，俄罗斯总统普京下达在乌克兰顿涅斯克和卢甘斯克州展开特别军事行动的命令。国际社会普遍认为，俄罗斯在明知会遭到整个西方极限制裁的情形下，却毅然决然地选择开战的主要原因，就在于对西方完全失去耐心的俄罗斯决策层认为北约没完没了的东扩已使俄罗斯的战略安全缓冲空间彻底丢失，俄罗斯已经退无可退，宁可遭受空前的经济损失，也要放手一搏，守住俄罗斯的安全底线。与此同时，在能源上高度依赖俄罗斯的欧洲国家也是这样，它们宁愿承受能源短缺、物价飞涨、经济衰退的代价，也要追随美国加入对俄罗斯全面制裁的行列。由此可见，经济上的相互依赖并不一定意味政治安全关系的和谐，这一点在中美关系中表现得更加充分，尽管中美经贸关系的本质是互利共赢，双方每年的贸易额高达数千亿美元，但为了维持美国霸权地位不受挑战，美方还是不惜牺牲美国民众利益，选择发动损人不利己的对华贸易战，全力以赴搞大国竞争，不择手段遏制中国发展，丝毫不顾及这样做对经济方面造成的伤害。

第五，将经济相互依赖政治化或武器化。一方利用另一方在某些经济、技术领域对自己的高度依赖，采取包括断供、制裁等措施极限施压，以期达成迫使对方在其他领域让步的目的。近年来，这种蓄意破坏一体化分工、切断产业链的做法已经被一些国家频繁使用，客观上导致相互依赖成了经济不安全的象征，迫使越来越多的国家不得不重塑产业链，尽可能将强制"脱钩"

造成的损失降至最低。

  国际经济政治学的理论与实践告诉我们，经济与政治的关系密不可分，良好的政治关系能够有效地促进经济活动的顺利开展，而密切的经济关系则是政治关系稳定的"压舱石"。但在这样一个主动建构或被动参与的全球化时代，经济与政治间这种正向关系不一定始终呈现，两者间的背离也时有发生，当经济需要与政治正确发生冲突时，选择的结果往往是经济利益让位于政治需要。在大国竞争渐趋激烈的今天，一些国家出于战略竞争的需要，除了采取无所不用其极的政治、军事、外交等手段，持续打压竞争对手外，还不惜使用技术脱钩、产品断供、长臂管辖、提高关税甚至踢出环球金融交易系统（SWIFT 等）等损人不利己的方式，肆意削弱对手，导致国际政治经济关系呈现出前所未有的恶意螺旋轨迹，经济逆全球化与政治"新冷战"之风逐渐兴起，世界再次站在了十字路口，面临百年未有之大变局。

参考文献

一、中文部分

[1]布鲁斯·拉西特,哈维·斯塔尔.世界政治[M].王玉珍,等译.北京:华夏出版社,2001.

[2]保罗·肯尼迪.大国的兴衰[M].张春柏.台北:五南图书出版公司,1995.

[3]哈里·杜鲁门.杜鲁门回忆录[M].李石,译.北京:生活·读书·新知三联书店,1974.

[4]丁一凡.美国批判:自由帝国扩张的悖论[M].北京:北京大学出版社,2006.

[5]霍布斯.利维坦[M].刘胜军,胡婷婷,译.北京:中国社会科学出版社,2007.

[6]亨利·基辛格.大外交[M].顾淑馨,林添贵,译.海口:海南出版社,1998.

[7]亨利·基辛格.白宫岁月:基辛格回忆录[M].杨静予,吴继淦,刘觉俦,译.北京:世界知识出版社,1980.

[8]汉斯·摩根索.国际纵横策论——争强权,求和平[M].卢明华,时殷弘,林勇军,译.上海:上海译文出版社,1995.

[9]赫尔穆特·施密特.均势战略:德国的和平政策和超级大国[M].上海外国语学院英语系,等译.上海:上海人民出版社,1975.

[10]杰克·斯奈德.从投票到暴力:民主化和民族主义冲突[M].吴强,译.北京:中央编译出版社,2017.

[11] 肯尼斯·沃尔兹.国际政治理论[M].胡少华、王红缨,译.北京:中国人民公安大学出版社,1992.

[12] 康威·汉得森.国际关系:世纪之交的冲突与合作[M].金帆,译.海口:海南出版社,2004.

[13] 刘鸣.国际体系:历史演进与理论的解读[M].北京:中共中央党校出版社,2006.

[14] 路易斯·亨金,等.真理与强权:国际法与武力的使用[M].胡炜,徐敏,译.武汉:武汉大学出版社,2004.

[15] 罗伯特·基欧汉,约瑟夫·奈.权力与相互依赖:转变中的世界政治[M].林茂辉,段胜武,张星萍,译.北京:中国人民公安大学出版社,1992.

[16] N.N.罗斯图诺夫.第一次世界大战史[M].钟石,译.上海:上海译文出版社,1978.

[17] 劳伦斯·迈耶,约翰·伯内特,苏珊·奥格登.比较政治学[M].罗飞,张李梅,胡泳浩,等译.北京:华夏出版社,2001.

[18] 雷蒙德·加特霍夫.冷战史:遏制与共存备忘录[M].伍牛,王薇,译.北京:新华出版社,2003.

[19] 尼可罗·马基雅维利.君主论[M].张亚勇,译.北京:北京出版社,2007.

[20] 罗伯特·S.麦克纳马拉.回顾:越战的悲剧与教训[M].陈丕西,杜继东,王丹妮,等译.北京:作家出版社,1996.

[21] 米·尼·波克罗夫斯基.俄国历史概要[M].贝璋衡,叶林,葆熙,译.北京:商务印书馆,1994.

[22] 倪世雄.当代国际关系理论[M].上海:复旦大学出版社,2001.

[23] 皮埃尔·热尔贝.欧洲统一的历史与现实[M].丁一凡,程小林,沈雁南,译.北京:中国社会科学出版社,1989.

[24] 斯塔夫里亚诺斯.全球分裂:第三世界的历史进程[M].迟越,王红生,等译.北京:商务印书馆,1993.

[25] 斯塔夫里阿塔斯.全球通史[M].吴象婴,梁赤民,译.上海:上

海社会科学院出版社，1999.

［26］J.斯帕尼尔.第二次世界大战后的美国外交政策［M］.段若石，译.北京：商务印书馆，1992.

［27］托克维尔.论美国的民主［M］.董果良，译.北京：商务印书馆，1997.

［28］威廉·恩道尔.霸权背后：美国全方位主导战略［M］.吕德宏，赵刚，郭寒冰，等译.北京：知识产权出版社，2009.

［29］瓦列里·博尔金.震撼世界的十年：苏联解体与戈尔巴乔夫［M］.甄西，译.北京：昆仑出版社，1998.

［30］沃尔特·拉塞尔·米德.美国外交政策及其如何影响了世界［M］.曹化银，译.北京：中信出版社，2003.

［31］韦正翔.软和平：国际政治中的强权与道德［M］.保定：河北大学出版社，2001.

［32］王铁崖.国际法［M］.北京：法律出版社，1995.

［33］王绳祖.国际关系史［M］.北京：世界知识出版社，1995.

［34］王逸舟.西方国际政治学：历史与理论［M］.上海：上海人民出版社，1998.

［35］肖元恺.世界的防线：欧洲安全与国际政治［M］.北京：新华出版社，2001.

［36］小杰克·F.马特洛克.苏联解体亲历记［M］.吴乃华，魏宗雷，胡仕胜，等译.北京：世界知识出版社，1996.

［37］星野昭吉.变动中的世界政治［M］.刘小林，王乐理，等译.北京：新华出版社，1999.

［38］约翰·米尔斯海默.大国政治的悲剧［M］.王义桅，唐小松，译.上海：上海人民出版社，2008.

［39］雨果·格劳秀斯.战争与和平法［M］.何勤华，译.上海：上海人民出版社，2013.

［40］约翰·罗尔克.世界舞台上的国际政治［M］.宋伟，刘华，张荣耀，等译.北京：北京大学出版社，2005.

［41］杨真.基督教史纲：上册［M］.北京：生活·读书·新知三联书店，1979.

［42］詹姆斯·多尔蒂，小罗伯特·普法尔茨格拉夫.争论中的国际关系理论［M］.阎学通，陈寒溪，等译.北京：世界知识出版社，2003.

［43］富布赖特，蒂尔曼.帝国的代价［M］.吴永和，袁明华，译.南京：译林出版社，1992.

［44］周一良，吴于廑.世界通史资料选辑（中古部分）［M］.北京：商务印书馆，1964.

［45］周荣耀.戴高乐评传［M］.北京：东方出版社，1994.

［46］张家栋.恐怖主义论［M］.北京：时事出版社，2007.

二、英文部分

［1］LINK A S.The Papers of Woodrow Wilson［C］. vol.53

［2］GULICK E V. Europe's Classical Balance of Power［M］. New York：W.W. Norton & Company，1967.

［3］FRIENDLY F W，ELLIOTT M J H.The Constitution：That Dedicate Balance［M］. New York：Random House，1984.

［4］The Speeches of the Right Honourable George Canning，Vol.6［M］. London：James Ridgway，169，Piccadilly，1836.

［5］KENNAN G F.The Cloud of Danger［M］. Boston：Little，Brown，1978.

［6］MORGENTHAU H J，THOMPSON K W.Principles & Problems of International Politics（Selected Readings）［M］. New York：Alfred A. Knopf，1950.

［7］MACKINDER H J.Democratic Ideal and Reality［M］. New York：Henry Holt & Co.，1919.

［8］BUTTERFIELD H，WRIGHT M.Diplomatic Investigations［M］. Cambridge：Harvard University Press，1966.

［9］Report of a Study Group of the Hebrew University：Israel and United Nations［M］. New York：Manhattan Publishing Co.，1956.

[10] NYE J S.Understanding International Conflicts: An Introduction to Theory and History [M]. New York: Harper Collins College Publisher, 1993.

[11] NYE J S.Soft Power: The Means to Success in World Politics [M]. New York: Public Affairs, 2004.

[12] DEUTSCH K. The Analysis of International Relations [M]. New York: Prentice Hall, 1978.

[13] DICKISON G L.The European Anarchy [M]. New York: Macmillan, 1916.

[14] BRECHER M.The Foreign Policy of Israel [M]. New Haven: Yale University Press, 1978.

[15] SPYKMAN N J. Methods of Approach to The Study of International Relations, [M] // MORGENTHALL H J M, THOMPSON K W. Principles &Problems of International Politics, Selected Reading [M]. New York: Alfred A.Knopf, 1950.

[16] ZELIKOW P D, RICE C.Germany Unified and Europe Transformed [M]. Cambridge: Harvard University Press, 1995.

[17] SCHULZINGER R D.American Diplomacy in the Twentieth Century [M]. New York: Oxford University Press, 1984.

[18] LIEBER R.Theory and World Politics [M]. Rork Hill: Winthrop Publishers, 1972.

[19] ARON R.Peace and War: A Theory of International Relations [M]. New York: Doubleday, 1996.

[20] CLINE R S.World Power Trends and U.S. Foreign Policy for the 1980s [M]. Boulder: Westview Press, 1980.

[21] GILPIN R.The Political Economy of International Relations [M]. Princeton: Princeton University Press, 1987.

[22] SPERO J E.The Politics of International Economic Relations [M]. 3rd ed.New York: St. Martin's Press, 1985.

[23] VANDENBROUCKE L S.Perilous Option: Special Operation as an

instrument of US Foreign Policy[M]. Oxford: Oxford University Press, 1991.

[24] World Bank.World Development Report 1990 [R]. Oxford: Oxford University Press, 1990.

[25] CHURCHILL W S.The Second World War, Vol. 1, The Gathering Storm [M]. Boston: Houghton Mifflin Co., 1950.

[26] BRZEZINSKI Z.The Grand Chessboard: American Primacy and its Goestrategic Imperatives [M]. New York: Basic Book, 1997.